D1726110

Willi Diez
Das Handbuch für das Automobilmarketing

Willi Diez

Das Handbuch für das Automobilmarketing

Strategien, Konzepte, Instrumente

mit einem einleitenden Essay
von
Helmut Werner

verlag
moderne industrie

Die Deutsche Bibliothek – CIP-Einheitsaufnahme

Diez, Willi:
Das Handbuch für das Automobilmarketing : Strategien, Konzepte, Instrumente / Willi Diez. –
Landsberg/Lech : Verl. Moderne Industrie, 1995
   ISBN 3-478-23760-2

© 1995 verlag moderne industrie, 86895 Landsberg/Lech
Umschlaggestaltung: Werner Beck, 86807 Buchloe
Satz: abc satz bild grafik, 86807 Buchloe
Druck und Bindearbeiten: Friedrich Pustet, Regensburg
Printed in Germany 230 760/10 95 01
ISBN 3-478-23760-2

Das Automobil hat den Lebensstil und die Lebensanschauung wahrscheinlich nachhaltiger gewandelt als je ein Prophet

Joseph Schumpeter

Inhaltsverzeichnis

Vorwort 17

**Vom Marken- zum Preiswettbewerb? – Strategisches Marketing in
der Automobilindustrie für das Jahr 2000 und darüber hinaus!**
von Helmut Werner, Vorstandsvorsitzender der Mercedes-Benz AG........... 21

**TEIL I
PRODUKTMARKETING** 35

1   **Grundlagen** 37

2   **Entscheidungstatbestände der Produktpolitik** 38

    2.1   Produktinnovation 38

        2.1.1   Produktpositionierung 39
        2.1.2   Produktentwicklung 45
        2.1.3   Markteinführungsplanung 49

    2.2   Modellwechsel 51

        2.2.1   Strategische Optionen der Modellwechselpolitik 51
        2.2.2   Die Modellwechselpolitik als produktpolitisches Instrument ... 52

    2.3   Produktdifferenzierung 57

        2.3.1   Grundlegende Aspekte 57
        2.3.2   Ziele der Produktdifferenzierung 57
        2.3.3   Risiken und Probleme der Produktdifferenzierung ... 60
        2.3.4   Strategische Ansätze zur Bewältigung der
               Variantenvielfalt 61

    2.4   Produktvariation 63

    2.5   Produktelimination 64

3   **Gestaltungsdimensionen der Produktpolitik** 65

    3.1   Gestaltung der Produktbeschaffenheit 65

3.1.1 Produktansprüche und Produktleistungen 65
3.1.2 Qualität als Erfolgsmaßstab der Produktgestaltung 66

3.2 Die Markenpolitik 69

3.2.1 Grundlegende Aspekte 69
3.2.2 Formen der Markenpolitik 69
3.2.3 Gestaltung der Markenpolitik 72

3.3 Programmpolitik 73

3.4 Produktpolitische Nebenleistungen 78

3.4.1 Grundlegende Aspekte 78
3.4.2 Finanzdienstleistungen 79
3.4.3 Garantien und Kulanzen 81
3.4.4 Zubehör 82
3.4.5 Technischer Service 82

4 Produktpolitische Entwicklungstendenzen 86

4.1 Rahmenbedingungen und Einflußfaktoren auf die künftige
    Produktpolitik in der Automobilindustrie 86

4.1.1 Verkehrspolitische Rahmenbedingungen 86
4.1.2 Technologische Potentiale: Telematik 88
4.1.3 Veränderungen in der Kundenwelt 90

4.2 Das Produkt "Mobilitätssysteme" und seine Vermarktung 91

4.2.1 Gestaltungselemente von Mobilitätssystemen 91
4.2.2 Pool Leasing 93
4.2.3 Car Sharing 96
4.2.4 Mobility Card 97

Literaturhinweise 99

Abbildungsverzeichnis 102

TEIL II
PREISMARKETING 103

1 Grundlagen 105

2 Preisverhalten 111

2.1 Grundlegende Aspekte 111

2.2 Automobilrelevante Elemente des Preisverhaltens 112

    2.2.1 Das Preisinteresse 112
    2.2.2 Die Preiswahrnehmung 113
    2.2.3 Die Preisbeurteilung 113

2.3 Modell des Preisverhaltens beim Automobilkauf 115

3 Preisbildung 119

3.1 Grundformen der Preisbildung 119

    3.1.1 Kostenorientierte Preisbildung 119
    3.1.2 Kundenorientierte Preisbildung 120
    3.1.3 Wettbewerbsorientierte Preisbildung 124
    3.1.4 Programmorientierte Preisbildung 126
    3.1.5 Target Pricing 132

3.2 Strategische Preispolitik 135

    3.2.1 Preispositionierung 135
    3.2.2 Preisabfolgen: Skimming- und Penetrations-
           strategie 138
    3.2.3 Bildung von Preisbaukästen 140
    3.2.4 Preisdifferenzierung 145

4 Preisdurchsetzung 150

4.1 Grundprobleme der Preisdurchsetzung 150

    4.1.1 Erscheinungsformen von Preisdurchsetzungs-
           problemen 150
    4.1.2 Ursachen der Preisdurchsetzungsprobleme 150

4.2 Strategien und Maßnahmen zur Verbesserung der
     Preisdurchsetzung 152

    4.2.1 Herstellerbezogene Handlungsansätze 152
    4.2.2 Händlerbezogene Handlungsansätze 154
    4.2.3 Integrierte Handlungsansätze 155

Literaturhinweise 159

Abbildungsverzeichnis 161

TEIL III
DISTRIBUTIONSMARKETING 163

1 **Grundlagen** 165

2 **Gestaltung des Distributionssystems** 166

   2.1 Automobilrelevante Absatzwege 166

      2.1.1 Überblick 166
      2.1.2 Direktvertrieb der Automobilhersteller 166
      2.1.3 Vertrieb über Vertragshändler 168
      2.1.4 Vertrieb über Agenten 173

   2.2 Automobilrelevante Absatzkanalsysteme 173

   2.3 Vertriebsnetzplanung 176

      2.3.1 Begriff und Entscheidungstatbestände 176
      2.3.2 Anforderungen an das Vertriebsnetz 177
      2.3.3 Methoden und Instrumente der Vertriebsnetzplanung 177

3 **Management des Distributionssystems** 180

   3.1 Vertikales Marketing 180

   3.2 Strukturmerkmale des vertikalen Marketings 181

      3.2.1 Das Konzept der Marketingführerschaft 181
      3.2.2 Macht als Koordinationsprinzip 181
      3.2.3 Funktionsverteilung zwischen Industrie und Handel 182

   3.3 Steuerung im vertikalen Marketing 183

      3.3.1 Ziele und Instrumente der Steuerung 183
      3.3.2 Nichtmonetäre Anreize 183
      3.3.3 Monetäre Anreize: Margensysteme 184

4 **Organe im Distributionssystem** 191

   4.1 Strukturmerkmale automobilrelevanter Distributionsorgane 191

      4.1.1 Betriebsformen, Betriebstypen und Betriebskonzepte 191
      4.1.2 Das Autohaus als dominanter Betriebstyp im
             Automobilvertrieb 192
      4.1.3 Aufgaben von Automobilhandelsbetrieben 193

10

4.2 Kundenkontakt-Management im Autohaus 194

    4.2.1 Grundformen des Kundenkontaktes 194
    4.2.2 Verkaufsorganisation 196
    4.2.3 Verkäuferselektion 198
    4.2.4 Verkäuferentlohnung 199
    4.2.5 Verkaufsstrategie 200
    4.2.6 Kalt-Akquisition 203
    4.2.7 Verbale und nonverbale Kommunikation 205
    4.2.8 Verkaufsargumentation 206

4.3 Strategien und Maßnahmen zur Optimierung des
Kundenkontakt-Managements im Autohaus 207

    4.3.1 Probleme des Kundenkontakt-Managements 207
    4.3.2 Das Konzept des Life-Cycle-Marketings 208
    4.3.3 Standortpolitische Maßnahmen 209
    4.3.4 Angebotspolitische Maßnahmen 209
    4.3.5 Werbepolitische Maßnahmen 213
    4.3.6 Kundenbindungsprogramme 213

5 Distributionspolitische Entwicklungstendenzen 218

5.1 Strukturprobleme in der Automobildistribution 218

5.2 Das Franchisesystem 219

    5.2.1 Rechtliche Grundlagen 219
    5.2.2 Strukturmerkmale des Franchising 219
    5.2.3 Anwendung des Franchising im Automobilvertrieb 220

5.3 Multifranchising 221

    5.3.1 Formen des Multifranchising 221
    5.3.2 Multifranchise von Handelsketten 223
    5.3.3 Das Konzept des Mega-Dealers 223
    5.3.4 Das Konzept der Auto-Malls 224

5.4 Satellitenkonzepte im Automobilhandel 227

    5.4.1 Das Problem der „optimalen Betriebsgröße" von
Autohäusern 227
    5.4.2 Der Betriebsverbund als innovatives Betriebskonzept 229

5.5 Neue Medien in der Automobildistribution 235

Literaturhinweise 241

Abbildungsverzeichnis 244

TEIL IV
KOMMUNIKATIONSMARKETING 245

1 **Grundlagen** 247

2 **Werbung** 250

2.1 Grundlegende Aspekte 250

2.2 Werbekonzeption 252

2.2.1 Konzeptionelle Grundlagen 252
2.2.2 Werbeziele 252
2.2.3 Werbebotschaft 253
2.2.4 Werbebudget 260
2.2.5 Werbemittel und Werbeträger 262
2.2.6 Messung des Werbeerfolgs 267

2.3 Werbegestaltung 269

2.3.1 Rahmenbedingungen 269
2.3.2 Werbegestaltung: Ziele und Techniken 270
2.3.3 Medienwerbung 274
2.3.4 Direct Mailing 285
2.3.5 Event-Marketing 287

3 **Öffentlichkeitsarbeit** 292

3.1 Grundlegende Aspekte 292

3.2 Instrumente der Öffentlichkeitsarbeit 293

3.3 Formen der Öffentlichkeitsarbeit 293

3.4 Konzeptionelle Gestaltung der Öffentlichkeitsarbeit 293

3.4.1 Produktorientierte Öffentlichkeitsarbeit 293
3.4.2 Unternehmensorientierte Öffentlichkeitsarbeit 294
3.4.3 Krisen-PR 294
3.4.4 Issue Management 295

3.5 Erfolgskontrolle 298

4 **Sponsoring** 298

4.1 Grundlegende Aspekte 298

4.2 Konzeptionelle Gestaltung des Sponsorings 300

    4.2.1 Sport-Sponsoring... 300
    4.2.2 Motorsport-Marketing 304
    4.2.3 Kultur-Sponsoring 309
    4.2.4 Umwelt-Sponsoring 311
    4.2.5 Sozio-Sponsoring.. 313

5 Verkaufsförderung 313

5.1 Grundlegende Aspekte 313

5.2 Formen der Verkaufsförderung 314

5.3 Konzeptionelle Gestaltung 314

    5.3.1 Konsumentenorientierte Verkaufsförderung........................... 314
    5.3.2 Handelsorientierte Verkaufsförderung 316
    5.3.3 Verkäuferorientierte Verkaufsförderung 317

5.4 Erfolgskontrolle 317

6 Integrierte Kommunikation 318

6.1 Grundlegende Aspekte 318

6.2 Konzeption der integrierten Kommunikation..................................... 318

    6.2.1 Die Corporate Identity als übergreifendes
           Bezugsobjekt 318
    6.2.2 Markenwelt und integrierte Kommunikation........................... 319
    6.2.3 Traditionelle und integrierte Kommunikation 320

6.3 Gestaltungsebenen der integrierten Kommunikation........................... 322

    6.3.1 Integration der Kommunikationsinstrumente 322
    6.3.2 Integration der Akteure des Kundenkontakts........................... 324

Literaturhinweise.. 328

Abbildungsverzeichnis 331

TEIL V
STRATEGISCHES UND OPERATIVES MARKETING........................... 333

1 Strategisches Marketing... 335

1.1 Grundlegende Aspekte 335

1.2 Analyse und Prognose des automobilwirtschaftlichen
Umfelds 336

    1.2.1 Generelle Einflußfaktoren 336
    1.2.2 Globale Marktentwicklung 336
    1.2.3 Entwicklung der Wettbewerbssituation 337
    1.2.4 Entwicklung des Kundenverhaltens 338
    1.2.5 Politische und gesellschaftliche Rahmenbedingungen 339
    1.2.6 Technologische Entwicklungen 340

1.3 Gestaltung von Marketingstrategien 341

    1.3.1 Gestaltungsdimensionen und Entscheidungstatbestände 341
    1.3.2 Definition des strategischen Geschäftsfelds 341
    1.3.3 Definition der Marktfeldstrategie 343
    1.3.4 Marktabdeckung 344
    1.3.5 Wettbewerbsvorteilsstrategie 345
    1.3.6 Marktteilnehmerübergreifende Marktbearbeitungs-
           strategie 345
    1.3.7 Abnehmergerichtete Strategien 346
    1.3.8 Konkurrenzgerichtete Strategien 349
    1.3.9 Absatzmittlergerichtete Strategien 350
    1.3.10 Umfeldorientierte Strategien 351

1.4 Marketing-Mix-Strategien 353

1.5 Strategien in der Automobilwirtschaft 354

    1.5.1 Strategische Gruppen in der Automobilindustrie 354
    1.5.2 Strategieprofile der globalen Full-Line-Hersteller 356
    1.5.3 Strategieprofile der Premium-Anbieter 357
    1.5.4 Strategieprofile der „Neuen Wettbewerber" 358
    1.5.5 Vegleichende Bewertung 359

2 Operatives Marketing 361

2.1 Grundlegende Aspekte 361

2.2 Absatzplanung 361

    2.2.1 Prognosen als Grundlage der Absatzplanung 361
    2.2.2 Systematik der Absatzplanung 365

2.3 Der Einsatz der Marketinginstrumente 367

    2.3.1 Strategiegeleiteter Marketing-Mix 367

  2.3.2 Konjunkturgeleiteter Marketing-Mix 367

  2.3.3 Lebenszyklusgeleiteter Marketing-Mix 369

3 Marketing-Controlling und Marketingorganisation 370

 Literaturhinweise 374

 Abbildungsverzeichnis 377

Stichwortverzeichnis 379

Vorwort

Nur wenige Jahre nach der Lean-Revolution in der deutschen Automobilindustrie zeichnet sich Mitte der 90er Jahre der Beginn einer weiteren Phase des strukturellen Wandels ab. Diese neue Phase der Veränderung ist auf den ersten Blick vielleicht weniger spektakulär als die der Einführung „schlanker" Strukturen in den Fabriken und Büroetagen der großen Automobilhersteller. In ihren langfristigen Auswirkungen wird sie das Gesicht der Branche jedoch mehr und nachhaltiger verändern als der schmerzliche Verlust von Tausenden von Arbeitsplätzen bei den Automobilherstellern und ihren Zulieferern in den letzten Jahren. Man könnte die jetzt beginnende Phase des Wandels als „Vertriebsrevolution" bezeichnen, wenn dieser Begriff nicht gar zu plakativ wäre. Die Sache selbst bezeichnet er durchaus präzise, denn es geht heute in der Automobilindustrie darum, innovative Konzepte der Marktbearbeitung zu entwickeln und umzusetzen.

Der Grund dafür ist einfach: Auch die Revolution der Lean Production hat sich noch völlig im Rahmen der traditionellen, technisch-produktionsorientierten Denkweise vollzogen, deren Dominanz diese Branche, namentlich in Deutschland, seit ihren Anfängen kennzeichnet. Heute wird nun zunehmend sichtbar, daß Beschäftigungsabbau und Kostensenkung allein noch keine Strategie ausmachen. Sie werden vielmehr erkennbar als das, was sie sind: notwendige, im Grunde aber defensive Antworten auf die strukturellen Probleme am Standort Deutschland. Will die Automobilindustrie jedoch nicht zur Krisenbranche in Permanenz verkommen, muß sie eine Vorstellung darüber entwickeln, welche neuen Wertschöpfungspotentiale in ihrem Markt in Zukunft erschlossen werden können und sollen. Der Hinweis, daß wohl auch noch im Jahr 2010 Auto gefahren wird, reicht dazu nicht aus.

Die Automobilhersteller müssen sich heute also ernsthaft mit der Frage auseinandersetzen, was denn nach der Lean Production kommen soll. Eine Antwort darauf werden sie nur finden, wenn sie den Blick auf die Quelle aller Wertschöpfung richten: den Kunden. Gefordert ist die Ausrichtung aller unternehmerischer Aktivitäten auf den Markt. Das aber ist die fast schon klassische Definition von „Marketing". Von Josef Schumpeter gibt es den schönen Satz, daß sich der Charakter der Managementaufgaben immer „nach der Natur der die größten Schwierigkeiten bereitenden Teilaufgabe" bestimmt. War es in der Vergangenheit der Automobilingenieur, dann der Produktionschef und zuletzt der Kostenmanager, so wird es in Zukunft der Marketingmanager sein, der den Charakter von Unternehmen prägen wird. Den Strukturwandel in der Automobilwirtschaft bewältigen heißt also zuerst und vor allem: Marketingkompetenz entwickeln!

Nachdem Vertrieb und Marketing jahrzehntelang allenfalls als Anhängsel einer gut funktionierenden Produktionsmaschine verstanden wurden, werden diese Bereiche nun zu den eigentlichen Trägern der Zukunftssicherung. Dabei stehen sie freilich vor der schwierigen Aufgabe, in einem reifen Markt Bedarfspotentiale nicht nur entdecken, sondern auch neu schaffen zu müssen. Voraussetzung dafür ist ein gesamtheitliches Konzept der Marktbearbeitung, das ich im Rahmen dieses Buches mit dem Begriff des „Life-Cycle-Marketings" bezeichne. Gemeint ist damit die Gestaltung langfristiger Kundenbeziehungen durch den Aufbau einer attraktiven und ganzheitlichen Markenwelt. Dies aber erfordert den integrierten Einsatz aller Marketinginstrumente.

Das vorliegende Handbuch bietet erstmals einen vollständigen und systematischen Überblick über die Grundfragen des Automobilmarketings. Es ist nach der klassischen Systematik der vier Marketinginstrumente, Produkt-, Preis-, Distributions- und Kommunikationspolitik, gegliedert. Ein Kapitel über strategisches und operatives Marketing zeigt, wie diese Instrumente zu einem in sich schlüssigen Gesamtkonzept zusammengeführt werden können. Die einzelnen Kapitel sind so angelegt, daß jedes für sich gelesen werden kann. Gleichzeitig werden innerhalb der einzelnen Kapitel aber auch Querbezüge zwischen den verschiedenen Instrumenten hergestellt. Das Buch eignet sich insofern gleichermaßen als Lesebuch wie als Nachschlagewerk. Bei der Auswahl der Literaturhinweise am Ende eines jeden Kapitels wurde insbesondere auf deren leichte Zugänglichkeit geachtet. In einer Vielzahl von Praxisbeispielen werden außerdem bewährte und innovative Ansätze des Automobilmarketings dargestellt.

Das Handbuch für das Automobilmarketing wendet sich zuerst und vor allem an die Praktiker in der Automobilindustrie bei den Automobilimporteuren und im Automobilhandel. Das Automobilmarketing ist vor dem Hintergrund der schwierigen Marktsituation bei vielen Automobilherstellern durch Aktionismus und offenkundige Konzeptionslosigkeit gekennzeichnet. Nicht wenige und durchaus renommierte Automobilmarken sind dabei, ihr lange aufgebautes Image durch ein exzessives Preismarketing zu zerstören. Angesichts einer solchen Situation erscheint die Auseinandersetzung und Aneignung der konzeptionellen Grundlagen des Marketings notwendiger denn je. Dabei wünsche ich diesem Buch, daß es insbesondere auch Leser im Bereich des Automobilhandels findet. Denn gerade dort bedarf es in Zukunft noch mehr als in der Vergangenheit des Verständnisses für marketingpolitische Fragen in einer gesamtheitlichen Sichtweise. Darüber hinaus bietet dieses Handbuch sicherlich auch eine praxisorientierte Darstellung aller marketingrelevanten Themen für den akademischen Unterricht. Die Vielzahl von Beispielen und die Anwendung marketingtheoretischer Aussagen auf eine wichtige Branche sollten den gefürchteten Übergang von der „reinen Lehre" zur Marketingpraxis erleichtern.

18

Das vorliegende Handbuch trägt zwar das Signum und die inhaltliche Handschrift eines Verfassers. Gleichwohl haben daran viele mitgeschrieben. Dabei denke ich insbesondere an jene, die mir in den letzten Jahren als Denk- und Gesprächspartner beim Aufbau des Studienzweiges „Automobilwirtschaft" und des Institutes für Automobilwirtschaft (IFA) an der Fachhochschule Nürtingen zur Verfügung gestanden haben. Es wäre unbillig, einzelne hier besonders hervorzuheben. Ich hoffe, daß ich einen Teil des Dankes an diesen Personenkreis mit diesem Buch abtragen kann. Mein besonderer Dank gilt meiner Frau Marlies, die mich bei der redaktionellen Gestaltung des Buches in vielfacher Weise unterstützt hat.

Geislingen a.d. Steige, im Oktober 1995   *Prof. Dr. Willi Diez*

Vom Marken- zum Preiswettbewerb? – Strategisches Marketing in der Automobilindustrie für das Jahr 2000 und darüber hinaus!

von
Helmut Werner, Vorstandsvorsitzender der Mercedes-Benz AG

Betrachtet man die Entwicklung in der Automobilindustrie in einer längerfristigen Perspektive, dann wird immer deutlicher, daß der eigentliche Strukturbruch in dieser Branche nicht zu Beginn der 90er Jahre, sondern bereits in den 70er Jahren erfolgt ist. Gewiß, die automobile Welt durchläuft gegenwärtig einen schnellen und nachhaltigen Veränderungsprozeß. Die Ereignisdichte hat branchen- und unternehmensbezogen unverkennbar zugenommen. Wann vorher war es in der Automobilindustrie so spannend wie heute? Gleichwohl muß man bei nüchterner Analyse feststellen, daß wir heute Antworten auf Fragen suchen, die bereits in den 70er Jahren aufgeworfen wurden. Dabei geht es um nicht mehr, aber auch um nicht weniger als um die Ablösung der traditionellen Technologie- und Produktionszentrierung durch eine Marktzentrierung. Für die deutsche Automobilindustrie kommt dies einer völligen strategischen Neuorientierung gleich.

Die 70er Jahre: Epochenwandel

In den 70er Jahren ging das, was die Historiker als „Nachkriegszeit" bezeichnet haben, wirtschaftlich zu Ende. Der langanhaltende wirtschaftliche Aufschwung, nur kurz in der Mitte der 60er Jahre durch eine vergleichsweise milde Rezession unterbrochen, verlor allmählich an Dynamik und mündete in eine Stagflation ein. Besonders für die deutsche Automobilindustrie brachte dieses Jahrzehnt so gravierende Veränderungen in den Rahmenbedingungen, daß der Begriff des Strukturbruches keine Übertreibung darstellt:

1. Mit dem Zusammenbruch des Währungssystems von Bretton-Woods und der damit verbundenen Aufwertung der D-Mark wurde die Bundesrepublik endgültig zum Hochlohnland. Binnen weniger Jahre wurde deutlich, daß die Personalkosten in Deutschland weltweit eine Spitzenstellung einnehmen. Die Quasi-Exportsubventionierung durch einen überbewerteten Dollar entfiel. Zwar war die DM-Aufwertung ein permanenter Ansporn für Produktivitätssteigerungen. Gleichwohl mußten die deutschen Unternehmen

fortan aus einer „harten" Währung in „weiche" Währungen hinein verkaufen. Die Frage nach der Zukunft des „Standortes Deutschland" war damit gestellt. Viele haben ihre Brisanz damals noch nicht verstanden.

2. Mit der Ölpreiskrise von 1973/74 kündigte sich eine zweite große Herausforderung für die Automobilindustrie an. Zwar war sowohl die erste wie auch die zweite Ölpreiskrise an der Wende in die 80er Jahre wirtschaftlich schnell überwunden, zurück blieb jedoch die Diskussion um die „Grenzen des Wachstums" und die generelle Frage nach den Bedingungen eines ökologischen Gleichgewichts. Insofern waren die psychologischen Folgen dieser Ereignisse, insbesondere in Deutschland, ungleich größer als die wirtschaftlichen. Das Automobil wurde spätestens mit der ersten Ölpreiskrise zu einem Objekt, mit dem sich von nun an eine durchaus ambivalente Einstellung verband: auf der einen Seite ein unverzichtbares Element mobiler Lebensqualität, auf der anderen Seite „Umweltfeind Nr. 1".

3. Die 70er Jahre bringen schließlich zunächst kaum wahrnehmbare, dafür aber um so gewichtigere Veränderungen im Kundenverhalten. Galt der Konsument bis Ende der 60er Jahre noch als „Otto Normalverbraucher", so setzte nunmehr der Prozeß der Individualisierung ein. Nachdem die automobilen Grundbedürfnisse befriedigt waren, stiegen die Anforderungen an das Automobil nicht nur mit Blick auf Qualität und Fahrleistung, sondern der Kunde wurde im Hinblick auf das „richtige" Modell auch wählerischer. Die Folge war eine sich rasch entwickelnde Produktdifferenzierung, auf die die Automobilhersteller weder entwicklungs- noch produktionstechnisch vorbereitet waren.

4. Schließlich erweiterte sich in den 70er Jahren der Kreis der traditionellen Produktionsregionen Europa und Nordamerika um Japan. Mit den japanischen Automobilherstellern traten weitere ausgesprochen aggressive Anbieter in den Weltautomobilmarkt ein und eroberten mit preiswerten Automobilen zunehmend Marktanteile in den unteren und mittleren Marktsegmenten. Gleichzeitig wurden wachstumsstarke Nischen besetzt, die von den europäischen und nordamerikanischen Massenherstellern als zu klein und darum als unattraktiv abqualifiziert wurden. Geradezu explosionsartig erhöhte sich der Marktanteil der japanischen Anbieter Ende der 70er Jahre auch auf dem deutschen Automobilmarkt.

Eigentlich war mit diesen vier strukturellen Veränderungen des Marktes die Agenda für die deutsche Automobilindustrie in den 80er Jahren definiert:

● Steigerung der Produktivität zur Erhaltung des Standortes Deutschland
● nachhaltige Verbesserung der Umweltverträglichkeit des Produktprogrammes
● kostenseitige Bewältigung einer wachsenden und durch das Kundenverhalten bedingten Produktdifferenzierung

● Erhöhung der Wettbewerbsfähigkeit gegenüber den japanischen Anbietern.

Keine dieser Herausforderungen wurde in den 80er Jahren bewältigt. Die Veränderungsgeschwindigkeit war langsam, und die gute Marktentwicklung ließ manches der erkannten Probleme in den Hintergrund treten.

Die 80er Jahre: Das verlorene Jahrzehnt

Wer der deutschen Automobilindustrie heute vorwirft, sie habe wichtige Entwicklungstrends auf den Weltautomobilmärkten nicht erkannt und zu spät neue strategische Weichenstellungen vorgenommen, der verkennt die Determinanten und Möglichkeiten unternehmerischen Handelns. Insbesondere übersieht er die Verkettung strategischer und operativer Aktivitäten. Selbstverständlich ist es richtig, ein Unternehmen zukunftsfähig zu machen. Andererseits gilt es aber auch, Chancen des Marktes zu nutzen, denn die Welt der Wirtschaft ist nicht nur eine Welt der Visionen, sondern auch der Gegenwart. Nur in wenigen Situationen fallen strategische und operative Aufgaben in der Unternehmensführung zusammen. Viel häufiger ist es notwendig, Potentiale auszuschöpfen, mitunter auch mit Maßnahmen, die sich langfristig als eine Belastung erweisen. Die deutsche Automobilindustrie hat in den 80er Jahren die Beschäftigung vor dem Hintergrund einer guten Mengenkonjunktur noch einmal kräftig erhöht. Das stellt sich aus heutiger Sicht als ein gravierender Fehler dar. Andererseits hätte man ohne zusätzliche Beschäftigung auf Wachstum verzichtet. Insofern gab es bei einem inflexiblen Beschäftigungssystem wie dem deutschen keine Alternative.

Die 80er Jahre boten in der Tat enorme Absatz- und Ertragschancen. So war das Jahrzehnt durch einen anhaltenden und nur von wenigen erwarteten Wirtschaftsaufschwung geprägt. Die Weltautomobilmärkte erwiesen sich als sehr aufnahmefähig, so daß sich Marktanteilsverluste auf einzelnen Märkten kaum auf das Wachstum von Produktion und Absatz auswirkten. Hinzu kam in Deutschland noch das Geschenk einer wiedervereinigungsbedingten Sonderkonjunktur. Eine weiterer Faktor begünstigte vor allem den Export: Über lange Phasen konnte der Standort Deutschland in den 80er Jahren wieder im Windschatten einer unterbewerteten D-Mark fahren. Dies galt zunächst gegenüber einem Dollar, der zeitweise auf über 3,50 DM anstieg. Dies galt aber auch gegenüber einer Reihe von europäischen Währungen, deren Kurse im Rahmen des europäischen Währungssystems weitgehend stabil gehalten wurden bei einer gleichzeitig gravierenden Inflationsdifferenz zugunsten Deutschlands. Und schließlich waren die 80er Jahre die Dekade eines fast schon überschäumenden Konsumhedonismus mit einer hohen Ausgabenbereitschaft der Käufer. Die Luxurierung der Bedürfnisse führte auch auf dem Automobilmarkt zu einem deutlichen Anstieg der Anforderungen an das Automobil im Hinblick auf Fahrleistung, Komfort und Sicherheit. Die Folge war ein steigender Wertschöpfungsumfang pro hergestelltem Fahrzeug mit positiven Auswirkungen auf die Beschäftigung sowohl bei den Automobilherstellern als auch bei ihren Zulieferern.

In einem solchen gesamtwirtschaftlichen Klima konnte es zu keinen weitreichenden Kurskorrekturen kommen, die zwangsläufig unplausibel erscheinen mußten. So dominierte in den 80er Jahren eine Produktpolitik, die unschwer als eine lineare Extrapolation von Strategien der 60er und 70er Jahre zu identifizieren war: größer, schneller, komfortabler, und das alles im Rahmen von Fahrzeugkonzepten, die sich auf wenige gängige Aufbauformen wie Limousinen und Kombis beschränkten. Die Herausforderungen der 70er Jahre blieben damit aber unbeantwortet:

1. Standortkrise: Die Antwort auf die Kostenkrise des Standortes Deutschland, über die ja die Unterbewertung der D-Mark einen milden Schleier legte, war die Strategie des „qualitativen Wachstums". Sie resultierte aus der einfachen Überlegung, daß dann, wenn standortbedingt keine Möglichkeit besteht, „Kostenführer" zu werden, nur die Alternative einer „Leistungsführerschaft"-Strategie bleibt. Das Ergebnis dieses Denkens war vielfach ein Overengineering mit der Konsequenz, daß sich viele Anbieter aus Marktsegmenten und Märkten „hinausgepreist" haben. Der Versuch, aus der Not eines teuren Standortes eine Tugend in Form ebenso teurer Produkte zu machen, mußte über kurz oder lang in die Sackgasse einer „Highend"-Position führen.
2. Umweltkrise: Auf die zunehmenden umweltpolitischen Angriffe – Anfang der 80er Jahre ausgelöst durch die Diskussion um das „Waldsterben" – fand die deutsche Automobilindustrie viele Jahre keine gesellschaftspolitisch akzeptable Antwort. Nach einer Phase der Negierung und Relativierung der Probleme wurde die Katalysator-Diskussion nur zögerlich aufgegriffen. Bis heute leidet die deutsche Automobilindustrie unter dem damals empfundenen Glaubwürdigkeitsdefizit in einer breiten Öffentlichkeit. Natürlich waren die Angriffe gegen das Automobil überzogen. Es hätte jedoch auf diese Angriffe offensiver und keiner defensiven Antworten bedurft. Der Glaube, der geregelte Katalysator bringe das Auto aus der Schußlinie der Umweltpolitik, hat sich als ein Trugschluß erwiesen.
3. Produktkrise: Die fortschreitende Individualisierung der Kundenwünsche wurde von den deutschen Herstellern nur wenig beachtet. Im Prinzip wurden aus den vorhandenen Baureihen immer mehr Varianten abgeleitet, was zu einer enormen Verteuerung der Standardmodelle führte, ohne daß wirklich innovative Produktkonzepte entwickelt wurden. Die Nischenmärkte blieben weitgehend den ausländischen Wettbewerbern vorbehalten. Die

Vergreisung der Produktprogramme schritt damit immer weiter voran – mit der Folge einer nachlassenden Attraktivität für den Kunden.

4. Wettbewerbskrise: Unbeantwortet blieb schließlich auch die Expansionsstrategie der japanischen Automobilhersteller. Mehr und mehr Marktsegmente wurden den Japanern nahezu kampflos überlassen, beispielsweise wurde das eigene Angebot im Kleinwagensegment sträflich vernachlässigt. Gleichzeitig fand man sich mit einem bemerkenswerten Fatalismus mit der Tatsache ab, daß die japanischen Fahrzeuge deutlich besser ausgestattet, preislich aber unter dem deutschen Angebot lagen. So mußte man vielfach auf die Kraft des besseren Images setzen. Ein starkes Image ist zwar gut, wenn man es hat, andererseits läßt sich eine Unique Selling Proposition dauerhaft nicht allein auf Imagevorteile gründen. Denn es ist zwar zweifellos richtig, daß zwischen Tatsachen und Meinungen temporär eine Differenz bestehen kann, über kurz oder lang werden in einem dynamischen Markt aber Meinungen durch Tatsachen überholt.

Die 80er Jahre waren für die deutsche Automobilindustrie ein gutes Jahrzehnt. Absatz, Umsatz und Erträge entwickelten sich überwiegend positiv. So war es nicht überraschend, daß der konjunkturelle Einbruch zur Jahresmitte 1992 die deutschen Automobilhersteller hart treffen mußte, zumal man noch ein Jahr vorher einen historischen Produktionsrekord feiern konnte. Jetzt wurde schmerzlich bewußt, daß die strukturellen Herausforderungen der 70er Jahre noch immer keine adäquate Antwort gefunden hatten. Insofern waren die 80er Jahre für die deutsche Automobilindustrie nicht nur ein erfolgreiches, sondern eben auch ein verlorenes Jahrzehnt.

Die 90er Jahre: Jahrzehnt des Aufbruchs

In den 90er Jahren ist eine strategische Neuorientierung in der Automobilindustrie unausweichlich. Dafür gibt es zumindest drei Gründe: Nach dem scharfen Konjunktureinbruch zu Beginn des Jahrzehnts erholen sich die Automobilmärkte nur langsam. Auch für die kommenden Jahre kann nur mit einem verhaltenen Wachstum bei einem anhaltend intensiven Wettbewerbsgeschehen gerechnet werden. Für eine konjunkturelle Entwarnung gibt es daher keine Gründe. Hinzu kommt, daß sich das Käuferverhalten erkennbar und wahrscheinlich nicht reversibel verändert hat: Die Kunden sind noch kritischer, vor allem aber auch sehr viel preisaggressiver geworden. Man mag dies als ein vorübergehendes, durch die wirtschaftliche Rezession geprägtes Verhalten ansehen. Bei einem deutlich verlangsamten Anstieg der real verfügbaren Einkommen in den nächsten Jahren und steigenden Konsumansprüchen wird die Ausgabenbereitschaft für das Automobil aufgrund einer wachsenden „Konkurrenz der Bedürfnisse" jedoch begrenzt bleiben. Schließlich sind die Automobilhersteller mit massiven Ertragsproblemen konfrontiert. Umsatz- und Kapitalrenditen bewegen sich auf einem historisch gesehen ausgesprochen niedrigen Niveau, gleichzeitig wächst aber der Mittelbedarf für die Zukunftssicherung. Eine strukturelle Erhöhung der Ertragskraft ist daher überfällig.

Die 90er Jahre sind daher das Jahrzehnt des Aufbruchs und des Wandels in der deutschen Automobilindustrie. Obgleich letztlich jedes Unternehmen seine Formel für die Zukunft finden muß, lassen sich doch unschwer drei strategische Ansätze benennen, von denen die Bewältigung der strukturellen Herausforderungen in der Branche abhängt:

- die strategische Neuausrichtung der Produktpolitik
- die Steigerung der Kosteneffizienz
- die konsequente Globalisierung aller unternehmerischen Aktivitäten

Der integrierende Gedanke dieser strategischen Ansätze ist die Ausrichtung der Unternehmen auf den Markt. Kunden und Wettbewerb werden zu den zentralen Orientierungspunkten des unternehmerischen Handelns. Das mag sich wie eine Banalität anhören. In einer Branche, die über Jahrzehnte hinweg technologie- und produktionsgetrieben war, kommt die konsequente Umsetzung dieses Gedankens indessen einer Revolution gleich. Das strategische Marketing – Marketing im ursprünglichen Wortsinne als ganzheitliche Ausrichtung von Unternehmen auf den Markt verstanden – wird damit zu einer Schlüsselfunktion im strukturellen Wandel der Branche.

Von einem vertikalen zu einem horizontalen Marktverständnis

Die strategische Neuausrichtung der Produktpolitik ist die Folge eines veränderten, sich innerhalb eines neuen Koordinatensystems bewegenden Geschehens auf dem Automobilmarkt. Gefordert ist eine neue Perspektive, denn die traditionelle, nach Hubraum- und Größenklassen definierte vertikale Marktstruktur wird in zunehmenden Maße durch eine horizontale Marktstruktur verdrängt. Unter dem Einfluß steigender verkehrs- und umweltpolitischer Anforderungen und einer gleichzeitigen Emotionalisierung der Automobilnutzung verliert die Einteilung des Marktes in Oberklasse, Mittelklasse und Kleinwagen an Bedeutung. Die Expansion der Nischen im Automobilmarkt wie Vans, Off-Road-Fahrzeuge und Roadster macht deutlich, daß Aufbauformen und Antriebsarten als Differenzierungsinstrument künftig wichtiger sein werden als Hubraumklassen und Fahrleistungen. Gleichzeitig werden die Trends weniger berechenbar: Was eben noch gefragt war, kann sich binnen weniger Monate als Ladenhüter erweisen. Die Entwicklung auf dem Markt für Geländewagen in den letzten Jahren macht dies deutlich. Die Folge davon ist, daß der Automobilmarkt künftig vor allem von der Vielfalt und Flexibilität der Fahrzeugkonzepte und nicht mehr vom Prestigewert der Motorisierung leben wird.

Strategische Neuausrichtung der Produktpolitik heißt daher vor allem: Dynamisierung der Produktpolitik. Der Ausbruch aus traditionellen Denkmustern führt dabei zu völlig neuen, kreativen Produktkonzepten. Nicht die lineare Extrapolation der Vergangenheit, sondern die Berücksichtigung sehr viel komplexerer Produktanforderungen als in der Vergangenheit wird zur Leitlinie einer antizipativen Produktpolitik. Ein Beispiel dafür ist das Swatchcar „Smart"-Concept by Mercedes-Benz. Die Automobilindustrie hat den Stadtbewohner, der tagtäglich mit den Problemen des motorisierten Individualverkehrs konfrontiert ist, gleichwohl aber Mobilität als Teil einer urbanen Kultur versteht, bislang alleingelassen. Die produktpolitische Phantasie der Automobilentwickler, gefangen in den Rastern überholter Statusbegriffe, konnte sich ein Stadtfahrzeug nur als Reduktion herkömmlicher Produktkonzepte vorstellen nach dem Motto „von allem etwas weniger": weniger Leistung, weniger Raum, weniger Ausstattung usw. Die Kombination „weniger PS – mehr Fahrspaß und Komfort" konnte sich in solchen Denkstrukturen nicht durchsetzen. Erst die Aufgabe genuin automobiler Denkweisen, die Übertragung von produktpolitischen Ideen aus anderen Konsumbereichen, hat ein Automobil wie den „Smart" möglich gemacht.

Der „Smart" soll einen Beitrag zur Sicherstellung individueller Mobilität in verkehrsüberlasteten Räumen leisten. Aus umwelt- und verkehrspolitischer Sicht muß ein solches Fahrzeug mehrere Anforderungen erfüllen: drastische Reduktion der lokalen Emissionen, kleine Außenmaße, Wiederverwertbarkeit aller Fahrzeugteile sowie Ausstattung mit Systemen der Verkehrsleit- und Informationstechnik. Gleichzeitig soll dieses Fahrzeug aber auch individuelle Erlebniswerte vermitteln. Durch eine funktionsorientierte Ästhetik soll es einen Ausbruch aus Uniformität und Primitivität signalisieren. Es ist offensichtlich, daß ein solches Fahrzeug nur durch das bewußte Verlassen von herkömmlichen, vertikal angeordneten Positionierungsschemata entstehen konnte. Der „Smart" ist kein Kleinwagen für „arme Leute". Er ist ein Fahrzeug, das konsequent auf urbane Mobilität hin ausgerichtet ist. Er spricht Singles, Familien, die ein Zweit- oder Drittfahrzeug für den Stadtverkehr wünschen, mit mittlerem bis höherem Einkommen an. Mit anderen Worten: Der „Smart" ist keine „miniaturisierte Mittelklasse", sondern Ausdruck eines Lebensstiles, der durch nur scheinbar konkurrierende Merkmale wie Ökologie, Emotion und Intellekt gekennzeichnet ist. Der Anspruch „not just another car" wird damit auf eine eigenständige Weise realisiert.

Erhöhung der Strukturproduktivität

Der Automobilmarkt ist zweifellos preissensibler geworden. Die Formel „mehr Leistung und Ausstattung = höherer Preis" ist in keinem Marktsegment mehr durchsetzbar. Der Preiswettbewerb ist, auch wenn man dies gerade in der Automobilindustrie nicht gerne hören mag, ein Faktum: Wir sind in die Phase real sinkender Automobilpreise eingetreten.

Diese Entwicklung ist insofern dramatisch, als sich das Produktivitätsbild der deutschen Automobilindustrie in den 80er Jahren weiter verschlechtert hat. So hat sich das Wachstum der Arbeitsproduktivität verlangsamt, und die Kapitalproduktivität war sogar absolut rückläufig. Die Ursachen für diese Entwicklung sind sowohl standort- als auch marktbedingt. Standortbedingte Faktoren sind vor allem die Verkürzung der Arbeits- und Maschinenlaufzeiten sowie die Rigiditäten in unserem Bechäftigungssystem.

Marktbedingte Ursachen für die Produktivitätsschwäche der deutschen Automobilindustrie sind die Abflachung des Wachstumstrends der Automobilnachfrage bei einer gleichzeitigen Verstärkung der Absatzschwankungen sowie die Individualisierung der Nachfrage und die damit verbundene Produktdifferenzierung. Da die Kosten der Variantenvielfalt im wesentlichen Fixkostencharakter haben, führen sie bei sinkenden Produktionsmengen je Typ zu einer Erhöhung der Stückkosten. Einen Ausgleich über eine Verlängerung der Modellzyklen läßt der Markt nicht zu. Im Gegenteil: Die fallweise Verkürzung der Modellzyklen führt zu einer weiter sinkenden Life-of-the-model-Produktion.

Es liegt auf der Hand, daß bei einer so komplexen Bedingungskonstellation Kostenmanagement mehr erfordert als die intensive Suche nach Quellen der Vergeudung teurer Ressourcen. Kostenmanagement erfordert heute vor allem das Aufbrechen vorhandener Strukturen. Wenn die Kostenoptimierung innerhalb vorhandener Strukturen an Grenzen stößt, dann müssen eben diese Strukturen auch in Frage gestellt werden. Dies gilt vor allem für drei miteinander zusammenhängende Strukturfragen, die simultan beantwortet werden müssen:

1. Die Standortfrage:
   Welches sind die richtigen Standorte im In- und Ausland?
2. Die Frage der Fertigungstiefe:
   Was machen wir selber, was lassen wir machen?
3. Die Kooperationsfrage:
   Was machen wir allein, und wo arbeiten wir mit Lieferanten oder anderen Automobilherstellern in welchen industriellen Formen zusammen?

Die Antworten auf diese drei Schlüsselfragen sind klar:

1. In der Standortpolitik ist ein ausgewogener Mix zwischen Hart- und Weichwährungsländern notwendig. Ausgewogen heißt dabei, daß sich die jeweili-

gen Beschaffungs- und Absatzmengen in einem Markt weitgehend entsprechen sollten.

2. Grundsätzlich müssen alle Produktumfänge, die nicht markenspezifisch sind, als zu Zulieferern verlagerbar angesehen werden. Die Beantwortung der Frage, was markenspezifisch ist und was nicht, ist dabei selbst wieder markenspezifisch. Das bedeutet, daß ein Hersteller von hochwertigen Automobilen den Kreis markenspezifischer Aggregate und Komponenten weiter ziehen wird als ein Massenhersteller.

3. Ähnliches wie für die Gestaltung der Fertigungstiefe gilt für die Zusammenarbeit mit anderen Herstellern. Auch hier setzen die Markentypizität und die Markenidentität Grenzen.

Die Maßnahmen zur Erhöhung der Strukturproduktivität werden bei den Automobilherstellern zu neuen marktorientierten Organisationsstrukturen führen. Leitlinie ist dabei die konsequente Dezentralisierung aller unternehmerischen Teilfunktionen und ihre Bündelung in marktnahen organisatorischen Einheiten. Bei Mercedes-Benz wurde dieser Schritt mit der Einführung einer Spartenorganisation vollzogen. Die Sparten tragen die volle Verantwortung für die Erfolgsgrößen Produkt, Preis und Menge. Gleichzeitig wurden systematisch Leistungscenter eingeführt, die über ein hohes Maß an Entscheidungskompetenz verfügen. Die Verlagerung von Kompetenz und Verantwortung an den Ort der Leistungserbringung führt nicht nur zu einer Erhöhung der Arbeitsproduktivität im Sinne einer klassischen Rationalisierungsstrategie, sondern auch zu einem sparsameren Umgang mit dem Produktionsfaktor „Kapital". Wurde in der Vergangenheit die Steigerung der Arbeitsproduktivität häufig mit einem Absinken der Kapitalproduktivität erkauft, so fördert die Center-Konzeption eine Optimierung in Richtung eines zugleich arbeits- wie auch kapitalsparenden Fortschritts.

Die Realität des Preis- und Kostenwettbewerbs auf den internationalen Märkten hat nicht nur Konsequenzen für die Produktionsstrukturen, sondern sie muß auch am Produkt selbst ansetzen. Preisgleichheit zum Vorgängermodell ist heute eine unverzichtbare Prämisse für die Produktplanung. Es ist ein altes Vorurteil, daß Kostenvorgaben die Kreativität der Produktentwicklung beeinträchtigen. Das Gegenteil ist richtig: Durch die Zielkostenmethode werden Kreativitätspotentiale freigesetzt, weil sie dazu zwingt, völlig neue technische Lösungen in Betracht zu ziehen. Aufbauend auf einer Kundenwertanalyse einzelner Produkt-Features und einer Stärken-Schwächen-Analyse des Wettbewerbs können die Produkte qualitativ und ausstattungsbezogen optimiert und gleichzeitig kostenseitig kontrolliert werden. Die Sicherheitsoffensive der deutschen Automobilhersteller in den letzten Jahren hat gezeigt, daß bei einer konsequenten Anwendung dieser Methoden auch die japanischen Automobilhersteller verwundbar sind.

Produzieren, wo die Märkte sind

Der Automobilmarkt ist ein Weltmarkt. Das ist zweifellos richtig, wenngleich nur die eine Seite der Medaille. Der Automobilmarkt ist nämlich gleichzeitig auch ein national und regional fragmentierter Markt. Schon längst sind divergierende Produktanforderungen und Automobilkulturen als Exporthemmnisse wichtiger als unterschiedliche nationale technische Vorschriften. Andererseits sind nationale Märkte aber zu klein, um für sie spezielle Modelle zu entwickeln und zu produzieren. Die logische Folge daraus ist eine Strategie des Multi-domestic: Auf der Basis einer einheitlichen Produktphilosophie erfolgt eine landesspezifische Modifikation von Produkt- und Preisstrukturen zur Erfüllung nationaler Standards und die Produktion bzw. Montage der Fahrzeuge vor Ort. Eine solche Strategie ermöglicht nicht nur die Erschließung neuer Märkte, sondern auch die Nutzung internationaler Kosten- und Leistungsdifferentiale.

Standortentscheidungen werden in Zukunft nicht allein unter Kosten-, sondern auch unter Marketingaspekten zu treffen sein, denn die Marktnähe der Fertigung ist ein wichtiger Erfolgsfaktor der Marktbearbeitung. Wer in einem Land produziert, der kennt den Markt und weiß nationale Preisbereitschaften zu identifizieren. Wer in einem Land produziert, verschafft sich aber auch die nationale Sympathie des „local manufacturer" – in einer Zeit weltweit steigender Arbeitslosigkeit ein enorm wichtiges Marketing-Asset.

Vor allem aber ist Globalisierung notwendig, weil sich die regionalen Wachstumsschwerpunkte auf dem Automobilmarkt in einer geradezu dramatischen Weise verschieben. Während die Motorisierung in den reifen Automobilmärkten Europas und Nordamerikas sich an einer zwar flexiblen, aber wohl kaum noch sehr stark zu erhöhenden Sättigungsgrenze bewegt, treten viele Regionen erst in die Phase der Massenmotorisierung ein. Dies gilt natürlich vor allem für den südostasiatischen Raum, aber auch für Südamerika. Es liegt auf der Hand, daß diese Märkte vom Standort Deutschland aus aus vielerlei Gründen heute nicht mehr erreichbar sind. Deshalb bedarf es der Produktion vor Ort. Gleichzeitig sind diese Mengenpotentiale aber auch notwendig, um einen wettbewerbsfähigen Kostenmix für den inländischen Markt zu erreichen. Die Frage ist also nicht: Produktion entweder im Inland oder im Ausland, sondern: Wie können in- und ausländische Wertschöpfungsumfänge intelligent miteinander kombiniert werden?

Von der Kraft der Marke

Neuausrichtung der Produktpolitik, Erhöhung der Strukturproduktivität, Globalisierung – alle diese strategischen Ansätze zielen darauf ab, die Automobilhersteller im Verdrängungswettbewerb der 90er Jahre zu stärken. Sie alle haben die harten Fakten der Marktbearbeitung zum Gegenstand: Produkte, Preise, Märkte. Werden sie deshalb die Markenpolitik, das heißt die Pflege und Weiterentwicklung des psychologischen Marketingpotentials, überflüssig machen? Die Antwort darauf lautet: nein! Die Erweiterung der Produktprogramme, die Reduktion der Fertigungstiefe sowie die geographische Ausdehnung von Absatz- und Produktionsaktivitäten werden die Markt- und Produktwelten immer vielfältiger und damit auch unübersichtlicher machen. Das aber bedeutet: Orientierungen werden für den Konsumenten zunehmend wichtig. Er muß und er will sich von Komplexität entlasten. Deshalb braucht er klare Zeichen, die Informationen und Wertungen in einer kompakten Weise vermitteln. Diese Zeichen sind Marken: Weit mehr als bloße Herkunftsbezeichnungen sind sie chiffrehafte Wegweiser für das Kaufverhalten im Automobilmarkt.

Es ist in den letzten Jahren viel von der Erosion der Marken die Rede. Das ist richtig und zugleich falsch. Richtig ist es insoweit, als Marken erodieren, wenn sie ihre innere Konsistenz verlieren, wenn sie mit so vielen Bedeutungen „aufgeladen" werden, daß sie letztlich keine Prägnanz mehr besitzen. Andererseits ist das Kaufverhalten aber auch markenorientierter geworden, sofern man den Begriff „markenorientiert" nicht mit „markentreu" verwechselt. Eine starke Marke ist daher nach wie vor eines der besten Markcting-Assets, das sich ein Unternehmen wünschen kann.

Jede Marke hat ein statisches und ein dynamisches Element. Das statische Element sind die Grundwerte, die eine Marke zum Ausdruck bringt und die für den Kunden auf Dauer verläßlich sein müssen. Deshalb ist Kontinuität in der Markenpolitik so wichtig. Andererseits beginnen Marken, die lediglich ihre immer wieder gleichen Grundwerte kommunizieren, zu erstarren. Sie vergreisen und verlieren ihre Attraktivität. Deshalb muß jede Marke offen sein für Trendwerte, die sich in einer Gesellschaft herausbilden und ihren Zeitgeist bestimmen. Beides – Statik und Dynamik – in der Markenpolitik in ein gleichgewichtiges Verhältnis zu bringen ist ein schwieriger Spagat, so schwierig wie die Aufrechterhaltung einer Balance zwischen Tradition und Innovation in der Unternehmenspolitik.

„Mercedes" ist eine starke Marke. Sie ist in einer mehr als 100jährigen Geschichte gewachsen. Ihr Name löst bei jedem fast die gleichen Assoziationen aus: Qualität, Sicherheit, Exklusivität, Wertbeständigkeit. Solche Assoziationen drücken Vertrauen und Bewunderung aus. Gleichwohl: Auch bei einer starken Marke kann irgendwann einmal der Zeitpunkt kommen, wo sie ihre Lebendigkeit verliert, wo sie nur noch für eine große und erfolgreiche Geschichte zu stehen droht. „Wenn das Haus fertig ist, beginnt der Untergang", heißt es in einem großen deutschen Roman über den schicksalhaften Verfall einer erfolgreichen Unternehmerfamilie. Genauso ist es: Wenn eine Marke als ein unveränderliches, in sich abgeschlossenes Symbol verstanden wird, dann beginnt auch ihr innerer Verfall. Deshalb müssen Marken von Zeit zu Zeit dynamisiert werden. Sie müssen sich Trendwerten öffnen und sie in sich aufnehmen. Nur so behalten sie ihre Orientierungsfunktion, nur so können sie das Kaufverhalten von Menschen beeinflussen.

Dabei ist zu beachten, daß eine Marke nur zu einem Teil, und zwar zu einem vergleichsweise kleinen Teil, das Ergebnis von Werbung ist. Werbung kann Begriffe und Formeln, Zeichen und Bilder kommunizieren. Aber sie kann doch keine Marke „machen". Zur Marke gehört das Markenerlebnis, und dieses Erlebnis entsteht vor allem im persönlichen Kontakt mit ihr, das heißt im persönlichen Kontakt mit den Produkten, insbesondere mit den Menschen, die diese Produkte repräsentieren. Genau hier liegt aber eine der Schwächen der Automobilindustrie, freilich nicht nur hier: der Mangel an persönlicher Kommunikation mit dem Kunden.

Die Ursachen für diesen Tatbestand reichen weit in die deutsche Industriegeschichte zurück. Deutschland war ein Industrieland und ist es, trotz eines Anteils der Dienstleistungen von über 50% am Bruttosozialprodukt, mental noch immer. Die deutschen Automobilhersteller verfügen über eine exzellente Produzentenkultur, die durch ein hohes Produktethos, handwerkliche Traditionen und dem Streben nach technischer Vervollkommnung gekennzeichnet ist. Diesen positiven Elementen einer Produzentenkultur stehen aber nicht wenige Gefährdungen gegenüber, vor allem eine geringe Kundenorientierung und eine mangelnde Kommunikationsfähigkeit.

Dienstleistungen stehen in Deutschland nicht hoch im Kurs. Wer mag schon „dienen" und „leisten"? Solche Tugenden, die in der amerikanischen Gesellschaft von klein auf wie selbstverständlich gelernt werden, finden bei uns nur wenig Akzeptanz. Deshalb fühlen wir uns als Gast in den USA wohl, wo auch immer wir hinkommen, während wir uns in Deutschland immer irgendwo zwischen Himmel und Hölle bewegen. Wir tun uns schwer, Markenerlebnisse im persönlichen Kontakt zu schaffen. Statt dessen verlassen wir uns auf die „ausdrucksstarke Werbung" und den „gelungenen Prospekt". Das ist gefährlich. Denn eine Markenbindung, die nur auf „schönen Bildern" beruht, ist schwach. Werden die „schönen Bilder" im tatsächlichen Erleben nicht eingelöst, können sie auch leicht in ihr Gegenteil, Enttäuschung und Wut über eine Marke, umschlagen. Daher ist die Entwicklung einer Dienstleistungskultur, in der markenadäquate persönliche Bindungen aufgebaut werden, so wichtig für den langfristigen Markterfolg.

Das ist natürlich vordergründig zuerst eine Aufgabe im persönlichen Verkauf und im Service. Der Händler, der Verkäufer, der Kundendienstannehmer: das sind diejenigen, die die Marke verkörpern. Sie entscheiden darüber, ob sich der Kunde bei einer „Marke" wohl oder sich von ihr abgestoßen fühlt. Kundenorientierung ist jedoch nicht delegierbar. Sie muß vielmehr im gesamten Unternehmen die Leitmaxime des täglichen Verhaltens sein. Bei Mercedes-Benz wurde deshalb das „Mercedes-Benz-Erfolgsprogramm" auf den Weg gebracht. Es definiert vier Grundhaltungen: den kontinuierlichen Verbesserungsprozeß, die konsequente Entscheidungsdelegation, das Null-Fehler-Ziel und die kompromißlose Kundenorientierung. Innen- und Außenorientierung, Kunden- und Mitarbeiterorientierung verschmelzen in diesen vier Grundhaltungen zu einem Ganzen. Lebenskräftig ist eine Marke nur, wenn sie auch im Unternehmen gelebt wird.

Marken- oder Preiswettbewerb –
das strategische Marketing braucht neue Paradigmen

Die Theorie der strategischen Unternehmensführung hat sich lange darin gefallen, zwischen einer Strategie der Qualitäts- und der Kostenführerschaft zu unterscheiden, sie gewissermaßen als zwei gleichwertige, sich allerdings ausschließende strategische Optionen der Unternehmenspraxis anzubieten. Im strategischen Marketing wurde diese Idee aufgegriffen und in einen Gegensatz zwischen Marken- und Preiswettbewerb uminterpretiert. Beide Unterscheidungen mögen ihren akademischen Wert haben. In der Praxis sind sie nicht nur untauglich, sondern gefährlich. Eine imageträchtige Marke macht heute schon längst nicht mehr immun gegen Preiswettbewerb. Und umgekehrt kann sich der Preiswettbewerber zu einer starken Marke mit einer hohen Anziehungskraft und Kundenbindung entwickeln. Die Discounter-Erfahrungen in anderen Branchen bestätigen das.

Die Ursache für diese Entwicklung liegt in einer veränderten Wettbewerbssituation und in einem veränderten Kundenverhalten. Auf dem Automobilmarkt gibt es heute keine schlechten Produkte mehr. Gewiß gibt es Unterschiede zwischen den einzelnen Segmenten und zwischen den verschiedenen Fabrikaten, aber diese Unterschiede bauen auf einer insgesamt hohen Produktqualität auf. Wenn die Kaufrisiken sinken, dann wird der effektive Preis für das Kaufentscheidungsverhalten wichtiger. Vor dem Hintergrund dieser Produkterfahrung verhält sich der Kunde heute anders als in der Vergangenheit. Seine qualitätsorientierte Preisbereitschaft ist geringer, vor allem fordert und will er einen als fair empfundenen Preis. Das Empfinden für einen „gerechten" Preis ist stärker geworden. Der Preis wird damit selbst zu einem Markenattribut, und eine starke Marke kann auch deshalb in Gefahr geraten, weil sie als „gut, aber unfair" eingestuft wird.

Die vielzitierte und manchmal ja auch durchaus bequeme Dichotomie von Marken- und Preiswettbewerb muß daher im strategischen Marketing der 90er Jahre einem neuen Paradigma weichen. Dieses Paradigma basiert auf der Annahme, daß der Kunde eine Marke gesamtheitlich in allen ihren Erscheinungsformen wahrnimmt. Dieses neue Paradigma läßt sich in einer doppelten Weise formulieren. Je nachdem, welches Element das dominierende sein soll, kann es als markenorientierte Preisstrategie oder als preisorientierte Markenstrategie definiert werden. In einer markenorientierten Preisstrategie wird der Preis das dominante Marketinginstrument sein, freilich nicht, ohne dem Kunden nutzen- und leistungsbezogene Markenwerte zu vermitteln. In der preisorientierten Markenstrategie dominiert hingegen die Erlebniswelt der Marke mit ihren emotionalen und statusbezogenen Werten. Zugleich läßt sie aber nicht außer acht, daß auch dieser Kunde einen Anspruch auf Fairneß geltend macht. Wie das neue strategische Paradigma des Automobilmarketings in die Praxis umgesetzt wird, ist Sache eines jeden Unternehmens. Zu unterschiedlich sind Kulturen und Strukturen, Geschichte und Visionen in den einzelnen Unternehmen, als daß sich dazu ein Rezept formulieren ließe.

Die geforderte Synthese aus Markenmarketing und Preismarketing mag demjenigen, der sich noch in den traditionellen Denkmustern einer vertikalen Gesellschafts- und Marktstruktur bewegt, fast wie eine Quadratur des Kreises vorkommen. Tatsächlich eröffnet der Wechsel der Marketingparadigmen jedoch die Chance zu einer Revitalisierung der deutschen Automobilindustrie, ohne in den Preiskämpfen des Automobil-Discounts zu versinken oder in den Höhen einer immer exklusiveren Exklusivität in Schönheit zu sterben. Die Koordinaten des Automobilmarktes haben sich in den vergangenen 20 Jahren in mehr als in nur einer Hinsicht verschoben. Chancen und Risiken werden auf dem Automobilmarkt gegenwärtig neu verteilt. Nur wer jetzt marktorientiert handelt, wird zu den Gewinnern des Strukturwandels gehören.

Teil I

Produktmarketing

1 Grundlagen

Unter Produktpolitik versteht man die Gesamtheit aller Entscheidungen, die das Marktleistungsangebot eines Unternehmens betreffen. Die Marktleistung setzt sich aus dem Produkt im engeren Sinne sowie aus produktbezogenen Nebenleistungen („product support") zusammen.

Leider wird im Sprachgebrauch der Branche eine Vielzahl von Begriffen verwandt, um das Produkt Personenkraftwagen näher zu bezeichnen. So wird mit meistens nicht genau bestimmtem Inhalt von Modell, Typ, Typvariante und Baureihe gesprochen. Es erscheint daher ratsam, den weiteren Ausführungen dieses Handbuches durchgängig die folgenden Begriffsabgrenzungen zugrunde zu legen:

- *Baureihe*
  Produktfamilie, die einen relativ einheitlichen technischen Standard repräsentiert und in der Regel einen eigenen Produktnamen aufweist (z.B. Golf, Omega, 3er-Reihe, E-Klasse).
- *Typ*
  Ein nach Motorleistung, Antriebsart, Aufbau und gegebenenfalls Ausstattungspaketen spezifiziertes Fahrzeug innerhalb einer Baureihe (z.B. Golf VR6, Omega 1.8 GLS, 318i, E-250D).

Dem Begriff „Modell" wird hier keine spezifische Bedeutung zugeordnet. Im Sprachgebrauch der Branche wird er sowohl zur Bezeichnung von Baureihen als auch Typen verwandt. Der Begriff „Variante" wird zumeist mit dem Begriff „Typ" gleichgesetzt oder als weitere Spezifikation eines Typs verwendet („Typvariante"), wobei jedoch in der Regel nicht angegeben wird, auf welche Produktmerkmale sich diese Spezifikation bezieht. Eine sehr stark spezifizierte Anwendung des Begriffs „Variante" findet sich noch im Zusammenhang mit individuellen Ausstattungsmerkmalen, die vom Kunden zusammengestellt werden („Ausstattungsvarianten").

Die Produktpolitik ist in der Automobilwirtschaft aus mehreren Gründen von herausragender Bedeutung:

1. Die Qualität und das Vertrauen in das Produkt bzw. die Marke sind für den Automobilkunden nach wie vor zentrale Kaufentscheidungskriterien. Im Rahmen einer repräsentativen Befragung potentieller Autokäufer in Westdeutschland aus dem Jahr 1993 wurden als die wichtigsten Kaufentscheidungskriterien „Zuverlässigkeit" sowie „Sicherheit" und der „Preis" ge-

nannt *(vgl. SPIEGEL-Dokumentation 1993, S. 159)*. Die hohe Bedeutung, die außerdem einer Reihe weiterer qualitativer Kriterien zugewiesen wird, wie z.B. dem „Verbrauch", der „Umweltfreundlichkeit" und der „Verarbeitungsqualität", unterstreicht die Tatsache, daß der Automobilkäufer bei seiner Kaufentscheidung nicht nur den Preis, sondern gleichgewichtig ganz bestimmte Produkteigenschaften mit in sein Kalkül zieht.

2. Produktpolitische Entscheidungen sind aus wirtschaftlichen und technischen Gründen kurzfristig nicht reversibel. Unter wirtschaftlichen Gesichtspunkten spielen hier insbesondere die sehr hohen Aufwendungen, die mit der Entwicklung und Markteinführung neuer Produkte verbunden sind, eine wichtige Rolle. Die Entwicklung einer komplett neuen Baureihe erfordert heute Aufwendungen in einer Größenordnung von zwei bis vier Mrd. DM. Aber auch aus technischen Gründen können Fahrzeuge kurzfristig kaum wesentlich verändert werden, da das Automobil ein sehr komplexes Produkt darstellt.

3. Schließlich ist das Produkt die Grundlage für den Einsatz der anderen marketingpolitischen Instrumente. Preis-, Distributions- und Kommunikationspolitik werden sehr stark produktbezogen ausgestaltet. Zwar wird heute häufig darauf hingewiesen, daß die Produktbeschaffenheit keine ausreichende Differenzierung im Wettbewerb mehr ermögliche, weil sich Qualität, Technik und Design der Fahrzeuge innerhalb der jeweiligen Marktsegmente immer stärker annähern würden. Diese Feststellung ist auch zweifellos richtig. Andererseits ist eine hohe Produktqualität aber die Voraussetzung für den Markterfolg. Sie stellt nach wie vor den wichtigsten „Penalty"-Faktor im Automobilmarketing dar; produktpolitische Schwächen sind nämlich erfahrungsgemäß kaum durch den Einsatz anderer Marketinginstrumente, insbesondere der Preis- und Kommunikationspolitik, korrigierbar. Zusammenfassend kann man daher die Bedeutung der Produktpolitik in der Automobilwirtschaft auf die Formel bringen: „Ein gutes Produkt ist nicht alles, aber ohne ein gutes Produkt ist alles nichts!"

2 Entscheidungstatbestände der Produktpolitik

2.1 Produktinnovation

Unter einer Produktinnovation versteht man die Einführung einer komplett neuen Baureihe durch einen Automobilhersteller. Dabei können zwei Fälle unterschieden werden: erstens die Einführung einer neuen Baureihe zur Erweiterung des Produktprogrammes und zweitens die Einführung einer neuen

Baureihe zur Ablösung einer bereits im Markt befindlichen Baureihe. Im zweiten Fall handelt es sich um einen sog. Modellwechsel. Der Innovationswert eines neuen Produktes kann in einer Veränderung der technisch-qualitativen und/oder der formal-ästhetischen Fahrzeugeigenschaften begründet liegen.

2.1.1 Produktpositionierung

Unter Produktpositionierung versteht man die Plazierung eines Produktes oder einer Marke in einem Produktmarktraum. Der Produktmarktraum wird durch voneinander unabhängige objektive oder subjektive Produkteigenschaften gebildet *(Brockhoff 1988, S. 109)*. Ziel der Produktpositionierung ist, für ein neues Produkt eine Unique Selling Proposition (USP) zu definieren. Ein Produkt verfügt dann über einen USP, wenn es sich einerseits von den anderen im Markt befindlichen Produkten unterscheidet (Wettbewerbsdifferenzierung) und gleichzeitig von einer ausreichend großen Zielgruppe als attraktiv angesehen wird (Kundenakzeptanz). Die Produktpositionierung kann also durch Abgrenzung vom Wettbewerb erfolgen, wobei dann zu prüfen ist, ob das so differenzierte Produkt auch einen Markt findet, oder durch die Ermittlung von Kundenwünschen, wobei dann zu prüfen ist, ob sich ein solches Produkt auch ausreichend von denen des Wettbewerbs unterscheidet. Im folgenden sollen beide – einander natürlich nicht ausschließende – Vorgehensweisen dargestellt werden.

Zunächst sei die Vorgehensweise bei einer *Produktpositionierung durch Wettbewerbsdifferenzierung* erläutert. Es ist dies auch ein gutes Beispiel dafür, wie die Produktpositionierung zur Suche nach neuen Produktideen eingesetzt werden kann. Ausgangspunkt ist das folgende, Brockhoff entlehnte Beispiel eines Produktmarktraumes *(Brockhoff 1988, S. 19/Abb. 1)*:

Der Produktmarktraum wird hier durch die beiden objektiven Produktmerkmale Kofferrauminhalt und PS-Zahl gebildet. Diese beiden Produktmerkmale sind technisch voneinander unabhängig, was eine wichtige Bedingung für die sinnvolle Gestaltung von Produktmarkträumen darstellt. (Die Produkteigenschaften PS-Zahl und Hubraum würden diese Bedingung z.B. nicht erfüllen.) In diesen Produktmarktraum werden die verschiedenen, beispielsweise innerhalb einer Preisklasse miteinander real konkurrierenden Produkte eingetragen. Die erste Frage, die nun bei der Produktplanung gestellt werden muß, ist: Gibt es in diesem Produktmarktraum „weiße Flecken", d.h. Bereiche, die bislang nicht durch ein bestimmtes Produkt besetzt sind? Wie unschwer zu erkennen ist, sind zwei solcher Bereiche vorhanden: Zum einen gibt es kein Angebot im Feld I, also von Fahrzeugen, die über einen großen Kofferraum, aber

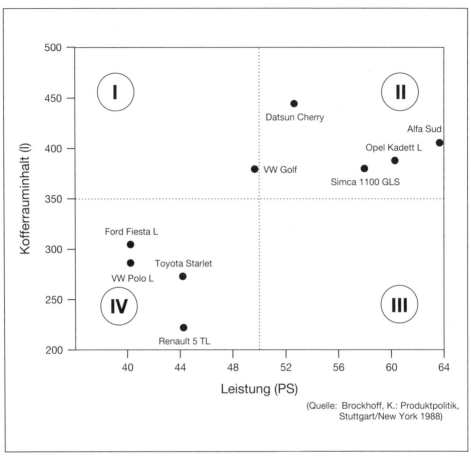

Abb. 1: Produktpositionierung im Produktmarktraum

eine nur geringe PS-Zahl verfügen. Und es gibt – in der hier betrachteten Preisklasse – ebenfalls kein Angebot von Fahrzeugen mit kleinem Kofferraum und hoher PS-Zahl im Feld III. Das gesamte Angebot konzentriert sich auf die aus rein technischer Sicht „logischen" Bereiche von Fahrzeugen mit großem Kofferraum und hoher PS-Zahl bzw. mit kleinem Kofferraum und niedriger PS-Zahl. Die nächste Frage ist dann: Sind Produktkonzepte für die Besetzung der Felder I und III vorstellbar? Die Frage kann bejaht werden: Das Feld I könnte beispielsweise durch einen „City Van" besetzt werden. Es würde sich dabei um ein Fahrzeug handeln, das überwiegend in Ballungszentren bewegt wird und daher keine große PS-Zahl braucht, gleichzeitig aber für Transporte mit großem Platzbedarf geeignet ist (z.B. zum Einkaufen oder auch für Handwerker). Ein solcher „City Van" könnte also ein völlig neues Marktsegment begründen. Gleichzeitig ist auch ein Produktkonzept vorstell-

40

bar, das Feld III besetzt: Denkbar wäre hier das Konzept eines kleinen Roadster, der sich von den allgemein üblichen, hochpreisigen Sportwagen durch besondere „Pfiffigkeit" unterscheiden könnte. Tatsächlich hat die Marke Mazda im Jahr 1989 ein solches Fahrzeug in den Markt eingeführt (Mazda MX 5 – Miata) und damit eine langjährige Alleinstellung im Automobilmarkt begründen können. Die dritte Frage, die dann zu stellen wäre, lautet: Gibt es ausreichend große Zielgruppen, für die die definierten Produktkonzepte („City Van" und „Mini-Roadster") attraktiv sind? Diese Frage muß letztlich über Marktanalysen und -prognosen auf quantitativer und qualitativer Basis beantwortet werden.

Das Beispiel macht deutlich, wie durch eine vergleichsweise simple Definition eines Produktmarktraumes kreative Produktkonzepte entstehen können. Insbesondere hilft ein solches Verfahren, das häufig festgefahrene lineare Denken in technischen Konventionen zu überwinden. Andererseits besteht die Gefahr, daß man mit dieser Methode lediglich Nischenmodelle entwickelt, die nicht die heute im Automobilbau notwendige Volumenbasis (also die sog. „Brot-und-Butter-Autos") sicherstellen.

Grundlage für die *Produktpositionierung durch Erfassung von Kundenpräferenzen* ist die Bildung von sog. Idealpunktmodellen *(Brockhoff 1988, S. 111)*. Dabei werden im Rahmen einer Befragung die Vorstellungen potentieller Käufer über ein Idealprodukt im Hinblick auf bestimmte Produkteigenschaften ermittelt. Aufgabe der Produktplanung ist es in diesem Fall, Produktkonzepte zu entwerfen, die den Idealproduktvorstellungen der potentiellen Käufer möglichst nahekommen. Unterstellt wird nämlich, daß die Kaufwahrscheinlichkeit um so größer ist, je näher das Realprodukt an das Idealprodukt herankommt.

Der Vorteil dieses Verfahrens liegt sicherlich darin, daß es von den jeweiligen Kundenvorstellungen ausgeht und sich die Produktentwicklung damit konsequent an den jeweiligen Käuferpräferenzen orientiert. Außerdem wird dadurch in der Regel sichergestellt, daß der Massenmarkt nicht vernachlässigt wird, Automobilhersteller also nicht in die Falle einer reinen Nischenpolitik geraten. Andererseits besteht bei der Produktpositionierung mit Idealpunktmodellen die Gefahr, daß keine wirklich innovativen Produkte entstehen, denn die Befragten bewegen sich mit ihren Vorstellungen bezüglich eines Idealproduktes zumeist im Rahmen der schon im Markt befindlichen Fahrzeugkonzeptionen. Außerdem kann es bei einer Befragung über Idealprodukte zu einer Anspruchsinflation kommen. Das heißt, es werden Anforderungen an ein Ideal-Auto formuliert, dic technisch und preislich nicht zu realisieren sind. In diesem Fall erhält die Produktentwicklung nicht die gewünschte Orientierung über die wirklich kaufentscheidenden Produktmerkmale.

Praxisbeispiel:

Repositionierung der Kompaktklasse bei Mercedes-Benz

Im Jahr 1983 erweiterte Mercedes-Benz sein traditionelles Produktprogramm um eine weitere Baureihe, nämlich das Modell 190er (W 201), das in verschiedenen Motorisierungsvarianten angeboten wurde. Eines der Ziele, das damit angestrebt wurde, war eine Verjüngung des Markenbildes, um damit jüngere Käuferschichten anzusprechen. Wie eine Positionierungsstudie, die im Hinblick auf die Entwicklung der Nachfolgebaureihe, der C-Klasse (W 202), erstellt wurde, zeigt, wurde dieses Ziel nur teilweise erreicht. Abbildung 2 veranschaulicht die Situation beim Auslauf der Baureihe W 201. Der den Positionierungsüberlegungen zugrundeliegende Produktmarktraum wird in diesem Fall nicht nur von einzelnen objektiven Produktmerkmalen gebildet, sondern umfaßt zwei integrierte Positionierungsdimensionen: Dimension I wird unter dem Begriff „Basiswerte" zusammengefaßt und umfaßt solche Produkteigenschaften wie Robustheit, Wiederverkaufswert, Sicherheit und Umweltverträglichkeit. Dimension II wird mit dem Begriff „Trendwerte" charakterisiert. Sie beinhaltet die Produktmerkmale Leistung, Sportlichkeit und Styling.

Wie aus der graphischen Darstellung deutlich wird, war die Baureihe W 201 in den Basiswerten sehr stark, in den Trendwerten jedoch schwach. Dementsprechend wurden die jüngeren Käuferschichten, wie entsprechende Altersstrukturanalysen gezeigt haben, nicht in dem gewünschten Umfang erreicht. Aufgrund dieses noch während der Laufzeit der Baureihe festgestellten Defizits wurde die Variante „Sportline" eingeführt und mit intensiven Kommunikationsmaßnahmen beworben sowie durch ein verstärktes Engagement im Motorsport begleitet. Wie Abbildung 2 zeigt, konnte damit in der Tat eine deutliche Verbesserung der Trendwerte erreicht werden.

Die neue C-Klasse sollte nun noch stärker in Richtung der Trendwerte positioniert werden. Grundlage dafür war eine lebensstilorientierte Produktpositionierung, die sog. Lines. Neben der Grundversion („Klassik") wird die C-Klasse in drei weiteren Ausstattungslinien angeboten: „Elegance" (Komfort, Status, optische Eleganz), „Esprit" (Jugendlichkeit, Farbigkeit) sowie „Sportline" (kultivierte, nicht aggressive Sportlichkeit). Besonders mit den beiden letzten Linien sollten die Trendwerte verstärkt werden, ohne die gute Verankerung im Bereich der Basiswerte zu gefährden. Die relativ hohen Eroberungsraten von Fremdfabrikaten, die gerade mit der „Esprit"- und der „Sportline"-Version erzielt wurden, deuten darauf hin, daß dies gelungen ist. Außerdem konnte bei der „Esprit"-Linie ein deutlich höherer Anteil von weiblichen Käufern sowie Fahrern zwischen 25-40 Jahren festgestellt werden.

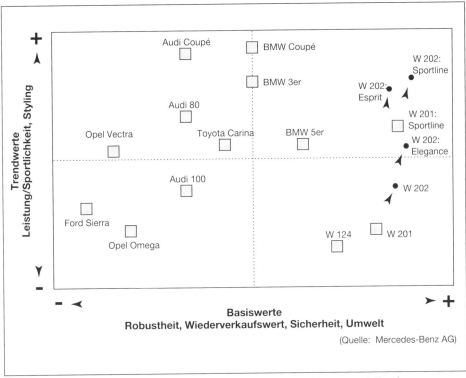

Abb. 2: Produktraum und Produktpositionierung von Mittelklassemodellen in Deutschland

Die Positionierung ist die wichtigste Grundlage für die Definition von *Produktkonzepten*. Unter einem Produktkonzept kann man einen ersten, noch relativ allgemeinen gedanklichen Entwurf für ein neues Fahrzeug verstehen, der die wesentlichen Produktcharakteristika zum Ausdruck bringt. Gelegentlich werden solche Produktkonzepte in Einzelanfertigung als Fahrzeuge hergestellt und der Öffentlichkeit präsentiert („Concept Cars"). Der Sinn der Definition von Produktkonzepten ist, bereits in einem frühen Stadium die Entwicklungsrichtung eines neuen Fahrzeuges zu bestimmen, wobei hierbei durchaus extreme Möglichkciten mit in die Betrachtung einbezogen werden können. Im Vergleich zur eigentlichen Serienentwicklung entstehen in der Konzeptphase noch relativ geringe Kosten.

Bei der Definition von Produktkonzepten müssen einige wichtige Einflußfaktoren berücksichtigt werden. Sie sollen im folgenden summarisch dargestellt werden (vgl. Schirmer 1990, S. 896):

- *Kundenansprüche und Wettbewerbsverhalten:* Sofern es sich bei der Planung einer neuen Baureihe um ein Nachfolgemodell handelt, kann bei der Konzeptentwicklung auf die Kundenbeurteilung der bisherigen Modelle als Informations- und Ideenquelle zurückgegriffen werden. Schwieriger ist die Nutzung von Kundenbefragungen, wenn es sich um die Entwicklung einer völlig neuen, das Produktprogramm ergänzenden Baureihe handelt, da man hier schnell an Grenzen des konzeptionellen Vorstellungsvermögens von Kunden gerät.

- *Prognose und Bewertung automobilrelevanter Umfeldbedingungen:* Von besonderer Bedeutung ist hier die Entwicklung der wirtschaftlichen, gesellschaftlichen und politischen Rahmenbedingungen. Sie können einen starken Einfluß auf das künftige Kunden- und Wettbewerbsverhalten haben. Außerdem müssen künftige Technologietrends abgeschätzt und auf ihre Automobilrelevanz hin geprüft werden. Wichtige wirtschaftliche Einflußfaktoren sind die Entwicklung der real verfügbaren Einkommen, der Konsumpräferenzen, der Kraftstoffpreise sowie der Arbeits- bzw. Freizeit. Zu den gesellschaftlichen Rahmenbedingungen, die beachtet werden müssen, gehören: Entwicklung der Bevölkerung und der Haushaltsgrößen, des Wertewandels und Umweltbewußtseins sowie der Verkehrsdichte und Verkehrsinfrastruktur. Politische Rahmenbedingungen, die auf die Automobilentwicklung Einfluß haben, sind schließlich die Umweltgesetzgebung (Schadstoffgrenzwerte, Recycling etc.), die Kfz-Besteuerung und Sicherheitsvorschriften. Besondere Schwierigkeiten macht dabei die Tatsache, daß der Planungshorizont in der Automobilwirtschaft sehr lang ist. Über den Zeitraum der Modellaufzeit hinaus muß auch die Phase der Weiternutzung des Fahrzeuges und des Verkaufs als Gebrauchtwagen berücksichtigt werden. Breite Anwendung findet daher in dieser Phase die Szenario-Technik bzw. das Trendmonitoring. Ein zunehmend wichtiges Instrument für konkrete Fragen der Produktgestaltung ist die Collage-Technik *(vgl. Küthe/Thun 1995, S. 17 ff.).*

- *Berücksichtigung von Zielkonflikten:* Bereits in der Konzeptphase müssen die Zielkonflikte, die bei der Entwicklung eines Automobils unausweichlich auftreten, beachtet werden. Zielkonflikte entstehen im wesentlichen auf zwei Ebenen: Auf der Ebene des Gesamtunternehmens werden von den einzelnen Funktionalbereichen an ein neu zu entwickelndes Fahrzeug unterschiedliche Anforderungen gestellt. Der Entwicklungsbereich hat zunächst ein originäres Interesse daran, ein Fahrzeug mit einem möglichst hohen Innovations- und technischen Perfektionsgrad zu entwickeln. Dies führt tendenziell zu Konflikten mit der Anforderung des Vertriebs, Fahrzeuge zu einem attraktiven Preis anbieten zu können, bzw. mit der Forderung der Produktion, möglichst einfache, montagegerechte Produkte herstellen zu können, um die vorgegebenen Qualitäts- und Produktvitätsziele zu erreichen. Der Vertrieb hat demgegenüber das Interesse an einer hohen Produktvielfalt („Losgröße 1"), was wiederum mit den Produktivitäts-, eventuell auch Qualitätszielen der Produktion kollidiert. Der Bereich der Finanzwirtschaft ist schließlich an niedrigen Produktkosten und hohen Deckungsbeiträgen interessiert. Dies kann in Konflikt mit den technischen Zielen der Entwicklung und dem Wunsch des Vertriebs nach niedrigeren Preisen und hoher Produktvielfalt stehen. Das Produktkonzept muß diese unterschiedlichen Interessenlagen berücksichtigen, weshalb an der Konzeptentwicklung heute alle genannten Unternehmensbereiche beteiligt sind.

2.1.2 Produktentwicklung

Die drei wesentlichen Kriterien für die Effizienz und Effektivität der Produktentwicklungsleistung sind

- Qualität,
- Zeit und
- Kosten.

Nach der Studie von Clark und Fujimoto schneiden die nordamerikanischen und europäischen Automobilhersteller bei wichtigen Leistungskennzahlen der Produktentwicklung schlechter ab als die Japaner. Als Ursache dafür werden Defizite in der Organisation und im Management des Entwicklungsprozesses genannt. *(Clark/Fujimoto, 1992)*

Analog zu den genannten Leistungsdimensionen sind die wichtigsten Steuerungsinstrumente für die Produktentwicklung das Lastenheft (Qualität), der Meilensteinplan (Zeit) sowie das Entwicklungsbudget (Kosten). Sie sollen im folgenden dargestellt werden.

Das *Lastenheft* enthält detailliert alle technischen und wirtschaftlichen Vorgaben für die Produktentwicklung. Es muß die interne und externe Produktintegrität sicherstellen. Waren die Lastenhefte in der Vergangenheit sehr einseitig von technischen Inhalten geprägt, so finden heute verstärkt wirtschaftliche Vorgaben Eingang.

Der *Meilensteinplan* enthält die wesentlichen zeitlichen Vorgaben für die Produktentwicklung. Er steuert damit den zeitlichen Ablauf des gesamten Entwicklungsprozesses, der sowohl die Konstruktion als auch den Versuch (Fahrerprobung) umfaßt. Die wichtigsten Eckpunkte eines Meilensteinplanes sind

- die Formfreigabe,
- der Beginn der Fahrerprobung,
- die Bereitstellung des ersten Arbeitsvorbereitungsfahrzeuges,
- der Beginn der Hauptserienfertigung sowie
- der Zeitpunkt der Markteinführung.

Wie bereits erwähnt, kommt dem Faktor „Zeit" eine wesentliche Bedeutung für die Produktentwicklungsleistung zu. Es überrascht daher nicht, daß der Meilensteinplan als Steuerungsinstrument des Entwicklungsmanagements an Bedeutung gewonnen hat. Kennzeichnend für die zeitliche Steuerung des Entwicklungsprozesses ist der Übergang von der sequentiellen zur simultanen Produktentwicklung („simultaneous engineering"). Unter „simultaneous engineering" versteht man die parallele Durchführung von Konstruktions- und Versuchsaufgaben.

Praxisbeispiel:

Audi – Entwicklung des A4

Audi ist es gelungen, trotz eines erheblich größeren Entwicklungsumfanges die Entwicklungszeit der Baureihe A4 gegenüber der Baureihe Audi 100 von 43 auf 27 Monate zu verkürzen (vgl. Abb. 3). Grundlage für diese Reduktion der Entwicklungszeit um 30% war die Bildung von sog. Fachgruppen (SE-Teams). Die Teambildung orientierte sich an den Funktionsgruppen des Fahrzeuges wie z.B. Fahrwerk, Rohbau, Türen und Frontend. Aufgabe der Fachgruppen war es, den Entwicklungsprozeß ganzheitlich mit Bezug auf das jeweilige Modul zu steuern. Dies schloß die Übertragung kompletter Entwicklungsaufgaben an Zulieferer mit ein. Der Zulieferer wurde damit zum Systempartner. Beispielhaft wurde dies am Frontendmodul, das aus dem Windfang, dem Kühler-/Kondensatorpaket, dem Lüfter, dem Scheinwerfer und einigen weiteren Komponenten besteht, umgesetzt. Das Frontendmodul wird heute durch den Systemlieferanten vormontiert und „just in time" in die Montagelinie eingesteuert. Bei der Entwicklung des A4 wurde das Simultaneous Engineering erst mit dem Formentscheid flächendeckend angewandt. Bei aktuellen und künftigen Entwicklungen soll insbesondere die Partnerschaft mit den Lieferanten bereits in der Konzeptphase der Fahrzeugprojekte genutzt werden, da man sich davon eine weitere Verkürzung der Entwicklungszeiten verspricht *(vgl. Paefgen 1994, S. 18 ff.)*.

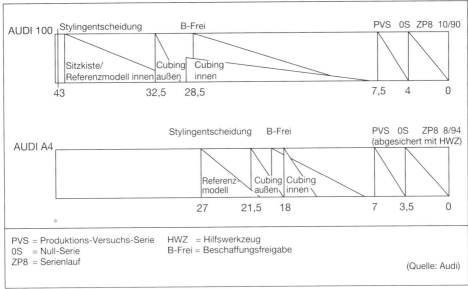

Abb. 3: Simultaneous Engineering bei Audi / Projektvergleich zwischen Audi 100 und A4

Wie bereits erwähnt, liegen die Kosten für die Entwicklung einer neuen Fahr-
zeuggeneration heute bei zwei bis vier Mrd. DM. Ursache für die steigenden
Entwicklungskosten ist der sinkende Grenzertrag des in Mann-Stunden ge-
messenen Entwicklungsaufwandes. Darin kommt zum Ausdruck, daß es sich
beim Automobil um ein ausgereiftes Produkt handelt, so daß wettbewerbsdifferenzierende Innovationen mit einem sehr hohen personellen Input erarbeitet werden müssen.

Strategische Ansätze zur Erhöhung der Entwicklungseffizienz

Die wichtigsten strategischen Ansatzpunkte zur Verbesserung der Leistungsdimensionen Qualität, Zeit und Kosten in der Produktentwicklung sind *(vgl.
Clark/Fujimoto 1992, S. 324 ff. sowie Dögl/Piechota/Schneider 1992, S. 140 ff.)*:

● Realisierung eines „harten" Projektmanagements
● kundenorientierte Gestaltung der Lastenhefte
● Anwendung des „simultaneous engineering"
● Entzerrung der Neuentwicklung von Fahrzeugbaureihen
● Reduktion der Entwicklungstiefe durch Fremdvergabe von Entwicklungs-
  aufträgen bzw. Verlagerung auf Zulieferer
● Konzentration des Automobilherstellers auf sein System- und Integrations-
  Know-how
● Modularisierung der Produkte

47

- Einsatz von computerunterstützten Systemen in der Konstruktion wie bei der Fahrerprobung (CAD, Simulatoren)
- montagegerechte Entwicklung

Produkttests: Die „Car Clinic"

Unter einem Produkttest versteht man „eine experimentelle Untersuchung, bei der zunächst nach bestimmten Merkmalen ausgewählte Personen unentgeltlich bereitgestellte Produkte probeweise ge- oder verbrauchen und anschließend nach ihren subjektiven Wahrnehmungen und/oder Beurteilungen bezüglich der getesteten Produkte als Ganzes bzw. einzelner Bestandteile gefragt werden" *(Berekoven/Eckert/Ellenrieder 1989, S. 34)*. In der Automobilindustrie werden Produkttests in Form sog. Produktkliniken durchgeführt.

Die wichtigsten Erkenntnisziele einer Car Clinik sind (vgl. Nowak 1983, S. 74):

- *Markentypizität eines neuen Modells:* Wird das Modell der „richtigen" Marke zugeordnet, oder hat es etwa Merkmale, die zu einer Verwechslung mit einer anderen Marke führen könnten?
- *Gestamteindruck Styling:* Wie wirken Exterieur und Interieur auf die potentiellen Kunden?
- *Bewertung des konstruktiven Konzeptes:* Welchen Eindruck macht die Fahrzeugkonstruktion?
- *Produkterlebnis:* Welche Empfindungen und Erlebnisse vermitteln technische und stilistische Detaillösungen?
- *Gebrauchsnutzen:* Welche Erwartungen haben die potentiellen Kunden hinsichtlich des Gebrauchsnutzens des neuen Fahrzeuges?

In der Regel wird die Produktklinik in statischer Form mit etwa hundert Personen, die die Zielgruppen repräsentieren, durchgeführt. Statisch bedeutet, daß die Fahrzeuge nicht gefahren werden können. Die Präsentation des neuen Modells erfolgt im aktuellen Wettbewerbsumfeld. Die Probanden werden anschließend in persönlichen Interviews über ihre Eindrücke befragt.

Ein besonderes Problem von Car Clinics ist die Festlegung des Zeitpunktes, wann ein solcher Test durchgeführt werden soll. Auf der einen Seite soll der Produkttest so frühzeitig durchgeführt werden, daß noch Änderungen am Fahrzeug möglich sind. Je früher der Zeitpunkt des Produktklinikums liegt, desto geringer ist andererseits die prognostische Valenz der Aussagen der Probanden.

Obwohl viele Einwände gegen Produktkliniken sicherlich nicht von der Hand zu weisen sind, haben sich Produktkliniken aufgrund ihres unbestreitbaren Erkenntniswertes auf breiter Front durchgesetzt. Da sie spontane Kundenurteile einfangen, können sie vor allem zur Negativ-Selektion von stilistischen Lösungen führen. Umgekehrt wird man aber auch Schirmer zustimmen müssen, daß Produktkliniken wenig geeignet sind, um neue Trends zu erkennen *(vgl. Schirmer 1990, S. 904)*.

2.1.3 Markteinführungsplanung

Die Markteinführung einer neuen Baureihe stellt für jedes Unternehmen eine besondere Herausforderung dar, da diese Phase mit hohen technisch-qualitativen, aber auch marktpolitischen Risiken verbunden ist. Bei jeder Markteinführung treten sehr massive Zielkonflikte zwischen der Produktentwicklung und der Produktion, aber auch zwischen der Produktion und dem Vertrieb auf. Auf diese beiden Konfliktfelder soll hier näher eingegangen werden.

Konfliktfelder

Konflikte zwischen Produktentwicklung und Produktion in der Phase der Markteinführung treten dadurch auf, daß die Produktion daran interessiert ist, möglichst frühzeitig ein fertig entwickeltes Modell zu bekommen, um die notwendigen Betriebsmittel zu beschaffen (Werkzeuge, Maschinen etc.) und die Mitarbeiter auf das neue Produkt einarbeiten zu können. Damit soll eine hohe Qualität von Anbeginn an sichergestellt werden, denn Qualitätsmängel in der Markteinführungsphase können für die Marktakzeptanz eines Fahrzeuges katastrophale Auswirkungen haben. Andererseits hat jedoch die Produktentwicklung ein Interesse daran, möglichst lange an der Fahrzeugkonstruktion noch Veränderungen vorzunehmen, um eine hohe technische Aktualität sicherzustellen. Dies bedeutet jedoch, daß solche Änderungen dann nicht mehr bei der Mitarbeiterqualifizierung berücksichtigt werden können.

Praxisbeispiel:

Das Forschungs- und Ingenieurzentrum (FIZ) von BMW

Aus der Erkenntnis, daß eine Optimierung der Produktentwicklung hinsichtlich Qualität, Kosten und Zeit eine enge Abstimmung aller an der Markteinführung beteiligten Bereiche erfordert, arbeitet die BMW AG seit 1990 mit einem Forschungs- und Ingenieurzentrum (FIZ). Das FIZ soll eine prozeßorientierte, interdisziplinäre Verknüpfung der folgenden Funktionen sicherstellen:

- Konstruktion, Versuch, Berechnung
- Muster- und Prototypenbau
- technische Planung
- Fertigungstechnik
- Einkauf und Logistik
- Qualitätssicherung

Im FIZ arbeiten auf einer Arbeitsfläche (Büro- und Werkstattgebäude) von 50.000 qm rund 5.000 Mitarbeiter. Die Investitionskosten lagen bei 1,3 Mrd. DM.

Ausgangspunkt für die Gründung des FIZ war die Feststellung, daß die Zahl der Spezialisten bei der Fahrzeugentwicklung ständig zunimmt, so daß die Gefahr wächst, daß neue Produkte nicht ein Gesamtoptimum, sondern eine Summe von Teiloptima darstellen. Außerdem hat sich die Zahl der Schnittstellen aufgrund der ständig steigenden Arbeitsteilung deutlich erhöht, was potentielle Zeitverluste, Mißverständnisse und Fehlermöglichkeiten bedeutet. Durch die räumliche Konzentration soll die Kommunikation zwischen den Mitarbeitern verschiedener Bereiche verbessert und damit die Effektivität und Effizienz des gesamten Entwicklungsprozesses gesteigert werden *(vgl. Reitzle 1990, o.S.).*

Ein weiteres Konfliktfeld besteht zwischen Produktion und Vertrieb. Die Produktion wünscht sich in der Regel eine flache Anlaufkurve für das neue Produkt, um in dieser Phase Qualitätsrisiken soweit wie möglich zu begrenzen. Dies kann nicht nur durch geringe Stückzahlen je Typ, sondern auch dadurch erreicht werden, daß von einer Baureihe zunächst nur eine eng begrenzte Anzahl von Typen produziert wird. Umgekehrt besteht aus Sicht des Vertriebs das Interesse an einer steilen Anlaufkurve und einer ebenso steilen Auslaufkurve. Der Vertrieb möchte das neue, für den Kunden attraktive und leichtverkäufliche Produkt in einer möglichst großen Auswahl und Menge zur Verfügung haben. Gleichzeitig soll das alte, schwerverkäufliche Produkt schnell aus dem Markt genommen werden.

Aus einer übergeordneten ertragspolitischen Sicht hat ein Unternehmen Interesse daran, die Aus- und Anlaufkurven so zu gestalten, daß der Umsatz zumindest konstant gehalten wird. Neben dem Verlauf der beiden Kurven kann dabei als weiterer ausgleichender Faktor der jeweilige Modellmix ins Spiel gebracht werden. Das bedeutet, daß ein überdurchschnittlich hoher Anteil von höherpreisigen Typen die negativen Effekte eines flachen Produktanlaufs auf die Umsatzentwicklung kompensieren kann. Dies würde bei der Einführung neuer Produkte für die Anwendung einer Skimming-Strategie sprechen.

2.2 Modellwechsel

2.2.1 Strategische Optionen der Modellwechselpolitik

Für die Modellwechselpolitik gibt es zwei miteinander zusammenhängende strategische Variablen:

● die Gestaltung des Innovationsgrades und
● die Gestaltung der Dauer der Modellzyklen,

wobei der Innovationsgrad den technisch-optischen Neuigkeitswert eines Produktes darstellt. Kombiniert man diese beiden strategischen Variablen in einem Portfolio, so ergeben sich theoretisch vier strategische Optionen für die Modellwechselpolitik (vgl. Abb. 4):

● die Strategie der Marktabschöpfung
● die Strategie der technischen Maximierung
● die Strategie der Marktschaffung
● die Strategie der Nachfragestimulierung

Da die Variablen Modellaufzeit und Innovationsgrad nicht unabhängig voneinander sind, scheiden auf dem Automobilmarkt die beiden Strategien

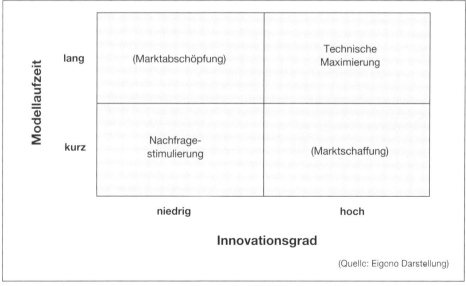

Abb. 4: Strategische Optionen der Modellwechselpolitik

„Marktabschöpfung" und „Marktschaffung" als realisierbare Optionen a priori aus. Eine Strategie der Marktabschöpfung, die einen niedrigen Innovationsgrad mit langen Modellaufzeiten zu kombinieren versucht, ist angesichts der großen Bedeutung, die für den Kunden die technische und optische Aktualität seines Fahrzeuges besitzt, sowie der hohen Wettbewerbsintensität von vornherein zum Scheitern verurteilt. Eine solche Strategie ist eher bei technisch anspruchsloseren Gebrauchsgütern (z.B. Möbel, Haushaltsgeräte) anwendbar. Andererseits ist aber auch die Strategie der Marktschaffung, bei der ein hoher Innovationsgrad mit kurzen Laufzeiten kombiniert wird, nicht sinnvoll. Aufgrund der fortgeschrittenen technischen Reife des Automobils erfordert die Realisierung eines hohen Innovationsgrades hohe Entwicklungsaufwendungen. Um diese Kosten zu amortisieren, muß eine Baureihe eine ausreichend lange Laufzeit haben, um eine entsprechende Life-of-the-Model-Produktion zu erreichen. Eine Strategie der Marktschaffung eignet sich für junge Produkte, da in solchen Märkten technische Quantensprünge schnell realisiert werden können und die Nachfrage sehr beweglich ist, so daß in einer relativ kurzen Zeit eine hohe Life-of-the-Model-Produktion erreicht werden kann (z.B. Personalcomputer, Multimedia). Als realistische strategische Optionen kommen daher für den Automobilmarkt lediglich die Strategie der technischen Maximierung bzw. die Strategie der Nachfragestimulierung in Betracht. Sie sollen im folgenden näher betrachtet und bewertet werden.

2.2.2 Die Modellwechselpolitik als produktpolitisches Instrument

Unter einer Strategie der Nachfragestimulierung kann eine Strategie verstanden werden, die darauf abzielt, durch die Verkürzung von Modellzyklen bei den Kunden Bedarfe zu wecken. Bei einer gegebenen Entwicklungsproduktivität muß der Innovationsgrad entsprechend den kürzeren Modellzyklen ebenfalls reduziert werden. Im Rahmen einer solchen Strategie wird also die Modellaufzeit als aktive, der Innovationsgrad als abhängige strategische Variable behandelt. Insofern ist die Strategie der Nachfragestimulierung eine in sich schlüssige strategische Konzeption.

Bei der Strategie der technischen Maximierung ist das Verhältnis der beiden strategischen Variablen genau umgekehrt: In diesem Fall wird der Innovationsgrad als aktive, die Modellaufzeit hingegen als abhängige Variable behandelt. Die Dauer der Modellzyklen wird in diesem Fall an den erarbeiteten und einsatzfähigen neuen technischen Lösungen ausgerichtet. Der Rhythmus der Modellwechsel orientiert sich also am Tempo des realisierbaren technischen Fortschritts *(vgl. Diez 1990, S. 268).*

Keine dieser beiden strategischen Optionen ist der anderen grundsätzlich überlegen. Vielmehr hat jede ihre spezifischen Anwendungsvoraussetzungen, Chancen und Risiken. Bevor darauf näher eingegangen wird, sollen einige reale Strategieprofile in der Weltautomobilindustrie kurz umrissen werden.

Realtypische Strategieprofile in der Weltautomobilindustrie

Die skizzierten idealtypischen Strategien lassen sich auf dem Weltautomobilmarkt zwar nicht in reiner Form, aber doch näherungsweise identifizieren:

- Die *Strategie der Nachfragestimulierung* hat ihre extremste Anwendung durch die nordamerikanischen Automobilhersteller in den späten 60er Jahren gefunden. Angesichts des hohen Sättigungsgrades des nordamerikanischen Marktes wurde versucht, Nachfrage durch eine Politik der „planned obsolescence", also der geplanten Veralterung, zu erzeugen. Dabei wurde weniger das Instrument einer gezielten Verschlechterung der Produktqualität eingesetzt, um die technische Haltbarkeit zu reduzieren. Der Ansatzpunkt war vielmehr, die im Markt befindlichen Fahrzeuge optisch zu „veraltern". So wurde das Design technisch baugleicher Fahrzeuge praktisch jährlich verändert. Eine ähnliche Politik wurde Anfang der 60er Jahre auch von der General Motors Tochter Opel in Deutschland versucht, dann aber Mitte der 60er bereits wieder aufgegeben, als deutlich wurde, daß eine solche Strategie auf dem deutschen Automobilmarkt nicht akzeptiert wird.
- Demgegenüber war das Strategieprofil der deutschen Automobilhersteller sehr stark durch das *Leitbild einer technischen Maximierung* geprägt, wobei relativ lange Produktlaufzeiten bewußt in Kauf genommen wurden. So lag die durchschnittliche Modellaufzeit der deutschen Automobilhersteller in den 70er und 80er Jahren bei sechseinhalb bis sieben Jahren, bei einzelnen Herstellern noch deutlich darüber *(vgl. Diez 1990, S. 267)*. Zweifellos hängt diese Modellstrategie mit dem die deutsche Industriekultur prägenden „Werk"-Ethos zusammen: Jedes neue Produkt sollte eine höhere Stufe der technischen Vollendung darstellen. Gleichzeitig wurde die Modellpolitik der deutschen Hersteller aber auch durch das hohe technische und qualitative Anspruchsniveau der deutschen Kunden geprägt. Solange eine solche Modellpolitik durch eine hohe Preisbereitschaft der Kunden honoriert wurde, erwies sie sich als sehr erfolgreich.
- Die Modellwechselstrategie der japanischen Automobilhersteller muß vor dem Hintergrund des technischen Rückstands der Japaner in den 50er und 60er Jahren gesehen werden. Ohne eigentlich innovativ zu sein, haben die japanischen Hersteller diesen technischen Rückstand durch eine *Politik kurzer Modellzyklen* in den 70er Jahren sehr schnell aufgeholt. So lagen die durchschnittlichen Modellzyklen der Japaner in den 70er und frühen 80er Jahren bei etwas mehr als vier Jahren. Kurze Laufzeiten eignen sich hervor-

ragend für eine Imitationsstrategie, da sie ein schnelles Aufholen ermöglichen (Abb. 5). Im Laufe der 80er Jahre haben die japanischen Automobilhersteller indessen den Wandel vom Imitator zum Innovator vollzogen. Bedeutende technische Neuerungen im Automobilbau wurden ganz wesentlich von japanischen Herstellern forciert (z.B. Vierventil-Technik, Magermotoren, elektronisches Fahrwerk). Es ist daher nicht überraschend, daß die japanischen Automobilhersteller mittlerweile ihre vierjährigen Modellzyklen ernsthaft in Frage stellen, weil sich zeigt, daß die hohen Entwicklungskosten, die eine Innovationsstrategie zwangsläufig mit sich bringt, nicht mehr in den bisherigen kurzen Laufzeiten amortisiert werden können.

Chancen und Risiken unterschiedlicher Modellwechselstrategien

Im folgenden sollen die Chancen und Risiken der beiden aufgezeigten Strategieprofile gegenübergestellt werden. Dabei kann die Darstellung auf die Frage verkürzt werden, welche spezifischen Chancen und Risiken eine Politik verkürzter Modellzyklen hat, da sich Chancen und Risiken kurzer bzw. langer Modellaufzeiten wechselseitig entsprechen.

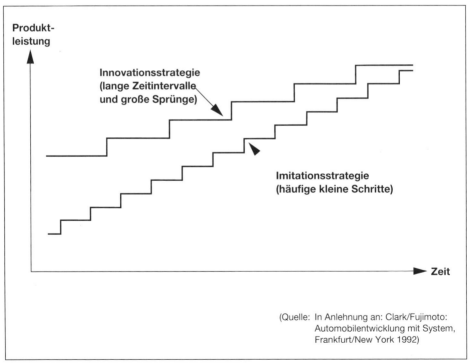

Abb. 5: Modellwechselpolitik im Rahmen einer Innovations- und Imitationsstrategie

Die wichtigsten Chancen einer Verkürzung der Modellaufzeiten sind:

- *Aktive Marktgestaltung:* Eine Politik kurzer Modellaufzeiten ermöglicht eine schnellere Anpassung des Produktprogrammes an Kundenwünsche bzw. die schnellere Differenzierung von Wettbewerbsprodukten. Dadurch können auch verstärkt Fremdkunden gewonnen werden, da ständig ein attraktives, weil technisch und optisch aktuell, Produktprogramm verfügbar ist.
- *Technologieführerschaft:* Durch häufige Modellwechsel können technische Neuerungen schnell im Markt weitergegeben werden. Dadurch ist es möglich, zumindest partiell und temporär als Technologieführer aufzutreten.
- *Dynamisierung des Markenimages:* Durch häufige Modellwechsel wird ein dynamisches und innovatives Markenbild beim Kunden vermittelt. Beim Kunden entsteht die Einstellung, daß er mit dem Kauf einer bestimmten Marke ständig über die neuesten Technologien verfügt.

Diesen unbestreitbaren Vorteilen einer Politik der kurzen Modellzyklen stehen aber auch einige gravierende Nachteile gegenüber:

- *Verunsicherung des Kunden:* Durch den ständigen Modellwechsel wird der Kunde verunsichert, da er Gefahr läuft, bereits in Kürze ein veraltetes Modell zu fahren. Da jedes neue Modell zwangsläufig zu einer Entwertung der bisherigen Fahrzeuge führt, sind die Wertverluste bei kurzen Laufzeiten tendenziell höher als bei langen Laufzeiten. Häufige Modellwechsel können außerdem eine jeweils temporäre Kaufzurückhaltung auslösen, wenn bekannt ist, daß wieder ein neues Modell auf den Markt kommt. Schließlich führen häufige Modellwechsel zu einem unscharfen Markenbild, da keine sichtbare und stabile Produktidentität aufgebaut wird.
- *Technische Ausdünnung:* Da zwischen Modellaufzeit und Innovationsgrad ein wechselseitiger Zusammenhang besteht, können kurze Modellaufzeiten bei einer geringen Entwicklungseffizienz eine allmähliche technische Ausdünnung zur Folge haben. Beschränkt sich beispielsweise der Modellwechsel auf eine Änderung des Designs, kommt es zwangsläufig zu einer Überalterung wesentlicher technischer Produktelemente (z.B. Motor, Fahrwerk). Eine technisch nicht abgestützte Verkürzung von Modellzyklen kann also zu einer Selbstbeschleunigung der Modellwechsel führen: Wenn durch die Reduktion der Modellaufzeiten der Innovationsgrad sinkt, verlieren die Fahrzeuge relativ rasch an Marktakzeptanz, so daß innerhalb kürzester Zeit ein weiterer Modellwechsel mit weiter sinkendem technischem Inhalt notwendig wird. Die ständige Verkürzung der Modellzyklen bei Opel Anfang der 60er dokumentiert diese Entwicklung (vgl. Abb. 6).
- *Steigende Produktkosten:* Kann die Life-of-the-Model-Produktion bei einer Verkürzung der Modellzyklen nicht aufrechterhalten werden, steigt der An-

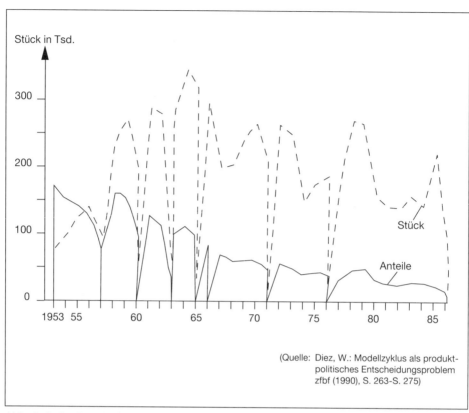

Stück in Tsd.

300

200

100

0

1953 55   60   65   70   75   80   85

Stück

Anteile

(Quelle: Diez, W.: Modellzyklus als produktpolitisches Entscheidungsproblem
zfbf (1990), S. 263-S. 275)

Abb. 6: Selbstbeschleunigung bei einer Verkürzung von Modellzyklen am Beispiel des Opel Rekord

teil des F&E-Aufwandes sowie der produktspezifischen Investitions- und Markteinführungskosten je produzierte Einheit an. Außerdem werden bei kurzen Modellaufzeiten die Erfahrungskurven-Effekte nur schwächer wirksam als bei längeren Modellaufzeiten, woraus ebenfalls Kostennachteile resultieren *(vgl. Marady 1991, S. 20).*

Obgleich also die spezifischen Risiken einer Strategie der technischen Maximierung, nämlich zu lange Modellaufzeiten und eine Vergreisung des Markenimages, nicht unterschätzt werden dürfen, muß doch auch auf die nicht unbeträchtlichen Probleme einer Verkürzung der Modellzyklen hingewiesen werden. Daher ist die Anfang der 90er Jahre sehr häufig geäußerte Auffassung, die deutschen Automobilhersteller müßten ihre Modellaufzeiten auf das Niveau der japanischen Hersteller bringen, einer mittlerweile differenzierteren Betrachtungsweise gewichen, zumal sich ja auch bei den Japanern selbst ein Prozeß des Umdenkens abzeichnet.

2.3 Produktdifferenzierung

2.3.1 Grundlegende Aspekte

Unter Produktdifferenzierung versteht man die Auffächerung einer Baureihe in verschiedene nach Motorleistung, Antriebsart, Aufbau und Ausstattungspakete differenzierte Typen. Alle wichtigen Baureihen im Automobilmarkt werden heute in einer Vielzahl von Typen angeboten. Beispielhaft sei hier die Differenzierung in verschiedene Hubraum- bzw. KW-Klassen, die Differenzierung zwischen Benziner- und Dieselfahrzeugen sowie das Angebot verschiedener Aufbauformen genannt (Limousine, Kombi, Coupé, Cabrio etc.).

Wie Abbildung 7 deutlich macht, war die Produktdifferenzierung das wichtigste Instrument der Automobilhersteller zur Ausdehnung ihrer Produktprogramme. Während die Zahl der von den deutschen Automobilherstellern angebotenen Baureihen seit Mitte der 60er Jahre kaum noch weiter zugenommen hat, kam es im gleichen Zeitraum zu einer drastischen Erhöhung der Anzahl der Typen je Baureihe. Umgekehrt waren die durchschnittlichen Losgrößen (Produktionsmenge je Typ) stark rückläufig.

Mit der Zahl der angebotenen Typen steigt die Variantenvielfalt sehr stark an. Nach den Angaben eines deutschen Automobilherstellers liegt die durchschnittliche Kombinationsmöglichkeit von Ausstattungsmerkmalen in seinem Produktprogramm bei 1,1 mal 10^{18} *(Lindner 1991, o. S.)*.

2.3.2 Ziele der Produktdifferenzierung

Mit der Produktdifferenzierung werden unterschiedliche marketingpolitische Ziele verfolgt:

● *Anpassung an Kundenwünsche:* Die Produktdifferenzierung ist die Antwort der Automobilhersteller auf die zunehmende Individualisierung der Kundenwünsche. Während die Phase der Massenmotorisierung nach dem Zweiten Weltkrieg sehr stark durch die Nachfrage nach standardisierten Massenprodukten getragen wurde (VW Käfer, Opel Rekord, Ford Taunus, Citroën 2CV, Fiat 500, Renault R4 etc.), begann noch in den späten 60er Jahren vor dem Hintergrund deutlich gestiegener Realeinkommen die Phase einer wachsenden Differenzierung der automobilen Bedürfnisse. Diese Entwicklung auf dem Automobilmarkt war eingebettet in den allgemeinen, Wohlstandsgesellschaften kennzeichnenden Prozeß der Individualisierung von

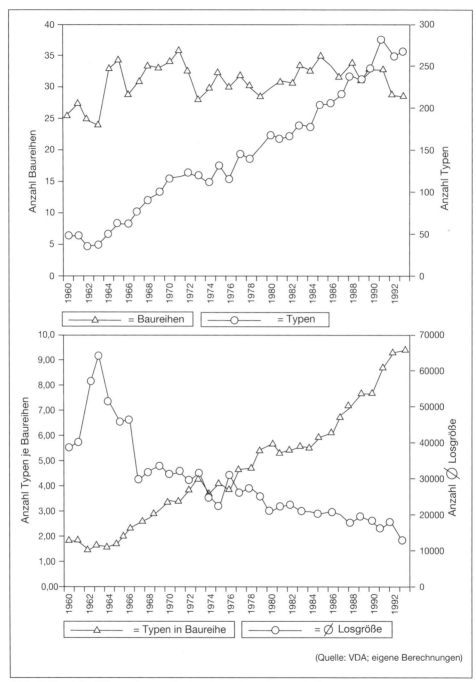

Abb. 7: Produktdifferenzierung in der deutschen Automobilindustrie

Lebensstilen *(vgl. Zapf 1987, S. 1).* Die Aufspaltung der Baureihen in eine Vielzahl von Typen folgte der Entstehung einer wachsenden Zahl von Marktsegmenten. Begünstigt wurde diese Entwicklung zusätzlich durch den Trend zum Zweit- und Drittwagen in den privaten Haushalten. In dieser Entwicklung liegt eine der wesentlichen Ursachen für die wachsende Bedeutung von Nischenfahrzeugen im Automobilmarkt. Durch die Produktdifferenzierung sollen Economies-of-scope-Effekte in Form einer vollständigen Markenbindung erzielt werden.

- *Absicherung von Modellzyklen:* Produktdifferenzierung kann auch der Absicherung von baureihenbezogenen Modellzyklen dienen. Das Angebot von wenigen Typen reicht auf einem durch ständige Modellneuheiten geprägten Markt heute nicht mehr aus, um einen Modellzyklus von fünf bis sieben Jahren durchzuhalten. Neben dem Facelifting werden daher über die Laufzeit der Baureihe hinweg immer wieder neue Typen angeboten. Durch Spillover-Effekte neu eingeführter Typen auf das jeweilige Modellprogramm soll die gesamte Baureihe einen innovativen Charakter behalten.
- *Streuung der Produktrisiken:* Ein weiteres Ziel der Produktdifferenzierung ist die Streuung der Produktrisiken. Teils durch Modeerscheinungen, teils durch Maßnahmen des Gesetzgebers kann es zu Nachfrageschwankungen zwischen verschiedenen Fahrzeugtypen kommen. Beispiele dafür sind: die Verlagerung der Nachfrage von Limousinen zu Kombis, sprunghafte Nachfrageverschiebungen zwischen Benziner- und Dieselfahrzeugen etc.

Praxisbeispiel:

BMW Individual – „Family"-Konzept

Sehr weitgehende Formen der Individualisierung realisiert BMW in dem eigens dafür eingerichteten Geschäftsbereich BMW Individual. Ein Beispiel ist das „Family"-Konzept. Es handelt sich dabei um ein Auto, das ganz speziell für junge Familien ausgestattet wird. Das Basisfahrzeug ist ein BMW touring der 5er-Reihe. Dieses Fahrzeug wird nun mit familiengerechten Elementen ausgestattet:

- integrierte Kindersitze im Fond
- Dreipunktgurt mit zusätzlichem Fangkörper für Kinder
- integrierte „Schlafohren" im Kindersitz
- separate Fußablagen für Kindergröße
- klappbare Tische im Fond zum Lesen, Spielen und Essen
- Walkman mit zwei Kopfhörern in der Mittelarmlehne
- kindergerechte Leseleuchten

- Box zum Flaschenwärmen und für Baby-Utensilien
- ausziehbare Ladeflächen für Kinderwagen und schweres Gepäck

Mit diesem Fahrzeug kann ein sehr intensives Zielgruppenmarketing betrieben werden. Das vertriebspolitische Ziel kundenindividueller Produkte wird damit weitgehend erreicht. Allerdings sind die Kosten für solche Individualisierungsmaßnahmen hoch.

2.3.3 Risiken und Probleme der Produktdifferenzierung

Die zunehmende Produktdifferenzierung beinhaltet sowohl kostenseitige wie marktpolitische Risiken. Das wichtigste marktpolitische Problem ist die Gefahr, daß unbeabsichtigte Substitutionseffekte zwischen den verschiedenen Typen einer Baureihe oder auch zwischen verschiedenen Baureihen auftreten („Kannibalismus"). Ungewollt sind solche Effekte vor allem dann, wenn eine Substitution von Fahrzeugen mit hohen durch solche mit niedrigen Deckungsbeiträgen eintritt. Sie führt dazu, daß nicht nur der Volumenzuwachs durch einen neuen Typ geschmälert, sondern auch das Gesamtergebnis verschlechtert wird. Bei jeder Produktdifferenzierung muß daher eine sehr sorgfältige Analyse der Wechselbeziehungen zwischen verschiedenen Typen einer Baureihe durchgeführt werden. Grundlage dafür ist die Kenntnis des jeweiligen „evoked set", also die Auswahl der Fahrzeuge, zwischen denen sich ein Kunde entscheidet.

Die Produktdifferenzierung kann zu steigenden Kosten entlang der gesamten Wertschöpfungskette führen. Im folgenden sollen kurz die wichtigsten Kostentreiber angesprochen werden *(vgl. dazu auch: Schlegel 1978, S. 68 ff.)*:

- *Produktentwicklung:* In der Produktentwicklung führt die Produktdifferenzierung dazu, daß die Grundkonstruktion einer Baureihe aufwendiger ausfällt als bei Ein-Typ-Baureihen. Hinzu kommen typspezifische F&E-Aufwendungen, da für die einzelnen Typen zusätzliche Konstruktionsleistungen und Versuchsläufe notwendig sind.
- *Produktion:* In der Fertigung führt die Produktdifferenzierung zu steigenden Kosten dadurch, daß der logistische Aufwand durch eine zunehmende Teilevielfalt ansteigt. Des weiteren ergeben sich sinkende Losgrößen je Typ und steigende Umrüstkosten. Ferner sind typspezifische Investitionen notwendig.
- *Vertrieb und Service:* Schließlich ergeben sich auch in Vertrieb und Service höhere Kosten. Im Automobilhandel müssen mehr Ersatzteile bevorratet sowie eine breitere Palette von Vorführ- und Lagerwagen bereitgehalten

werden. Nicht auf Kundenauftrag produzierte Fahrzeuge müssen häufig mit hohen Nachlässen verkauft werden, da die Produktspezifikation nicht den Kundenwünschen entspricht.

Sofern diese steigenden Kosten dem einzelnen Typ zugeordnet werden können, ist es möglich, eine aussagekräftige Deckungsbeitragsrechnung je Typ durchzuführen. Problematisch wird die Ermittlung der Vorteilhaftigkeit der Einführung von zusätzlichen Typen, wenn keine typspezifische Zuordnung möglich ist. Die „Kosten der Variantenvielfalt" gehen dann in die Gemeinkosten ein, so daß – bei umsatzabhängigen Schlüsseln – die volumenstarken Standardfahrzeuge zu hoch, die kostentreibenden Nischenfahrzeuge mit geringem Absatzvolumen zu niedrig belastet werden. Insofern besteht also die Gefahr, daß die beabsichtigten Economies-of-scale-Effekte durch die Produktdifferenzierung nicht realisiert werden, sondern die Stückkosten im Gegenteil sogar noch ansteigen.

2.3.4 Strategische Ansätze zur Bewältigung der Variantenvielfalt

Die Variantenvielfalt als Folge einer zunehmenden Produktdifferenzierung ist mittlerweile als einer der wichtigsten Kostentreiber in der Automobilindustrie erkannt worden. Daher wird vielfach unter Abwägung von Erlös- und Kostengesichtspunkten nach dem „optimalen Grad der Produktdifferenzierung" gesucht. Zwar gibt es theoretische Modelle zur Ermittlung einer optimalen Produktdifferenzierung. Sie sind für eine praktische Anwendung aufgrund der fehlenden Quantifizierbarkeit wichtiger Wirkungsbeziehungen jedoch kaum geeignet *(vgl. Brockhoff 1988, S. 240 ff.)*.

In der Praxis konzentriert sich daher das Bemühen auf Konzepte, die geeignet sind, die marktnotwendige Produktdifferenzierung aufrechtzuerhalten, gleichzeitig aber Aggregate, Komponenten, Teile und sogar Gesamtfahrzeuge soweit zu vereinheitlichen, daß die Kosten der Variantenvielfalt reduziert werden. Strategische Ansätze dazu sind:

- *Die Bildung von Ausstattungspaketen:* Durch die Bildung von Paketen werden die Kombinationsmöglichkeiten von Ausstattungselementen für den Kunden verringert. Im Prinzip wird damit allerdings die Produktdifferenzierung wieder teilweise zurückgenommen. Die Paketbildung ist heute in der Automobilindustrie eine weitverbreitete Praxis.
- *Die Anwendung des Baukastenprinzips:* Der Grundgedanke dieses Konzeptes besteht darin, die für den Kunden sichtbaren Elemente des Fahrzeuges zu differenzieren, die für ihn nicht sichtbaren Elemente aber zu standardi-

sieren. Für verschiedene Typen werden also möglichst viele Gleichteile definiert und dann typspezifisch verbaut. Eine besondere Ausprägung des Baukastenprinzips ist das sog. Platform-Konzept. Unter der Platform versteht
man die innere Struktur eines Fahrzeuges. Trotz gleicher Platform ist daher
eine äußerliche Differenzierung durch den Aufbau, Ausstattungen und Motorisierung möglich. Auf die Platform entfallen heute rund 60% der Entwicklungskosten für ein neues Fahrzeug. Volkswagen strebt daher an, innerhalb des Konzernverbundes (VW, Audi, Seat, Skoda) die Zahl der Platfor-
men von 17 auf vier zu reduzieren *(vgl. Seiffert 1994, S. 2).*

- *Reduktion der Fertigungstiefe:* Durch die Reduktion der Fertigungstiefe
können teilespezifisch Economies-of-Scale-Effekte realisiert werden. Voraussetzung dafür ist die Definition von Gleichteilen zwischen verschiedenen Typen, Baureihen und Marken. Deren Fertigung wird dann entweder
komplett zu einem Zulieferer verlagert, oder einer der beteiligten Koopera-
tionspartner fertigt das entsprechende Teil für die anderen Partner. Die Reduktion der Fertigungstiefe kann mit einer entsprechenden Absenkung der
Entwicklungstiefe verbunden sein.

- *Double-Badging:* Unter Double-Badging versteht man den Verkauf eines
technisch weitgehend identischen Fahrzeuges unter unterschiedlichen Markennamen. Dieses Prinzip findet vor allem bei Nischenfahrzeugen Anwendung. Besonders große Kostenvorteile erbringt das Double-Badging nämlich
bei Baureihen, die nicht aus Großserienfahrzeugen abgeleitet werden können. Beispiel dafür ist die gemeinsam entwickelte Großraumlimousine von
Peugeot, Renault, Fiat und Lancia oder auch von Volkswagen und Ford. Das
Prinzip des Double-Badging wird in den USA seit vielen Jahren verfolgt,
insbesondere in der Zusammenarbeit zwischen US-amerikanischen und japanischen Automobilherstellern. Durch die gemeinsame Entwicklung und
Produktion können erhebliche Kostendegressionseffekte erzielt werden.

Praxisbeispiel:

Badge Engineering bei Peugeot und Fiat

Um die Produktions- und Entwicklungskosten zu reduzieren, haben Peugeot und Fiat 1994 gemeinsam eine Großraumlimousine auf den Markt gebracht, die von den vier Marken Peugeot und Citroën sowie Fiat und Lancia parallel im Markt angeboten wird. Die jeweiligen Modellbezeichnun-
gen sind:

- Peugeot 806
- Citroën Evasion

- Fiat Ulysse
- Lancia Zeta

Die Fahrzeuge sind weitgehend baugleich und unterscheiden sich lediglich hinsichtlich Markenlogo, Kühlergrill, Rückleuchten sowie einiger Details im Interieur. Produziert wird die Großraumlimousine in einem Gemeinschaftsunternehmen, der Sevel Nord, in einem gemeinsamen Werk in Bouchain (Frankreich). An der Gesellschaft sind die beiden Muttergesellschaften PSA und Fiat zu jeweils 50% beteiligt. In der Endstufe soll das Werk 1996 mit 3.500 Mitarbeitern täglich 600 Großraumlimousinen für alle vier Marken fertigen. Das Fahrzeug wird über die jeweiligen Händlernetze separat vertrieben. Gleichzeitig wird versucht, über die Kommunikationspolitik eine Differenzierung zwischen den verschiedenen Marken herzustellen: Während Peugeot und Fiat mit unterschiedlicher Nuancierung auf die Familientauglichkeit des Fahrzeuges abheben – Peugeot betont mehr das Raumangebot, Fiat mehr die Flexibilität –, wird in der Werbung von Citroën der Avantgardismus des Produktes hervorgehoben *(Dudenhöffer 1995, S. 120 ff.)*.

2.4 Produktvariation

Unter einer Produktvariation (oder auch: Relaunch) versteht man die bewußte Veränderung einer im Markt befindlichen Baureihe unter Beibehaltung der grundlegenden Konstruktionsmerkmale. In der Automobilwirtschaft wird die Produktvariation üblicherweise als Facelifting bezeichnet.

Das Facelifting dient der technischen und optischen Aktualisierung einer Baureihe. Von einer Weiterentwicklung wie bei einem Modellwechsel kann hier nicht gesprochen werden. Ziel des Facelifting ist die Abstützung eines geplanten Modellzyklus. Das Facelifting hat gegenüber einem Modellwechsel den Vorteil, daß die im Markt befindlichen Fahrzeuge nicht in Form von sehr stark sinkenden Wiederverkaufspreisen entwertet werden.

Die häufigsten Facelifting-Maßnahmen sind:

- Einführung neuer Aggregate oder Komponenten (z.B. Motoren, Getriebe)
- Veränderungen des Exteriers bzw. Interieurs (z.B. Modifikation der Scheinwerfer oder des Armaturenbretts)
- Erweiterung des Serienausstattungsumfanges (z.B. Sonderausstattungen werden zu Serienausstattung)

Facelifts werden heute von allen Automobilherstellern durchgeführt. Sie erfolgen in der Regel einmal in der Mitte des Modellzyklus, bei sehr langen Modelllaufzeiten aber auch häufiger. Meistens werden sie mit Preiserhöhungen verbunden.

Aufgrund der hohen Produktkomplexität werden Facelifting-Maßnahmen bereits bei der Entwicklung eines Fahrzeuges mit eingeplant. Der Automobilhersteller weiß also schon bei der Markteinführung, wann er welche Maßnahmen an einer Baureihe während deren Laufzeit durchführt. Diese Vorausplanung ist notwendig, da aufgrund der technischen Interdependenzen bei einem Automobil eine isolierte Veränderung eines Elementes in der Regel nicht möglich ist. Facelifting-Maßnahmen sind daher relativ selten eine direkte Antwort auf Kundenbeschwerden.

2.5 Produktelimination

Unter Produktelimination versteht man die Herausnahme eines Produktes aus dem Angebotsprogramm. Analog der Produktinnovation können dabei zwei Fälle unterschieden werden: die endgültige Herausnahme einer Baureihe aus einem Produktprogramm, ohne daß ein Nachfolgemodell entwickelt wird, oder die Herausnahme einer Baureihe aus dem Markt im Rahmen eines Modellwechsels.

Gründe für eine Produktelimination können sein:

● dauerhafte Verluste mit einer Baureihe
● Fokussierung der Marktaktivitäten auf bestimmte Kernsegmente
● Beseitigung von Programmüberschneidungen bei Fusionen

Produkteliminationsentscheidungen werden zumeist auf der Grundlage von Absatzstruktur- und Portfolio-Analysen durchgeführt. Bei jeder Eliminationsentscheidung müssen jedoch die wechselseitigen marktpolitischen und kostenseitigen Beziehungen berücksichtigt werden.

3 Gestaltungsdimensionen der Produktpolitik

3.1 Gestaltung der Produktbeschaffenheit

3.1.1 Produktansprüche und Produktleistungen

An das Automobil werden – wie bereits erwähnt – von einer Vielzahl markt-relevanter Akteure unterschiedliche Anforderungen gestellt. Es sind dies:

- der Gesetzgeber
- die Öffentlichkeit
- die Kunden
- die Absatzmittler (Händler)
- der Hersteller selbst

Die Ansprüche des *Gesetzgebers* an die Produktgestaltung sind in den ein-schlägigen gesetzlichen Vorschriften dokumentiert. Sie umfassen praktisch das gesamte Fahrzeug, wobei sie vielfach den Charakter von Mindestanforderun-gen haben und von den Herstellern freiwillig überschritten werden (z.B. im Bereich der Fahrzeugsicherheit). Besonders problematisch sind die nach wie vor international nicht harmonisierten technischen Vorschriften, die zu einem nicht unerheblichen Teil zur Variantenvielfalt im Automobilbau beitragen.

Die *Öffentlichkeit* stellt ein diffuses Geflecht von politischen und gesellschaft-lichen Gruppen einschließlich der Medien dar. Dementsprechend differenziert sind – je nach Interessenlage – die Anforderungen, die von der „öffentlichen Meinung" an das Automobil gestellt werden. Dominierend ist heute die For-derung nach einer weiteren Erhöhung der Umweltverträglichkeit von Auto-mobilen, die von einer Vielzahl gesellschaftlicher Gruppen gestellt wird und Teil aller Parteiprogramme ist. Um dieser Forderung Nachdruck zu verleihen, werden Modelle, die als besonders umweltbelastend angesehen werden, teil-weise gezielt diskriminiert. Beispielhaft seien hier die Aktivitäten von Green-peace gegen die Mercedes-S-Klasse sowie den VW Polo und das Management des Unternehmens genannt.

Werden durch den Gesetzgeber und die Öffentlichkeit allgemeine Rahmen-bedingungen für die Produktgestaltung definiert, so stellen die Ansprüche der *Kunden*, die eigentliche Zielgruppe der Marktleistungspolitik, die wichtig-ste Grundlage für die Produktgestaltung dar. Die Produktansprüche der Kunden können in zwei Gruppen gegliedert werden *(vgl. Koppelmann 1993, S. 102)*:

- Sachansprüche und
- Anmutungsansprüche.

Das kennzeichnende Merkmal für Sachansprüche ist die Dominanz kognitiver Faktoren, d.h., die Ansprüche werden nach reiflicher Überlegung gebildet und formuliert. Demgegenüber haben die Anmutungsansprüche eher affektiven Charakter, werden also nur in geringem Umfang rational gesteuert *(vgl. Koppelmann 1993, S. 106)*. Typische Sachansprüche an das Automobil sind die Forderungen nach Zuverlässigkeit, Raumangebot, Fahrleistung, Komfort, Sicherheit, Wirtschaftlichkeit etc. Anmutungsansprüche beziehen sich demgegenüber auf immaterielle Produkteigenschaften wie Wertigkeit, Ästhetik, Individualität, Geborgenheit, Prestige etc.

Die Produktansprüche der *Hersteller* lassen sich kaum auf einen gemeinsamen Nenner bringen. Wie bereits ausgeführt wurde, verfolgen die produktrelevanten Funktionalressorts (Entwicklung, Produktion, Vertrieb und Controlling) bei der Entwicklung eines neuen Fahrzeuges unterschiedliche, teilweise sogar konfligierende Ziele, die sich dementsprechend in unterschiedlichen Produktansprüchen niederschlagen.

Schließlich stellen auch die *Absatzmittler (Händler)* ganz bestimmte Produktansprüche. Sie decken sich weitgehend mit den Anforderungen der Vertriebsbereiche bei den Automobilherstellern (hohe Qualität, attraktive Formgebung, günstiger Preis). Besondere Bedeutung hat für den Automobilhandel die Forderung nach hoher Servicefreundlichkeit. Aufgrund der schwachen Machtposition des Handels in der Automobilwirtschaft haben die Vertragshändler jedoch nur einen geringen Einfluß auf die Produktentwicklung.

Die Produktansprüche der genannten marktrelevanten Akteure spiegeln sich in den Produktleistungen wider. Sie stellen ein letztlich sehr komplexes, mit vielen Zielkonflikten durchsetztes Eigenschaftsbündel dar. Abbildung 8 gibt einen Gesamtüberblick über das Produktleistungsprofil von Automobilen.

3.1.2 Qualität als Erfolgsmaßstab der Produktgestaltung

Die Kongruenz zwischen den Produktansprüchen und den Produktleistungen ist ein Gradmesser für die Produktqualität. Nach der DIN-Norm 55 350 versteht man unter Qualität „die Beschaffenheit einer Einheit bezüglich ihrer Eigenschaft, festgelegte und vorausgesetze Erfordernisse zu erfüllen". Die DIN-

Transportfunktion	Sicherheit	Komfort	Funktions-sicherheit	Umwelt-verträglichkeit	Design

• Fahrleistungen
  – Beschleunigung
  – Elastizität
  – Höchstgeschwin-
    digkeit
  – Bergsteigfähigkeit
 	
• Transportkapazität
  – Innenraum-
    angebot
  – Laderaum-
    angebot
  – Zuladung
 	
• Energieeinsatz
  – Verbrauch
  – Reichweite
 	
• Energieumwand-
  lung
  – Wirkungsgrad
    Antrieb
  – Fahrwiderstand
	• Visuelle Wahrneh-
	  mung/Sichtfeld
	• Fahrerplatz-
	  gestaltung
	• Kraftübertragung
	• Fahreigenschaften
	• Fahrer-/Fahrzeug-
	  information
	• Insassenschutz
	• Schutz der anderen
	  Verkehrsteilnehmer
		• Fahrkomfort
		• Bedienungskomfort
		• Transportkomfort
		• Klimakomfort
		• Akustikkomfort
			• Ausführungs-
			  qualität
			• Langzeitqualität
			• Gebrauchsqua-
			  lität
				• Abgasemission
				• Geräuschemission
				• Schonung der
				  Ressourcen
				• Recyclingfähigkeit
					• Design-Exterieur
					  – Gesamtform
					  – Karosserie
					  – Front
					  – Heck
					  – Räder
					• Design-Interieur
					  – Fahrgastraum
					  – Motor/Motor-
					    raum
					  – Gepäckraum
					• Modelldifferen-
					  zierung
					  – Farben
					  – Material
					  – Designdiffe-
					    renzierung inner-
					    halb der Modell-
					    palette

(Quelle: In Anlehnung an: Schirmer, A.: Planung und Einführung eines neuen Produktes am Beispiel der Automobilindustrie, in: zfbf (1990), S. 903)

Abb. 8: Produktleistungsprofil von Automobilen

Norm legt also einen teleologischen Qualitätsbegriff zugrunde, da sie Bezug nimmt auf „festgelegte und vorausgesetze Erfordernisse". Je nachdem, anhand welcher Kriterien die Erfüllung dieser Erfordernisse gemessen wird, kann man von einer objektiven und einer subjektiven Qualität sprechen.

Wird die Qualität anhand von intersubjektiv nachvollziehbaren Kriterien gemessen, spricht man von *objektiver Qualität*. Die Qualitätsmessung kann sich dabei prinzipiell auf alle Fahrzeugeigenschaften beziehen. Allerdings ist die Messung bestimmter Produktleistungen intersubjektiv kaum möglich (z.B. Komfort, Design). Die Erfassung der objektiven Fahrzeugqualität konzentriert sich daher sehr stark auf technische Merkmale. So wird häufig zwischen

- der *Fertigungsqualität* (z.B. gemessen an der Zahl von Fertigungsmängeln im Rahmen von Audits),
- der *Nutzungsqualität* (z.B. gemessen an der Zahl der Pannen) sowie
- der *Langzeitqualität* (z.B. gemessen an der Standzeit einzelner Aggregate und Komponenten bzw. der Fahrzeugkorrosion)

unterschieden. Für alle diese Teilqualitäten werden von den Automobilherstellern sowie herstellerunabhängigen Institutionen Qualitätsprüfungen (z.B. TÜV, ADAC, Fachzeitschriften) durchgeführt.

Von *subjektiver Qualität* kann man sprechen, wenn die Qualitätsbeurteilung nach nicht objektivierbaren Kriterien zumeist durch den Kunden erfolgt. Der subjektive Qualitätsbegriff kann daher mit dem Begriff der Kundenzufriedenheit oder genauer der Produktzufriedenheit des Kunden gleichgesetzt werden. In diesem Fall fließt das (subjektive) Anspruchsniveau des Kunden mit in die Qualitätsbeurteilung ein. Aus unterschiedlichen subjektiven Qualitätsurteilen kann also nicht auf die objektive Produktqualität geschlossen werden. Das jeweilige Erwartungsniveau hat hier eine Ankerfunktion für Qualitätsurteile.

Die in der Automobilindustrie bekannteste Messung der subjektiven Qualität ist der Customer Satisfaction Index (CSI) der amerikanischen Unternehmensberatung J.D. Power. Im Rahmen dieser Erhebung werden Automobilkäufer befragt, die ihr fabrikneues Fahrzeug zwischen zwölf und 14 Monaten besitzen. Der Fragebogen umfaßt 23 Fragen, die sich im Schwerpunkt mit dem Produkt, vor allem aber mit der Kundenbetreuung durch den Händler befassen. Nach den Erkenntnissen von J.D. Power hängt die Gesamtzufriedenheit des amerikanischen Automobilkäufers zu 60% vom Produkt und zu 40% von der Betreuung ab. Die Produktzufriedenheit wird mit der Frage „Were there any problems with your new vehicle when you first received it?" ermittelt. Der Befragte erhält dazu eine Liste möglicher Mängel, die er ankreuzen kann. Wie unschwer zu erkennen ist, bezieht sich die Ermittlung der subjektiven Qualität hier nur auf die Fertigungsqualität. Die Nutzungs- und Langzeitqualität wird nicht mit berücksichtigt. Bei einer Befragung von Besitzern von fünf Jahre alten Fahrzeugen ergeben sich zum Teil nicht unerhebliche Differenzen zu der Befragung von Neuwagenkäufern. Dies unterstreicht die Relativität von Aussagen über die Produktqualität auf der Basis von Kundenurteilen.

3.2 Die Markenpolitik

3.2.1 Grundlegende Aspekte

Eine Marke ist ein Träger von kaufentscheidungsrelevanten Bedeutungen. Definiert man Image als die Gesamtheit aller Einstellungen von Menschen gegenüber einem Unternehmen oder einem Produkt, dann kann die Marke auch als Träger des Unternehmens- oder Produktimages bezeichnet werden. Menschen verbinden mit einer Marke bestimmte Eigenschaften. Diese Eigenschaften können sach- oder anmutungsbezogenen Charakter haben. Im ersten Fall spricht man von Denotationen (z.B. Fahrleistungen, Kraftstoffverbrauch, Zuverlässigkeit), im zweiten Fall von Konnotationen (z.B. Sportlichkeit, Exklusivität, Vertrauen). Stellt die Produktgestaltung die physische Seite der Produktpolitik dar, so kann man die Markenpolitik als die psychologische Seite der Produktpolitik bezeichnen. Die Markenpolitik ist in der Automobilwirtschaft von sehr großer Bedeutung – wie auch die Tatsache zeigt, daß alle Automobile als Markenartikel vermarktet werden.

3.2.2 Formen der Markenpolitik

Basisstrategien der Markenpolitik sind *(vgl. Meffert 1992, S. 137 ff.)*:

- die Einzelmarkenstrategie
- die Mehrmarkenstrategie
- die Markenfamilienstrategie
- die Dachmarkenstrategie
- die Markentransferstrategie

In der Automobilwirtschaft sind die Dachmarken- und Mehrmarkenstrategie von besonderer Relevanz. Bei einer Dachmarkenstrategie werden alle Produkte eines Unternehmens unter einer Marke zusammengefaßt. Man kann daher auch von einer Unternehmens- oder Firmenmarke sprechen. Unterhalb der Dachmarke können dann noch Produktmarken angesiedelt sein (z.B. Opel als Dachmarke mit den Produktmarken Corsa, Astra, Vectra, Omega).

Die Dachmarkenstrategie in Verbindung mit Produktmarken erlaubt zum einen eine starke Fokussierung der Markenbotschaften, eröffnet gleichzeitig aber auch die wünschenswerten Flexibilitätsspielräume für eine stärkere Betonung von einzelnen Produkten. Umfaßt das Produktprogramm z.B. Nischenprodukte, die nicht zu eng mit der Dachmarke verbunden werden sollen, so kann in der Kommunikation die Produktmarke in den Vordergrund gestellt werden. Eine Gefahr von sehr stringenten Dachmarkenstrategien ist die mögliche Markenüberdehnung. Wenn immer mehr neue Produkte unter einer Dachmarke subsumiert werden, die möglicherweise nicht mehr in einem engen Zusammenhang mit dem bisherigen Produktprogramm stehen, verliert die Dachmarke an Prägnanz und damit auch an Verhaltenswirksamkeit bei potentiellen Käufern. Das Markenbild kann unscharf und der Kunde irritiert werden.

Angesichts der Ausweitung der Produktprogramme in den letzten Jahrzehnten hat nicht zuletzt aus diesem Grund die Mehrmarkenstrategie an Bedeutung gewonnen. Dabei sollen unterschiedliche Marktsegmente mit unterschiedlichen Marken angesprochen werden, wobei es produktseitig durchaus Überschneidungen geben kann oder sogar identische Produkte unter unterschiedlichen Markennamen angeboten werden. Das klassische Vorbild dieser Strategie ist die Markenpolitik von General Motors auf dem nordamerikanischen Automobilmarkt. Das Markenkonzept von General Motors basiert auf einer klaren vertikalen Marktsegmentierung in verschiedene Preis-Qualitäts-Niveaus, nämlich (von oben nach unten): Cadillac, Buick, Oldsmobile, Pontiac, Chevrolet. Daneben gibt es für ein Nischenprodukt noch eine spezielle Marke (GMC für Geländewagen) sowie für das in die traditionelle Produkthierarchie schwer einzuordnende neue Produkt eines sportlichen Kleinwagens die Marke Saturn. Diese Mehrmarkenstrategie kann dann wieder mit einer Dachmarkenstrategie verbunden werden, d.h., Chevrolet bildet dann wieder eine Dachmarke für die Produktmarken Cavalier, Corsica, Lumina, Camaro, Caprice und Corvette. Nach diesem Konzept, das sich in Ansätzen auch bei den beiden anderen nordamerikanischen Herstellern Ford (Ford, Mercury, Lincoln, Thunderbird, Jaguar) und Chrysler (Chrysler, Dodge, Eagle, Jeep, Plymouth) wiederfindet, gestalten in zunehmendem Maße auch europäische und japanische Hersteller ihre Markenpolitik. Beispiele dafür sind VW (VW, Audi, Seat, Skoda), Fiat (Fiat, Alfa Romeo, Lancia/Autobianchi, Ferrari, Maserati), Rover (Rover, Austin, Land Rover, Mini, MG) und Peugeot (Peugeot, Citroën). Unter den japanischen Herstellern besteht die Tendenz, den Oberklassenbereich mit einer eigenen Marke abzudecken. Beispiele für Mehrmarkenunternehmen sind hier: Toyota (Toyota, Lexus, Daihatsu), Nissan (Nissan, Infiniti) sowie Honda (Honda, Acura).

Vorteile einer Mehrmarkenstrategie sind:

- Bindung von Markenwechslern (z.B. Aufsteigern) an das Unternehmen
- klare zielgruppenadäquate Positionierung von Produkten (keine Marken-überdehnung)
- hohe Glaubwürdigkeit von Up-trading-Aktivitäten, insbesondere, wenn eine traditionelle Marke gekauft wird (z.B. Ford/Jaguar oder Opel/Saab)

Nachteile einer Mehrmarkenstrategie sind:

- steigende Vertriebskosten aufgrund multipler Markenführung (insbesondere Kommunikations- und Distributionskosten)
- Verlust an Glaubwürdigkeit bei zu starker Homogenisierung der Produktinhalte zwischen den verschiedenen Marken
- Marken-„Kannibalisierung"

Aufgrund dieser nicht unerheblichen Risiken einer Mehrmarkenpolitik erfordert die parallele Steuerung der Markenpolitik ein jeweils klares Marketingkonzept für die verschiedenen Marken. Insbesondere müssen die jeweiligen Dachmarken sehr deutlich und für den Kunden unterscheidbar positioniert werden. Gerade das Beispiel von General Motors zeigt, wie eine über viele Jahre gepflegte und sehr erfolgreiche Markenpolitik durch zunehmende Produktüberschneidungen zusammenbrechen kann, so daß mühsam aufgebaute Preisprämien nicht mehr im Markt durchsetzbar sind.

Praxisbeispiel:

Mehrmarkenpolitik im Volkswagen Konzern

Vor dem Hintergrund einer kundenorientierten Marktsegmentierung versucht der Volkswagen Konzern, mit seinen vier Marken unterschiedliche Käuferschichten anzusprechen. Bei der Profilierung der Marken müssen deren Geschichte und Potential im Rahmen einer Stärken- und Schwächen-Analyse bewertet werden. Stärken der Marken Volkswagen und Audi sind:

- starkes Markenimage auf der Grundlage einer hohen Bekanntheit
- großer Sympathie und großes Vertrauen
- leistungsfähige und flächendeckende Vertriebsorganisation
- große Zahl von Fahrzeugen im Bestand
- relativ hohe Loyalität

Stärken der Marken Seat und Skoda sind demgegenüber:

- starker Goodwill in den Heimmärkten
- niedrige Preise

Die Positionierung im Markt erfolgt über die markentypischen Merkmale:

- Volkswagen: Zuverlässigkeit, Qualität, Nutzen
- Audi: Innovation, Exklusivität, Sportlichkeit („Vorsprung durch Technik")
- Seat: südländische Lebensfreude, Exotik, Chic, günstiger Preis
- Skoda: robuste Qualität, gutes Preis-Leistungs-Verhältnis

Betrachtet man die vier Marketinginstrumente, so kann man feststellen, daß die Markendifferenzierung sehr weitgehend ist:

- Produkt: eigenständige Produkt-Features mit geringer Zahl von Gleichteilen
- Preis: deutlich unterschiedliche Preisbereiche
  - Volkswagen: Schwerpunkt 20.000 – 40.000 DM
  - Audi: Schwerpunkt 40.000 – 60.000 DM
  - Seat: 15.000 – 30.000 DM
  - Skoda: 15.000 – 20.000 DM
- Distribution: separate Händlernetze für Seat und Skoda, gemeinsames Netz für Volkswagen und Audi mit Ansätzen zur Differenzierung (Audi-Zentren, Differenzierung von Kunden beim Volkswagen/Audi-Händler)
- Kommunikation: jeweils eigenständiger werblicher Auftritt

Die Differenzierung über den gesamten Marketing-Mix fördert die Glaubwürdigkeit und Unverwechselbarkeit der einzelnen Marken beim Kunden. Dies ist die Voraussetzung für eine breite Marktausschöpfung. Andererseits können bei einer so angelegten Mehrmarkenpolitik kaum Synergieeffekte realisiert werden. Die parallele Markenführung führt zu hohen Kosten, insbesondere in der Distributionspolitik.

3.2.3 Gestaltung der Markenpolitik

Die Marke soll dem Kunden eine ansprechende, aktivierende und vom Wettbewerb differenzierende Botschaft über ein Produkt (oder Unternehmen) vermitteln. Um aus einer Markierung eine Marke zu machen, bedarf es eines langfristig angelegten, integrierten Markenkonzeptes. Dieses muß alle Marketinginstrumente, also nicht nur die Produktpolitik, umfassen. Die Markenzentrierung bildet insofern ein wichtiges Integrationskonzept für die Ausgestaltung des Marketing-Mix.

Wiswede nennt sechs Grundsätze für die Gestaltung von Marken *(vgl. Wiswede, 1992, S. 88 f.)*:

- Innovation und Spezifität
- Prägnanz und Unverwechselbarkeit
- Attraktivität und Anreizwert
- Kompetenz und Glaubwürdigkeit
- Konsistenz und Kongruenz
- Konstanz und Kontinuität

Obwohl im Automobilmarkt aufgrund des breiten öffentlichen Interesses mit einer neuen Marke relativ leicht hohe Aufmerksamkeitswerte erzielt werden können, bestehen hinsichtlich der Markenbekanntheit und des Markenbildes deutliche Unterschiede. Neben ausgesprochen starken, eine klare Botschaft signalisierenden Marken wie Mercedes-Benz, BMW, Porsche oder auch Volvo und Saab stehen Marken mit einer unscharfen oder völlig unbekannten Aussage. Insbesondere die japanischen Marken schneiden trotz einer nun schon sehr langen Präsenz auf dem deutschen Markt und eines attraktiven Produktprogrammes sowohl hinsichtlich der Bekanntheit als auch der Unverwechselbarkeit nach wie vor sehr schlecht ab. Ursache für diese Markenschwäche sind die mangelnde Prägnanz und vor allem mangelnde Kontinuität der Markenkommunikation. Häufige Modellwechsel, die von einem ständigen Wechsel in der Kommunikationspolitik begleitet wurden, haben bislang verhindert, daß die japanischen Hersteller überhaupt als individuelle Markenpersönlichkeiten gesehen und mit einer bestimmten Produktbotschaft identifiziert werden. Dadurch ist auch die Markentreue bei den japanischen Automobilherstellern auf dem deutschen Markt nur unterdurchschnittlich ausgeprägt. Die Folge sind hohe Vertriebskosten, da die Gewinnung eines Neukunden erfahrungsgemäß fünfmal teurer ist als das Halten eines Stammkunden. Ein eigenständiges und attraktives Markenbild stellt daher ein wichtiges Erfolgspotential auf dem Automobilmarkt dar.

3.3 Programmpolitik

Die Gestaltung der Programmbreite und der Programmtiefe kann sich an verschiedenen Prinzipien orientieren:

- *Wachstum:* Für die Ausdehnung der Produktprogramme sind häufig wachstumspolitische Aspekte von besonderer Bedeutung. Zeigt sich, daß bestimmte Marktsegmente besonders hohe Zuwachsraten aufweisen, führt dies zu entsprechenden programmpolitischen Reaktionen (z.B. zunehmender Markteintritt von Automobilherstellern in den Markt für Großraumlimousinen). Das Problem der Wachstumsorientierung liegt sicherlich darin, daß Wachstumspotentiale aufgrund der hohen Markttransparenz sehr schnell von allen Herstellern erkannt werden. Als Folge kann es dann zu einer Überbesetzung von wachstumsträchtigen Marktsegementen kommen (wie sich dies bereits im Markt für Großraumlimousinen abzeichnet). Allerdings besteht auch die Chance, daß sich der Markt mit einem zunehmenden Angebot erweitert, so daß die anvisierten Wachstumsziele einer Programmerweiterung dann tatsächlich erreicht werden.

- *Risiko:* In Richtung einer Ausweitung der Produktprogramme wirkt auch das Bestreben, die externen Risiken (Marktrisiken) zu minimieren. Durch ein breites Produktprogramm können segmentspezifische Konjunkturdifferenzen (z.B. Krise bei großen Fahrzeugen, Boom bei Kleinwagen) besser überbrückt werden. Allerdings steigen mit Programmerweiterungen die internen Risiken an, die aus der Bewältigung einer zunehmenden Programmkomplexität erwachsen. Davon sind alle Bereiche betroffen:
  - *Entwicklung:* Sind die Ingenieure in der Lage, für neue Produktkonzepte optimale technische Lösungen zu finden? (Z.B. wenn bei einer Programmerweiterung im Kleinwagenbereich von Hinterrad- auf Vorderradantrieb umgestellt werden soll.)
  - *Produktion:* Sind die Fertigungsplaner und Produktionsmanager in der Lage, neue Produktkonzepte optimal zu realisieren? (Z.B. wenn im Rahmen einer Programmerweiterung statt integrierten modulartig aufgebaute Fahrzeuge hergestellt werden sollen.)
  - *Vertrieb:* Sind die Werbeleiter, Absatzmittler und Verkäufer in der Lage, neue Kundenschichten optimal anzusprechen? (Z.B. wenn im Rahmen eines Up-grading in der Programmpolitik der Akademikeranteil in der Kundschaft sehr stark anwächst oder anwachsen soll.)
  - *Controlling:* Sind die Controller in der Lage, bei einem zunehmend komplexen Produktprogramm eine optimale Kosten- und Erlöstransparenz sicherzustellen? (Z.B. wenn im Rahmen einer Programmerweiterung zusätzliche prozeßbezogene Kosten entstehen.)

Alle diese angesprochenen Aspekte führen häufig dazu, daß mit einer Programmerweiterung externe Risiken zwar minimiert werden, die internen Risiken aber steigen und der positive Effekt von Programmerweiterungen nicht zum Tragen kommt.

- *Profilierung:* Profilierung entsteht durch die massive produkt- und kommunikationspolitische Darstellung einer spezifischen Kompetenz. Der Profilierungsgedanke spricht also eher für eine Begrenzung des Produktprogrammes. Unternehmen mit schmalen Produktprogrammen weisen in allen Märkten eine starke Profilierung auf (im Automobilmarkt z.B. Porsche,

Ferrari, Rolls-Royce). Für ein Unternehmen, das sehr stark mit einem Produkt identifiziert wird, ist es andererseits sehr schwierig, sein Programmangebot zu erweitern. Dies zeigen z.B. die fehlgeschlagenen Versuche bei Porsche, neben dem Modell 911 weitere Baureihen im Markt dauerhaft erfolgreich zu plazieren. Eine starke Profilierung stellt in Zeiten einer guten Konjunktur insofern ein goldenes Gefängnis dar. Bei einer länger anhaltenden, segmentspezifischen Krise kann die Profilierung existenzgefährdend werden. Profilierung als programmpolitisches Prinzip beinhaltet also hohe Marktrisiken. Daher wird versucht, den Zielkonflikt zwischen einer wachstums- und risikopolitisch wünschenswerten Gesamtmarktabdeckung und dem Streben nach Profilierung über Mehrmarkenkonzepte zu lösen.

- *Imagetransfer:* Das Prinzip des Imagetransfers zielt darauf ab, ein erworbenes Image auf neue Produkte zu übertragen. Das Image wird also bewußt für eine Politik der „line extension" eingesetzt, um vorhandene Markensympathien in Marktsegmenten auszuschöpfen, die mit dem bisherigen Produktprogramm nicht erreicht wurden. Beispiele für eine solche Politik sind die drei deutschen Oberklassenhersteller Mercedes-Benz, BMW und Audi, die versuchen, im Golf-Segment neue Produkte einzuführen bzw. bereits eingeführt haben. Das Problem einer Politik des Imagetransfers liegt in einer möglichen Markenüberdehnung. In diesem Fall geht das „Kapital" einer starken Marke verloren. Bei einer Programmerweiterung muß daher sehr intensiv geprüft werden, ob die neuen Produkte tatsächlich noch markenverträglich sind.

Um unterschiedliche Programmgestaltungstypen in der Automobilindustrie identifizieren zu können, bietet sich die Strukturierung des Gesamtmarktes in vertikale und horizontale Marktsegmente an. Vertikale Marktsegmente lassen sich anhand von Preisklassen bilden, ersatzweise können auch Hubraumklassen zugrunde gelegt werden, da zwischen Hubraum und Preis eine starke Korrelation besteht. Horizontale Marktsegmente können demgegenüber anhand von Aufbauformen abgegrenzt werden. Als wichtige Aufbauformen kommen in Frage:

- Limousine
  – mit Stufen- oder Fließheck
  – mit Steilheck
- Cabrio
- Sportwagen (Roadster)
- Kombi
- Geländewagen
- Großraumlimousine (Van)
- Pick-up

Kombiniert man die beiden Segmentierungskriterien, so erhält man die in Abbildung 9 dargestellte Struktur des Automobilmarktes.

Anhand dieses Schemas lassen sich nunmehr drei idealtypische Gestaltungen des Produktprogrammes ableiten:

● *Der Full-Line-Anbieter:* Der Full-Line-Anbieter deckt das gesamte Marktspektrum sowohl in horizontaler wie auch in vertikaler Richtung ab. Innerhalb dieser Gruppe kann zusätzlich zwischen jenen Herstellern unterschieden werden, bei denen die Gesamtmarktabdeckung mit einer Marke oder durch mehrere Marken erfolgt.
● *Der Spezialist:* Der Spezialist deckt mit seinem Produktprogramm entweder ein vertikales oder ein horizontales Marktsegment vollständig ab.
● *Der Nischenanbieter:* Der Nischenanbieter deckt lediglich ein horizontal und vertikal eingegrenztes Marktsegment ab.

Es liegt auf der Hand, daß diese drei reinen Typen von Anbietern in der Realität nicht auftreten. Gleichwohl lassen sich die im Markt operierenden Auto-

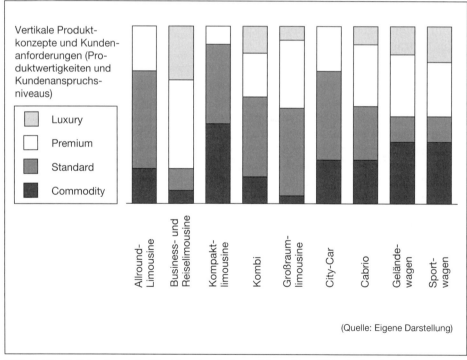

Abb. 9: Vertikal-horizontale Struktur des Automobilmarktes (Prinzipdarstellung)

Gesamtmarktabdeckung – Full Line –	Spezialist	Nischenanbieter

Mehrmarken:
  General Motors
  Volkswagen
  Fiat
  Ford
  Chrysler
  Toyota ↑
  Nissan ↑
  Honda ↑
  Peugeot
 	
Einmarken:
  Mitsubishi
  Mazda
	Vertikales Segment:
	  • oberer Preisbereich
	  ← Mercedes-Benz
	  ← BMW
	    Volvo
	  • unterer Preisbereich
	  ← Hyundai
	  ← Kia
	  ← Deawoo
	
	Horizontales Segment:
	  kein Anbieter
		Nischenanbieter:
		Rolls-Royce
		Porsche
		
		(Quelle: eigene Darstellung)

Abb. 10: Programmorientierte Anbietertypologie in der Weltautomobilindustrie

mobilhersteller mit Hilfe dieser Typologie näherungsweise klassifizieren (vgl. Abb. 10).

Wie unschwer zu erkennen ist, dominieren auf dem Weltautomobilmarkt die Full-Line-Anbieter, wobei jedoch nur wenige über eine bereits sehr weit entwickelte Mehrmarkenpolitik verfügen (General Motors, Volkswagen, Fiat). Eine Vielzahl von Anbietern ist noch dabei, zusätzliche Marken glaubwürdig im Markt zu positionieren. Dies gilt insbesondere für die japanischen Hersteller. Als Full-Line-Anbietern mit einer Einmarkenpolitik können Mitsubishi und Mazda bezeichnet werden. Vertikale Segmentspezialisten sind Mercedes-Benz und BMW, mit gewissen Einschränkungen auch noch Volvo. Alle drei Hersteller bewegen sich preislich im Premium-Bereich, wenngleich sie nicht bzw. noch nicht die ganze Breite der Aufbauformen abdecken. Mit der Übernahme durch Rover hat sich BMW sehr stark in Richtung eines Full-Line-Anbieters mit Mehrmarkenprofil hinbewegt. Als Spezialisten im unteren Preisbereich treten heute die koreanischen Hersteller Hyundai, Kia und Daewoo auf. Wirtschaftlich und rechtlich selbständige Unternehmen, die als horizontale Marktspezialisten mit der Ausrichtung an einer ganz bestimmten Aufbauform eingeordnet werden könnten, gibt es keine. Zwar gibt es Formen der Markenspezialisierung auf bestimmte Segmente mit einer preislichen Staffelung des Angebotes, wie z.B. Land Rover (Geländewagen), doch handelt es sich hier um keine selbständigen Unternehmen mehr. Echte Nischenanbieter mit der Ausrichtung auf ein vertikal und horizontal eingegrenztes Marktsegment sind Porsche (oberer Preisbereich Sportwagen) und Rolls-Royce (oberer Preisbereich Limousinen).

Die Konzentration programmpolitischer Gestaltungskonzepte auf Full-Line-Anbieter deutet darauf hin, daß die Erringung einer tragfähigen Wettbewerbsposition auf dem Weltautomobilmarkt eine differenzierte Gesamtmarktabdeckung mit entsprechenden Economies-of-Scale-Effekten erfordert. Mehrmarkenkonzepte unterstützen dabei die Angebotsdifferenzierung. Demgegenüber sind Spezialisierungskonzepte allenfalls im obersten Preisbereich noch durchsetzbar, wo starke Markenbindung und damit auch hohe Preisbereitschaft besteht. Nicht nur die Stückkosten der Entwicklung und der Produktion, sondern auch der Kommunikation und Distribution sind bei einer Spezialisierung sehr hoch. Es ist also kein Zufall, daß seit den 80er Jahren eine Vielzahl von Spezialisten als selbständige Unternehmen aus dem Markt ausgeschieden sind, wobei der Wert dieser Unternehmen vor allem in ihrer starken Marke lag (z.B. Jaguar, Saab).

Bislang wurde vor allem die Gestaltung der Kernprogramme angesprochen. Im Hinblick auf die Zusatzprogramme gibt es keine wesentlichen Differenzierungen bei den verschiedenen Automobilherstellern. Sieht man von Diversifikationsbestrebungen ab, die hier ausdrücklich aus der Betrachtung ausgeschlossen wurden, konzentriert sich das Angebotsprogramm in diesem Bereich auf die typischen Komplementär- bzw. Substitutionsleistungen wie technischer Service, Finanzierung und Leasing sowie Zubehör.

3.4 Produktpolitische Nebenleistungen

3.4.1 Grundlegende Aspekte

Unter produktpolitischen Nebenleistungen versteht man Angebotselemente, die den Absatz der Hauptleistung fördern sollen („product support"). Sie dienen insbesondere dazu, mögliche Kaufhemmnisse zu überwinden und den Gebrauchsnutzen des gekauften Produktes sicherzustellen bzw. zu erhöhen. Die wichtigsten heute üblichen produktpolitischen Nebenleistungen der Automobilhersteller sind:

- Finanzdienstleistungen
- Garantien und Kulanzen
- markenspezifisches Zubehör
- technischer Service

In dem Maße wie sich die Automobile technisch, optisch und qualitativ angleichen, gewinnen produktpolitische Nebenleistungen als Instrument zur Schaffung von Käuferpräferenzen und zur Differenzierung vom Wettbewerb an Bedeutung. Umfang und Qualität dieser Leistungen haben einen steigenden Einfluß auf die Kundenzufriedenheit. Beides kann der Automobilhersteller aber häufig nur indirekt steuern, da die produktpolitischen Nebenleistungen, insbesondere der technische Service, zum weit überwiegenden Teil von vertraglich gebundenen Automobilhändlern bzw. -werkstätten erbracht werden.

3.4.2 Finanzdienstleistungen

Finanzdienstleistungen haben den Zweck, finanziell begründete Kaufhemmnisse zu beseitigen. Angesichts der hohen Anschaffungskosten spielt die Finanzierung des Kaufes gerade in der Automobilwirtschaft eine sehr wichtige Rolle. Im Jahr 1993 wurden schätzungsweise zwei Drittel der Neuwagenkäufe in Deutschland mit Krediten finanziert. Nach einer Erhebung der Deutschen Automobiltreuhand (DAT) lag der Anteil von Krediten am gesamten Kaufpreis im Jahr 1992 in den alten Bundesländern bei 20,4%, in den neuen Bundesländern sogar bei 27,4% *(vgl. DAT 1993, S. 64)*.

Die beiden wichtigsten Arten von Finanzdienstleistungen sind

- die Kauf-Finanzierung und
- das Leasing.

Kauf-Finanzierungen werden von den Automobilherstellern über eigene Hausbanken angeboten. Im Jahr 1993 wurden von den elf in Deutschland tätigen Herstellerbanken 1,1 Mio. Neuwagen finanziert, was einem Marktanteil von 60% entsprach. Da die Automobilfinanzierung von fast allen Herstellern als Absatzförderungsinstrument eingesetzt wird, gewinnen die Herstellerbanken für die Automobilfinanzierung weiter an Bedeutung. Das Angebot von Autofinanzierungen mit Konditionen, die weit unter den banküblichen Kreditangeboten liegen, wurde vom Bundesgerichtshof in einem Urteil aus dem Jahr 1994 gebilligt *(vgl. Busse 1994, o. S.)*.

Unter Leasing versteht man die entgeltliche Überlassung eines Vertragsgegenstandes durch den Leasinggeber zur Nutzung durch den Leasingnehmer. Das Entgelt ist eine über die Vertragslaufzeit konstante, normalerweise monatlich fällige Leasingrate. Das Leasing gewinnt als Alternative zum Kauf in der Automobilwirtschaft ebenfalls zunehmend an Bedeutung. Im Jahr 1993 wurden in Deutschland rund 500.000 Fahrzeuge bei Automobilherstellerbanken geleast *(vgl. Kiefer 1994, o. S.)*. Damit waren Straßenfahrzeuge (was Nutzfahrzeuge einschließt) mit einem Anteil von 47% an den gesamten Leasinginvestitionen auch 1993 der wichtigste Leasinggegenstand. Neben den Kreditinstituten der Automobilhersteller treten auch herstellerunabhängige Leasinggesell-

Praxisbeispiel:

Das Leasingangebot der BMW AG

Das Leasingangebot von BMW umfaßt die folgenden Produkte:

- BMW Netto-Leasing: In diesem Fall handelt es sich um ein reines Finanzierungs-Leasing mit Laufzeiten zwischen 18, 24, 30, 36 und 42 Monaten. Dabei werden folgende Leasingarten angeboten:
  – BMW Netto-Leasing mit km-Abrechnung
  – BMW Netto-Leasing mit Restwertabrechnung
- BMW Duo-Leasing: Das Duo-Leasing bietet dem Kunden die Möglichkeit, mit einem Leasingvertrag und konstanten monatlichen Zahlungen über ein Jahr hinweg zwei Fahrzeuge zu nutzen. Die Leasingzeiten zwischen diesen beiden Fahrzeugen können wie folgt verteilt werden: vier und acht Monate, sechs und sechs Monate sowie fünf und sieben Monate.
- BMW Fair-Play-Leasing: Das Fair-Play-Leasing umfaßt neben der Nutzungsüberlassung des Fahrzeuges auch ein Service-Paket. Darin sind folgende Leistungen enthalten:
  – Durchführung der Wartungs- und Verschleißreparaturen
  – Kfz-Vollversicherung mit Stellung eines Ersatzfahrzeuges auch bei selbstverschuldeten Unfällen
  – Insassen-Unfallversicherung
- BMW Service-Leasing: Das Service-Leasing bietet einen noch größeren Leistungsumfang über die Nutzungsüberlassung des Fahrzeuges hinaus als das Fair-Play-Leasing. Sämtliche der in Anspruch genommenen Leistungen können über eine Leasing Card abgerechnet werden. Leistungsbausteine sind:
  – Wartung und Reparatur inkl. der gesetzlich vorgeschriebenen Untersuchungen
  – Kfz-Versicherung mit Schadensregulierung
  – Reifenersatz
  – Kfz-Steuer

schaften als Anbieter auf. Der Anteil dieser Unternehmen am Gesamtbestand von rund 2 Mio. geleasten Pkw und Kombi betrug 1993 41%.

Wie die Finanzierung wird das reine Finanz-Leasing heute zunehmend als Absatzförderungsinstrument eingesetzt. Durch besonders niedrig kalkulierte Leasingraten sollen, insbesondere in konjunkturschwachen Zeiten, Kaufhemmnisse überwunden werden. Das Leasing stellt insofern ein gutes Instrument dar, um das tatsächliche Ausmaß von Preisnachlässen gegenüber dem

Kunden zu verschleiern. Damit können temporär Kaufanreize geschaffen werden, ohne daß die langfristige Preispositionierung im Markt aufgegeben werden muß. Der Listenpreis behält grundsätzlich seine Steuerungs- und Orientierungsfunktion für den Kunden. Das Automobilleasing erweist sich für die Automobilhersteller als ein durchaus profitables Zusatzgeschäft. Außerdem hat Leasing den Vorteil, daß es die Kundenbindung verstärkt, da der Kunde bei Vertragsende das Fahrzeug in einer werkseigenen Niederlassung oder bei einem Vertragshändler zurückgibt. Der Zeitpunkt des Ersatzbedarfes ist also genau kalkulierbar.

3.4.3 Garantien und Kulanzen

Eine Garantie stellt ein vertraglich fixiertes Versprechen des Anbieters hinsichtlich der Funktionstüchtigkeit und Haltbarkeit seiner Produkte dar. Die Garantie ist also ein rechtlich einklagbarer Anspruch des Kunden. Sie soll das vom Kunden empfundene Kaufrisiko mindern und sein Vertrauen in die Produktqualität erhöhen. Bei Garantien können zwei Formen unterschieden werden: die technische Garantie und die Mobilitätsgarantie. Technische Garantien beziehen sich auf die Haltbarkeit bestimmter Fahrzeugaggregate und -komponenten sowie auf die Korrosionsbeständigkeit (Rostschutzgrantie). Die Neuwagengarantien haben heute eine Dauer von ein bis drei Jahren, die Rostschutzgarantien von sechs bis zehn Jahren. Der Garantieumfang wird vom Automobilhersteller festgelegt. Die Durchführung der Garantiearbeiten erfolgt bei werkseigenen Niederlassungen und den Vertragshändlern und -werkstätten. Für die Abrechnung von Garantiearbeiten zwischen Hersteller und Händler gibt es vertraglich fixierte Richtsätze.

Wachsende Verbreitung haben in den letzten Jahren sog. Mobilitätsgarantien gefunden. Mobilitätsgarantien stellen im Pannenfall durch unterschiedliche Maßnahmen die Kundenbetreuung sicher. Sie umfassen in der Regel folgende Leistungen:

● kostenlose Pannenhilfe
● kostenloses Abschleppen des Fahrzeuges
● kostenlose Beschaffung von Ersatzteilen
● Kostenübernahme für notwendige Übernachtungen
● Kostenerstattung bei der Inanspruchnahme von Mietwagen, Bahn oder Flugzeug
● kostenlose Fahrzeugrückholung

Die Mobilitätsgarantien haben üblicherweise eine Geltungsdauer von ein bis vier Jahren.

Im Unterschied zu Garantien handelt es sich bei Kulanzen um freiwillige Leistungen des Automobilherstellers bei technischen Mängeln. Der Kunde hat keinen Rechtsanspruch auf solche Leistungen. Sie erfolgen bei außergewöhnlichen Schadensfällen, um eine hohe Kundenzufriedenheit sicherzustellen. Um die Bearbeitungsdauer von Kulanzfällen zu verkürzen, haben viele Hersteller einen Katalog von freiwilligen Leistungen erstellt, der eine rasche Abklärung zwischen dem Hersteller und der betreuenden Werkstatt ermöglicht.

3.4.4 Zubehör

Eine produktpolitische Nebenleistung des Automobilherstellers stellt auch das Angebot von markenspezifischem Zubehör dar. Dabei wird üblicherweise zwischen fahrzeugbezogenem und nicht fahrzeugbezogenem Zubehör unterschieden. Das nicht fahrzeugbezogene Zubehör wird häufig auch unter dem Begriff „Accessoires" zusammengefaßt.

Fahrzeugbezogenes Zubehör dient der Anpassung des Fahrzeuges an die individuellen Anforderungen des Kunden. Anders als Sonderausstattungen kommt das technische Zubehör erst nach der Auslieferung zum Fahrzeug. Der Unterschied zwischen Sonderausstattung und Zubehör ist also kein technischer, sondern bezieht sich auf den Ort und den Zeitpunkt des Einbaus (z.B. eine Klimaanlage ab Werk ist Sonderausstattung, nachträglich eingebaut aber Zubehör). Das Zubehör hat eine wichtige Ausgleichsfunktion zwischen den Erfordernissen der Massenproduktion, die eine möglichst weitgehende Standardisierung der Produkte erfordert, und dem Trend zur Individualisierung der Kundenwünsche. Zwar wird versucht, über die Produktdifferenzierung „Individualität ab Werk" anzubieten, besonders ausgefallene oder erst im Laufe der Automobilnutzung auftretende Bedarfe können aber nur über Zubehör abgedeckt werden.

Accessoires sollen die Markenpräsenz und die Markenbindung des Kunden erhöhen. Durch ihre Sichtbarkeit signalisieren sie einen Markenbezug des Kunden auch dort, wo das Fahrzeug selber nicht präsent sein kann. Insofern haben sie eine werbliche Funktion. Darüber hinaus finden Accessoires auch als Giveaways vielfältige Verwendung. Typische Artikel in diesem Bereich sind Schreibutensilien, Taschenkalender, Schlüsselanhänger, Schals, Modellautos etc.

3.4.5 Technischer Service

Der technische Service umfaßt alle Leistungen, die für die Sicherung des Gebrauchsnutzens des Automobils notwendig sind. In der Automobilwirtschaft beinhaltet dies die Durchführung von Wartungs- und Reparaturarbeiten am Fahrzeug sowie die Versorgung des Kunden mit Ersatzteilen. In Zukunft könnte die umweltgerechte Entsorgung der Altfahrzeuge ein weiterer wichtiger Servicebereich werden.

Aus der Sicht des Automobilherstellers kommt dem technischen Service im Rahmen der produktpolitischen Nebenleistungen eine überragende Bedeutung zu. Der technische Service ist nämlich nicht nur eine unverzichtbare Basisleistung im Rahmen der gesamten Marktleistungspolitik des Automobilherstellers, sondern auch eine wichtige Quelle der Markenprofilierung.

Wie die Befragungen der amerikanischen Unternehmensberatung J.D. Power gezeigt haben, hängt die Kundenzufriedenheit in den USA zu 60% von der Qualität des Automobils und zu 40% von der Qualität des Service ab *(vgl. Diez/Brachat 1994, S. 146)*. Es kann unterstellt werden, daß in Deutschland, wo das Wartungsbewußtsein der Autofahrer stärker als in den USA ausgeprägt ist, die Bedeutung des Service für die Kundenzufriedenheit noch höher veranschlagt werden muß. Schließlich stellt der technische Service eine wichtige Wertschöpfungs- und Ertragsquelle für den Automobilhandel dar. Dies ist insofern für den Hersteller von Relevanz, als die Aufrechterhaltung eines flächendeckenden Vertriebsnetzes nur durch die Gewinne des Vertragshandels aus dem technischen Service möglich ist, da die effektiven Gewinne aus dem Neuwagenverkauf gegen Null tendieren.

Die Gestaltung der Servicepolitik durch den Automobilhersteller erfolgt auf zwei Ebenen:

● die Gestaltung der Serviceorganisation
● die Gestaltung der Serviceprozesse

Die Gestaltung der Serviceorganisation liegt allein in der Hand des Herstellers. Aufgrund der Koppelung von Verkauf und Service beim Automobilvertrieb erfolgt die Festlegung der Serviceorganisation im Rahmen der Vertriebsnetzplanung. Dabei kommt es zu einem Zielkonflikt, weil die Verkaufsaufgabe zur Vermeidung eines Intra-Brand-Wettbewerbs relativ weiträumig organisiert sein sollte, der Service hingegen ein engmaschiges Netz erfordert. Aus Befragungen ist bekannt, daß der Kunde keine längere Anfahrt als 30 Minuten zur betreuenden Werkstatt wünscht. Werden Betriebe der Vertragshändler als Komplettbetrieb geführt, muß bei der Netzplanung ein Kompromiß zwischen diesen unterschiedlichen Anforderungen gefunden werden. Da dieses Thema im Rahmen des Kapitels „Distributionsmarketing" vertieft behandelt wird, soll hier dieser Hinweis zur Gestaltung des Servicenetzes genügen.

Ein zweiter Gestaltungsbereich der Serviceorganisation ist die Organisation der Teileversorgung der Werkstätten. Befragungen zeigen, daß nicht nur die Schnelligkeit, sondern vor allem die Termintreue ein wesentlicher Bestimmungsfaktor der Kundenzufriedenheit des Werkstattkunden ist. Insofern kommt der Teileverfügbarkeit in der Werkstatt eine sehr große Bedeutung zu.

Was die Gestaltung der Serviceprozesse anbelangt, wurde bereits festgestellt, daß der technische Service einen für den Markterfolg des Herstellers außerordentlich wichtigen produktpolitischen Gestaltungsbereich darstellt. Bei der Ausgestaltung des Serviceprozesses hat der Hersteller keine alleinige Gestaltungsmacht. Konzeption und vor allem Ausführung der Serviceprozesse erfolgen vielmehr in enger Zusammenarbeit mit dem vertragsgebundenen Automobilhandel. Der Automobilhersteller kann die Serviceleistung des Vertragshändlers grundsätzlich mit den folgenden Instrumenten steuern:

- *Händlervertrag:* Der Händlervertrag enthält die Verpflichtung des Vertragspartners zur Durchführung von Wartungs- und Reparaturarbeiten nach den Vorgaben des Herstellers.
- *Richtlinien:* Der Automobilhersteller definiert im Rahmen von Richtlinien Standards, die der Händler z.B. hinsichtlich der Größe und Ausstattung der Werkstatt, der Zahl und der Qualifikation der Mitarbeiter zu erfüllen hat.
- *Technische Information:* Der Automobilhersteller stellt dem Vertragshändler regelmäßig aktuelle technische Informationen über das Fahrzeugprogramm zur Verfügung.
- *Mitarbeiterschulung:* Der Automobilhersteller bietet dem Vertragshändler und seinen Mitarbeitern laufend Schulungen an, die in bestimmten Abständen wahrgenommen werden müssen.
- *Technisches Equipment:* Neben den Vorgaben hinsichtlich der Werkstattausstattung muß der Vertragshändler vom Hersteller angebotenes Equipment kaufen, das zur Durchführung von Servicearbeiten unabdingbar notwendig ist. Dies betrifft vor allem die Anschaffung von markenspezifischen Diagnosegeräten.
- *Arbeitswerte:* Zur Planung und Abrechnung von Kundenaufträgen gibt der Automobilhersteller für die Durchführung von Servicearbeiten Arbeitswerte vor. Der Arbeitswert stellt eine zeitlich festgelegte Leistungseinheit dar. Den Preis für einen Arbeitswert kann der Vertragshändler innerhalb gewisser Grenzen selbst festlegen.
- *Beratung:* Im Rahmen der ständigen Händlerbetreuung wird der Vertragshändler auch bezüglich seines Servicegeschäftes vom Automobilhersteller beraten.

Praxisbeispiel:

Steuerung des Kundendienstes bei Volkswagen

Nach § 2 Absatz 2 des VW- und Audi-Händlervertrages ist jeder VAG-Partner verpflichtet, für eine einwandfreie kundendienstmäßige Betreuung der Besitzer von VW- und Audi-Automobilen nach den jeweiligen Richtlinien der VW AG zu sorgen und die vorgeschriebene Ausstattung an Sonderwerkzeugen, Werkstatteinrichtungen und -ausrüstungen zu unterhalten und einzusetzen. Die Vertriebsrichtlinien enthalten dann detaillierte Vorgaben zur Durchführung des Kundendienstes, und zwar zu folgenden Bereichen:

- Personal
  - Personalausstattung
  - Schulung
  - Einrichtung einer Stelle des Kundendienstleiters
  - Kundendienstmeister für maximal 15 Durchgänge pro Tag
  - Einrichtung einer Stelle des Gewährleistungssachbearbeiters
- Betriebsanlagen
  - bauliche Merkmale: Kundenzentrum, Direktannahme etc.
  - Grundstücksgröße
  - Anzahl und Größe der Kundendienst-Stellplätze
  - Anzahl und Größe der Arbeitsplätze
  - technische Ausstattung der Arbeitsplätze (insbesondere Hebebühnen)
- Ausrüstung
  - Verfügbarkeit von Sonderwerkzeugen
  - Verfügbarkeit von Meß-, Prüf- und Richtgeräten
  - Verfügbarkeit der Kundendienstliteratur
- Organisation
  - Anwendung von Teamkonzepten
  - Richtlinien hinsichtlich Funktionen, Systemen und Organisationsmitteln (z.B. Direktannahme, Auftragserstellung nur mit Auftragsbestätigung, Führen einer Kunden- und Fahrzeugdatei)
  - Darstellung der Gewährleistungs- und Reparaturbedingungen
  - Preisauszeichnung
  - Angebot einer Mobilitätsgarantie
- Qualitätskontrolle
  - Durchführung regelmäßiger Qualitätskontrollen durch den Kundendienstleiter

- Kundenkontaktpflege
  - Höflichkeit und Korrektheit des persönlichen Auftretens
  - Angebot eines Express-Service
  - Serviceangebote zu Komplettpreisen
- Besondere Kundendienstleistungen
  - Durchführung Abgasuntersuchung
  - Durchführung Hauptuntersuchungen
  - Festlegung marktgerechter Leistungspreise
- Leistungskontrolle
  - Teilnahme an Imagestudien
  - Durchführung von Telefonreports
  - regelmäßige Datenerfassung
  - Analyse der Kurzfristigen Erfolgsrechnung (KER)

4 Produktpolitische Entwicklungstendenzen

4.1 Rahmenbedingungen und Einflußfaktoren auf die künftige Produktpolitik in der Automobilindustrie

4.1.1 Verkehrspolitische Rahmenbedingungen

Im Hinblick auf die Entwicklung des Personenverkehrs in Deutschland lassen sich drei Megatrends identifizieren:

- weiter steigender Mobilitätsbedarf
- weiter zunehmende Verkehrsdichte
- weiter wachsende Sensibilität gegenüber Umweltbelastungen

Vor dem Hintergrund dieser Problemfelder des motorisierten Individualverkehrs werden heute vor allem drei verkehrspolitische Strategieansätze diskutiert:

- die Strategie der Verkehrsvermeidung
- die Strategie der Verkehrsverlagerung
- die Strategie der Verkehrsoptimierung

Während die Strategie der Verkehrsvermeidung darauf abzielt, die Verkehrs- und Fahrleistungen verkehrsträgerübergreifend zu reduzieren, legt die Strategie der Verkehrsverlagerung den Schwerpunkt auf die Förderung des Umweltverbundes Bahn, Bus und Fahrrad. Die Strategie der Verkehrsoptimierung schließlich hat zum Ziel, ein hohes Mobilitätsniveau sicherzustellen, ohne einen Verkehrsträger in besonderer Weise zu diskriminieren. Dazu soll die vorhandene Verkehrsinfrastruktur besser genutzt, die spezifischen Belastungen des motorisierten Individualverkehrs sollen reduziert und Anreize für eine Kombination situationsangepaßter Verkehrsmittel gegeben werden. Wie leicht zu erkennen ist, handelt es sich bei den drei genannten Strategieansätzen um keine sich ausschließenden, sondern eher um komplementäre Vorgehensweisen.

Zur Umsetzung dieser Strategien können finanz-, ordnungs-, infrastruktur- und strukturpolitische sowie technische Maßnahmen eingesetzt werden. Abbildung 11 gibt einen Überblick über einige der derzeit diskutierten und teilweise auch schon realisierten Maßnahmen.

	Verkehrs-vermeidung	Verkehrs-verlagerung	Verkehrs-optimierung
Ordnungspolitische Maßnahmen	• zeitliche Fahrverbote (Sonntagsfahrverbot) • räumliche Fahrverbote (z.B. Sperrung von Innenstädten)	wie Verkehrs-vermeidung	• Festlegung von Flottenverbräuchen • Grenzwerte • Tempolimit
Finanzpolitische Maßnahmen	• Erhöhung Mineral-ölsteuer	wie Verkehrs-vermeidung und • Nulltarif ÖPNV • Nahverkehrs-abgabe	• Förderung von umweltverträglichen Automobilen • emissionsorientierte Besteuerung von Kfz
Infrastruktur-politische Maßnahmen	–	• Ausbau Schienennetz • bevorrechtigte Fahrspuren für ÖPNV • Bau P+R-Anlagen	• Verkehrsberuhigung in Wohngebieten • Bau von Ortsumgehungen • Telematik
Strukturpolitische Maßnahmen	• Funktionsmischung Wohnen / Arbeiten / Einkaufen / Freizeit • Förderung von Standortkonzentrationen Hersteller – Zulieferer	–	– (Quelle: Eigene Darstellung)

Abb. 11: Strategien und Maßnahmen in der Verkehrspolitik

Im Hinblick auf die weitere Entwicklung zeichnen sich drei für die Automobil-industrie besonders wichtige verkehrspolitische Trends ab:

- Verteuerung des motorisierten Individualverkehrs über steuer- und abga-benpolitische Maßnahmen (Mineralöl- und Kfz-Steuer, Road Pricing)
- Beschränkungen des motorisierten Individualverkehrs durch restriktive ordnungspolitische Maßnahmen (Fahrverbote, Parkraumbeschränkungen)
- Förderung eines integrierten, verkehrsträgerübergreifenden Verkehrsma-nagements mit besonderer Unterstützung für umweltverträgliche Verkehrs-mittel (Verkehrsleittechnik, Park+Ride)

Die „freie Wahl des Verkehrsmittels", die viele Jahrzehnte das Leitbild der deutschen Verkehrspolitik war, wird in der verkehrspolitischen Praxis in zu-nehmendem Maße durch das Leitbild einer „sustainable mobility", d.h. einer auf Dauer tragfähigen Mobilität, verdrängt *(vgl. Seidenfus 1993, S. 285 ff.).* Wenngleich sich beides nicht grundsätzlich ausschließt, wachsen doch in der Verkehrspolitik die Neigung und die Bereitschaft zu dirigistischen Eingriffen in die Verkehrsmittelwahl. Darin liegt zweifellos eine der großen Herausfor-derungen für die Marktleistungspolitik der Automobilhersteller.

4.1.2 Technologische Potentiale: Telematik

Neben den Fortschritten auf den klassischen fahrzeugbezogenen Technologie-feldern (Antriebstechnik, neue Werkstoffe, Elektronik etc.) stellt die Informa-tions- und Kommunikationstechnik ein wichtiges Technologiepotential für die weitere Entwicklung des Automobils dar. Die Ausschöpfung dieses Potentials kann zu völlig neuen Formen der Integration des Automobils in das Verkehrs-system führen.

Die Anwendung von Systemen der Informations- und Kommunikationstech-nik im Verkehrsbereich wird mit dem Begriff „Telematik" bezeichnet *(vgl. BMV 1993, S. 2).* Telematik kann also als die intra- und intermodale Vernet-zung der Verkehrsträger durch informations- und kommunikationstechnische Systeme definiert werden. Ziele beim Einsatz telematischer Systeme sind

- die Sicherung der Mobilität hinsichtlich der Wahl von Fahrtroute, Transport-mittel und Zeitpunkt,
- die Erhöhung der Verkehrssicherheit,
- die Reduktion der Umweltbelastungen durch den Verkehr, insbesondere des motorisierten Individualverkehrs und des Straßengüterverkehrs.

Durch die Anwendung der Telematik im Automobilbau wird die „System-fähigkeit" des Automobils erhöht *(vgl. Breitschwerdt 1987, S. 729).* Darunter ist die Fähigkeit zu verstehen, daß ein Automobil mit anderen Automobilen, mit anderen Verkehrsträgern und mit der Verkehrsinfrastruktur kommuniziert.

Das Gesamtinstrumentarium der Telematik läßt sich – bezogen auf das Automobil und seine Integration in das Verkehrssystem – in zwei Gruppen zusammenfassen:

● Systeme der kollektiven und individuellen Verkehrsleittechnik
● Systeme des Fahrzeugmanagements

Sowohl die Systeme der Verkehrsleittechnik als auch des Fahrzeugmanagements sollen den Fahrer bei der Erfüllung seiner Fahraufgabe unterstützen (Assistenzsysteme). Ihre Nutzung stellt für den Fahrer in der Regel eine Option dar, so daß letztlich seine volle Verantwortung erhalten bleibt *(vgl. Diekmann 1986, S. 235)*.

Praxisbeispiel:

COPILOT

COPILOT stellt ein individuelles, dynamisches und infrastrukturgestütztes Verkehrsleitsystem dar. Es wurde gemeinsam von den Unternehmen Bosch, ITF Intertraffic, Mercedes-Benz, Siemens und Volkswagen entwickelt.

Über ein Bordgerät im Fahrzeug gibt COPILOT dem Fahrer individuelle Leitempfehlungen. Das System greift dabei auf aktuelle Verkehrsinformationen zurück und schließt die öffentlichen Verkehrsmittel mit ein. Durch diesen intermodalen Ansatz kann der Autofahrer jeweils selbst entscheiden, welches Verkehrsmittel er z.B. zur Fahrt in das Stadtzentrum benutzt. Die Informationen an den Bordrechner werden von Baken aus gesendet. Umgekehrt ist jedes Fahrzeug, das über COPILOT verfügt, nicht nur mit einem Empfänger, sondern auch mit einem Sender ausgestattet, der jedesmal, wenn er an einem Baken vorbeifährt, Informationen abgibt, die von dort an einen Zentralrechner weitergeleitet werden. Auf der Basis dieser Informationen errechnet der Zentralrechner die verkehrsabhängigen Leitempfehlungen. Die Fahrzeuge bleiben dabei anonym. Neben der individuellen Zielführung, Parkhinweisen und Informationen über die Verfügbarkeit von öffentlichen Verkehrsmitteln beinhaltet COPILOT auch noch eine Gefahrenwarnung (z.B. bei Unfall, Stau, Nebel und Glatteis) *(vgl. COPILOT 1994, S. 2 ff.)*.

4.1.3 Veränderungen in der Kundenwelt

Definiert man Trends im Anschluß an Horx als „kulturelle Anpassungsübungen an veränderte Gegebenheiten" *(Horx 1993, S. 11)*, so kann davon ausgegangen werden, daß bestimmte Trends alle gesellschaftlichen Gruppen betreffen. Betrachtet man unter dem Blickwinkel der objektiven „Gegebenheiten" die 80er Jahre, so kann man feststellen, daß sie durch eine hohe politische Stabilität im Bezugsrahmen einer bipolaren Welt, ein relativ kräftiges Wirtschaftswachstum und damit auch Anstieg der Realeinkommen sowie durch die Wahrnehmung von allenfalls lokalen oder regionalen Umweltschäden („Waldsterben") gekennzeichnet waren. Die 90er Jahre haben nunmehr eine Reihe von Umbrüchen in Politik, Gesellschaft und Wirtschaft gebracht, die zu veränderten Orientierungen und Einstellungen in vielen Lebensbereichen geführt haben. Dies gilt auch und gerade für das Konsumverhalten. So lassen sich die folgenden vier produktrelevanten Trends identifizieren:

- der Trend zur Wirtschaftlichkeitsorientierung
- der Trend zur Erlebnisorientierung
- der Trend zur Umweltorientierung
- der Trend zur Sicherheitsorientierung

In den aufgezeigten Trends liegt das Potential für ein radikal neues Verständnis der Produktpolitik in der Automobilindustrie. Den Ausgangspunkt dazu bildet die Feststellung, daß der Kauf eines Automobils nicht der einzige Weg zur Befriedigung des Mobilitätsbedürfnisses darstellt und in Zukunft weiter an Reiz verlieren könnte. Der Kauf eines Automobils knüpft noch immer an dem traditionellen „Haben"-Motiv der Kunden an, gerät aber gleichzeitig in einen wachsenden Konflikt mit den verhaltenswirksamen Orientierungen in der Zukunft:

- *Wirtschaftlichkeitsorientierung:* Aufgrund der hohen finanziellen Mittelbindung und der starken Wertverluste von Neuwagen besteht ein immer stärker empfundener Widerspruch zwischen dem notwendigen Kauf eines Automobils und der langfristigen Wirtschaftlichkeit der Kaufentscheidung.
- *Erlebnisorientierung:* Das Produkterlebnis läßt mit der wirtschaftlich gebotenen relativ langen Haltedauer von gekauften Fahrzeugen nach. Erlebnisse entstehen aus Abwechslung – der Kauf zwingt statt dessen zu einer langfristigen Produktbindung.
- *Umweltorientierung:* Der Besitz eines Fahrzeuges führt aufgrund der hohen Fixkosten dazu, daß das Automobil auch dann genutzt wird, wenn die Nutzung anderer Verkehrsmittel als „eigentlich" sinnvoller (umweltverträglicher, schneller, bequemer) empfunden wird. So werden beim eigenen Fahrzeug lediglich die variablen Kosten für eine Fahrtstrecke in Ansatz gebracht

(Kraftstoffverbrauch), während der Fahrpreis für öffentliche Verkehrsmittel auf Vollkostenbasis ermittelt wird.

- *Sicherheitsorientierung:* Der Kauf eines Fahrzeuges bedeutet, wiederum aufgrund der langen Haltedauer, ein starkes Commitment der Entscheidung. Fahrzeugkäufe sind kurzfristig nicht oder nur unter Inkaufnahme sehr hoher wirtschaftlicher Verluste reversibel. Der Käufer geht damit oft ungewollt ein hohes wirtschaftliches und technisches Risiko (Veralterung) ein. Dies wird ihm häufig beim Wiederverkauf des Fahrzeuges schmerzlich bewußt.

Dies alles legt die Schlußfolgerung nahe, daß die Sicherstellung eines hohen Mobilitätsgrades in Zukunft wichtiger sein wird als der Fahrzeugbesitz selbst. Der Mobilitätsgrad kann dabei als das Verhältnis zwischen den raum- und zeitbezogenen Mobilitätsbedürfnissen und deren preis-, erlebnis-, umwelt- und sicherheitskonformen Befriedigung definiert werden. Insofern eröffnen die aufgezeigten Trends im Kundenverhalten in der Tat die Chance zur Generierung neuer Produktideen im Automobilmarkt. Dieser Wandel kann als der Übergang vom Produkt „Auto" zum Produkt „Mobilitätssystem" beschrieben werden (vgl. Abb. 12).

4.2 Das Produkt „Mobilitätssysteme" und seine Vermarktung

4.2.1 Gestaltungselemente von Mobilitätssystemen

Unter einem Mobilitätssystem soll ein Leistungsbündel verstanden werden, das der Befriedigung von Mobilitätsbedürfnissen durch Sicherstellung einer hohen intra- und intermodalen Flexibilität dient. Das Leistungsbündel als Objekt der Produktpolitik stellt eine Kombination aus Sach- und Dienstleistungen dar *(vgl. Engelhardt/Kleinaltenkamp/Reckenfelderbäumer 1993, S. 407).* Intramodale Flexibilität meint die Wahlmöglichkeiten zwischen verschiedenen Automobiltypen und/oder Automobilmarken, *intermodale* Flexibilität ist die Wahlmöglichkeit in bezug auf den Verkehrsträger (Auto, Bus, Bahn, Flugzeug, Fahrrad).

Tritt ein Automobilhersteller als Anbieter von Mobilitätssystemen auf, so umfaßt seine Angebotspolitik die folgenden Gestaltungsbereiche:

- systemgerechte Gestaltung des Automobils
- Gestaltung mobilitätssichernder und erleichternder Dienstleistungen
- Gestaltung der Distribution und der Fahrzeuglogistik
- Gestaltung der verkehrsträgerübergreifenden Informationslogistik

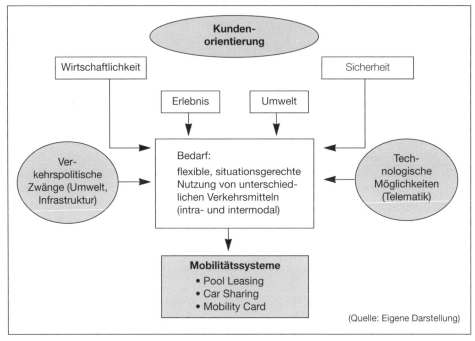

Abb. 12: Vom Produkt „Auto" zum Produkt „Mobilitätssysteme"

● Gestaltung eines Servicekonzeptes für die System-Automobile
● Gestaltung der Gebrauchtwagenverwertung
● Gestaltung der Preispolitik

Ein zusätzliches, allerdings nicht vom einzelnen Automobilhersteller zu gestaltendes Element ist die Bereitstellung einer entsprechenden Infrastruktur. Dies betrifft zum einen den bereits weiter oben angesprochenen Bereich der Telematik, zum anderen aber auch die Einrichtung von Personenverkehrsterminals. Da alle Mobilitätssysteme eine flexible Nutzung von Fahrzeugen beinhalten, müssen Stellflächen für Pool-Automobile und Schnittpunkte mit anderen Verkehrsträgern geschaffen werden. Dies kann entweder durch die Kommunen oder auch privatwirtschaftlich realisiert werden.

Im folgenden sollen anhand der definierten Gestaltungsdimensionen drei Konzepte für Mobilitätssysteme vorgestellt werden. Sie schließen einander nicht aus. Insbesondere ist es wenig wahrscheinlich, daß der Kauf eines Automobils durch solche Systeme völlig substituiert wird, da es auch weiterhin Kunden geben wird, die ihre Mobilitätsbedürfnisse weitestgehend mit einem Fahrzeug abdecken wollen. Grundsätzlich stellen Mobilitätssysteme ein substitutives Produkt zum Auto dar. Manche dieser Konzepte mögen utopisch anmuten. Es ist daher denkbar, daß auch nur einzelne Elemente dieser Systeme Eingang in die Produktpolitik der Automobilhersteller finden.

Praxisbeispiel:

Flexibilisierung der Fahrzeugnutzung – das Vario Research Car von Mercedes-Benz

Im Frühjahr 1995 hat die Mercedes-Benz AG ein Konzept für ein flexibel nutzbares Allround-Fahrzeug, das Vario Research Car (VRC), vorgestellt. Das Fahrzeug läßt sich mit wenigen Handgriffen von der Limousine zum Cabrio, zum Pick-up oder zum Kombi verwandeln (Abb. 13). Das Fahrzeug kann damit an den jeweiligen Einsatzzweck angepaßt werden. Es ist gleichermaßen Freizeitauto, Kleintransporter, Familienlimousine oder auch Urlaubsfahrzeug. Die Basiskarosserie beherbergt die gesamte Antriebs- und Fahrwerkstechnik des Fahrzeuges einschließlich Frontscheibe, Türen, Instrumententafel und Sitzen. Die Schnittstellen zwischen Basiskarosserie und Aufbau bleiben unsichtbar: Sie befinden sich unterhalb der seitlichen Gürtellinie, an den Seitenscheiben, im Heck sowie am oberen Rahmen der Frontscheibe. Der Umbau des VCR ist in wenigen Minuten möglich und erfordert nur einen geringen technischen Aufwand. Aufgrund der Verwendung von Leichtbaumaterialien (z.B. Kohlefaser, Aluminium) wiegen die VCR-Aufbauten nur jeweils 30 bis 50 Kilogramm. Im Hinblick auf die Vermarktung dieses Fahrzeuges wird daran gedacht, daß die Kunden die verschiedenen Aufbauformen nicht kaufen, sondern in speziellen Servicestationen mieten. Je nach Jahreszeit, Transportbedürfnis oder Einsatzzweck können sie dort den jeweils gewünschten Aufbau auswählen.

4.2.2 Pool Leasing

Unter Pool Leasing ist die Ablösung der zeitlich fixierten Nutzung eines Automobils durch flexible Zugriffsrechte auf einen typ- und/oder markenspezifisch differenzierten Fahrzeug-Pool zu verstehen. Pool Leasing ermöglicht damit dem Kunden eine am jeweiligen Einsatzzweck orientierte Fahrzeugwahl des Kunden. Es kommt damit sowohl der stärkeren Erlebnis- wie auch der Umweltorientierung im Kaufverhalten entgegen.

Erste Versuche mit solchen flexibleren Formen des Leasing wurden unter dem Begriff des Duo-Leasing schon gemacht. Die bisherigen Angebote haben al-

Abb. 13: Das Vario Research Car von Mercedes-Benz

lerdings den Nachteil, daß sie nur in einer starren zeitlichen Folge einen Fahrzeugabruf ermöglicht haben. Die Vorteile des Pool Leasing für den Nutzer kommen aber erst dann zum Tragen, wenn er in relativ kurzen Abständen das von ihm gewünschte Fahrzeug aus dem Pool abrufen kann. Insofern nähert sich das Pool Leasing vom gedanklichen Ansatz her der Vermietung. Als Unterschied ist aber festzuhalten, daß im Falle des Pool Leasing der Leasingnehmer eine feste monatliche Rate über die gesamte Laufzeit eines Leasingvertrages bezahlt.

- *Fahrzeuge:* Pool Leasing kann im Prinzip mit den heute schon im Markt befindlichen Fahrzeugkonzepten betrieben werden. In diesem Fall dominiert der Erlebnisaspekt: Im Winter kann ein Fahrzeug mit Allradantrieb oder ein Geländewagen genutzt werden, im Sommer ein offener Sportwagen. Notwendig werden Pool-Leasing-Konzepte, wenn spezialisierte Stadtfahrzeuge mit eingeschränkter Allround-Fähigkeit eingeführt werden (z.B. aufgrund besonders kleiner Abmessungen oder alternativer Antriebe mit begrenzter Reichweite). Der Kunde kann sich dann für den Alltagsbetrieb ein Stadtfahrzeug leasen und erhält im Rahmen seines Leasingvertrages die Option auf die Nutzung größerer Fahrzeuge, wenn er z.B. mit seiner Familie in den Urlaub fährt. Als sinnvoll könnte es sich erweisen, die Fahrzeuge mit

94

einem On-Bord-System auszustatten, das eine flexible Nutzung mit Hilfe einer Chip-Karte statt des Zündschlüssels ermöglicht. Außerdem wäre der Einbau eines Ortungsgerätes (Global Positioning System) notwendig, um den jeweiligen Einsatzort des Fahrzeuges zu kennen.

- *Dienstleistungen:* Da ein Fahrzeug von mehreren Personen genutzt wird, bildet die Übernahme der Fahrzeugversicherung durch den Leasinggeber ein unverzichtbares Element eines zusätzlichen Dienstleistungsangebotes. Dies gilt auch für eine Reihe weiterer fahrzeugbezogener Dienstleisungen (Full Service Leasing). Vorstellbar wäre, daß die Teilnehmer am Pool Leasing einen Kundenclub bilden, der seinen Mitgliedern weitere, über das Fahrzeug hinausgehende Dienstleistungen anbietet (z.B. Spezial-Reisen, Kartenservice).

- *Distribution und Logistik:* Das Angebot von Fahrzeug-Pools könnte über das heute vorhandene Netz von Vertragshändlern und Niederlassungen erfolgen. Allerdings setzt dies eine gewisse Betriebsgröße voraus, da eine hohe und vor allem zeitlich differenzierte Auslastung der Fahrzeuge sichergestellt werden müßte. Denkbar wäre aber auch die Einrichtung eines zentralen Pools, wobei die Fahrzeuge dann über eine den Automobilvermietern ähnliche Fahrzeuglogistik an den Ort des Bedarfs gebracht werden müßten.

- *Informationslogistik:* Zwischen den verschiedenen Pool-Anbietern sollte ein Informationsnetz bestehen, um Fahrzeuge bedarfsbezogen austauschen zu können. Damit wäre es auch möglich, virtuelle Pools zu bilden, d.h., bei Spitzenbedarfen (z.B. Cabrios im Sommer) könnte man auf vorhandene Bestände (z.B. junge Gebrauchtwagen) zurückgreifen und diese Fahrzeuge in das Pooling einspeisen.

- *Servicekonzept:* Der technische Service muß aufgrund der Mehrfachnutzung der Fahrzeuge vom Pool-Betreiber durchgeführt werden.

- *Gebrauchtwagenverwertung:* Die Verwertung der Pool-Fahrzeuge als Gebrauchtwagen kann sich an den bei den großen Vermietgesellschaften praktizierten Konzepten orientieren. Als problematisch kann sich die Verwertung von saisonabhängigen Fahrzeugen erweisen. Hier müssen eventuell internationale Ausgleichsmechanismen genutzt werden.

- *Preispolitik:* Die Preisbildung für die Leasingrate ergibt sich aus einer Mischkalkulation aus den verschiedenen im Pool befindlichen Fahrzeugen plus einem Zuschlag für die Bereithaltung der Fahrzeuge. Unter Einbeziehung der zusätzlichen fahrzeugbezogenen Dienstleistungen (Full Service) ergeben sich daraus relativ hohe monatliche Belastungen. Sie können dadurch reduziert werden, daß in den Pool auch Gebrauchtwagen eingespeist werden. Gleichwohl setzt die Beteiligung am Pool Leasing seitens des Leasingnehmers eine hohe Ausgabenbereitschaft für automobile Zwecke voraus.

4.2.3 Car Sharing

Unter Car Sharing versteht man die kurzfristige Nutzung von Fahrzeugen aus einem gemeinsamen Fahrzeug-Pool gegen Entgelt. Die Fahrzeuge werden an bestimmten Übergabepunkten bereitgestellt. Ziel des Car Sharing ist, durch den Entzug der jederzeitigen Fahrzeugverfügbarkeit eine überlegtere Nutzung des Automobils zu erreichen. Insofern dominiert beim Car Sharing ganz eindeutig der Gedanke des Umweltschutzes. Handelt es sich um einen offenen Pool, d.h., hat jeder Zugang zu diesem Pool, so entspricht das Car Sharing weitgehend der herkömmlichen Autovermietung. Bei den heute praktizierten Formen des Car Sharing handelt es sich indessen um geschlossene Pools in Form von Vereinen. Auf den Fahrzeug-Pool können also nur Mitglieder des Vereins zurückgreifen *(vgl. Petersen 1993, S. 740)*. Im folgenden sollen nur solche geschlossenen Lösungen betrachtet werden.

- *Fahrzeuge:* Vom Prinzip her kann Car Sharing mit den heute im Verkehr befindlichen Fahrzeugen betrieben werden. Wie das Pool Leasing eröffnet jedoch auch Car Sharing die Möglichkeit für das verstärkte Angebot von spezialisierten Stadtfahrzeugen mit alternativen Antrieben und sehr kompakten Außenmaßen. Da Car Sharing systembedingt überwiegend in Ballungszentren betrieben wird, erscheint die Ausstattung der Fahrzeuge mit einem individuellen Zielführungssystem sinnvoll.
- *Dienstleistungen:* Da das Car Sharing auf sehr kurzfristige Nutzungen hin angelegt ist, bedarf es zu seiner Realisierung einer Organisationszentrale. Die Abrechnung der in Anspruch genommenen Leistungen kann monatlich erfolgen. Steuer, Versicherung und Service der Fahrzeuge werden vom Trägerverein übernommen.
- *Distribution und Logistik:* Der „Vertrieb" von Car Sharing erfolgt heute weitgehend über Vereine mit Non-Profit-Charakter. In diesem Fall erfolgt die Logistik der Fahrzeuge durch die Nutzer selbst, die das Fahrzeug an definierten Stellplätzen parken. Denkbar wäre auch, daß Automobilvermieter „Car Sharing" anbieten oder Niederlassungen, vertragsgebundene Autohäuser und freie Werkstattbetriebe sowie Tankstellen, wobei das dezentrale Logistikkonzept beibehalten werden könnte.
- *Informationslogistik:* Durch die relativ große Zahl von Nutzern kann es bei Car Sharing zu dem Problem kommen, daß Fahrzeuge nicht rechtzeitig zurückgegeben oder nicht an den vorgesehenen Übergabeplätzen abgestellt werden. Daher erscheint es zwingend notwendig – wenn nicht eine hohe Reservekapazität gehalten werden soll –, die Fahrzeuge mit Mobilfunk und einem Global Positioning System auszustatten. Der Nutzer sollte in der Lage sein, ständig mit der Zentrale zu kommunizieren.
- *Service:* Der Service muß durch den Car-Sharing-Betreiber organisiert werden.

- *Gebrauchtwagenverwertung:* Die Gebrauchtwagenverwertung stellt sich wie bei einer Automobilvermietung dar.
- *Preispolitik:* Im Rahmen eines geschlossenen Systems umfaßt die Preisbildung zwei Elemente: einen Festbetrag, der als Mitgliedsbeitrag erhoben wird und aus dem die Grundfinanzierung des Fahrzeugbestandes erfolgt, sowie eine nutzungsabhängige Gebühr für die Inanspruchnahme der Fahrzeuge und der damit verbundenen Dienstleistungen. Je nach Zielsetzung kann das Verhältnis zwischen Festbetrag und Mietgebühren variiert werden. Außerdem ist es möglich, die Mietgebühr entsprechend den Nutzungszeiten (Tag/Nacht oder Werktag/Wochenende) zu differenzieren.

4.2.4 Mobility Card

Ein sehr weitgehendes, weil verkehrsträgerübergreifendes Mobilitätssystem stellt die Mobility Card dar. Sie ist ein mobilitätsschaffendes „Zahlungsmittel", das dem Karteninhaber erlaubt, flexibel auf unterschiedliche Verkehrsträger zurückzugreifen. Je nach Fahrtzweck sowie der zeitlichen und lokalen Belastung der verschiedenen Verkehrsträger hat der Teilnehmer an diesem System die Wahlmöglichkeit, mit Auto, Bus, Bahn oder Flugzeug zu reisen. Die Nutzung dieser Verkehrsträger erfolgt im Normalfall über eine Reservierung. Die Abrechnung kann direkt über die Mobility Card erfolgen. Die Mobility Card fördert einen souveränen Umgang mit den verschiedenen Verkehrsträgern und kann insofern auch zu einer stärkeren Orientierung der Verkehrsmittelwahl an dem Gedanken der Umweltentlastung beitragen. Voraussetzung für ihre Realisierung ist die Öffnung aller Verkehrsbetreiber für eine solche Kooperation.

- *Fahrzeuge:* In das Leistungsprogramm der Mobility Card werden nicht nur Automobile, sondern auch andere Fahrzeuge wie Bus, Eisenbahn und Flugzeug einbezogen. Alle Fahrzeuge sollten an die zentralen Buchungs- und Abrechnungssysteme der Card-Betreiber angeschlossen sein.
- *Dienstleistungen:* Um die Wahlmöglichkeiten der Mobility Card sinnvoll ausnützen zu können, müssen dem Karteninhaber jederzeit aktuelle Verkehrsinformationen angeboten werden, die er vor Fahrtantritt abrufen kann. Dies könnte über einen speziellen Fernseh- oder Radiokanal erfolgen (RDS/TMC). Eine Buchungszentrale müßte – ähnlich einem Reisebüro – auf alle im Mobility-Verbund eingebundenen Verkehrsträger den direkten Zugriff haben. Die Abrechnung der in Anspruch genommenen Leistungen könnte monatlich erfolgen.
- *Distribution und Logistik:* Der Vertrieb einer Mobility Card wäre über eine Vielzahl von Verkaufsstellen (Autohäuser, Banken, Post etc.) denkbar. Ein zusätzlicher logistischer Aufwand entsteht bei den fahrplangebundenen Verkehrsmitteln nicht.

- *Informationslogistik:* Der Aufbau einer fahrzeugbezogenen Informationslogistik ist lediglich für die Pool-Automobile notwendig.
- Service: Der Service der im Pool befindlichen Automobile wäre vom Mobility-Card-Betreiber zu organisieren bzw. selbst durchzuführen.
- *Gebrauchtwagenverwertung:* Auch hier ergeben sich grundsätzlich keine anderen Aufgabenstellungen als bei der Automobilvermietung.
- *Preispolitik:* Grundsätzlich könnte bei der Mobility Card eine Aufteilung des Preises in einen Festbetrag und einen nutzungsabhängigen Betrag erfolgen, wobei in diesem Fall als zusätzlicher Freiheitsgrad die Wahl des jeweiligen Verkehrsmittels in Ansatz käme. Das heißt, daß hier eine zusätzliche Differenzierung der Nutzungsgebühren hinsichtlich der Auslastung des jeweiligen Verkehrsträgers möglich wäre. Dadurch könnte eine sehr flexible und belastungsabhängige Preispolitik mit nachfragelenkenden Effekten betrieben werden.

Literaturhinweise

Auto 93/94 – Jahresbericht des Verbandes der Automobilindustrie (VDA), Frankfurt/M. 1994

Auto, Verkehr und Umwelt (1993), hrsg. v. Spiegel-Verlag, Hamburg 1993

Beck, U. (1986): Risikogesellschaft – Auf dem Weg in eine andere Moderne, Frankfurt/M. 1986

Berekoven, L., / Eckert, W. / Ellenrieder, P.: Marktforschung, Wiesbaden 1989

Bingmann, H. (1989): Mensch – Politik – Kultur – Einflüsse auf die technische Entwicklung bei Daimler-Benz, Diss., Berlin 1989

BP-Marktstudie: Erfolgsfaktoren für das Autohaus, hrsg. v. der BP Oil Deutschland, Hamburg 1994

Breitschwerdt, W. (1987): Innovation und Wachstum in der Automobilindustrie, in: Henn, R. (Hrsg.): Technologie, Wachstum und Beschäftigung, Festschrift für Lothar Späth, Berlin/Heidelberg 1987, S. 725-736

Brockhoff, K. (1988): Produktpolitik, 2. Auflage, Stuttgart/New York 1988

Busse, C. (1994): Erleichterung der Branche über das BGH-Urteil, in: Handelsblatt v. 12.07.1994, o.S.

Clark, K. B. / Fujimoto, T. (1992): Automobilentwicklung mit System – Strategie, Organisation und Management in Europa, Japan und USA, Frankfurt/New York 1992

Dahlhoff, D. (1991): Automobilmarketing – Das Auto als Markenartikel, Beilage zur Frankfurter Allgemeinen Zeitung v. 21.05.1991, S. B5

DAT-Gebrauchtwagenreport 1992/93, hrsg. v. d. Deutschen Automobiltreuhand, Stuttgart 1993

DAT-Kundendienstreport 1993/94, hrsg. v. d. Deutschen Automobiltreuhand, Stuttgart 1994

Dicke, B. (1992): Verkehrsmanagement in Ballungsgebieten – Die finanzpolitischen Weichen sind gestellt, in: Internationales Verkehrswesen Nr. 5/1992

Diekmann, A. (1986): Die Entwicklung des Automobils – ist ein Systemmanagement mit Individualverkehr vereinbar?, in: Zeitschrift für Verkehrswissenschaft 57. Jg. (1986), S. 225-235

Diez, W. (1988): Markteintritt und Innovation in der deutschen Automobilindustrie, in: Jahrbücher für Nationalökonomie und Statistik, Bd. 204/6 (1988), S. 491-507

Diez, W. (1990): Modellzyklen als produktpolitisches Entscheidungsproblem – Erfahrungen und Perspektiven in der deutschen Automobilindustrie, in: Zeitschrift für betriebswirtschaftliche Forschung (1990), S. 263-275

Diez, W. (1993): Deutsche Hersteller setzten auf „mehr Auto für mehr Geld" und überließen neue Marktnischen den Japanern, in: Handelsblatt v. 05.05.1993, S. 20

Diez, W. / Brachat, H. (1994): Grundlagen der Automobilwirtschaft, Ottobrunn b. München 1994

Dögl, R. / Piechota, S. / Schneider, W. (1992): Entwicklungsstrategien der Nutzfahrzeugindustrie, in: Zeitschrift für Organisation Nr. 3/1992, S. 136-146

Dudenhöffer, F. (1995): Baugleiche Autos – gut fürs Markenbild, in: Harvard Business Manager, 17. Jg. (1995), S. 116-123

Engelhardt, W. H. / Kleinaltenkamp, M. / Reckenfelderbäumer (1993): Leistungsbündel als Absatzobjekte – Ein Ansatz zur Überwindung der Dichotomie von Sach- und Dienstleistungen, in: Zeitschrift für betriebswirtschaftliche Forschung, 45. Jg. (1993), S. 395-426

Entwicklung des Personenverkehrs in Deutschland bis zum Jahr 2010, in: DIW-Wochenbericht Nr. 22/1994

Horváth, P. / Gleich, R. / Lamla, J. (1993): Kostenrechnung in flexiblen Montagesystemen bei hoher Variantenvielfalt, in: WiSU (1993), S. 206-215

Horx, M. (1993): Trendbuch – der erste große deutsche Trendreport, Düsseldorf 1993

Kiefer, H. W. (1994): Die Hersteller wollen Kunden mit Finanzdienstleistungen locken, in: Handelsblatt v. 11.10.1994, o.S.

Koppelmann, U. (1993): Produktmarketing – Entscheidungsgrundlagen für Produktmanager, 4., vollständig überarbeitete und erweiterte Auflage, Berlin/Heidelberg/New York 1993

Kurz, G. (1987): Logistische Aspekte beim Anlauf eines neuen Produktes, in: Wildemann, H. (Hrsg.): Planen und Steuern der Produktion (Tagungsbericht), München 1987, S. 315-343

Küthe, E. / Thun, M. (1995): Marketing mit Bildern, Köln 1995

Lindner, O. (1991): Verkehrsmanagement bei Just-in-Time, unveröffentlichtes Vortragsmanuskript, 1991

Mann, H.-U. / Hautzinger, H. u.a. (1991): Personenverkehrsprognose 2010 für Deutschland (Kurzfassung), München und Heilbronn 1991

Marady, H. (1991): Modellwechsel als Marketingproblem, Diplomarbeit an der Universität Hamburg, Hamburg 1991

Meffert, H. (1992): Strategien zur Profilierung von Marken, in: Dichtl, E. / Eggers, W. (Hrsg.): Marke und Markenartikel als Instrumente des Wettbewerbs, München 1992, S. 129-156

Meffert, H. (1994): Kundendienst- und Dienstleistungsmarketing im Automobilbereich, in: Diez, W. / Brachat, H.: Grundlagen der Automobilwirtschaft, Ottobrunn b. München 1994, S. 191-208

Meffert, H. (1994): Marketing-Management, Wiesbaden 1994

Mehr Senioren fahren länger Auto, hrsg. v. der Deutschen Shell AG, Hamburg 1993

Mobilität sichern – Umwelt bewahren: Präsentation Verkehrsmanagement, hrsg. v. Verband der Automobilindustrie, Frankfurt/M. 1993

Nicolai, C. (1994): Die Nutzwertanalyse, in: WISU (1994), S. 423-425

Nieschlag, R. / Dichtl, E. / Hörschgen, H. (1991): Marketing, 16., durchgesehene Auflage, Berlin 1991

Nowak, H. (1983): Die Rolle der Autokliniken bei der Produktgestaltung, in: Dichtl, E. / Raffee, H. / Potucek, V. (Hrsg.): Marktforschung im Automobilsektor, Frankfurt/M. 1983, S. 74-87

o. V.(1993): Telematik im Verkehr, Verkehrsnachrichten, hrsg. vom Bundesminister für Verkehr, Heft 10/1993

o.V.(1990): Prometheus – Programm für einen europäischen Verkehr von höchster Leistungsfähigkeit und bisher unerreichter Sicherheit, Stuttgart 1990

o.V.: COPILOT-Verkehrsleit- und Informationsdienste, Unterhaching o.J.

Petersen, M. (1993): Teile und fahre, in: Internationales Verkehrswesen Nr.12/1993

Reitzle, W. (1990): Innovativer Rahmen für Produktentwicklungen, in: Süddeutsche Zeitung v. 02. 05. 1990, o.S.

Rennert, C. (1993): Dienstleistungen als Elemente innovativer Betreibungskonzepte im Automobilhandel, Ottobrunn b. München 1993

Rommerskirchen, S. / Becker, U. / Eland, M. (1992): Entwicklung der Luftschadstoffemissionen des Verkehrs in Deutschland bis 2010, in: Internationales Verkehrswesen Nr. 3/1992

Sabel, H. (1990): Qualitäten, Preise und Mengen – Befunde auf dem Markt für Personenkraftwagen der Bundesrepublik Deutschland, in: Zeitschrift für Betriebswirtschaft, 60. Jg.(1990), S. 745-772

Schirmer, A. (1990): Planung und Einführung eines neuen Produktes am Beispiel der Automobilindustrie, in: Zeitschrift für betriebswirtschaftliche Forschung (1990), S. 892-907

Schlegel, H. (1974): Produktplanung in der Automobilindustrie, in: Zeitschrift für Organisation, 43. Jg. (1974), S. 17-29

Schlegel, H. (1975): Bewertung von drei Pkw-Neuentwicklungen, in: WiSt (1975), S. 478-484

Schlegel, H. (1978): Betriebswirtschaftliche Konsequenzen der Produktdifferenzierung – dargestellt am Beispiel der Variantenvielfalt im Automobilbau, in: WiSt (1978), S. 65-73

Schlegel, H. (1979): Fallstudie: Produktvariation bei Automobilen – Zur Zweckmäßigkeit von Facelifts während der Modellaufzeit, in: Marketing ZFP (1979), S. 194-198

Schulze, G. (1992): Die Erlebnisgesellschaft, 2. Auflage, Frankfurt/M. und New York 1992

Seidenfus, H. St. (1993): „Sustainable Mobility" – Kritische Anmerkungen zum Weißbuch der EG-Kommission, RWI-Mitteilungen, 44. Jg. (1993), S. 285-296)

Seiffert, U. (1994): The Automobile in the next Decade, unveröffentlichtes Vortragsmanuskript, 1994

Stalk, G. / Hout, T. M. (1990): Zeitwettbewerb – Schnelligkeit entscheidet auf den Märkten der Zukunft, Frankfurt/New York 1990

Stauss, B. (1994): Total Quality Management und Marketing, in: Marketing ZFP (1994), S. 149-159

Verkehr in Zahlen (1992), hrsg. v. Bundesminister für Verkehr, Bonn 1992

Wiswede, G. (1992): Die Psychologie des Markenartikels, in: Dichtl, E. / Eggers, W. (Hrsg.): Marke und Markenartikel als Instrumente des Wettbewerbs, München 1992, S. 71-96

Womack, J. P., / Jones / Daniel T. / Roos, D. (1990): The Machine that changed the World, New York 1990

Zapf, W. (1987): Individualisierung und Sicherheit – Untersuchung zur Lebensqualität in der Bundesrepublik Deutschland, München 1987

Ziebat, W. (1994): Das Aus für die Linie, Automobilproduktion, Sonderheft: Automobil-Entwicklung 1994, S. 26-32

Abbildungsverzeichnis

Abb. 1:   Produktpositionierung im Produktmarktraum

Abb. 2:   Produktraum und Produktpositionierung von Mittelklassemodellen in Deutschland

Abb. 3:   Simultaneous Engineering bei Audi / Projektvergleich zwischen Audi 100 und A4

Abb. 4:   Strategische Optionen der Modellwechselpolitik

Abb. 5:   Modellwechselpolitik im Rahmen einer Innovations- und Imitationsstrategie

Abb. 6:   Selbstbeschleunigung bei einer Verkürzung von Modellzyklen am Beispiel des Opel Rekord

Abb. 7:   Produktdifferenzierung in der deutschen Automobilindustrie

Abb. 8:   Produktleistungsprofil von Automobilen

Abb. 9:   Vertikal-horizontale Struktur des Automobilmarktes (Prinzipdarstellung)

Abb. 10:   Programmorientierte Anbietertypologie in der Weltautomobilindustrie

Abb. 11:   Strategien und Maßnahmen in der Verkehrspolitik

Abb. 12:   Vom Produkt „Auto" zum Produkt „Mobilitätssysteme"

Abb. 13:   Das Vario Research Car von Mercedes-Benz (Photo)

Teil II

Preismarketing

1 Grundlagen

Unter Preispolitik versteht man die Gesamtheit aller absatzpolitischen Maßnahmen zur Bestimmung und Durchsetzung der monetären Gegenleistungen der Käufer für die von einem Unternehmen angebotenen Sach- und Dienstleistungen *(vgl. Diller 1992 b, S. 914)*. Gegenstand der Preispolitik im weiteren Sinne ist die Gestaltung des Preis-Leistungs-Verhältnisses. Abbildung 1 zeigt einige wichtige Elemente zur Gestaltung des Preis-Leistungs-Verhältnisses in der Automobilwirtschaft.

Die Bedeutung der Preispolitik hat in den letzten Jahren in allen Branchen deutlich zugenommen. Symptomatisch dafür ist das Ergebnis einer international angelegten Untersuchung darüber, in welchen Bereichen Manager heute den größten Problemdruck empfinden. Sowohl in Europa als auch in den USA wurde die Preispolitik von den Befragten als der schwierigste Bereich genannt *(vgl. Simon 1992, S. 8)*. In der Tendenz dürfte dieses Ergebnis auch für die Automobilwirtschaft zutreffen. Der Preis rangiert heute als Kaufentscheidungskriterium der Kunden fast gleichauf mit qualitativen Produkteigenschaften. So nannten bei der Frage, auf welche Aspekte sie bei der Kaufentscheidung besonders achten, 73% der potentiellen Autokäufer die Zuverlässigkeit und jeweils 69% die Sicherheit und den Preis *(vgl. SPIEGEL-Dokumentation 1993, S. 159)*.

Vor dem Hintergrund einer partiellen Marktsättigung, nachhaltiger Veränderungen im Kundenverhalten und strukturellen Überkapazitäten muß davon

Elemente des Entgeltes	Elemente der Leistung
• Listenpreis (UPE) • Hauspreis • Barrabatte • Überhöhte Inzahlungnahme des Gebrauchtwagens • Abwrackprämien • Leasing- und Finanzierungskonditionen	• Qualität und Ausstattung des Fahrzeuges ab Werk • Erweiterung des Ausstattungsumfangs durch den Vertragshändler • Verbindung von Fahrzeugkauf und Wartungsvertrag bzw. Full Service Leasing (Quelle: Eigene Darstellung)

Abb. 1: Elemente der Gestaltung des Preis-Leistungs-Verhältnisses

ausgegangen werden, daß die Bedeutung des Preismarketings auf dem Automobilmarkt weiter zunehmen wird.

Der Begriff „Preis" ist in seiner Anwendung in der Automobilwirtschaft sehr vieldeutig. Die zunächst zu vermutende Kaufentscheidungsrelevanz des vom Hersteller festgelegten Listenpreises wird für den Kunden durch andere preisbezogene Aktivitäten in vielfacher Weise relativiert. Es ist daher notwendig, die verschiedenen Dimensionen des Preises genauer auszuleuchten. Definiert man den Preis mit Simon als ein „Opfer", das der Käufer erbringen muß, um in den Genuß des Produktnutzens zu kommen *(Simon 1992, S. 3)*, so lassen sich in der Automobilwirtschaft die in Abbildung 2 dargestellten Preisformen unterscheiden:

Eine erste Bezugsgröße stellt der Fahrzeugpreis dar. Dabei kann zwischen dem Angebotspreis und dem zu bezahlenden Preis unterschieden werden. Der

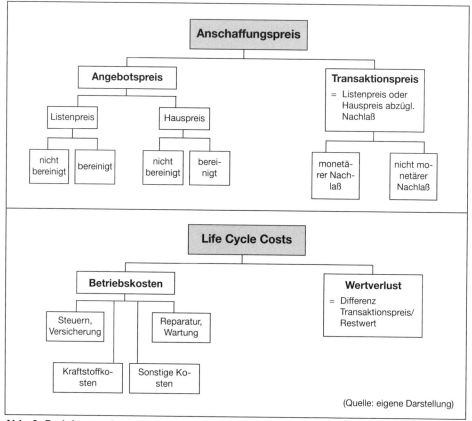

(Quelle: eigene Darstellung)

Abb. 2: Preisformen in der Automobilwirtschaft

106

Angebotspreis tritt einmal in Form der Unverbindlichen Preisempfehlung (UPE) des Herstellers als sog. Listenpreis auf. Um eine Vergleichbarkeit der Listenpreise herzustellen, muß eine Bereinigung im Hinblick auf unterschiedliche Serienausstattungsumfänge durchgeführt werden. Eine weitere Form des Angebotspreises ist der vom Vertragshändler ausgezeichnete „Hauspreis". Da die Preisempfehlungen des Herstellers unverbindlich sind, kann jeder Händler autonom einen eigenen Angebotspreis als „Hauspreis" festlegen und sich damit vom Wettbewerb zu differenzieren versuchen. Listen-, aber auch Hauspreise können mehr oder weniger deutlich von dem vom Kunden letztlich zu bezahlenden Preis abweichen. Die Differenz ergibt sich aus den gewährten monetären und nichtmonetären Rabatten. Ein monetärer Rabatt stellt der Barrabatt dar, der nach § 2 des Rabattgesetzes bislang noch auf 3% des jeweiligen Bezugspreises (Listen- oder Hauspreis) begrenzt ist. Ein weiterer, in der Automobilwirtschaft besonders verbreiteter monetärer Nachlaß ist die überhöhte Inzahlungnahme des Gebrauchtwagens durch den Vertragshändler. Die effektive Höhe dieses Nachlasses ist natürlich erst nach der Verwertung des Gebrauchtwagens feststellbar. In der Regel dienen die Gebrauchtwagen-Preislisten der Deutschen Automobiltreuhand (DAT) sowie von Eurotax-Schwacke als Orientierung für die Überzahlung. Zu den monetären Nachlässen gehören ferner sog. Abwrackprämien. Sie werden von einigen Automobilherstellern für den Ankauf alter, nicht mit einem Katalysator ausgestatteter Fahrzeuge bezahlt. Im Prinzip handelt es sich auch hier um eine Inzahlungnahme von Gebrauchtfahrzeugen zu einem von vornherein nicht marktgerecht festgelegten Preis. Allerdings wird der Begünstigtenkreis qualitativ begrenzt. Schließlich sind auch die weitverbreiteten Zulassungsprämien zu den monetären Nachlässen zu rechnen. Sie werden dem Händler vom Hersteller gewährt, wobei erwartet wird, daß er sie im entsprechenden Umfang an seine Kunden weitergibt.

Abbildung 3 gibt einen Überblick über die Entwicklung der durchschnittlichen Neuwagenpreise in Deutschland. Es handelt sich dabei um einen verkaufsgewichteten Durchschnittspreis der in Deutschland gängigen Modelle. Da in seine Berechnung Strukturveränderungen des Absatzes (z.B. Up- und Down-grading-Prozesse) mit eingehen, entspricht seine Entwicklung nur näherungsweise den nominellen Preiserhöhungen der Automobilhersteller für die einzelnen Fahrzeugtypen. Insgesamt hat sich der durchschnittliche Neuwagenpreis in dem betrachteten Zehnjahreszeitraum um 70% erhöht.

Neben dem wie auch immer definierten Anschaffungspreis können auch die sog. Life Cycle Costs als „Preis" des Automobils angesehen werden. In diesem Fall stehen also die Kosten der Nutzung stärker im Vordergrund der Betrachtung. Die Life Cycle Costs setzen sich aus den Betriebskosten und dem Wertverlust des Fahrzeuges zusammen. Bei den Betriebskosten handelt es sich um

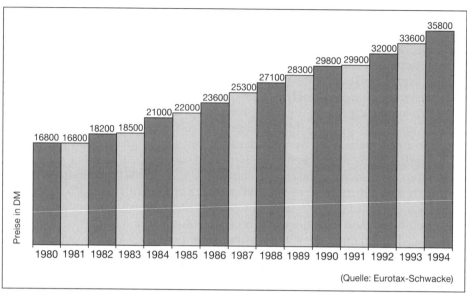

16800 16800 18200 18500 21000 22000 23600 25300 27100 28300 29800 29900 32000 33600 35800

1980 1981 1982 1983 1984 1985 1986 1987 1988 1989 1990 1991 1992 1993 1994

Preise in DM

(Quelle: Eurotax-Schwacke)

Abb. 3: Entwicklung der Neuwagen-Durchschnittspreise in Deutschland

Folgekosten des Automobilkaufs. Sie umfassen die Kosten für Steuern und Versicherungen, die Kraftstoffkosten sowie die Kosten für Reparatur und Wartung einschließlich Ersatzteilen. Außerdem können noch weitere Unterhaltskosten anfallen (z.B. Garagenmiete, Fahrzeugpflege, TÜV-Gebühren). Die Entwicklung der Betriebskosten wird durch den sog. Kraftfahrer-Preisindex vom Statistischen Bundesamt seit mehr als 20 Jahren erfaßt. Abbildung 4 zeigt die Preisentwicklung bei den wichtigsten Ausgabenkomponenten der Automobilhaltung.

Der Wertverlust für den Neuwagen als zweite wichtige Komponente der Life Cycle Costs ergibt sich aus der Differenz zwischen dem Anschaffungs- und dem Restwert von Automobilen beim ersten Besitzerwechsel. Er stellt für den privaten Haushalt – wie die Abschreibungen für Unternehmen – „Kosten", aber keine „Ausgaben" dar. Die effektive Höhe des Wertverlustes kann erst beim Verkauf des Gebrauchtwagens festgestellt werden. Eine gewisse Orientierung bieten bereits beim Neuwagenkauf die erwähnten Gebrauchtwagenpreislisten von DAT und Eurotax-Schwacke. Die Wertverluste sind – wie Abbildung 5 zeigt – praktisch in allen Fahrzeugkategorien in den letzten Jahren weiter angestiegen. Sie liegen bei vierjährigen Fahrzeugen, also zu dem Zeitpunkt, zu dem bei Neuwagen üblicherweise ein Halterwechsel stattfindet, bei 51,1% mit einer in den letzten Jahren steigenden Tendenz. Diese Entwicklung kommt auch in der Struktur der gesamten Kosten der privaten Haushalte für die Automobilhaltung zum Ausdruck. Der Anteil des Wertverlustes ist auch

108

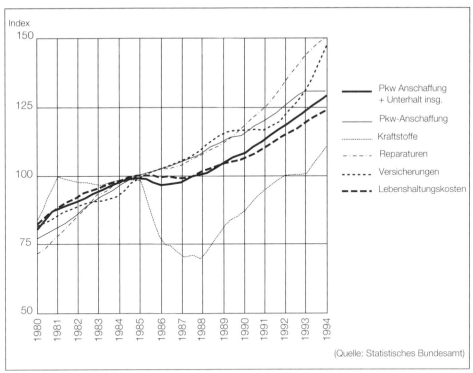

Index

Pkw Anschaffung
+ Unterhalt insg.

Pkw-Anschaffung

Kraftstoffe

Reparaturen

Versicherungen

Lebenshaltungskosten

(Quelle: Statistisches Bundesamt)

Abb. 4: Entwicklung der Autokosten („Kraftfahrer-Preisindex")

	\multicolumn{6}{c}{**Wertverlust nach Jahren in %**}
	1	2	3	4	5	6
1989	19,1	28,0	36,3	44,6	52,5	59,1
1990	18,8	27,5	35,4	43,5	51,0	58,3
1991	19,0	25,9	32,8	40,3	48,1	54,8
1992	22,6	30,4	37,0	44,5	51,1	59,0
1993	27,0	36,0	42,9	48,4	54,4	60,4
1994	30,2	37,9	45,1	51,1	56,1	62,0

(Quelle: Eurotax Schwacke)

Abb. 5: Wertverluste von Neuwagen nach Altersgruppen in Deutschland

109

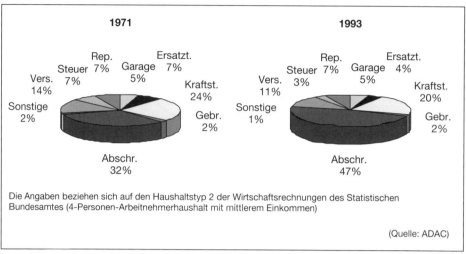

1971

Rep. 7% Ersatzt.
Steuer Garage 7%
Vers. 7% 5%
14% Kraftst.
24%
Sonstige
2% Gebr.
2%

Abschr.
32%

1993

Rep. 7% Ersatzt.
Steuer Garage 4%
Vers. 3% 5%
11% Kraftst.
20%
Sonstige
1% Gebr.
2%

Abschr.
47%

Die Angaben beziehen sich auf den Haushaltstyp 2 der Wirtschaftsrechnungen des Statistischen Bundesamtes (4-Personen-Arbeitnehmerhaushalt mit mittlerem Einkommen)

(Quelle: ADAC)

Abb. 6: Ausgaben der privaten Haushalte für die Automobilhaltung und -nutzung in %

hier sehr stark angestiegen (Abb. 6): Entfielen im Jahr 1971 erst 32% der Gesamtkosten der Pkw-Haltung auf den Wertverlust, so lag dieser Anteil im Jahr 1993 bereits bei 47%. Dieser Anstieg spiegelt zum einen die drastisch gestiegenen Neuwagenpreise wider. Zum anderen kommt darin eine unterschiedliche Preisbereitschaft auf dem Neu- und Gebrauchtwagenmarkt zum Ausdruck.

Die unterschiedlichen Preisformen werfen für die Preismanager in den Automobilunternehmen die Frage auf, welche sie zum Objekt des Preismarketings machen sollen. Grundlage für eine solche Festlegung ist letztlich die Relevanz der verschiedenen Preisformen für die Kaufentscheidungen der Automobilkunden. Leider gibt es bislang keine empirisch abgestützten Aussagen darüber, an welchem „Preis" sich die Kunden bei der Wahl ihres Fahrzeuges letztlich orientieren. Betrachtet man das Preismarketing der Automobilhersteller, so dominiert dort nach wie vor sehr stark die Ausrichtung auf den Anschaffungspreis, einschließlich der Finanzierungs- und Leasingkonditionen. Offensichtlich wird also unterstellt, daß die Kunden ihre Kaufentscheidungen am Fahrzeugpreis und nicht an den Life Cycle Costs ausrichten. Die Fokussierung des Preismarketings auf den Anschaffungspreis ist insofern überraschend, als es keine strenge Korrelation zwischen Anschaffungs- und Life Cycle Costs gibt. In Abbildung 7 sind die Anschaffungskosten in Form der Listenpreise sowie die Life Cycle Costs in Form der Kilometerkosten bei einer Fahrleistung von 15.000 km/Jahr für 10 verschiedene Automodelle dargestellt. Wie unschwer zu erkennen ist, gibt es Modelle, die bei den Life Cycle Costs deutlich besser abschneiden als bei den Anschaffungskosten. Für die entsprechenden Automobilhersteller müßte dies eigentlich Anlaß sein, ihr Preismarketing stär-

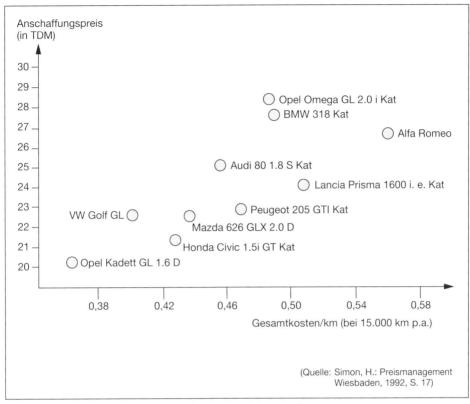

Abb. 7: Alternative Preisargumente im Automobilmarketing

ker auf die Kilometerkosten auszurichten, da damit die relative Wettbewerbs-position besser dargestellt werden könnte.

2 Preisverhalten

2.1 Grundlegende Aspekte

Grundlage für den Einsatz des preispolitischen Instrumentariums ist die Kenntnis des Preisverhaltens der Automobilkäufer. Das Preisverhalten um-faßt im wesentlichen drei Elemente:

● das Preisinteressc
● die Preiswahrnehmung
● die Preisbeurteilung

Das Preisverhalten ist ein zentraler Baustein für die Erklärung von Kaufentscheidungsprozessen. Leider liegen zu diesem wichtigen Gegenstand keine speziellen Untersuchungen für den deutschen Automobilmarkt vor. Im folgenden soll daher – unter Nutzung der für andere Konsumgütermärkte empirisch abgesicherten Elemente der Theorie des Preisverhaltens – ein allgemeines Modell für das Preisverhalten beim Automobilkauf entwickelt werden.

2.2 Automobilrelevante Elemente des Preisverhaltens

2.2.1 Das Preisinteresse

Das Preisinteresse umfaßt das Bedürfnis des Käufers nach Preisinformationen und den Willen, diese Informationen bei der Kaufentscheidung zu berücksichtigen *(Diller 1991, S. 86)*. Die Intensität des Preisinteresses hängt im wesentlichen von drei Bestimmungsfaktoren ab:

- persönlichkeitsbezogene Merkmale
- produktbezogene Merkmale
- Informationssituation

Im Hinblick auf die produktbezogenen Merkmale sprechen die folgenden Aspekte für ein hohes Preisinteresse beim Automobilkauf:

- Das Automobil stellt eine der finanziell bedeutsamsten Ausgaben eines privaten Haushaltes dar. Durch einen intensiven Preisvergleich können hohe Beträge eingespart werden.
- Die Kaufintervalle sind mit durchschnittlich vier Jahren relativ lang. Ein intensiver Preisvergleich stellt anders als bei Produkten mit täglichen oder wöchentlichen Kaufintervallen keine zeitliche Überforderung für den potentiellen Autokäufer dar.
- Die Angleichung der Produktqualität in den einzelnen Marktsegmenten lenkt die Aufmerksamkeit des Käufers verstärkt auf den Preis.

Insgesamt kann man feststellen, daß das Preisinteresse beim Automobilkauf hoch ist und in Zukunft weiter ansteigen wird. Dafür spricht neben den bereits genannten Aspekten vor allem die Tatsache, daß die hohen Ausgaben für die Automobilanschaffung und Automobilnutzung in einen wachsenden Konflikt mit anderen Konsumbedürfnissen geraten, da die real verfügbaren Einkommen in Zukunft langsamer als in der Vergangenheit ansteigen werden. Das wachsende Preisinteresse der potentiellen Automobilkäufer stellt daher steigende Anforderungen an die Professionalität des Preismarketings.

2.2.2 Die Preiswahrnehmung

Unter Preiswahrnehmung versteht man die sensorische Aufnahme von Preisinformationen, bei der objektive Preise in subjektive Preisanmutungen übersetzt werden *(vgl. Diller 1992 c, S. 939)*. Die Preiswahrnehmung erfolgt in der Regel selektiv.

Der wichtigste Selektionsfilter ist das Produktinvolvement des Konsumenten. Unter Involvement versteht man den Grad an innerer Aktivierung, den eine Kaufentscheidung hervorruft. Aufgrund des hohen Anschaffungswertes sowie der finanziell und zeitlich weitreichenden Verpflichtungen aus dem Automobilkauf (Folgekosten) zählt das Automobil zu den High-involvement-Produkten.

2.2.3 Die Preisbeurteilung

Bei *Preisgünstigkeitsurteilen* wird allein der absolute Preis eines Produktes, nicht aber das Preis-Leistungs-Verhältnis eingestuft. Preisgünstigkeitsurteile werden also zwischen homogenen Produkten, d.h. Produkten, die als qualitativ gleichwertig angesehen werden, getroffen. Insofern setzt die Bildung von Preisgünstigkeitsurteilen die Bildung von Qualitätsurteilen voraus. Da Handelsbetriebe häufig qualitativ gleichartige Produkte anbieten, spielen Preisgünstigkeitsurteile insbesondere bei der Wahl der Einkaufsstätte ein wichtige Rolle für den Konsumenten.

Anders als bei den Preisgünstigkeitsurteilen werden bei der Bildung von Preiswürdigkeitsurteilen auch Qualitätsunterschiede mit einbezogen. *Preiswürdigkeitsurteile* treten also dort auf, wo heterogene Produkte, d.h. Produkte unterschiedlicher Qualitätsklassen, miteinander verglichen werden. Preiswürdigkeitsurteile werden häufig auch als „kompensatorisch" bezeichnet. Damit ist gemeint, daß in diesem Fall Preisdifferenzen durch Qualitätsdifferenzen ausgeglichen werden können: Ein Produkt, das deutlich teurer ist als ein anderes, jedoch aus Konsumentensicht eine weit überdurchschnittliche Qualität aufweist, wird demnach preislich als genauso günstig beurteilt wie ein Produkt mit durchschnittlichem Preis und durchschnittlicher Qualität.

Bei der Bildung von Preiswürdigkeitsurteilen wird unterstellt, daß die potentiellen Käufer Preis und Qualität unabhängig voneinander beurteilen. In der

Realität ist indessen immer wieder zu beobachten, daß der Preis als Qualitätsindikator eingesetzt wird. Von einem hohen Preis wird auf überdurchschnittliche, von einem niedrigen Preis auf unterdurchschnittliche Qualität geschlossen. Im Fall der preisorientierten Qualitätsbeurteilung wird also eine enge Beziehung zwischen Preis- und Qualitätsniveau unterstellt.

Die preisorientierte Qualitätsbeurteilung ist deshalb von preispolitischer Bedeutung, weil beim Unterschreiten einer bestimmten Preisschwelle beim Kunden Qualitätszweifel auftreten können. Trotz eines niedrigen Preises wird die Preiswürdigkeit des Produktes schlecht beurteilt, weil der niedrige Preis als Zeichen für mangelhafte Qualität angesehen wird. Insbesondere auf dem Automobilmarkt, auf dem Vorstellungen der Käufer über die Erfüllung einer bestimmten Mindestqualität eine wichtige Rolle spielen, muß dieser Effekt beachtet werden. Die preisorientierte Qualitätsbeurteilung hat daher eine große Bedeutung für die Preispositionierung von neuen Marken und Produkten.

Unter *Preisschwellen* versteht man Diskontinuitäten in der subjektiven Preisbeurteilung von Konsumenten. Dabei werden absolute und relative Preisschwellen unterschieden. Absolute Preisschwellen begrenzen den Preisbereitschaftsbereich. Nach unten wird der Preisbereitschaftsbereich in der Regel durch Qualitätszweifel begrenzt. Unterschreitet ein Produkt einen bestimmten Schwellenpreis, so gehen die Kunden davon aus, daß das Produkt mit großer Wahrscheinlichkeit Qualitätsmängel aufweist. Die obere Preisbereitschaft wird durch Einkommensschranken, aber auch durch sinkende Präferenzen für einen bestimmten Verwendungszweck limitiert. So ist es durchaus denkbar, daß ein Konsument einkommensseitig in der Lage wäre, mehr für einen Verwendungsbereich auszugeben. Aufgrund seiner Präferenzstruktur ist er aber nicht bereit, mehr als einen bestimmten Einkommensanteil z.B. für die Automobilanschaffung auszugeben.

Relative Preisschwellen treten hingegen innerhalb des Preisbereitschaftsbereichs auf. Sie resultieren daraus, daß die Preisbeurteilung von Produkten anhand bestimmter Preiskategorien („teuer", „billig", „durchschnittlich") erfolgt. Preisschwellen liegen häufig bei sog. gebrochenen Preisen (z.B. 29.990 DM). Es wird hier unterstellt, daß ein Produkt, das unterhalb einer bestimmten Preisschwelle liegt (hier also unter 30.000 DM), noch als „preiswert" beurteilt wird, während ein Produkt, das den Schwellenwert überschreitet (also z.B. 30.250 DM kostet), schon als „teuer" oder gar als „zu teuer" empfunden wird.

Das *Preisimage* ist die Gesamtheit aller Einstellungen der Konsumenten bezüglich der Preisgünstigkeit bzw. Preiswürdigkeit einer Marke oder einer Einkaufsstätte. Preisimages stellen also Generalisierungen von subjektiven Einzelurteilen dar. Sie sind ein Teil der Konsumerfahrungen von Nachfragern.

114

Die wichtigsten Bestimmungsfaktoren des Preisimages sind *(vgl. Diller 1992 a, S. 906)*:

- der Preisabstand zu wichtigen Wettbewerbern
- die Über- oder Unterschreitung bestimmter Schwellenpreise
- die Preisaktivitäten im Wettbewerb (z.B. Häufigkeit von Sonderangeboten)
- die Verteilung des Produktprogramms (bzw. Sortimentes) über verschiedene Preisklassen
- die Gestaltung der Werbung bzw. der Einkaufsstätte (Architektur, Ausstattung)
- das Sozialprestige des traditionell dominierenden Kundenkreises einer Marke bzw. Einkaufsstätte

Das Preisimage ist einerseits das Ergebnis von Lernprozessen bei der Preiswahrnehmung und -beurteilung. Andererseits hat das Preisimage aber auch wieder Rückwirkungen als (Vor-)Urteil für die Preiswahrnehmung und -beurteilung. Insofern bedarf es in der Regel spektakulärer Preis- und Kommunikationsaktivitäten, um ein vorhandenes Preisimage zu verändern.

2.3 Modell des Preisverhaltens beim Automobilkauf

Abbildung 8 zeigt ein theoretisch plausibles Modell des Preisverhaltens beim Automobilkauf. Ausgangspunkt ist das Preisinteresse, das mit dem Bedarfswunsch nach einem Neuwagen ausgelöst wird. Das Preisinteresse bildet den Motor des Such- und Informationsprozesses, in dessen Verlauf es zu einer selektiven Preiswahrnehmung kommt. Die Verarbeitung der aufgenommenen Preisinformationen erfolgt dann im Rahmen des Preisbeurteilungsprozesses.

Der Verlauf des besonders komplexen Preisbeurteilungsprozesses kann anhand der Preis-Leistungs-Matrix in Abbildung 9 veranschaulicht werden. Die Preis-Leistungs-Matrix zeigt 25 theoretisch mögliche Kombinationen von Preis- und Qualitätsbeurteilungen, die mit einem Rangindex bezeichnet werden. Er bringt die jeweilige Preiswürdigkeit der einzelnen Kombinationen zum Ausdruck. Die höchste Preiswürdigkeit weist demnach die Kombination sehr gute Qualität/sehr billig auf (Rangindex 8), während die Preiswürdigkeit der Kombination mangelhafte Qualität/sehr teuer die schlechteste Preiswürdigkeit besitzt (Rangindex 0). Es kann nun angenommen werden, daß der potentielle Automobilkäufer zunächst eine absolute obere und untere Preisschwelle defi-

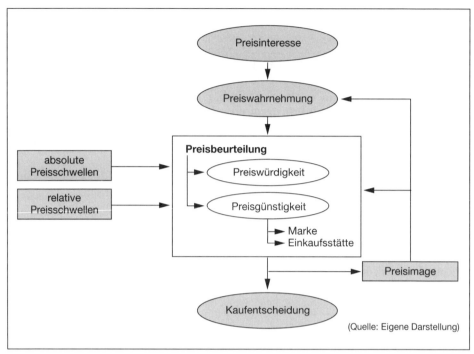

(Quelle: Eigene Darstellung)

Abb. 8: Modell des Preisverhaltens beim Automobilkauf

niert. Die absolute obere Preisschwelle ergibt sich aus seiner Kaufkraft und seiner Präferenzstruktur und bestimmt seine maximale Preisbereitschaft. Gleichzeitig definiert er eine absolute untere Preisschwelle, die er nicht unterschreitet, weil ihm das Qualitätsrisiko unterhalb dieser Preisschwelle als zu hoch erscheint (preisorientierte Qualitätsbeurteilung).

Im vorliegenden Beispiel wird angenommen, daß sich die Preisbereitschaft des potentiellen Automobilkäufers zwischen maximal 45.000 DM (obere absolute Preisschwelle) und minimal 35.000 DM (untere absolute Preisschwelle) bewegt. Anhand dieses Rasters wird der Kaufinteressent nunmehr simultan die Preiswürdigkeit und Preisgünstigkeit des Modellangebotes in einem bestimmten Marktsegment bewerten (z.B. Mittelklasselimousine). Die Zuordnung der Fahrzeuge auf die verschiedenen Preis-Qualitäts-Klassen stellt Preiswürdigkeitsurteile, die Zuordnung der Fahrzeuge auf bestimmte Preisklassen innerhalb der jeweiligen Qualitätsklassen stellt Preisgünstigkeitsurteile dar.

Eine eindeutige Entscheidungssituation ist gegeben, wenn die Zuordnung wie in Abbildung 9 aussieht: Der potentielle Autokäufer wird sich für das Modell C entscheiden. Zwar weist das Modell A die gleiche Preiswürdigkeit auf, aber

116

Preis / **Qualität**

Preis		sehr gut	gut	normal	zufrieden-stellend	mangelhaft
über 45.000 DM	sehr teuer	Modell A · 4	Modell B · 3	k.A. · 2	k.A. · 1	k.A. · 0
40.000 – 45.000 DM	teuer	k.A. · 5	**Modell C** · 4	Modell D · 3	k.A. · 2	k.A. · 1
30.000 – 40.000 DM	normal	k.A. · 6	k.A. · 5	k.A. · 4	Modell E · 3	k.A. · 2
30.000 – 35.000 DM	billig	k.A. · 7	k.A. · 6	Modell F · 5	Modell G · 4	k.A. · 3
unter 30.000 DM	sehr billig	k.A. · 8	k.A. · 7	k.A. · 6	Modell H · 5	k.A. · 4

oPS (an der Grenze teuer / normal)
uPS (an der Grenze billig / sehr billig)

oPS = obere absolute Preisschwelle
uPS = untere absolute Preisschwelle
k.A. = kein Angebot

(Quelle: Eigene Darstellung in Anlehnung an)

Abb. 9: Matrix zur Preisbeurteilung

es liegt außerhalb des Bereichs der Preisbereitschaft. Selbstverständlich wäre es auch denkbar, daß der Kaufinteressent mehrere Modelle dem Bereich „gute Qualität/teuer" zuordnet. In diesem Fall würde er innerhalb des relevanten Preis-Qualitäts-Segmentes nach den jeweiligen Preisabständen eine Entscheidung treffen (Preisgünstigkeitsurteil), wobei auch hier relative Preisschwellen wirksam werden könnten. Innerhalb der dargestellten Matrix können verschiedene Pattsituationen auftreten: So beispielsweise, wenn sich Preise verschiedener Modelle innerhalb eines Preis-Qualitäts-Segmentes nur minimal voneinander unterscheiden würden. Eine Pattsituation läge aber auch dann vor, wenn der Käufer bestimmte Modelle dem Bereich „normale Qualität/normaler Preis" zuordnen würde, da diese Fahrzeuge den gleichen Rangindex wie die Konstellation „gute Qualität/teuer" aufweisen.

Die bisherige Darstellung bezog sich lediglich auf die Wahl der Marke bzw. des Modells. Sie stellt in der Regel immer eine Kombination aus Preiswürdigkeits- und Preisgünstigkeitsurteilen dar. In einem zweiten Schritt muß sich der potentielle Autokäufer für eine bestimmte Einkaufsstätte entscheiden. Da er bei dem Vertragshändler eines Fabrikates letztlich qualitativ gleichwertige Fahrzeuge bekommt, erfolgt die Wahl der Einkaufsstätte auf der Grundlage von Preisgünstigkeitsurteilen. Der Händler kann die Preisgünstigkeit seines Angebotes durch die Bildung von Hauspreisen und verschiedene Formen monetärer und nichtmonetärer Nachlässe beeinflussen. Dadurch können in einem Rückkoppelungsprozeß eventuell bestehende Pattsituationen bei der Wahl der Automarke bzw. des jeweiligen Modells aufgelöst werden.

Im Laufe eines Konsumentenlebens bilden sich auf der Grundlage dieser Preisentscheidungsprozesse Preisimages heraus, die sich sowohl auf die Marke als auch auf die Einkaufsstätte beziehen können. Sie beeinflussen dann bei weiteren Käufen die Preiswahrnehmung und die Preisbeurteilung.

Zweifellos enthält das vorgestellte Modell des Preisverhaltens einige Vereinfachungen:

- Zunächst wird unterstellt, daß bei der Kaufentscheidung keine Veblen- oder Snob-Effekte auftreten. Veblen-Effekte liegen vor, wenn ein Produkt bewußt seines hohen Preises wegen gekauft wird („demonstrativer Konsum"). Ein Snob-Effekt tritt dann auf, wenn ein Produkt nur dann gekauft wird, wenn es einen geringen Verbreitungsgrad im Markt hat *(vgl. Schulz/ Thiermann 1992, S. 328 ff.)*. In diesem Fall könnte bei der Kaufentscheidung auch ein Modell zum Zuge kommen, das in der Preis-Qualitäts-Matrix einen niedrigeren Rangwert aufweist.
- Die Bedeutung der Marken- bzw. Einkaufsstättentreue wird hier nicht explizit mit berücksichtigt. Vielmehr wird ein reiner Rationalkauf unterstellt.

118

Tatsächlich können habitualisierte Formen des Kaufverhaltens aber dazu führen, daß nur bestimmte Modelle bzw. Einkaufsstätten überhaupt in den Prozeß der Preisbewertung einbezogen werden.

Trotz dieser Einwände sprechen Plausibilitätsüberlegungen und Beobachtungen des tatsächlichen Preisverhaltens dafür, daß das skizzierte Modell einen brauchbaren Bezugsrahmen für die Entwicklung von preispolitischen Strategien und den Einsatz preistaktischer Maßnahmen darstellt. Insbesondere kann festgestellt werden, daß sich das Kaufverhalten auf dem Automobilmarkt immer stärker dem Modell des Rationalkaufs annähert. Dies wird den Spielraum für die Durchsetzung qualitativ nicht begründbarer Preisprämien in Zukunft erheblich erschweren.

3 Preisbildung

3.1 Grundformen der Preisbildung

3.1.1 Kostenorientierte Preisbildung

Bei einer kostenorientierten Preisbildung soll das im Markt geforderte Entgelt die Voll- bzw. bestimmte Teilkosten decken. Der Preis ergibt sich aus den Selbstkosten des Herstellers zuzüglich eines Gewinnaufschlags. Grundlage der kostenorientierten Preisbildung ist die Kostenträgerstückrechnung *(Ebert 1991, S. 87 ff.)*. Bei einem Automobil setzen sich die Gesamtkosten wie folgt zusammen:

- Materialkosten   ca. 45%,
- Fertigungskosten   ca. 25%,
- Verwaltungs- und Vertriebskosten ca. 30%,

wobei es sich bei diesen Angaben um Näherungswerte handelt, die marken- und typspezifisch divergieren.

Die Vorteile der kostenorientierten Preisbildung liegen zweifellos in ihrer leichten Handhabung und der guten Informationsbasis durch das betriebliche Rechnungswesen. Ihr gravierendster Nachteil ist die Vernachlässigung kunden- und wettbewerbsorientierter Aspekte. Insofern war die kostenorientierte Preisbildung das typische Preisbildungsverfahren in den Verkäufermärkten der Vergangenheit. In den Käufermärkten der Gegenwart müssen Fragen der

Preisbereitschaft der Kunden und der relativen Wettbewerbspreise zwingend bei der Preisbildung berücksichtigt werden.

3.1.2 Kundenorientierte Preisbildung

Preis-Absatz-Funktionen

Die kundenorientierte Preisbildung zielt auf die Ausschöpfung der Preisbereitschaft der Kunden ab. Sie erfolgt auf der Grundlage von Preis-Absatz-Funktionen, die eine Beziehung zwischen Preisen und Absatzmengen darstellen. Anhand einer solchen Funktion kann ein Unternehmen, bei Kenntnis des mengenabhängigen Kostenverlaufs, den gewinnmaximalen Preis für seine Produkte festlegen.

Der Zusammenhang zwischen (relativen) Preis- und Absatzveränderungen wird durch die Preiselastizität der Nachfrage gemessen:

Abbildung 10 zeigt die Preis-Absatz-Funktion für den deutschen Automobilmarkt. Sie teilt sich im wesentlichen in vier Bereiche:

● Bereich geringer Elastizität: Preise über 50.000 DM
● Bereich mittlerer Elastizität: Preise zwischen 35.000 und 50.000 DM
● Bereich hoher Elastizität: Preise zwischen 15.000 und 35.000 DM
● Bereich geringer Elastizität: Preise unter 15.000 DM

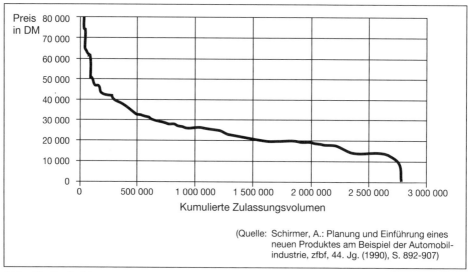

(Quelle: Schirmer, A.: Planung und Einführung eines neuen Produktes am Beispiel der Automobilindustrie, zfbf, 44. Jg. (1990), S. 892-907)

Abb. 10: Preis-Mengen-Relation – Gesamtmarkt Deutschland 1988

120

Die geringe Elastizität der Nachfrage auf Preiserhöhungen läßt sich im obersten Preisbereich im wesentlichen mit drei Faktoren erklären:

- *Sinkender Grenznutzen des Geldes:* Eine absolut gleiche Preiserhöhung wird bei hohen Ausgangspreisen weniger stark empfunden als bei niedrigen Ausgangspreisen. Eine Preiserhöhung von 5.000 DM bei einem Fahrzeug, das bislang 100.000 DM gekostet hat, ist z.B. wesentlich weniger fühlbar als bei einem Fahrzeug, dessen bisheriger Preis bei 20.000 DM lag.
- *Sehr starke Marken- und Produktpräferenzen:* Marken- und Produkttreue sind im obersten Preisbereich deutlich stärker ausgeprägt als bei Mittelklassefahrzeugen.
- *Existenz von Veblen- und Snob-Effekten:* Durch die Preiserhöhung werden das Prestige und die Exklusivität eines Produktes noch verstärkt. Da dies im obersten Preisbereich zumindest unterschwellige Kaufmotive sind, führt eine Preiserhöhung zu keinem Absatzrückgang.

Die geringe Elastizität im obersten Preisbereich auf Preissenkungen ist vor allem darauf zurückzuführen, daß mit einer solchen Maßnahme kaum neue Käuferschichten erschlossen werden können. Die Preise sind so hoch, daß solche Produkte auch bei Preissenkungen nur für eine sehr begrenzte Käuferschicht einkommensmäßig erreichbar sind (absolute obere Preisschwelle).

Entsprechend diesen Überlegungen läßt sich die steigende Preiselastizität im Preisbereich zwischen 15.000 und 50.000 DM wie folgt erklären: Der Grenznutzen des Geldes ist in diesem Bereich höher, d.h., Preiserhöhungen und -senkungen werden stärker fühlbar. Die Markentreue ist niedriger, und Veblen- und Snob-Effekte sind kaum von Bedeutung. Gleichzeitig bewegen sich diese Fahrzeuge in einem Preisbereich, in dem die einkommensseitige Flexibilität höher ist.

Die geringe Preiselastizität der Nachfrage im untersten Preisbereich dürfte vor allem auf das begrenzte Marken- und Produktangebot in diesem Segment zurückzuführen sein: Preissenkungen führen zu keiner Erhöhung der Nachfrage, weil der potentielle Käufer eine nur begrenzte Marken- und Produktauswahl hat. Andererseits führen Preiserhöhungen nur zu geringen Mengenrückgängen, da es sich hier offensichtlich um die kleine Schicht von Käufern handelt, die trotz niedriger Einkommen eine starke Präferenz für einen Neuwagen haben und den Kauf von Gebrauchtwagen grundsätzlich ablehnen.

Als individuell bezeichnet man die Preis-Absatz-Funktion, der sich ein einzelnes Unternehmen gegenübersieht. Unter den verschiedenen Typen individueller Preis-Absatz-Funktionen hat die doppelt-geknickte Funktion von Gutenberg für den Automobilmarkt die größte Plausibilität. Die Gutenbergsche Funktion weist drei Bereiche auf: zwei elastische und einen unelastischen Nachfragebereich. Der unelastische Bereich liegt in dem „akquisitorischen Potential" eines jeden Anbieters begründet *(Gutenberg 1976, S. 238 ff.)*. Dieses „akquisitorische Potential", das sich in Form markentreuen Kaufverhaltens ausdrückt (Stammkunden), führt zu einem „quasimonopolistischen Bereich" in der Preis-Absatz-Funktion.

Preisbildung durch Conjoint Measurement

Unter Conjoint Measurement versteht man ein statistisches Verfahren zur Erfassung von Preisbereitschaften. Dabei wird auf der Grundlage von Befragungen ermittelt, welchen Beitrag unterschiedliche Produktmerkmale zur Bildung von Kaufpräferenzen leisten. Neben qualitativen Merkmalen dient dabei auch der Preis als ein Produktmerkmal. Für den Automobilmarkt liegen eine Reihe von Conjoint-Analysen vor *(vgl. Mengen/Tacke 1995, S. 220 ff.; Bauer/Herrmann/Mengen 1994, S. 81 ff.; Bauer/Herrmann 1993, S. 236, sowie Simon 1992, S. 118 ff.)*. Die folgende Darstellung folgt im wesentlichen der Untersuchung von Bauer und Herrmann.

Am Anfang der Conjoint-Analyse steht zunächst die Auswahl der in die Kundenbefragung einzubeziehenden Merkmale und deren Ausprägungen. Für die Auswahl müssen folgende Kriterien beachtet werden *(vgl. Mengen/Tacke 1995, S. 222)*:

Sie müssen

● für die Kaufentscheidung relevant,
● vom Hersteller beeinflußbar und technisch realisierbar,
● voneinander unabhängig sowie
● der Zahl nach begrenzt

sein. Bauer/Herrmann haben in ihre Untersuchung sechs Pkw-Merkmale mit insgesamt 17 Ausprägungen einbezogen. Insgesamt ließen sich daraus (3x3x3x3x2x3 =) 486 unterschiedliche Fahrzeuge kombinieren. Da eine Einzelbewertung dieser Fahrzeuge die Probanden überfordern würde, wurden zwölf Fahrzeuge den Befragten zur Beurteilung vorgelegt (vgl. Abb. 11). Die Befragten mußten also die zur Auswahl stehenden Fahrzeuge in eine Rangfolge entsprechend ihren Kaufpräferenzen bringen. Die Auswertung der Daten ergab für die einzelnen Merkmalsausprägungen die in Abbildung 11 dargestellten Teilnutzenwerte. Dabei zeigt sich, daß der Preis das wichtigste Pkw-Merkmal darstellt, gefolgt von der Motorleistung (PS-Zahl) und der Marke. Was den Verlauf der Teilnutzenwerte anbelangt, wird u.a. deutlich, daß

Kartennr.	Marke	PS	Ausstattung	Lackierung	Bremssystem	Preis
1	B	90	Stoff	normal	ohne ABS	37.000 DM
2	C	110	Stoff	normal	mit ABS	40.000 DM
3	B	130	Velour	normal	ohne ABS	40.000 DM
4	B	130	Leder	metallic	mit ABS	43.000 DM
5	A	90	Stoff	normal	ohne ABS	37.000 DM
6	A	130	Velour	perlmutt	ohne ABS	43.000 DM
7	C	130	Leder	perlmutt	mit ABS	43.000 DM
8	C	90	Velour	metallic	ohne ABS	37.000 DM
9	B	110	Velour	perlmutt	ohne ABS	40.000 DM
10	A	110	Leder	metallic	mit ABS	43.000 DM
11	C	90	Leder	normal	ohne ABS	37.000 DM
12	A	130	Stoff	normal	ohne ABS	40.000 DM

(a) Experimentelles Design zur Konstruktion von zwölf Pkw

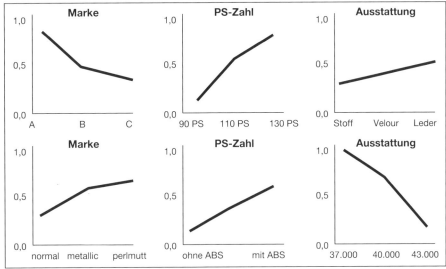

(b) Teilnutzungsfunktionen für sechs Pkw-Merkmale

Merkmal	PKW „1"		PKW „11"		PKW „1a"	
	Merkmals-ausprägung	Nutzenwert	Merkmals-ausprägung	Nutzenwert	Merkmals-ausprägung	Nutzenwert
Marke	B	0,43	C	0,27	B	0,19
PS-Zahl	90	0,19	90	0,19	90	0,19
Ausstattung	Stoff	0,28	Leder	0,54	Stoff	0,28
Lackierung	normal	0,35	normal	0,35	normal	0,35
Bremssystem	ohne ABS	0,12	ohne ABS	0,12	mit ABS	0,63
Preis	37.000 DM	1,00	37.000 DM	1,00	40.000 DM	0,77
Summe		**2,37**		**2,47**		**2,65**

(c) Hypothetische Kaufpräferenzen auf der Grundlage von Nutzenwerten

(Quelle: Bauer, H./Hermann, A.: Preisfindung durch Nutzenkalkulation am Beispiel einer Pkw-Kalkulation, in: Controlling Nr. 5/1993, S. 238f.)

Abb. 11: Conjoint Measurement in der Automobilwirtschaft

- der Nutzenzuwachs einer Erhöhung der Motorleistung von 110 auf 130 PS geringer ist als der einer Erhöhung von 90 auf 110 PS sowie
- die Nutzenwerte der Preise zwischen 40.000 und 43.000 DM stärker sinken als zwischen 37.000 und 40.000 DM, was auf die Existenz einer relativen Preisschwelle bei 40.000 DM hindeutet.

Addiert man die einzelnen Teilnutzenwerte, so lassen sich die Kaufpräferenzen für die zwölf zur Auswahl stehenden Modelle ermitteln. An erster Stelle steht dabei die Alternative C mit 130 PS, Lederausstattung, Metallic-Lackierung, ohne ABS zu einem Preis von 43.000 DM, gefolgt von den Alternativen A und B mit jeweils anders spezifizierter/m Ausstattung und Preis. Aus dieser Analyse können also Schlußfolgerungen im Hinblick auf die Gestaltung eines aus Kundensicht optimalen Preis-Leistungs-Verhältnisses gezogen werden. Bei den von den Befragten getroffenen Bewertungen handelt es sich um Preiswürdigkeitsurteile. Können für die einzelnen Ausstattungsmerkmale zusätzlich noch die variablen Kosten erfaßt werden, so kann auf der Grundlage der Conjoint-Analyse gleichzeitig auch die für den Automobilhersteller gewinnoptimale Produktgestaltung ermittelt werden *(vgl. Bauer/Herrmann/Mengen 1994, S. 90 f.)*.

3.1.3 Wettbewerbsorientierte Preisbildung

Eine dritte grundlegende Orientierung bei der Preisbildung von Automobilen sind die Preise des Wettbewerbs. Dazu bedarf es zunächst der Identifikation der im jeweiligen Marktsegment bzw. für das einzelne Modell relevanten Wettbewerber. Dies kann anhand des Evoked-Set-Konzeptes erfolgen. Unter dem Evoked Set versteht man die Gesamtheit der Marken, die vom potentiellen Käufer als akzeptabel angesehen und die deshalb in seine engere Auswahl bei der Kaufentscheidung einbezogen werden. Da die Automobilkäufer eine wachsende Zahl von anderen Marken in ihren Kaufentscheidungsprozeß mit einbeziehen, wird die wettbewerbsorientierte Preisbildung zunehmend wichtig.

Nach der Morphologie der Marktformen ist der Automobilmarkt ein oligopolistisch strukturierter Markt *(vgl. Diez/Brachat 1994, S. 59)*. Oligopolistische Märkte sind durch eine hohe Transparenz und damit durch eine enge Reaktionsverbundenheit gekennzeichnet. Das heißt, daß Preisaktionen eines Wettbewerbers (Anbieters) sehr schnell zu Reaktionen der anderen Wettbewerber führen. Umstritten ist allerdings, ob dies nur für Preissenkungen oder auch für Preiserhöhungen gilt. So kann vielfach ein asymmetrisches Verhalten beobachtet werden: Preissenkungen werden von den Wettbewerbern mit Preissenkungen beantwortet, Preiserhöhungen jedoch nicht mit Preiserhöhungen. Insofern würde es dann auch zu asymmetrischen Mengenänderungen kommen.

Da in oligopolistischen Märkten die wechselseitigen Reaktionen der Wettbewerber berücksichtigt werden müssen, läßt sich in dieser Marktform kein eindeutiger optimaler Preis bestimmen. Weit verbreitet und auch für den Automobilmarkt kennzeichnend ist daher die Orientierung der Preisbildung an einem Preisführer *(vgl. Simon 1992, S. 201)*. Dabei müssen die Preise der anderen Anbieter nicht mit dem Preis des Preisführer identisch sein, sondern können je nach Qualität und Image des Produktes diesen Preis über- oder unterschreiten. Der Preis des Preisführers hat insofern eine Leitfunktion für den Gesamtmarkt.

Unterschieden wird in der Regel zwischen der dominanten und einer lediglich barometrischen Preisführerschaft *(Hardes 1992, S. 228 f.)*. Beide Formen sind für den Automobilmarkt relevant. Bei der barometrischen Preisführerschaft wechselt der Preisführer von Fall zu Fall. Dieses Verhalten ist im Automobilmarkt bei den Preiserhöhungsrunden im Frühjahr und/oder Herbst zu beobachten. Zumeist gibt einer der großen Anbieter seine Preiserhöhungen bekannt, und die anderen Automobilhersteller folgen dann nach. Abbildung 12 zeigt dieses Verhalten recht anschaulich.

Dominant ist die Marktführerschaft, wenn sich die anderen Anbieter der Preissetzungsmacht eines Herstellers unterwerfen. Die dominante Preisführerschaft beruht zumeist auf einem hohen Marktanteil im jeweils relevanten Marktsegment und einem starken Image. Typische Preisführer auf dem deut-

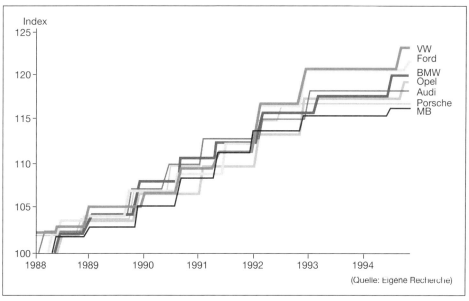

Abb. 12: Barometrische Preisführerschaft im Automobilmarkt

schen Automobilmarkt sind der Golf von Volkswagen im Segment der unteren Mittelklasse sowie die E- bzw. S-Klasse von Mercedes-Benz in der oberen Mittelklasse und der Oberklasse.

Abbildung 13 zeigt die starke Wettbewerbsorientierung in der Preisbildung auf dem Automobilmarkt im Mittelklassesegment. Wie unschwer zu erkennen ist, gibt es drei Preisgruppen:

- das Premium-Segment mit den Marken Mercedes-Benz, BMW und Audi
- das mittlere Segment mit den deutschen Anbietern Volkswagen, Opel und Ford
- das untere Segment mit den Importmarken Seat, Nissan, Mazda, Toyota und Hyundai

Die Marken innerhalb dieser drei Segmente bilden jeweils einen Evoked Set, d.h., sie stellen aus Kundensicht Kaufalternativen dar, die ernsthaft in Erwägung gezogen werden. Die graduellen Preisunterschiede innerhalb der jeweiligen Segmente spiegeln im wesentlichen Imagedifferenzen wider. So liegt z.B. Audi im oberen Preisbereich etwas gegenüber Mercedes-Benz und BMW zurück. Gleiches gilt im unteren Preisbereich für Hyundai.

3.1.4 Programmorientierte Preisbildung

Die programmorientierte Preisbildung (oder auch: Preislinienpolitik) beinhaltet die Abstimmung der Preisbildung innerhalb des gesamten Produktprogrammes. In der Automobilindustrie bedeutet dies, daß die Preise für die verschiedenen Baureihen und die verschiedenen Typen innerhalb einer Baureihe simultan festgelegt werden. Dabei müssen sowohl kostenseitige als auch absatzbezogene Interdependenzen berücksichtigt werden.

Im wesentlichen umfaßt die programmorientierte Preisbildung in der Automobilindustrie drei Bereiche:

- die verbundorientierte Festlegung der Einzelpreise
- die Bestimmung der Preisspanne
- die Durchführung des kalkulatorischen Ausgleichs

Verbundeffekte

Was die verbundorientierte Festlegung der Einzelpreise anbelangt, gilt es, ungewollte Substitutionseffekte („Kannibalismus") zu verhindern. Dazu bedarf es vor allem der Kenntnis der Kreuzpreiselastizitäten zwischen den verschie-

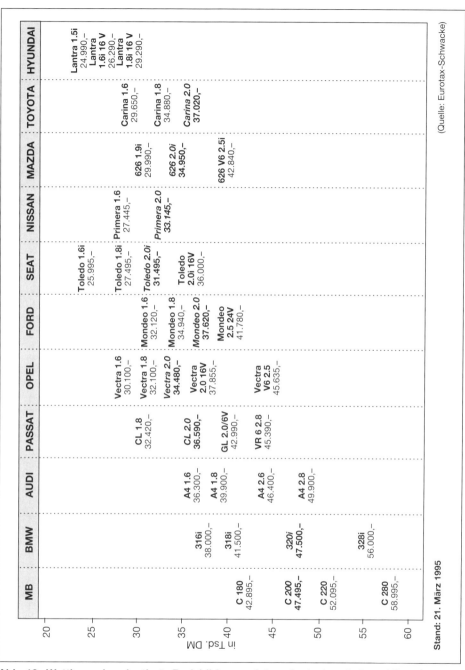

in Tsd. DM	MB	BMW	AUDI	PASSAT	OPEL	FORD	SEAT	NISSAN	MAZDA	TOYOTA	HYUNDAI
											Lantra 1.5i 24.990,–
25							Toledo 1.6i 25.995,–				Lantra 1.6i 16 V 26.290,–
											Lantra 1.8i 16 V 29.290,–
30			A4 1.6 36.300,–	CL 1.8 32.420,–	Vectra 1.6 30.100,–	Mondeo 1.6 32.120,–	Toledo 1.8i 27.495,–	Primera 1.6 27.445,–	626 1.9i 29.990,–	Carina 1.6 29.650,–	
35			A4 1.8 39.900,–	CL 2.0 36.590,–	Vectra 1.8 32.100,–	Mondeo 1.8 34.940,–	Toledo 2.0i 31.495,–	Primera 2.0 33.145,–	626 2.0i 34.950,–	Carina 1.8 34.880,–	
		316i 38.000,–		GL 2.0/6V 42.990,–	Vectra 2.0 34.480,–	Mondeo 2.0 37.620,–	Toledo 2.0i 16V 36.000,–			Carina 2.0 37.020,–	
40		318i 41.500,–	A4 2.6 46.400,–	VR 6 2.8 45.390,–	Vectra 2.0 16V 37.855,–	Mondeo 2.5 24V 41.780,–			626 V6 2.5i 42.840,–		
45	C 180 42.895,–		A4 2.8 49.900,–		Vectra V6 2.5 45.635,–						
	C 200 47.495,–	320i 47.500,–									
50	C 220 52.095,–										
55		328i 56.000,–									
60	C 280 58.995,–										

Stand: 21. März 1995

(Quelle: Eurotax-Schwacke)

Abb. 13: Wettbewerbsorientierte Preisbildung auf dem deutschen Automobilmarkt – Mittelklassesegment (o. Diesel)

denen Baureihen und Typen. Das folgende fiktive Beispiel veranschaulicht die Problematik (Abb. 14).

Trotz eines Anstiegs des Gesamtabsatzes auf 326.000 Einheiten würde sich die Deckungsbeitragssituation um 10 Mio. DM verschlechtern. Bei jeder Preisaktion müssen also mögliche Interdependenzen zwischen den Produkten analysiert und insbesondere Substitutionseffekte zu Lasten deckungsbeitragsstarker Produkte vermieden werden.

Bestimmung der Preisspanne

Die Bestimmung der Preisspanne erfordert eine Entscheidung über den Einstiegs- und den Höchstpreis innerhalb einer Produktlinie (Baureihe) (vgl.

Ausgangssituation:	
Typ 1	**Typ 2**
p_1 = 50.000,– DM	p_1 = 35.000,– DM
DB/E. = 15.000,– DM	DB/E. = 8.500,– DM
x_1 = 80.000,–	x_2 = 200.000 E
DB = 1.200,– DM + 1.700,– DM = 2.900,– DM (in Mio.)	

Preissenkung Typ 2 (ohne Verbundwirkung)	
	p_2 = 31.500,– DM
	DB/E. = 7.000,– DM
	x_2 = 250.000 E
DB = 1.200,– DM + 1.750,– DM = 2.950,– DM (in Mio.)	

Preissenkung Typ 2 (mit Verbundwirkung)	
x_1 = 76.000,–	x_2 = 250.000 E
DB = 1.140,– DM + 1.750,– DM = 2.850,– DM (in Mio.)	

Annahmen n:
ε_2 = –2,5 (Preiselastizität der Nachfrage)
$\varepsilon_{1/2}$ = 0,5 (Kreuzpreiselastizität)
(Quelle: Eigene Darstellung)

Abb. 14: Verbundeffekte in der Preislinienpolitik – fiktives Beispiel

Einstiegspreis (Basisversion): 29.000,– DM

Preis Spitzenmodell: 65.000,– DM

> 5 Stufen

$$p_1 = 29.000$$
$$p_2 = 29.000 * 1.224^1 = 35.496$$
$$p_3 = 29.000 * 1.224^2 = 43.447$$
$$p_4 = 29.000 * 1.224^3 = 53.179$$
$$p_5 = 65.000$$

$$k = (65.000/29.000)^{1/(5-1)} = 1.224$$

Berechnungsformeln

$$\log k = (\log p_{max} - p_{min})^{1/(n-1)}$$

bzw.

$$k = (p_{max} / p_{min})^{1/(n-1)}$$

(Quelle: Eigene Darstellung in Anlehnung
an: Diller, H.: Preispolitik, Stuttgart 1991)

Abb. 15: Preisstaffelung nach dem Weber-Fechnerschen Gesetz – Beispiel

Abb. 15). Der Einstiegspreis innerhalb einer Baureihe wird zumeist sehr niedrig angesetzt, um das Preisimage einer Baureihe insgesamt positiv zu beeinflussen. Denn häufig wird der Einstiegspreis sowohl in der werblichen Kommunikation als auch im Rahmen von Presseberichten am stärksten kommuniziert. Demgegenüber hat der Höchstpreis – abgesehen vom Oberklassensegment – keine spezifische kommunikative Funktion.

Der kalkulatorische Ausgleich

Beim kalkulatorischen Ausgleich handelt es sich um ein Verfahren der Preiskalkulation nach dem Prinzip der Tragfähigkeit. Er wird in der Regel innerhalb einer Baureihe durchgeführt, kann aber auch auf das gesamte Produktprogramm angewendet werden. Der kalkulatorische Ausgleich wird notwendig, wenn bei einzelnen Typen innerhalb einer Baureihe – sei es aus Gründen der Preisoptik oder aus wettbewerblichen Gründen – nicht die anvisierte Rendite realisiert werden kann. Man versucht dann, diese Unterdeckungen durch Preisaufschläge bei anderen Typen zu kompensieren. Abbildung 16 zeigt dafür ein Beispiel.

	Baureihe A		
	Typ 1	Typ 2	Typ 3
(1) geplanter Absatz in Tsd. E.	280	150	350
(2) angestrebter Absatz in Mio. DM	14.000	12.000	12.250
(3) kostenorientierter Stückpreis in Tsd. DM	50	80	35
(4) realisierbarer Preis/E.	48		33,5
(5) = (1) · (4) realisierbarer Erlös	13.440		11.725
(6) = (5) – (2) Unterdeckung	–560		–525
(7) aggregiertes Erlösdefizit		–1.085	
(8) angestrebter Erlös nach dem kalk. Ausgleich		13.085	
(9) Stückpreis nach dem kalk. Ausgleich in Tsd. DM	48	87	33,5

E. = Einheit

(Quelle: Eigene Darstellung in Anlehnung an:
Nieschlag/Dichtl/Hörschgen: Marketing, Berlin 1991)

Abb. 16: Das Prinzip des kalkulatorischen Ausgleichs – fiktives Beispiel

Praxisbeispiel:

Preisstruktur bei der Adam Opel AG

Abbildung 17 zeigt die Preisstruktur bei Opel über die verschiedenen Baureihen und Typen hinweg. Dabei wurden nur die jeweiligen Basisversionen in den verschiedenen Motorisierungsklassen berücksichtigt. Das gesamte Preisspektrum reicht demnach von knapp 18.000 DM bis knapp unter 50.000 DM. Analysiert man die Preisstruktur genauer, so lassen sich einige der angesprochenen preispolitischen Zusammenhänge deutlich wiedererkennen:

● Auffällig ist zunächst, daß sämtliche Einstiegsmodelle unterhalb bestimmter Preisschwellen angesiedelt sind. So kostet der Corsa Eco 17.940 DM, der Astra 21.900 DM, der Vectra 29.325 DM und der Omega 39.900 DM.
● Deutlich erkennbar ist weiterhin, daß der jeweilige Spitzentyp der verschiedenen Baureihen deutlich vom übrigen Programm abgesetzt wird. Die Preisdifferenzen zum darunterliegenden Modell betragen teilweise über 10.000 DM (Vectra V6 2.5 im Vergleich zu Vectra 2.0). Dies deutet daraufhin, daß über diese Spitzenmodelle jeweils ein kalkulatorischer Ausgleich durchgeführt wurde.

● Die gesamte Preisstruktur spiegelt schließlich relativ gut die vertikale Programmstruktur wider. Lediglich die Modelle Corsa und Astra liegen relativ eng zusammen, obwohl der Astra eigentlich ein Segment höher angesiedelt ist (Corsa Swing 1.4. 20.120 DM zu Astra 1.4 21.900). Dies könnte als ein Indiz für die unterschiedliche Marktakzeptanz der beiden Baureihen interpretiert werden: Während es sich beim Corsa um ein sehr wettbewerbsstarkes Produkt handelt, ist die Marktakzeptanz des Astra offensichtlich schwächer. Wäre dies nämlich nicht der Fall, müßte bei einer solchen Preisstruktur mit sehr starken Kannibalisierungseffekten zu Lasten des Corsa gerechnet werden, da der Astra bei identischer Motorisierung ein deutlich größeres Raumangebot bietet.

Insgesamt bestätigt die Preisstruktur bei Opel die empirische Relevanz einer Vielzahl den in den vorhergehenden Ausführungen vorgestellten preispolitischen Konstrukte.

	CORSA	ASTRA	CALIBRA	VECTRA	OMEGA
17.000,– DM					
	ECO 1.2 18.390,–				
	SWING 1.4 20.570,–	1.4 22.875,–			
		1.6 24.470,–			
	GSI 16V 1.6 28.250,–				
		1.6 16V 30.160,–		1.6 30.100,–	
				1.8 32.100,–	
		1.8 16V 35.165,–		2.0 33.605,–	
		2.0 16V 38.450,–			
			2.0 40.835,–		2.0 40.475,–
			2.0 16V 43.495,–		
				V6 2.5 45.635,–	2.5 46.885,–
			2.5 51.070,–		
60.000,– DM					
					3.0 64.825,–

Stand: 21. März 1995   (Quelle: Eurotax-Schwacke)

Abb. 17: Preislinienpolitik am Beispiel der Adam Opel AG

3.1.5 Target Pricing

Target Pricing stellt ein Verfahren zur Bildung marktgerechter, d.h. kunden- und wettbewerbsorientierter Preise durch ein aktives Kostenmanagement dar. Insofern vereinigt das Target Pricing die kosten-, kunden- und wettbewerbsorientierte Preisbildung zu einem integrierten Konzept: Target Pricing (oder auch Target Costing) versucht, die „Elementarmodule Preis, Gewinn und Kosten marktbezogen zu koordinieren". *(Seidenschwarz 1991, S. 198)*

Abbildung 18 zeigt eine Übersicht über den Ablauf von Target-Costing-Prozessen. Drei wesentliche Phasen sollen hier näher behandelt werden:

Festlegung des Zielpreises: Am Beginn des Target Costing steht zunächst die Aufgabe, einen Zielpreis zu bestimmen. Der Zielpreis muß sich an der Preisbereitschaft der Zielkunden orientieren, die sich wiederum aus dem Produktwert und dem Angebot des Wettbewerbes ergibt. Problematisch ist dabei die Bestimmung des Produktwertes. So muß zunächst ein allgemeines Produktkonzept definiert und aus Kundensicht bewertet werden. Betrachtet man das Automobil als ein Bündel von Soft Functions (Wertfunktionen) und Hard Functions (Gebrauchsfunktionen), ergibt sich insbesondere die Schwierigkeit einer preislichen Bewertung der Soft Functions *(vgl. Heßen/Weiss 1994, S. 150)*. Während für die Bewertung der Hard Functions das Conjoint Measurement eingesetzt werden kann, kann die Preisbereitschaft für bestimmte Wertfunktionen (Komfort, Anmutung etc.) mit diesen Verfahren kaum gemessen werden. Ein anderer Ansatz wäre das Quality Function Deployment, bei dem versucht wird, allgemeine Kundenanforderungen in technisch meßbare Produktmerkmale zu übersetzen *(vgl. Akao 1992, S. 15 ff.)*. Auch hier bleibt jedoch das Problem, ob Kundenwünsche richtig verstanden und die daraus abgeleiteten Produktmerkmale später von Kunden auch wahrgenommen werden. Die Bestimmung des Produktwertes stellt insofern ein Kardinalproblem des Target Pricing dar, als bei einem zu hoch angesetzten Produktwert die Gefahr besteht, daß man die Preisbereitschaft des Kunden überschätzt und sich aus dem Markt „hinauspreist". Andererseits werden bei einem zu niedrig angesetzen Produktwert qualitative Wachstumspotentiale nicht ausgeschöpft.

Festlegung der Zielkosten für das Gesamtfahrzeug: Ist der Zielpreis definiert, dann ergeben sich daraus – nach Abzug des angestrebten Gewinnes – die sog. Allowable Costs, d.h. die vom Markt erlaubten Kosten. Den Allowable Costs werden die Drifting Costs gegenübergestellt. Darunter versteht man die Kosten, die sich – ausgehend vom definierten Produktkonzept – unter Einsatz der bekannten Technologien und Verfahren ergeben *(vgl. Seidenschwarz 1991, S. 200)*. In der Regel sind die Drifting Costs höher als die Allowable Costs. Je nachdem, welche Kostensenkungspotentiale als realisierbar angesehen wer-

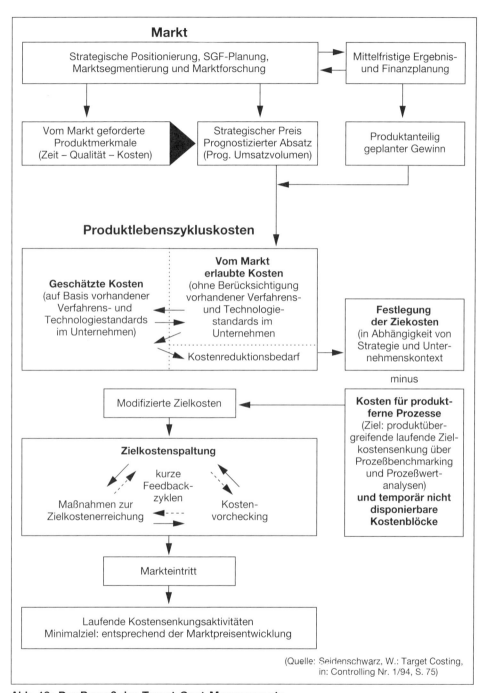

Markt

Strategische Positionierung, SGF-Planung, Marktsegmentierung und Marktforschung

Mittelfristige Ergebnis- und Finanzplanung

Vom Markt geforderte Produktmerkmale (Zeit – Qualität – Kosten)

Strategischer Preis Prognostizierter Absatz (Prog. Umsatzvolumen)

Produktanteilig geplanter Gewinn

Produktlebenszykluskosten

Geschätzte Kosten (auf Basis vorhandener Verfahrens- und Technologiestandards im Unternehmen)

Vom Markt erlaubte Kosten (ohne Berücksichtigung vorhandener Verfahrens- und Technologiestandards im Unternehmen

Kostenreduktionsbedarf

Festlegung der Ziekosten (in Abhängigkeit von Strategie und Unternehmenskontext

minus

Modifizierte Zielkosten

Kosten für produkt-ferne Prozesse (Ziel: produktüber-greifende laufende Ziel-kostensenkung über Prozeßbenchmarking und Prozeßwert-analysen) **und temporär nicht disponierbare Kostenblöcke**

Zielkostenspaltung

kurze Feedback-zyklen

Maßnahmen zur Zielkostenerreichung

Kosten-vorchecking

Markteintritt

Laufende Kostensenkungsaktivitäten Minimalziel: entsprechend der Marktpreisentwicklung

(Quelle: Seidenschwarz, W.: Target Costing, in: Controlling Nr. 1/94, S. 75)

Abb. 18: Der Prozeß des Target-Cost-Managements

133

den, werden die Target Costs zwischen den Allowable und den Drifting Costs festgelegt. Im Grenzfall werden die Target Costs auf dem Niveau der Allowable Costs festgeschrieben, so daß die gesamte Differenz zwischen Drifting und Allowable Costs den Kostenreduktionsbedarf umfaßt *(vgl. Seidenschwarz 1994, S. 75)*.

Festlegung der Zielkosten für die einzelnen Fahrzeugelemente: In einem interaktiven Prozeß werden die Target Costs für das Gesamtfahrzeug nunmehr auf die einzelnen Fahrzeugelemente, d.h. Aggregate, Komponenten und Teile, heruntergebrochen. Dieser Prozeß kann hierarchisch erfolgen, so daß zunächst z.B. Target Costs für ganze Baugruppen (Fahrwerk, Antriebsstrang etc.) und dann für die nachgelagerten Elemente bestimmt werden. Dies erlaubt eine saldoneutrale Verschiebung von Vorgabewerten innerhalb einer Baugruppe *(vgl. Heßen/Wesseler 1994, S. 151)*. In dieser Phase werden auch die Zulieferer sehr intensiv in den Kostenbildungsprozeß integriert. Sie sind gefordert, für die von ihnen herzustellenden Teile entsprechend den Target-Cost-Vorgaben Kostensenkungspotentiale aufzuzeigen. Auch bei der Festlegung der Zielkosten für die einzelnen Fahrzeugelemente stellen sich natürlich wieder schwierige Bewertungsfragen, da nunmehr die Wertigkeit einzelner Fahrzeugelemente aus Kundensicht mit in die Target-Cost-Bildung einbezogen werden muß. Je nach der Kaufentscheidungsrelevanz einzelner Baugruppen müssen die Kostenziele differenziert werden. Auch bei dieser Aufgabenstellung ist das Conjoint Measurement nur begrenzt aussagefähig, da – wie weiter oben dargestellt – aus erhebungstechnischen Gründen nur eine begrenzte Auswahl von Produktmerkmalen in die Befragung einbezogen werden kann.

Trotz unbestreitbarer Umsetzungsprobleme findet das Target Pricing heute in der Automobilindustrie breite Anwendung. Vorreiter bei seiner Anwendung waren die japanischen Automobilhersteller, denen es damit gelungen ist, auf vielen Märkten Fahrzeuge mit einem überlegenen Preis-Leistungs-Verhältnis anzubieten. Auch in der deutschen Automobilindustrie werden heute neue Baureihen ausnahmslos nach der Methode des Target Costing entwickelt. Dies ist eine der wichtigsten Voraussetzungen für eine Verbesserung der Preisdurchsetzung in einem so wettbewerbsintensiven Markt wie dem für Automobile.

Praxisbeispiel:

Target Costing bei der Audi AG

Eines der Grundprobleme bei der Anwendung des Target Costing ist das Herunterbrechen der Gesamtzielkostenvorgabe auf einzelne Funktionsgruppen. Im Rahmen eines Projektes bei Audi wurde dafür ein Lösungskonzept erarbeitet *(Deisenhöfer 1993, S. 95 ff.)*: Bei Audi werden fünf Hauptbaugruppen definiert. Es sind dies:

- Fahrwerk
- Karosserie
- Elektrik
- Ausstattung
- Aggregate

Zur Ermittlung der Kostenvorgaben für diese Baugruppen wurde folgendermaßen vorgegangen:

- Ermittlung der Produktfunktionen aus Kundensicht
- Gewichtung der einzelnen Produktfunktionen
- Umsetzung der Funktionszielkosten in Zielkosten der sie erfüllenden Produktkomponenten

Im Rahmen von fachgebietsübergreifenden Meetings wurde ermittelt, welchen Beitrag die verschiedenen Hauptbaugruppen zur Erfüllung kundenrelevanter Fahrzeugeigenschaften leisten (Abb. 19). Insgesamt zeigte sich, daß für eine optimale Erfüllung der Fahrzeugeigenschaften 20% der Gesamtzielkosten auf die Hauptgruppe Aggregate, 14% auf die Elektrik, 27% auf die Karosserie, 18% auf das Fahrwerk und 20% auf die Ausstattung entfallen sollten. Ein Vergleich mit den tatsächlichen Herstellkosten brachte erhebliche Unter- bzw. Überdeckungen zutage. Während beispielsweise die Elektrik ihre Kosten hätte verdoppeln können, hätten beim Fahrwerk 28% der Kosten eingespart werden müssen. Solche Einsparungen sind im Rahmen eines herkömmlichen Kostenmanagements kaum möglich. Denkbar wäre aber die Verwendung gemeinsamer Fahrwerke für unterschiedliche Baureihen (Platform-Konzept). Das Target Costing kann also zu völlig neuen Produkt- und Fertigungskonzepten führen.

3.2 Strategische Preispolitik

3.2.1 Preispositionierung

Die Preispolitik stellt ein wichtiges Instrument zur Positionierung eines Produktes im Produktmarktraum dar. Häufig ist der Preis das erste Produktmerkmal, das der Kunde wahrnimmt, da er bei Produktneueinführungen noch über keine Produkterfahrung verfügt. Dementsprechend bildet der Einführungs-

%	Fahrzeugeigenschaften	Hauptbaugruppen										
		Aggregate		Elektrik		Karosserie		Fahrwerk		Ausstattung	
19,5	Qualität/Zuverlässigkeit	20%	3,9	18%	3,5	30%	5,9	15%	3,0	17%	3,3
11,3	Fahreigenschaften	21%	2,4	9%	1,0	12%	1,4	51%	5,7	7%	0,8
9,0	Komfort	8%	0,7	8%	0,8	17%	1,5	5%	0,5	62%	5,6
4,5	Raumangebot	5%	0,2	5%	0,2	58%	2,6	20%	0,9	13%	0,6
7,5	Styling/Prestige	8%	0,6	11%	0,9	44%	3,3	15%	1,2	21%	1,6
6,0	Bedienung	–	–	51%	3,0	3%	0,2	10%	0,6	36%	2,2
4,5	Preiswürdigkeit	15%	0,7	25%	1,1	23%	1,0	13%	0,6	25%	1,1
6,8	Agilität	45%	3,1	13%	0,9	18%	1,2	15%	1,0	10%	0,7
6,0	Alltagstauglichkeit	27%	1,6	4%	0,2	39%	2,3	24%	1,4	7%	0,4
3,2	Dauer-/Reisegeschw.	20%	0,6	20%	0,6	20%	0,6	20%	0,6	20%	0,6
3,5	Wiederverkaufswert	10%	0,4	5%	0,2	50%	1,8	5%	0,2	30%	1,1
3,9	Insassensicherheit	5%	0,2	5%	0,2	50%	2,0	10%	0,4	30%	1,2
3,9	Lebensdauer Motor	95%	3,7	5%	0,2	–	–	–	–	–	–
3,6	umweltfrdl. Technik	30%	1,1	15%	0,5	20%	0,7	20%	0,7	15%	0,5
3,3	fortschrittl. Technik	20%	0,7	20%	0,7	20%	0,7	20%	0,7	20%	0,7
3,5	Rep.-/Wartungsvertrag	15%	0,5	15%	0,5	45%	1,6	20%	0,7	5%	0,2
100	Summe in %		20		14		27		18		20

(Quelle: Diesenhofer, Th.: Marktorientierte Kostenplanung, in: Horváth, P.: Target Costing, Stuttgart 1993, S. 104)

Abb. 19: Funktionskostenmatrix als Grundlage des Target Costing

preis die Grundlage für die Beurteilung und Einordnung eines Produktes durch den Kunden. Wichtigstes Instrument der Preispositionierung ist der Listenpreis.

Gerade beim Automobil hat die Preispositionierung eine große Bedeutung, weil sich der Automobilhersteller damit langfristig bindet. Die Stetigkeit der Preise ist ein wichtiges Merkmal für die Preispolitik bei Markenartikeln *(Diller 1992, S. 1115 ff.)*. Die Preiswahrnehmung und damit auch Preiskenntnis sind im Automobilbereich sehr hoch. Eine Preissenkung kurz nach der Markteinführung würde dazu führen, daß das betroffene Modell als Mißerfolg und Flop bewertet würde. Aufgrund ihrer Signalfunktion ist die preisliche Repositionierung von Automobilen über eine Veränderung des Listenpreises kaum möglich und in der Branche auch ausgesprochen selten *(vgl. Schirmer 1994, S. 169)*.

Praxisbeispiel:

Preispositionierung der C-Klasse von Mercedes-Benz

Die Vorgängerbaureihe der C-Klasse, die Baureihe W 201 (190er-Modelle), war mit einem negativen Preisimage belastet. Sie galt im Wettbewerbsvergleich vielfach als zu teuer. Bereits im Vorfeld der Neuvorstellung der C-Klasse wurde in Presseveröffentlichungen kolportiert, die neue C-Klasse werde nochmals um 3.000 – 5.000 DM teurer als ihr Vorgänger. Es bestand damit die Gefahr, daß sich relevante Zielgruppen nicht ernsthaft über dieses Fahrzeug informieren, sondern es von vornherein als überteuert aus ihren Kaufalternativen ausklammern würden. Für die Preispositionierung einer Baureihe hat der Einstiegstyp eine Signalfunktion, d.h., die Preisstellung für das Basismodell strahlt auf die preisliche Einordnung der gesamten Baureihe aus. Dies hängt damit zusammen, daß sich die Berichterstattung über ein neues Fahrzeug in der Fach- und Tagespresse sehr stark am Einstiegspreis orientiert („ab...-Preise"). Für den Einstiegstyp der C-Klasse wurde daher ein Einführungspreis gewählt, der – bei deutlich verbesserter Ausstattung – nur wenig über dem Vorgängermodell lag und sich außerdem am vergleichbaren Modell des wichtigsten Wettbewerbers, dem BMW 318i, orientierte. Dieser Preis wurde in der Einführungskampagne sehr stark beworben, was für die Marke Mercedes-Benz ein Novum war. Die hohen Eroberungsraten der C-Klasse, vor allem bei preislich deutlich niedriger positionierten Wettbewerbern, ist ein Indiz dafür, daß die preisliche Attraktivität der C-Klasse erfolgreich in den Markt penetriert worden ist. Als erkennbar war, daß das Kommunikationsziel erreicht wurde, wurde die aktive Preiswerbung in der Medienkommunikation wieder beendet.

Praxisbeispiel:

Preispositionierung der Marke Lexus in Deutschland

Im Jahr 1990 wurde der „Lexus" als Premiummarke des Unternehmens Toyota in den deutschen Markt eingeführt. Nachdem sich diese Marke in den USA bereits als außerordentlich erfolgreich erwiesen hatte, wollte sich Toyota mit diesem Fahrzeug im attraktiven, allerdings auch sehr stark besetzten Oberklassensegment in Deutschland behaupten. Während der Lexus in den USA zum damaligen Zeitpunkt für 50.000 US-Dollar angeboten wurde, was ungefähr einem Preis von 75.000 DM entsprach, wurde er in Deutschland preislich deutlich höher, nämlich im Bereich der S-Klasse von Mercedes-Benz und der 7er-Baureihe von BMW, positioniert. So lag der Einführungspreis in Deutschland bei 87.650 DM und damit um 17% über dem US-Niveau. Diese Preisstrategie von Toyota wurde vielfach nicht verstanden. Vor dem Hintergrund des Modells der Preis-Image-Konsistenz ist sie jedoch logisch: Toyota wollte den Lexus als Wettbewerbsfahrzeug für die Mercedes-Benz S-Klasse und den BMW 7er positionieren. Da der deutsche Käufer sehr viel prestigebewußter ist als der amerikanische, war dies nur möglich, wenn der Lexus auch auf diesem Preisniveau angesiedelt wurde. Obwohl der Lexus in wesentlichen Produkteigenschaften (Fahrleistungen, Fahrkomfort, Ausstattung etc.) den beiden deutschen Anbietern zumindest ebenbürtig war, hätte sonst die Gefahr bestanden, daß die Käufer den Lexus als zu billig empfinden und ihn dementsprechend qualitativ abwerten. Dies gilt insbesondere für die Kauferwäger, also diejenigen, die noch keine eigenen Produkterfahrungen haben. Allerdings zeigte sich dann mit der Markteinführung, daß die Marke Lexus noch nicht die Imagestärke besitzt, um einen so hohen Preis im Markt durchzusetzen. Die Absatzzahlen des Lexus blieben deutlich unter denen der deutschen Wettbewerber. Im Hinblick auf das langfristige Positionierungsziel der Marke Lexus („Oberklasse") war die Preisstrategie im Sinne der Preis-Image-Konsistenz jedoch konsequent, auch wenn sie aktuell noch nicht im Markt umgesetzt werden konnte.

3.2.2 Preisabfolgen: Skimming- und Penetrationsstrategie

Unter Preisabfolgen versteht man die zeitliche Steuerung der Angebotspreise über den gesamten Lebenszyklus eines Produktes hinweg. Man spricht daher auch von Preisvariationen. Wichtige Bestimmungsfaktoren für die Preisabfolgenpolitik sind *(vgl. Diller 1991, S. 191)*:

- die Zielpositionierung bei der Markteinführung eines neuen Produktes
- der Verlauf der Preiselastizität im Lebenszyklus
- die Kostendynamik, insbesondere Erfahrungskurven- und Economies-of-scale-Effekte
- die Wettbewerbsdynamik, und zwar hinsichtlich Zahl, Verhalten und Struktur des Wettbewerbes
- die Existenz periodenübergreifender Preiswirkungen, insbesondere von sog. Carry-over-Effekten

Unterscheidet man die fünf Phasen des Lebenszyklus (Einführung, Wachstum, Reife, Sättigung, Degeneration), so erfordert jede dieser Phasen die Verfolgung spezifischer Preisziele und den Einsatz unterschiedlicher Preisinstrumente. Im folgenden wird vereinfachend zwischen der Preispolitik in der Markteinführungsphase und der Preispolitik im weiteren Verlauf des Lebenszyklus unterschieden.

Preisstrategie in der Markteinführungsphase

Strategische Alternativen in der Phase der Markteinführung sind das Skimming bzw. die Penetration. Unter einer Skimming-Strategie versteht man die Preisfestsetzung bei einem neuen Produkt oberhalb des langfristig anvisierten Durchschnittspreises. In der Automobilindustrie findet die Skimming-Strategie vor allem in der Form Anwendung, daß zunächst die höherpreisigen Typen einer Baureihe in den Markt eingeführt werden (z.B. Typen mit hoher Motorisierung, viertürige statt zweitürige Modelle) und dann die niedrigpreisigen Typen nachgeschoben werden. Demgegenüber werden bei einer Penetrationsstrategie die Markteinführungspreise unterhalb des langfristigen Durchschnittspreises angesetzt bzw. zuerst die niedrigpreisigen und dann die höherpreisigen Typen eingeführt. Beide Strategien weisen spezifische Chancen und Risiken auf.

Ziel der Skimming-Strategie ist die Realisierung kurzfristig hoher Gewinne durch die Abschöpfung einer hohen Preisbereitschaft in der Markteinführungsphase. Voraussetzung dafür ist allerdings, daß das neue Produkt einen hohen Innovationsgrad aufweist. Mit einer Skimming-Strategie kann eine qualitätsorientierte Produktpositionierung realisiert werden. Außerdem sind die Absatzmengen bei einer Skimming-Strategie in der Einführungsphase relativ niedrig, wodurch Qualitätsrisiken beim Produktionsanlauf vermieden werden können. Der Konflikt zwischen Produktion und Vertrieb bei der Einführung eines neuen Produktes – die Produktion wünscht einen flachen, der Vertrieb einen steilen Anlauf – kann umsatzneutral gelöst werden, da die Erlöse je verkaufte Einheit bei einer Skimming-Strategie höher sind als bei einer Penetrationsstrategie.

Ziel der Penetrationsstrategie ist demgegenüber ein schnelles Absatzwachstum in der Markteinführungsphase. Dies kann aus mehreren Gründen vorteilhaft sein: Durch eine rasche Marktpenetration können positive Carry-over-Effekte realisiert werden. Das neue Modell erhält durch die hohen Absatzzahlen ein Erfolgsimage, was teilweise werblich genutzt wird („Schon nach wenigen Monaten mehr als 500.000 Fahrzeuge verkauft"). Ein weiterer Vorteil der Penetrationsstrategie ist die rasche Absenkung der Kosten je Einheit durch Economies-of-Scale- bzw. Erfahrungskurven-Effekte. Eine Penetrationsstrategie kann bei einer preisorientierten Produktpositionierung eingesetzt werden. Voraussetzung für ihren Erfolg ist eine hohe Preiselastizität der Nachfrage.

In der Automobilindustrie finden grundsätzlich beide Strategien Anwendung. Skimming-Strategien werden überwiegend in den oberen Marktsegmenten eingesetzt. Dort ist die Preisbereitschaft in der Einführungsphase auch deshalb so hoch, weil sich die Kunden durch den frühen Kauf das Innovationsprestige eines neuen Fahrzeuges sichern wollen. Demgegenüber dominieren in den mittleren und unteren Marktsegmenten Penetrationsstrategien.

Preisabfolgen im Lebenszyklus

Da sich die Preiselastizität im Laufe des Lebenszyklus verändert und der Wettbewerbsdruck durch Produktinnovationen der Konkurrenten zunimmt, müssen während der Modellaufzeit Preisvariationen vorgenommen werden. Gelingt es in der Einführungs- und Wachstumsphase, die effektiven Preise noch nahe bei den Listenpreise zu halten, so müssen spätestens in der Reife- und Sättigungsphase aktive Preissenkungen zur Abstützung der Mengenentwicklung vorgenommen werden. Grundsätzlich gibt es dazu zwei strategische Optionen:

- direkte Preissenkungen durch Reduktion der Listenpreise
- indirekte Preissenkungen durch Veränderung der Finanzierungs- und Leasingkonditionen bzw. durch Veränderung der Angebotsleistung, insbesondere durch Sondermodelle (mehr Ausstattung zum gleichen Listenpreis) sowie durch Zulassungs- und Abwrackprämien

In Abbildung 20 sind die wesentlichen Vor- und Nachteile der beiden Strategien dargestellt.

3.2.3 Bildung von Preisbaukästen

In Anlehnung an Diller können Preisbaukästen als Angebotspreissysteme in Form von Listenpreisen für kombinierbare Teilleistungen oder für darauf auf-

V O R T E I L E	● hoher Aufmerksamkeitswert ● einfache monetäre Bewertung für Kunden ● hohe kurzfristige Wirksamkeit auf Handel und Kunden	● Aufrechterhaltung der Preis-positionierung, insbesondere bei Modellwechseln ● Verkauf höherwertiger Fahrzeuge (gleichbleibender Wertschöpfungs-umfang/Beschäftigungssicherung) ● individuelle, kundenorientierte Ausgestaltung
N A C H T E I L E	● Käufe werden lediglich vorgezogen (negative Carry-over-Effekte in der Nachaktionsphase) ● Verärgerung von Käufern ● Gefährdung von Image und Positionierung ● Senkung der Preisbereitschaft/ Förderung Preisverfall	● zeitliche Verlagerung der Nachfrage ● schwieriger kommunizierbar/ geringere Prägnanz ● keine echte Preissenkung („mehr Auto fürs Geld")
	Variation der Listenpreise	**Variationen der Finanzierungs-konditionen und der Angebotsleistung**

(Quelle: Eigene Darstellung)

Abb. 20: Preisabfolgen im Lebenszyklus

bauende Leistungspakete mit speziellen Paketpreisen definiert werden (*vgl. Diller 1993, S. 270*). Mit Hilfe von Preisbaukästen sollen Marktleistungen individualisiert und damit die Vergleichbarkeit von Preisen vermindert werden. Ziel ist, kundenindividuelle Preisbereitschaften auszuschöpfen.

Grundlage für die Bildung von Preisbaukästen sind Produktbaukästen. Sie bestehen aus eigenständig vermarktbaren Teilleistungen. Dabei kann es sich sowohl um Produkte als auch um Dienstleistungen handeln. Werden diese Teilleistungen mit separaten Preisen einzeln angeboten, spricht man von Preisentbündelung, werden sie zusammengefaßt und zu einem Gesamtpreis angeboten, von Preisbündelung.

Preisentbündelung

Unter Preisentbündelung versteht man die Auflösung eines Gesamtpreises in Teilpreise für einzelne Leistungselemente. Ein Ansatz zur Preisentbündelung in der Automobilwirtschaft stellt die optionale Herausnahme von Fahrzeugausstattungen aus der Basisversion dar, wie sie von einigen Automobilherstellern mittlerweile angeboten wird. Eine weitergehende Preisentbündelung wäre bei einer vollständigen Modularisierung eines Fahrzeuges möglich.

Der Kunde könnte sich dann gewissermaßen Bausätze für sein Fahrzeug kaufen und individuell zusammenstellen.

Vorteile der Preisentbündelung sind:

- Erhöhung der Preisbereitschaft, weil die Teilpreise niedriger erscheinen als ein Gesamtpreis
- Verbesserung des Preisimages bei selektiver Preiswahrnehmung, weil die Preiskommunikation dann stärker auf die vom Kunden besonders beachteten Teilleistungen hin ausgerichtet werden kann
- Individualisierung der Marktleistung

Diesen Vorteilen stehen allerdings auch einige Nachteile gegenüber. Insbesondere unterstützt die Preisentbündelung den Trend zum „vagabundierenden Kunden", der sich verschiedene Teilleistungen zum jeweils besten Preis bei unterschiedlichen Anbietern kauft („Rosinenpicken"). Im Hinblick auf die Kundenbindung und die Erweiterung des internen Wertschöpfungsvolumens erscheint daher eine stärkere Bündelung von Angebotsleistungen auch in der Automobilwirtschaft sinnvoll.

Preisbündelung

Unter Preisbündelung versteht man die Zusammenfassung mehrerer Teilleistungen zu einem Angebotsbündel, das zu einem Gesamtpreis angeboten wird. Hat der Kunde die Wahl, sich zwischen dem Angebotsbündel und dem Kauf der einzelnen Teilleistungen zu entscheiden, spricht man von „gemischter Bündelung". Besteht diese Wahlmöglichkeit nicht, handelt es sich um „reine Bündelung" *(vgl. Simon 1992, S. 444)*.

Ziel der Preisbündelung ist – neben der Kundenbindung und der Erhöhung der internen Wertschöpfung – die Abschöpfung unterschiedlicher Preisbereitschaften für verschiedene Teilleistungen. Dieses Grundprinzip kann an dem instruktiven Beispiel von Simon deutlich gemacht werden *(vgl. Simon 1992, S. 446ff.)*: In Abbildung 21 sind für fünf Nachfrager deren jeweilige maximale Preisbereitschaften für die beiden Produkte A und B dargestellt, wobei es sich bei A und B um komplementäre Produkte handeln kann (also z.B. Fahrzeug in Basisversion und Ausstattungspaket oder Auto und Wartungsvertrag). Bei Einzelpreisstellung ergibt sich die in Abbildung 21 dargestellte Situation: Optimal ist hier der Preis 5 für Produkt A und der Preis 4 für Produkt B. In diesem Fall kauft der Nachfrager 1 nur Produkt A, Nachfrager 2 nur Produkt B, Nachfrager 3 Produkt A und B und die Nachfrager 4 und 5 keines der beiden Produkte. Daraus ergibt sich ein Gesamtumsatz von 5 x 2 +4 x 2 = 18 Geldeinheiten. Bei einer (reinen) Preisbündelung – die Kunden können jetzt also nur noch A und B zusammen kaufen – ergibt sich die Situation in der mittleren der drei Graphiken in Abbildung 22. Der optimale Bündelpreis beträgt 5,5 Geldeinheiten. Die Nachfrager 1,2,3 und 4 kaufen das Bündel, die Nachfrager 4 und 5 nicht. Durch die Bündelung erhöht sich der Gesamtumsatz auf 5,5 x 4 = 22 Geldeinheiten. Auch bei einer gemischten Bündelung, bei denen der Käufer die Wahl hat, das Bündel oder die einzelnen Teilleistungen zu kaufen, verbessert sich die Gesamtumsatzsituation, da nunmehr Nachfrager 5 das Produkt A kauft. Der Umsatz aus den vier verkauften Produkten beträgt nunmehr 24,4 Geldeinheiten (Abb. 21).

Der Grundgedanke der Preisbündelung findet in der Automobilwirtschaft bereits heute in der folgenden Weise Anwendung:

- *Bildung von Ausstattungspaketen:* Zahlreiche Automobilhersteller bieten ihre Fahrzeuge mit Ausstattungspaketen an. Sie umfassen genau spezifizierte Komfort- und Sicherheitsausstattungen wie z.B. Drehzahlmesser, elektrisch verstellbare Außenspiegel, Servolenkung, Zentralverriegelung und Leichtmetallfelgen. Außer einer Minimierung der Variantenvielfalt soll damit auch eine Abschöpfung unterschiedlicher Preisbereitschaften für einzelne Ausstattungskomponenten erreicht werden.
- *Service-Leasing:* Im Rahmen von Service-Leasingverträgen werden Teilleistungen ebenfalls zusammengefaßt (Wartung, Verschleißreparaturen, Versicherung, Durchführung von HU und AU etc.) und zu einem Bündelpreis in Form einer festen monatlichen Leasingrate angeboten. Die Abschöpfung von Preisbereitschaften wird hier über das Angebot von Leistungen zur Erhöhung der Bequemlichkeit des Kunden erreicht („Convenience").
- *Wartungsverträge:* Eine weitere Bündelungsform ist die Zusammenfassung von Fahrzeugverkauf und Wartung. So bietet z.B. Jaguar Deutschland seit dem Modelljahrgang 1994 seine Fahrzeuge inklusive der Wartung für die beiden ersten Jahre (oder 50.000 km) an. Der Preis für das Fahrzeug und die Wartung wird also gebündelt. Zusätzlich entsteht durch diese Bündelung eine Bindung des Kunden an die Vertragshändler von Jaguar.

Weitergehende Bündelungsformen wären denkbar. So z.B. das Komplettangebot von Fahrzeug und Versicherung beim Kauf. Oder das Angebot von Fahrzeugen inklusive saisonaler Service-Pakete („Frühjahrs-, Urlaubs- und Winter-Check"). Wie an den Beispielen deutlich wird, spricht für die Preisbündelung nicht nur die Abschöpfung individuell unterschiedlicher Preisbereitschaften, sondern eine Reihe weiterer Vorteile:

- Verstärkung der Kundenbindung
- Verringerung der preislichen Vergleichbarkeit zum Wettbewerb
- Befriedigung von Convenience-Bedarfen beim Kunden

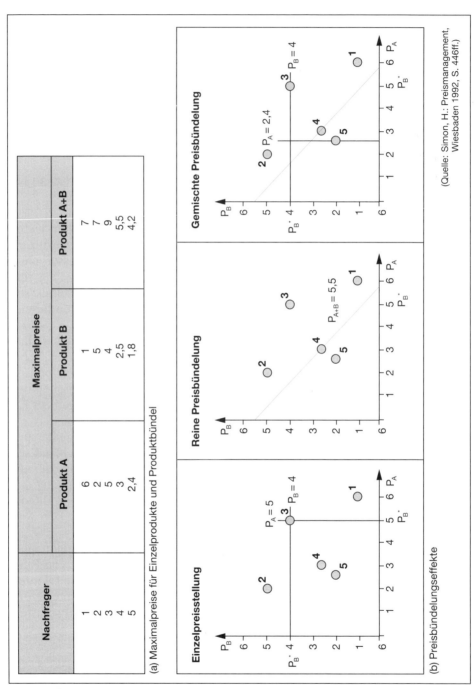

Maximalpreise

Nachfrager	Produkt A	Produkt B	Produkt A+B
1	6	1	7
2	2	5	7
3	5	4	9
4	3	2,5	5,5
5	2,4	1,8	4,2

(a) Maximalpreise für Einzelprodukte und Produktbündel

Einzelpreisstellung

Reine Preisbündelung

Gemischte Preisbündelung

(b) Preisbündelungseffekte

(Quelle: Simon, H.: Preismanagement, Wiesbaden 1992, S. 446ff.)

Abb. 21: Preisbündelung

144

Vor diesen Hintergrund kann man feststellen, daß die Möglichkeiten zur Preisbündelung in der Automobilwirtschaft bislang noch nicht ausgeschöpft sind. Allerdings muß die Akzeptanz von Preisbündeln sorgfältig analysiert werden, da sich durch die Bündelung eventuell hohe Gesamtpreise ergeben, mit denen Preisschwellen überschritten werden. Am höchsten dürfte die Preisakzeptanz von Preisbündeln bei jenen Zielgruppen sein, bei denen der Wunsch nach Bequemlichkeit bei der Automobilanschaffung und der Automobilhaltung besteht. Solche Kunden sind bereit, einen höheren Gesamtpreis zu bezahlen, wenn ihnen bestimmte Informations- und Einkaufsprozesse abgenommen werden.

3.2.4 Preisdifferenzierung

Unter Preisdifferenzierung versteht man den Verkauf der gleichen Ware an verschiedene Käufer- und Absatzschichten zu verschiedenen Preisen. Ziel der Preisdifferenzierung ist, unterschiedliche Preisbereitschaften von Käufern abzuschöpfen *(vgl. Altobelli 1992, S. 2)*. Wichtig an dieser Definition ist die Feststellung, daß es sich um gleiche Waren handeln muß. Bestehen technisch-qualitative oder ausstattungsbezogene Unterschiede, kann nicht von einer Preisdifferenzierung gesprochen werden.

Die wichtigsten Formen der Preisdifferenzierung sind *(vgl. Diller 1991, S. 223)*:

- die abnehmerspezifische Preisdifferenzierung, d.h., die Preise werden je nach Kunde oder Kundengruppe differenziert
- die räumliche Preisdifferenzierung, d.h. der Verkauf der gleichen Ware auf unterschiedlichen Märkten zu unterschiedlichen Preisen
- die zeitliche Preisdifferenzierung, d.h. die Variation von Preisen im Zeitablauf

Auf dem Automobilmarkt sind die abnehmerspezifische und die räumliche Preisdifferenzierung von besonderer Bedeutung. Deshalb sollen diese beiden Formen im folgenden näher behandelt werden. Die zeitliche Preisdifferenzierung tritt auf dem Automobilmarkt nur schwach ausgeprägt auf. So etwa in der Form saisonaler Preisveränderungen (Cabrios z.B. werden im Herbst und Winter zu vergleichsweise günstigeren Preisen angeboten als im Frühjahr und Sommer).

Sind diese Voraussetzungen nicht erfüllt, kommt es zwischen den Teilmärkten zu einer Arbitrage, d.h. zu einem Preisausgleich, weil die benachteiligten Kunden auf dem Teilmarkt mit den niedrigeren Preisen einkaufen und damit der Teilemarkt, in dem höhere Preise gefordert werden, zusammenbricht.

Abnehmerspezifische Preisdifferenzierung

Die abnehmerspezifische Preisdifferenzierung erfolgt in der Weise, daß bestimmte Kundengruppen Automobile zu besonders günstigen Preisen kaufen können. Solche Kundengruppen sind:

● gewerbliche Kunden mit eigenem Fuhrpark oder Behörden
● Vermiet- und freie Leasinggesellschaften
● Mitarbeiter von bestimmten Unternehmen oder Behörden, die ihr Fahrzeug überwiegend dienstlich nutzen
● Mitarbeiter der Automobilhersteller („Jahreswagen")
● Mitglieder von Käuferclubs

Als Gründe für eine solche Preisdifferenzierung werden genannt:

● niedrigere Vertriebskosten aufgrund geringerer Beratungsintensität und höherer Abnahmemengen bei Großabnehmern (Mengenrabatt)
● werbliche Effekte durch Präsenz bei großen Vermietern oder auch in den Fuhrparks von Unternehmen und Behörden
● Nutzung von Mietfahrzeugen zu Quasi-Probefahrten durch potentielle Kunden
● Angebot einer freiwilligen sozialen Leistung zur Erhöhung der Mitarbeiterzufriedenheit durch Jahreswagen bei den Automobilherstellern

Die abnehmerspezifische Preisdifferenzierung führt zu einer Reihe von Problemen: Da die abnehmerspezifische Preisdifferenzierung in der Regel auf speziellen Vereinbarungen zwischen dem Automobilhersteller und der begünstigten Kundengruppe beruht, wird die Distributionsfunktion des Automobilhandels ausgehöhlt. Dadurch können erhebliche Ertragsverluste bei den vertragsgebundenen Automobilhändlern entstehen *(vgl. Diez 1992 b, S. 32)*. Ein weiteres Problem stellt die Tatsache dar, daß Vorzugsregelungen für einzelne Kundengruppen zu Mißbräuchen führen können. So ist z.B. schwer nachprüfbar, ob der Mitarbeiter eines Unternehmens oder einer Behörde sein Fahrzeug tatsächlich überwiegend zu dienstlichen Zwecken nutzt. Hinzu kommt, daß Kundengruppen, die zu niedrigen Preisen Neuwagen einkaufen können, in der Lage sind, diese Fahrzeuge zu günstigen Preisen als Gebrauchtwagen weiter zu veräußern. Dies gilt insbesondere für die Automobilvermieter, die zu einem ernsthaften Wettbewerber für den professionellen Gebrauchtwagenhandel der vertragsgebundenen Autohäuser geworden sind.

Ganz generell kann also festgehalten werden, daß die abnehmerspezifische Preisdifferenzierung zu erheblichen Konflikten innerhalb der vertraglichen Vertriebssysteme in der Automobilwirtschaft führen kann, da sie den Aufbau eines „dritten Vertriebsweges" fördert *(vgl. Heß 1994, S. 188)*. Damit werden dem fabrikatsgebundenen Automobilhändler Mengen- und Gewinnpotentiale entzogen. Außerdem trägt die abnehmerspezifische Preisdifferenzierung zu einer generellen Erosion der Preisbereitschaft bei den nicht begünstigten Kundengruppen bei. Aufgrund vielfältiger Informationsmöglichkeiten ist der Kunde heute darüber unterrichtet, daß spezifische Kundengruppen Preisvorteile erhalten. In der Regel wird er deren Berechtigung nicht einsehen und daher ebenfalls im Sinne eines „Meistbegünstigungsverhaltens" den niedrigeren Preis einfordern. Andernfalls wird er sich diskriminiert fühlen und möglicherweise zu einem anderen Fabrikat abwandern.

Räumliche Preisdifferenzierung

Unter einer räumlichen Preisdifferenzierung soll hier die unterschiedliche Preisfestsetzung für regionale Teilmärkte verstanden werden, bei der die Differenz der Abgabepreise die Transportkostendifferenz über- oder unterschreitet. Damit sollen die Transportkosten als möglicher Grund für regional unterschiedliche Preise explizit ausgeschlossen werden. Die räumliche Preisdifferenzierung ist für den Automobilmarkt in Form der unterschiedlichen Werksabgabepreise der Automobilhersteller im Europäischen Binnenmarkt von Bedeutung. Im Rahmen ihrer regelmäßigen Erhebung stellt die Europäische Kommission immer wieder erhebliche Differenzen zwischen den Nettopreisen baugleicher Modelle in den einzelnen Mitgliedsländern der Europäischen Union fest.

Als Ursachen für diese Differenzen in den ausstattungsbereinigten Nettopreisen werden genannt *(vgl. Commission of the European Communities 1992, S. 121)*:

- *Wechselkursveränderungen:* Die Auf- und Abwertung von Währungen kann kurzfristig zu erheblichen Veränderungen in den Preisrelationen zwischen verschiedenen Märkten führen. Trotz des Europäischen Währungssystems (EWS) können auch künftig Wechselkursanpassungen nicht ausgeschlossen werden, solange es keine Harmonisierung in der Wirtschafts- und Finanzpolitik der am EWS beteiligten Länder gibt.
- *Unterschiedliche Steuersätze:* Nach wie vor bestehen in der Europäischen Union erhebliche Unterschiede in der steuerlichen Belastung des Neuwagenkaufes. Neben den unterschiedlichen Mehrwertsteuersätzen spielen hier auch zusätzliche automobilspezifische Steuern eine Rolle. Die unterschiedlichen Steuersätze sind für die Werksabgabepreise insofern von Bedeutung, als die Automobilhersteller mit der Differenzierung der Werksabgabepreise versuchen, hohe steuerliche Belastungen zumindest teilweise zu kompensieren.

- *Unterschiedliche Wettbewerbsintensität:* Auf den verschiedenen Märkten kann die Wettbewerbsintensität unterschiedlich ausgeprägt sein.
- *Unterschiedliche Einkommensniveaus und Käuferpräferenzen:* Ein weiterer wichtiger Grund für Preisdifferenzierungen können unterschiedliche Kaufkraftniveaus und modellspezifische Käuferpräferenzen sein. Durch die Preisdifferenzierung versuchen die Automobilhersteller, die sich daraus ergebenden unterschiedlichen Preisbereitschaften abzuschöpfen.
- *Unterschiedliche Abnehmerstrukturen:* Sind die Abnehmerstrukturen in einzelnen Ländern unterschiedlich, so verbindet sich die räumliche mit der abnehmerspezifischen Preisdifferenzierung. Weist ein Land (wie z.B. Großbritannien) einen sehr hohen Anteil von Großabnehmern auf, wirkt sich dies dämpfend auf das gesamte Neuwagenpreisniveau aus.
- *Unterschiedliche Marketingstrategien:* Internationale Preisdifferenzen können auch die Folge unterschiedlicher Marketingstrategien der Automobilhersteller auf einzelnen Märkten sein. So ist es durchaus denkbar, daß ein Hersteller auf dem einen Markt eine Penetrationsstrategie verfolgt, um seinen Marktanteil zu erhöhen, während er in einem anderen Markt, in dem er bereits eine gute Markt- und Imageposition besitzt, eine Abschöpfungsstrategie einsetzt.

Als ein weiterer Grund für die Preisdifferenzierung wird immer wieder, vor allem von den europäischen Verbraucherverbänden, das selektive Vertriebssystem genannt. Durch die selektive Vertriebsbindung ihrer Vertragshändler – so wird argumentiert – könnten die Automobilhersteller Menge und Preise entsprechend der Aufnahme- und Preisbereitschaft in den einzelnen Märkten steuern und unterschiedliche Preisniveaus absichern. Dieses Argument hält indessen einer näheren Prüfung nicht stand, da grundsätzlich jeder Käufer in dem Land sein Fahrzeug kaufen kann, in dem die Preise am niedrigsten sind. Außerdem besteht die Möglichkeit, Absatzmakler einzuschalten, die im Kundenauftrag überall in Europa zum jeweilig niedrigsten Preis einkaufen können. Und schließlich haben die vertragsgebundenen Autohäuser die Möglichkeit zu Quereinkäufen bei gleichfabrikatlichen Händlern in anderen Ländern. Vor diesem rechtlichen Hintergrund ist eine Preis- und Mengenkontrolle der Automobilhersteller kaum möglich.

Da die genannten Voraussetzungen für eine Preisdifferenzierung (unvollständige Markttransparenz, Arbitragekosten und institutionelle Hemmnisse) in den letzten Jahren nicht mehr gegeben waren, ist es auf dem europäischen Automobilmarkt zu gravierenden Arbitrageprozessen in Form von Reimporten gekommen. Davon war aufgrund des Hochpreisniveaus vor allem der deutschen Automobilmarkt betroffen. So wird geschätzt, daß 1994 300.000 bis 400.000 Neuwagen aus dem europäischen Ausland nach Deutschland reimportiert wurden *(Meunzel 1995, S. 43)*. Teilweise handelt es dabei um Quereinkäufe fabrikatsgebundener Autohäuser im Ausland, überwiegend aber um Graue Importe von nichtautorisierten Wiederverkäufern. Die Folge dieser Reimporte sind eine allmähliche Erosion des Preisniveaus und die Aushöhlung der wirtschaftlichen Grundlagen vertragsgebundener Autohäuser in Deutschland *(Enning 1994, S. 2)*.

Angesichts der nicht mehr bestehenden Handelshemmnisse, der besseren Informationsmöglichkeiten und einer erhöhten Beweglichkeit der Nachfrager wird es langfristig nicht mehr möglich sein, Preisdifferenzen über die Arbitragekosten hinaus aufrechtzuerhalten. Gefordert ist daher eine Preisharmonisierung im Europäischen Binnenmarkt. Dies ist zwangsläufig mit Ertragsrisiken für die Automobilhersteller verbunden, da die Harmonisierung auf dem niedrigsten Preisniveau erfolgen wird.

Der Vorschlag von Simon, einen europäischen Preiskorridor unter bewußter Inkaufnahme eines bestimmten Volumens von Grauen Importen zu definieren, um eben diese zu verhindern, ist zwar aus Herstellersicht richtig *(Simon 1992, S. 255)*. Soweit nämlich die Gewinne aus der Preisdifferenzierung höher sind als die „Kosten" Grauer Importe, ist eine Preisdifferenzierung für den Hersteller wirtschaftlich sinnvoll. Dabei wird aber nicht berücksichtigt, daß Gewinne und Kosten von Preisdifferenzierungen im Automobilmarkt asymmetrisch zwischen Hersteller und Vertragshandel verteilt sind. Da der Hersteller im Hochpreisland als Großhändler auftritt und nicht das Marktpreisrisiko trägt, bekommt er die Folgen Grauer Importe allenfalls indirekt zu spüren, wenn die wirtschaftliche Existenz des Vertragshändlers gefährdet ist oder er nicht mehr die erforderlichen Investitionen in seinem Geschäftsbetrieb durchführen kann. Für den Vertragshändler selbst sind die Folgen jedoch sofort in Form eines Renditeverfalls im Neuwagengeschäft spürbar. Zwar könnte dieses Problem über Ausgleichszahlungen zwischen Hersteller und Vertragshandel theoretisch gelöst werden, da sich bei Existenz unterschiedlicher Preisbereitschaften auf den verschiedenen Märkten die Preisdifferenzierung auch dann noch für den Hersteller lohnen könnte. Aber die Bestimmung der Höhe solcher Ausgleichszahlungen in der Praxis dürfte nahezu unmöglich sein, da das effektive inländische Preisniveau von einer Vielzahl von Faktoren beeinflußt wird. Die Automobilhersteller werden daher nicht umhinkommen, eine weitgehende Angleichung ihrer Preise durchzuführen, so daß Reimporte nicht mehr lohnend sind. Im Europäischen Binnenmarkt dürfte in etwa eine Preisdifferenz von 5 – 10% den Arbitragekosten entsprechen und damit im Markt durchsetzbar sein.

4 Preisdurchsetzung

4.1 Grundprobleme der Preisdurchsetzung

4.1.1 Erscheinungsformen von Preisdurchsetzungs-problemen

Eines der gravierendsten Probleme im Automobilmarketing stellt heute die mangelnde Durchsetzung von Listenpreisen im Markt dar. Obwohl repräsentative Daten nicht verfügbar sind, ist eine wachsende Scherenbewegung zwischen Listenpreisen und effektiven Transaktionspreisen feststellbar. Die Erscheinungsformen dieser Problematik sind vielfältig:

- günstige Finanzierungsangebote bis hin zu Null-Zins-Angeboten
- Gewährung von Abwrackprämien für Altfahrzeuge beim Kauf eines Neuwagens
- Sonderpreisaktionen (z.B. Frühjahrspreise)
- Angebot von Sondermodellen mit deutlich besserem Preis-Leistungs-Verhältnis als das normale Typenprogramm
- Zulassungsprämien für den Automobilhandel
- Hauspreise im Automobilhandel
- Gewährung von Bar- und Sachrabatten im Automobilhandel (z.B. unentgeltliches Zubehör, kostenlose Wartungsverträge)
- überhöhte Inzahlungnahme von Gebrauchtwagen

Es ist zweifellos keine Übertreibung, wenn man feststellt, daß heute wohl kein Neuwagen mehr zum Listenpreis verkauft wird. Die Folgen dieser Entwicklung sind wachsende Ertragsprobleme im Automobilhandel und bei den Automobilherstellern auf der einen Seite, eine zunehmende Preisunsicherheit bei Automobilkäufern andererseits. Durch ständig neue Formen von Preisnachlässen geht die Preisorientierung auf dem Automobilmarkt verloren. Die Bestimmung des Kaufpreises wird damit immer stärker zu einem Akt der Preisaushandlung.

4.1.2 Ursachen der Preisdurchsetzungsprobleme

Eine Rückkehr zur Listenpreispolitik im Automobilmarketing ist deshalb so schwierig, weil die Ursachen für den Preisverfall von Automobilen nicht nur konjunktureller, sondern auch struktureller Natur sind. Die folgenden Ursachenkomplexe lassen sich identifizieren:

- *Verändertes Kundenverhalten:* Aufgrund eines höheren Bildungs- und Informationsgrades der Käufer und des allgemeinen Wertewandels wird die Preisautorität des Anbieters kaum noch anerkannt. Hinzu kommen Gewöhnungseffekte an Sonderpreisangebote aus anderen Konsumbereichen sowie in zunehmenden Maße auch im Automobilgeschäft selbst. Der Kunde verhält sich sowohl im Hinblick auf seine Markenwahl als auch bei der Wahl seiner Einkaufsstätte flexibler als in der Vergangenheit.

- *Strukturelle Überkapazitäten:* Der Automobilmarkt ist durch strukturelle Überkapazitäten gekennzeichnet. Werden die geplanten Werksgründungen realisiert und wird der Produktivitätsanstieg in den vorhandenen Werken zumindest teilweise kapazitätswirksam, dann wird die in Westeuropa installierte Produktionskapazität das Marktvolumen im Jahr 2000 um rund 1,5 Mio. Einheiten übersteigen *(Diez 1992 c, S. 17)*. Vor diesem Hintergrund ist die Mengenpolitik der Automobilhersteller eher durch Push- als durch Pull-Strategien gekennzeichnet.

- *Steigende Automobilpreise:* Der Preisanstieg von Automobilen lag in den 80er Jahren deutlich über dem Einkommensanstieg der privaten Haushalte. Entwickelten sich Automobilpreise und Einkommen in den 70er Jahren noch weitgehend parallel, so stiegen die Neuwagenpreise zwischen 1980 und 1990 um 93,1%, während sich die verfügbaren Haushaltseinkommen lediglich um 50,6% erhöhten. Da der Kunde versucht, sein automobiles Konsumniveau z.B. hinsichtlich Marke, Motorleistung und Ausstattung aufrechtzuerhalten, macht er den Preis verstärkt zum Gegenstand des Kaufgespräches *(Diez 1992 a, S. 23)*.

- *Preisdifferenzierungen:* Wie bereits dargestellt, führen auch abnehmerspezifische und räumliche Preisdifferenzierungen zu einer Erosion des allgemeinen Preisniveaus. In dem Maße wie der private Kunde darüber informiert ist, daß bestimmte Abnehmergruppen bevorzugt werden, wird er diese Meistbegünstigung auch fordern. Die räumliche Preisdifferenzierung im Europäischen Binnenmarkt führt außerdem direkt über ein verstärktes Angebot von reimportierten Fahrzeugen zu einer sinkenden Preisbereitschaft.

- *Preisaktionen der Automobilhersteller und des Automobilhandels:* Zunehmende Preisaktionen von Herstellern und Händlern haben Gewöhnungseffekte und einen Verfall der Preisbereitschaft beim Kunden zur Folge. So sind bei einem wachsenden Angebot von Sondermodellen mit deutlich verbessertem Preis-Leistungs-Verhältnis die Modelle des normalen Typenprogrammes kaum noch zu verkaufen. Wirbt der Automobilhändler mit „Hauspreisen" für bestimmte Modelle, so wird der Kunde diese auch für andere Modelle des Typenprogramms fordern.

- *Überbesetzte Händlernetze:* Das Nachlaßverhalten im Automobilhandel wird durch die teilweise stark überbesetzten Händlernetze begünstigt. Plant ein Kunde den Kauf eines neuen Fahrzeuges, wird er bewußt oder unbewußt den erzielbaren Preisnachlaß den damit verbundenen Informations-

und Verhandlungskosten in Form entgangener Freizeit und Fahrtkosten gegenüberstellen. Bei einem sehr dichten Händlernetz sind die Suchkosten für den potentiellen Automobilkäufer niedrig, da er in relativ kurzer Zeit mehrere Händler aufsuchen und Preisangebote einholen kann.

- *Mangelnde Professionalität im Preismanagement des Automobilhandels:* Die Ursachen für das Nachlaßverhalten im Fahrzeugverkauf sind vielfältig: Zum einen besteht im Automobilhandel und im Automobilvertrieb eine starke Orientierung hin auf eine Maximierung des Absatzvolumens („Stückzahl-Fetischismus"). Dies hängt sicherlich mit den stückzahlbezogenen Planungssystemen zusammen. So wird die Jahreszielvorgabe des Herstellers für seine Vertragshändler volumenbezogen festgelegt. Da mit der Erreichung dieser Vorgaben zusätzlich zur Grundmarge je verkauftes Fahrzeug Bonuszahlungen gewährt werden, wird der Händler motiviert, Stückzahlen zu maximieren. Vielfach werden aber auch die rein quantitativen Zusammenhänge zwischen Preis, Menge und Ertrag nicht erkannt. So muß bereits bei einem Nachlaßniveau von 5% der Gesamtumsatz um 42% erhöht werden, um den gleichen Bruttogesamtertrag zu erzielen wie bei einem Verkauf nach Listenpreis.

Angesichts der Komplexität des Preisdurchsetzungsproblems im Automobilmarketing kann es keine einfachen Patentrezepte zur Verbesserung der Preisdurchsetzungsfähigkeit geben. Das Preisdurchsetzungsproblem läßt sich nur durch eine integrierte Vorgehensweise im vertikalen Preismanagement lösen. Im folgenden sollen daher zunächst die primär herstellerbezogenen und dann die händlerbezogenen Handlungsansätze aufgezeigt werden. Abschließend wird versucht, ein neuartiges, integriertes Konzept für das Preismarketing in der Automobilwirtschaft aufzuzeigen.

4.2 Strategien und Maßnahmen zur Verbesserung der Preisdurchsetzung

4.2.1 Herstellerbezogene Handlungsansätze

Handlungsansätze zur Verbesserung der Preisdurchsetzung, die primär im Verantwortungsbereich des Automobilherstellers liegen, sind:

- *Flexibilisierung der Mengenpolitik:* In der Vergangenheit hat sich die Mengenpolitik der Automobilhersteller im Hinblick auf konjunkturelle Schwankungen im Markt als wenig flexibel erwiesen mit der Folge, daß sich das Nachlaßniveau in Rezessionsphasen sehr stark erhöht hat und dann in Phasen der Hochkonjunktur aufgrund des Sperrklinken-Effektes nicht abgebaut werden konnte. Zumindest teilweise war diese geringe Flexibilität auf die mangelnden Möglichkeiten zur Anpassung der personellen Kapazitäten bedingt, die entweder gar nicht oder nur über sehr kostenintensive Betriebsvereinbarungen zu realisieren waren. Leitbild der Automobilproduktion der Zukunft ist deshalb die „atmende Fabrik", die eine weitgehend kostenneutrale Anpassung der Produktion an die Marktgegebenheiten ermöglichen soll. Dazu gehören die Erweiterung der Flexibilität zwischen verschiedenen Baureihen sowie eine Erhöhung der Arbeitszeitflexibilität. Zwar stellt die „atmende Fabrik" keine grundlegende Lösung des Problems struktureller Überkapazitäten dar. Sie kann das Problem konjunktureller Überkapazitäten jedoch entschärfen.

● *Marktorientierte Preisbildung:* Die Preisakzeptanz beim Kunden kann dann verbessert werden, wenn die Schere zwischen Neuwagenpreisen und Einkommensentwicklung wieder geschlossen und Preiserhöhungen durch vom Kunden auch tatsächlich gewünschte Produktverbesserungen legitimierbar sind. Die Anwendung des Target Pricing in Verbindung mit einem effizienten Conjoint Measurement stellt dazu einen Ansatz dar. Die Tatsache, daß in den letzten Jahren verstärkt neue Baureihen auf den Markt gebracht werden, die sich preislich relativ nah an die jeweiligen Vorgängermodelle anschließen bzw. ausstattungsbereinigt sogar darunter liegen, deutet darauf hin, daß die Automobilhersteller eine grundsätzliche Revision ihrer bisherigen Preisstrategien vorgenommen haben. Dies wird sich mittel- und langfristig zweifellos positiv auf die Preisdurchsetzung auswirken.

● *Bereinigung der Händlernetze:* Um den überwiegend über den Preis geführten Intra-Brand-Wettbewerb zu begrenzen, ist eine Bereinigung der Händlernetze dringend notwendig. Trotz entsprechender Ankündigungen verschiedener Hersteller ist dies bislang noch nicht erkennbar. Im Gegenteil: trotz einer sehr labilen Marktverfassung stieg die Zahl der vertragsgebundenen Händlerbetriebe im Jahr 1994 weiter an *(Enning 1995, S. 8)*. Offensichtlich hoffen einige Automobilhersteller, in Phasen eines rückläufigen Absatzes über eine Erhöhung des Distributionsgrades ihren Absatz steigern zu können. Auch darin kommt die einseitige Stückzahlorientierung in der Automobilbranche zum Ausdruck, da die möglichen Mengenzuwächse in der Regel über ein steigendes Nachlaßniveau erkauft werden. Ergänzend zu einer Netzbereinigung könnte die Preisdisziplin auf der Handelsstufe durch Gebietsschutzregelungen noch verstärkt werden. Allerdings sind solchen Regelungen rechtliche Grenzen gezogen. Dies gilt insbesondere für Vertragshändlersysteme (Eigenhändler). Im Rahmen von Handelsvertreter- (Agenten-) und Franchisesystemen sind hingegen weitergehende Gebietsschutzregelungen möglich.

● *Einführung leistungsorientierter Margensysteme:* Wie bereits erwähnt, wird das Nachlaßverhalten im Automobilhandel durch die starke Ausrichtung der Margensysteme auf eine Maximierung der verkauften Stückzahlen gefördert. Dies betrifft sowohl die stückzahlbezogene Grundmarge als auch die darauf aufbauenden Bonusregelungen. Durch leistungsorientierte Margensysteme, die verstärkt die Kundenbetreuung und Kundenbindung honorieren, könnte die einseitige Stückzahlorientierung im Automobilhandel zumindest abgeschwächt werden.

4.2.2 Händlerbezogene Handlungsansätze

Handlungsansätze, die die Preisdurchsetzung am Point of Sale verbessern können, sind *(Diez 1992 d, S. 61ff.)*:

- *Optimierung der Nachlaßpolitik:* Eine Optimierung der Nachlaßpolitik besteht darin, das Angebotspreisniveau zu stabilisieren, indem Barrabatte oder Hauspreise weitgehend vermieden werden. Da aufgrund des Marktwiderstandes andererseits auf Nachlässe nicht gänzlich verzichtet werden kann, sollten monetär schwieriger zu bewertende Instrumente der Konditionenpolitik eingesetzt werden. Dies wären die zusätzliche Ausstattung des Fahrzeuges mit Zubehör, die überhöhte Inzahlungnahme des Vorwagens oder auch Finanzierungs- und Leasingangebote. Eine Verschleierung von Nachlässen stellen auch Wertgarantien für den Neuwagen in Form von Buy-back-Verträgen dar. Bei einem Buy-back-Vertrag garantiert der Händler dem Kunden den Rückkauf des Fahrzeuges zu einem bestimmten Preis, wobei Haltedauer und Kilometerleistung vorab festgelegt werden. Damit wird das Kaufrisiko für den Kunden vermindert, während andererseits der Händler zumindest die Chance hat, durch eine professionelle Vermarktung des Gebrauchtwagens die effektive Nachlaßhöhe zu beeinflussen. Wichtig bei Buy-back-Verträgen ist, daß sie antizyklisch vereinbart werden, d.h., sie sollten in Phasen einer Rezession geschlossen werden, um die Rückläufer bei ansteigender Konjunktur vermarkten zu können. In der Vergangenheit war vielfach ein prozyklisches Verhalten zu beobachten, was zu langen Standzeiten und hohen Verlusten bei der Gebrauchtwagenvermarktung geführt hat. Insgesamt stellen die genannten Maßnahmen ebenfalls Formen der Nachlaßpolitik dar. Sie haben jedoch den Vorteil einer geringeren monetären Bewertbarkeit für den Kunden im Vergleich zu Barrabatten und Hauspreisen. Der direkte Angebotsvergleich wird damit für den Kunden erschwert.
- *Kundenbindung:* Kundenbindung zielt darauf ab, Präferenzen beim Kunden für eine Einkaufsstätte zu erzeugen, so daß er sich bei seiner Entscheidung für eine bestimmte Einkaufsstätte nicht allein am jeweiligen Hauspreis orientiert. Der Kunde soll also dazu veranlaßt werden, bei einem Händler zu kaufen, obwohl er dort einen geringeren Nachlaß als bei einem gleichfabri-

katlichen Wettbewerber erhält. Präferenzen für eine bestimmte Einkaufsstätte können über überdurchschnittliche Leistungen (Service, Betreuung,
Beratung), wirtschaftliche Vorteile (Treueprämien, Vorzugsangebote) oder
auch emotionale Beziehungen (Freundlichkeit, Hilfsbereitschaft) geschaffen werden. Die Systematisierung und Steuerung der Präferenzbildung erfolgt häufig im Rahmen von Kundenkontakt- oder Kundenbindungspro-
grammen.

- *Angebotsdifferenzierung:* Der „Rabatt-Tourismus" des Kunden zwischen
  verschiedenen Einkaufsstätten wird durch die Gleichheit des Produktangebotes bei den einzelnen Automobilhändlern erleichtert. Der Kunde entscheidet dann nach Preisgünstigkeit und nicht nach Preiswürdigkeit. Ziel
  der Angebotsdifferenzierung ist, den Produktvergleich zu erschweren. Dies
  kann zum einen durch technische Differenzierungen des Produktes erfolgen. Die Möglichkeiten dafür sind jedoch schon aus rechtlichen Gründen
  im Automobilhandel begrenzt (Produkthaftung) und beschränken sich auf
  technisches und optisches Tuning. Außerdem ist die technische Differenzierung wiederum leicht kopierbar. Daher bietet sich eher die Differenzierung
  durch unterschiedliche Dienstleistungsangebote an. Dies können sein: erweiterte Garantieleistungen (über Herstellergarantie hinaus), Wartungsverträge mit individuellem Leistungsumfang sowie flexible Nutzungsangebote
  für Fahrzeuge im Rahmen von Miet- oder Leasingverträgen. Eine Strategie
  der Angebotsdifferenzierung ist vom Grundansatz her besonders wirkungs-
  voll, um die Preisvergleichbarkeit einzuschränken. Andererseits sind auch
  die händlerindividuellen Angebotselemente kopierbar.

- *Verkaufsprofessionalisierung:* Die Preisdurchsetzung kann schließlich auch
  durch ein professionelleres Verkaufsmanagement verbessert werden. Ziel
  muß dabei sein, den persönlichen Verkauf stärker ertrags- statt mengenorientiert zu steuern. Ansatzpunkte dazu sind: Umstellung von Umsatz- auf
  Bruttoertragsprovisionierung, Beschränkung der Preiskompetenz des Verkäufers sowie Qualifizierung der Verkäufer im Hinblick auf die Gestaltung
  des Verkaufsgespräches und insbesondere der Preisargumentation.

4.2.3 Integrierte Handlungsansätze

Die traditionelle Preispolitik in der Automobilwirtschaft läßt sich wie folgt
charakterisieren: Grundlage der Preispolitik sind weitgehend standardisierte
Angebotsleistungen. Für diese standardisierten Angebotsleistungen werden
Listenpreise definiert und veröffentlicht. Angebotsstandardisierung und Listenpreise führen dazu, daß für den Kunden eine gute Vergleichbarkeit von
Preisen gegeben ist. Aufgrund der hohen Preistransparenz kann der Kunde
unterschiedliche Angebote auf ihre Vorteilhaftigkeit hin überprüfen und ohne
großes Kaufrisiko Preisverhandlungen bei verschiedenen Einkaufsstätten

Preise der Teilleistungen (Preisentbündelung)

Komponenten der Angebotsleistung	Preise der Teilleistungen (Preisentbündelung)
Karosserie	Limousine Preis: ...... DM · Kombi Preis: ...... DM · Cabrio Preis: ...... DM · Coupé Preis: ...... DM
Motor	Benzin: 1.800 ccm Preis: ...... DM · 2.000 ccm Preis: ...... DM · 2.300 ccm Preis: ...... DM — Diesel: 2.000 ccm Preis: ...... DM · 2.500 ccm Preis: ...... DM — Hybrid: 1.600 ccm Preis: ...... DM
Antriebsart	4-Gang-Automatik Preis: ...... DM · 4-Gang-Schaltgetriebe Preis: ...... DM · 5-Gang-Schaltgetriebe Preis: ...... DM · Schwungnutzautomatik Preis: ...... DM
Ausstattungspaket	Spar-Paket Preis: ...... DM · Komfort-Paket Preis: ...... DM · Familien-Paket Preis: ...... DM
Sonderausstattungen/Zubehör	individuell wählbar
Garantie	1 Jahr Preis: ...... DM · 2 Jahre Preis: ...... DM · 3 Jahre Preis: ...... DM · 4 Jahre Preis: ...... DM · 5 Jahre Preis: ...... DM · 6 Jahre Preis: ...... DM
Versicherung	Kasko Preis: ...... DM · Teilkasko Preis: ...... DM · Vollkasko Preis: ...... DM
Wartungspakete Kundendienst (KD)	1. KD Preis: ...... DM · 2. KD Preis: ...... DM · 3. KD Preis: ...... DM · 4. KD Preis: ...... DM · 5. KD Preis: ...... DM · 6. KD Preis: ...... DM
Reparatur- und Teilepaket	Reifen Preis: ...... DM · Auspuff Preis: ...... DM · Bremsen Preis: ...... DM · Stoßdämpfer Preis: ...... DM · Elektrische Teile Preis: ...... DM
Ersatzfahrzeug	kleinere Klasse als eigenes Fahrzeug Preis: ...... DM · gleiche Klasse wie eigenes Fahrzeug Preis: ...... DM · höhere Klasse als eigenes Fahrzeug Preis: ...... DM · Spezialfahrzeug Preis: ...... DM

Angebotspreise (Bündelpreise)

Vermarktung der Angebotsleistung	Angebotspreise (Bündelpreise)
Kauf: Barzahler	3% Barrabatt — Transaktionspreis: ...... DM · x%-Treuerabatt — Transaktionspreis: ...... DM
Kauf: Finanzierung	Anzahlung 0% mtl. Rate ...... DM · Anzahlung 10% mtl. Rate: ...... DM · Anzahlung 20% mtl. Rate: ...... DM · Anzahlung 25% mtl. Rate: ...... DM
Leasing — Laufdauer / Sonderzahlung	Anzahlung 0% / 1 Jahr mtl. Rate ...... DM · Anzahlung 10% / 2 Jahre mtl. Rate: ...... DM · Anzahlung 20% / 3 Jahre mtl. Rate: ...... DM · Anzahlung 25% / 4 Jahre mtl. Rate: ...... DM

Quelle: Eigene Darstellung

Abb. 22: Angebotspreissystem für Automobile

führen. Eine solche preispolitische Konzeption erschwert unter den Bedingungen eines Verdrängungswettbewerbes zweifellos die Preisdurchsetzung.

Soll die Preisdurchsetzung im Markt erleichtert werden, muß die Preistransparenz, die aus der Vergleichbarkeit der Angebotsleistungen und der Publizität der Preisstellung resultiert, verringert werden. Dies erfordert aber eine letztlich integrierte, d.h. Hersteller und Händler umfassende Konzeption des Preismarketings. Im folgenden soll – vor dem Hintergrund des in Kapitel 2.3 dargestellten Modells des Preisverhaltens – eine solche Konzeption kurz skizziert werden. Das Kernelement dieser Konzeption sind die Entstandardisierung der Angebotsleistung und die Zusammenstellung individueller Preisbündel (vgl. Abb. 22).

Anknüpfend an die Überlegungen zur Bildung von Preisbaukästen muß zunächst die gesamte Angebotsleistung in einzelne Module aufgelöst werden, für die jeweils Einzelpreise definiert werden können. Bei diesen Modulen kann es sich sowohl um Produkte als auch um standardisierungsfähige Dienstleistungen handeln. Produktmodule können sein:

- Karosserie
- Motor
- Antriebsstrang
- Ausstattungspakete
- Zubehör

Dienstleistungsmodule:

- Garantien
- Versicherungen
- Wartungspakete
- Reparaturpakete
- Ersatzfahrzeug
- Mietwagen

Wichtig bei den Dienstleistungsmodulen ist, daß diese nicht vom Hersteller standardisiert vorgegeben, sondern händlerindividuell (z.B. standortabhängig) definiert werden können.

Der Kunde kann sich diese Module dann zu einer individuellen Angebotsleistung zusammenstellen, für die der Händler einen Bündelpreis kalkuliert. Durch die Individualität des Angebotes ist die Vergleichbarkeit schwierig und außerdem durch den Verzicht auf Listenpreise für das Gesamtfahrzeug die Publizität begrenzt. Die Preistransparenz wird damit deutlich reduziert, und der Kaufverhandlungsprozeß wird sich von vornherein stärker auf die Zusammenstellung der Angebotsleistung als auf die Preishöhe konzentrieren. Unterstützt werden könnte eine solche Konzeption, wenn es händlerindividuelle Preislisten gäbe, in denen die händlerspezifischen Dienstleistungen bereits als Pakete enthalten sind.

Eine weitere Verringerung der Preistransparenz wäre dann möglich, wenn die individuellen Angebotsleistungen über Leasingverträge angeboten würden. Durch die Höhe der Sonderzahlung und die Laufzeit des Leasingvertrages stünden zwei weitere Individualisierungsparameter für die Kalkulation des Angebotspreises zur Verfügung. Ähnlich wie etwa im Bereich der privaten Krankenversicherungen wäre es damit möglich, Leistungsbündel zusammenzustellen, deren relative Vorteilhaftigkeit gegenüber dem Angebot des Wettbewerbes nunmehr sehr schwer zu bewerten wäre. Damit würde das Image des Händlers für die Wahl der Einkaufsstätte ein ungleich größeres Gewicht als heute bekommen. Abbildung 22 illustriert ein solches Angebotssystem.

Die skizzierte Konzeption einer integrierten Preispolitik orientiert sich – wie unschwer zu erkennen ist – an der Marktleistungspolitik im Investitionsgüterbereich. Aufgrund der invidualisierten Angebotsleistungen und der nichtöffentlichen Preisangebote ist die Preistransparenz bei Investitionsgütern in der Regel niedrig *(Simon 1991, S. 554)*. Dementsprechend kommt dem Verhandlungsprozeß mit dem Kunden eine gesteigerte Bedeutung zu. Mehr als bei standardisierten Listenpreisen hängt die Preisdurchsetzung vom psychologisch-taktischen Verhandlungsgeschick des Verkäufers ab *(Simon 1991, S. 670)*. Gleichzeitig hat der Verkäufer aber durch die Individualisierung der Angebotsleistung mehr Verhandlungsparameter, was die Durchsetzungsfähigkeit marktgerechter Preise erhöhen sollte.

Literaturhinweise

ADAC (1993): So teuer ist Autofahren geworden!, München 1993

Altobelli, C. (1992): Preisdifferenzierung, in: WiSt, Heft Nr.1/1992, S. 2-8

Bauer, H. H. / Herrmann, A. (1993): Preisfindung durch „Nutzenkalkulation" am Beispiel einer PKW-Kalkulation, in: Controlling Nr.5/1993, S. 236-240

Bauer, H. H. / Herrmann, A. / Mengen, A. (1994): Eine Methode zur gewinn-maximalen Produktgestaltung auf der Basis des Conjoint Measurement, in: Zeitschrift für Betriebswirtschaft, 64. Jg. (1994), S. 81-94

Commission of the European Communities (1992): Intra-EC Car Price Diffe-rential Report, Brussels 1992

Deisenhofer, T.: Marktorientierte Kostenplanung auf Basis von Erkenntnissen der Marktforschung bei der AUDI AG, in: Horváth, P.: Target Costing, Stutt-gart 1993, S. 95-116

Diez, W. (1992 a): Deutsche Automobilhersteller müssen ihre Preispolitik einer Revision unterziehen, in: Handelsblatt v. 07.05.1992, S. 23

Diez, W. (1992 b): Ertragserosion, in: Autohaus Nr. 19/1992, S. 32-33

Diez, W. (1992 c): Ohne Revision der Ausbaupläne verdreifacht sich der Über-hang, in: Handelsblatt v. 18.12.1992, S. 17

Diez, W. (1992 d): Rabattschleuderei: Ursachen-Therapie statt Kurieren von Symptomen, in: Zentralverband Deutsches Kraftfahrzeuggewerbe (Hrsg.): Betriebswirtschaftliche Jahrestagung des ZDK 1992, S. 59-64

Diez, W. / Brachat, H. (1994): Grundlagen der Automobilwirtschaft, Ottobrunn b. München 1994

Diller, H. (1991): Preispolitik, 2., überarbeitete Auflage, Stuttgart 1991

Diller, H. (1992 a): Art.: Preisimage, in: Vahlens Großes Marketing Lexikon, hrsg. v. Hermann Diller, München 1992, S. 906-907

Diller, H. (1992 b): Art.: Preispolitik, in: Vahlens Großes Marketing Lexikon, hrsg. v. Hermann Diller, München 1992, S. 914-919

Diller, H. (1992 c): Art.:Preiswahrnehmung, in: Vahlens Großes Marketing Le-xikon, hrsg. v. Hermann Diller, München 1992, S. 939

Diller, H. (1992 d): Preis-Management in der Markenartikelindustrie, in: Zeit-schrift für betriebswirtschaftliche Forschung (zfbf), 44. Jg. (1992), S. 1109-1125

Diller, H. (1993): Preisbaukästen als preispolitische Option, in: WiSt, Heft Nr. 6/1993, S. 270-275

Ebert, G. (1991): Kosten- und Leistungsrechnung, 6., erweiterte Auflage, Wies-baden 1991

Enning, B. (1994): Kfz-Gewerbe: Umsatz auf hohem Niveau – Renditeverfall in den 1993er Bilanzen, in: ProMotor Nr. 3/4, 1994, S. 1-15

Enning, B. (1995): Kfz-Gewerbe: Konjunkturmotor kommt noch nicht auf Tou-ren, in: ProMotor Nr. 3/4, 1995, S. 1-13

Gutenberg, E. (1976): Grundlagen der Betriebswirtschaftslehre, Band II: Der Absatz, 15. Auflage, Berlin/Heidelberg/New York 1976

Hardes, H.-D. (1992): Preisverhalten im Oligopol – Ein anwendungsorientierter Überblick, in: WiSt, Nr. 5/1992, S. 224-230

Heß, A. (1994): Konflikte in Vertraglichen Vertriebssystemen der Automobilwirtschaft, Ottobrunn b. München 1994

Heßen, H.-P. / Wesseler, S. (1994): Marktorientierte Zielkostensteuerung bei der Audi AG, in: Controlling, Heft Nr. 3/1994, S. 148-156

Klingler, B. F. (1993): Target Cost Management, in: Controlling, Heft Nr. 4/1993, S. 200-207

Mengen, A. / Tacke, G. (1995): Methodengestütztes Automobil-Pricing mit Conjoint Measurement, in: Reuss, H. / Müller, W. (Hrsg.): Wettbewerbsvorteile im Automobilhandel, Frankfurt/New York 1995, S. 220-240

Meunzel, R. M. (1995): Unterschiede von mehr als 30 Prozent, in: Autohaus Nr. 6/1995, S. 43-44

o.V. (1995): In Deutschland sind Autos am teuersten, in: Süddeutsche Zeitung v. 20.12.1995, o.S.

Schirmer, A. (1990): Planung und Einführung eines neuen Produktes am Beispiel der Automobilindustrie, in: Zeitschrift für betriebswirtschaftliche Forschung, 44. Jg. (1990), S. 892-907

Schirmer, A. (1994): Positioniert wird nur einmal!, in: Absatzwirtschaft, Sondernummer Oktober 1994, S.166-169

Schulz, W. / Thiermann, F. (1992): Sozialeffekte der Nachfrage, in: WISU, Heft Nr. 4/1992, S. 328-339

Seidenschwarz, W. (1991): Target Costing – Ein japanischer Ansatz für das Kostenmanagement, in: Controlling, Heft Nr. 4/1991, S. 198-203

Seidenschwarz, W. (1994): Target Costing – Verbindliche Umsetzung marktorientierter Strategien, in: Controlling, Heft Nr. 1/1994, S. 74-83

Simon, H. (1992): Preismanagement, 2., vollständig überarbeitete und erweiterte Auflage, Wiesbaden 1992

Simon, H. / Wiese, C. (1992): Europäisches Preismanagement, in: Marketing ZFP, Heft Nr. 4/1992, S. 246-256

SPIEGEL-Dokumentation (1993): Auto, Verkehr und Umwelt, Hamburg 1993

Abbildungsverzeichnis

Abb. 1:   Elemente der Gestaltung des Preis-Leistungs-Verhältnisses
Abb. 2:   Preisformen in der Automobilwirtschaft
Abb. 3:   Entwicklung der Neuwagen-Durchschnittspreise in Deutschland
Abb. 4:   Entwicklung der Autokosten („Kraftfahrer-Preisindex")
Abb. 5:   Wertverluste von Neuwagen nach Altersgruppen in Deutschland
Abb. 6:   Ausgaben der privaten Haushalte für die Automobilhaltung und -nutzung in %
Abb. 7:   Alternative Preisargumente im Automobilmarketing
Abb. 8:   Modell des Preisverhaltens beim Automobilkauf
Abb. 9:   Matrix zur Preisbeurteilung
Abb. 10:   Preis-Mengen-Relation – Gesamtmarkt Deutschland 1988
Abb. 11:   Conjoint Measurement in der Automobilwirtschaft
Abb. 12:   Barometrische Preisführerschaft im Automobilmarkt
Abb. 13:   Wettbewerbsorientierte Preisbildung auf dem deutschen Automobilmarkt – Mittelklassesegment (o. Diesel)
Abb. 14:   Verbundeffekte der Preislinienpolitik – fiktives Beispiel
Abb. 15:   Preisstaffelung nach dem Weber-Fechnerschen Gesetz
Abb. 16:   Das Prinzip des kalkulatorischen Ausgleichs – fiktives Beispiel
Abb. 17:   Preislinienpolitik am Beispiel der Adam Opel AG
Abb. 18:   Der Prozeß des Target-Cost-Managements
Abb. 19:   Funktionskostenmatrix als Grundlage des Target Costing
Abb. 20:   Preisabfolgen im Lebenszyklus
Abb. 21:   Preisbündelung
Abb. 22:   Angebotspreissystem für Automobile

Teil III

Distributionsmarketing

1 Grundlagen

Die Distribution umfaßt den Bereich wirtschaftlicher Tätigkeit, der den Austausch von Waren und Dienstleistungen zwischen Wirtschaftseinheiten zum Gegenstand hat. Unter Distributionspolitik versteht man demnach die Gesamtheit aller Entscheidungen, die die Gestaltung der betrieblichen Aktivitäten zur Aufgabe haben, die darauf gerichtet sind, Leistungen vom Ort ihrer Entstehung unter Überbrückung von Raum und Zeit an die Endkäufer heranzubringen *(Nieschlag/Dichtl/Hörschgen 1991, S. 996)*. Die Distributionspolitik betrifft grundsätzlich zwei Entscheidungsbereiche: erstens die Gestaltung der Absatzwege („akquisitorische Distribution) und zweitens die Gestaltung des Transportes der Waren vom Hersteller bis zum Kunden („physische Distribution"). Zwischen der akquisitorischen und der physischen Distribution bestehen selbstverständlich Wechselbeziehungen. Im Bereich der akquisitorischen Distribution lassen sich die in Abbildung 1 dargestellten Gestaltungsdimensionen unterscheiden.

Die besondere Bedeutung der Distributionspolitik in der Automobilwirtschaft ergibt sich aus dem Umstand, daß es sich beim Automobil um ein wartungs- und reparaturbedürftiges Produkt handelt. Neben dem Verkaufsaspekt kommt daher in der Automobilwirtschaft – anders als in den meisten anderen Konsumgüterbranchen – dem Serviceaspekt eine gleichrangige Bedeutung zu. Hinzu kommt, daß beim Verkauf eines Neuwagens in einer Vielzahl von Fällen ein Gebrauchtwagen eingetauscht und dann wieder vermarktet werden muß.

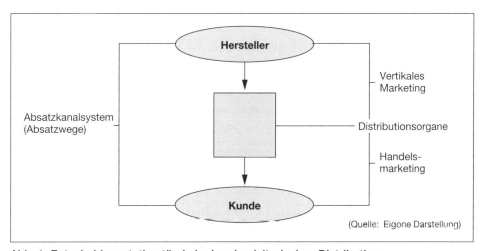

Abb. 1: Entscheidungstatbestände in der akquisitorischen Distribution

2 Gestaltung des Distributionssystems

2.1 Automobilrelevante Absatzwege

2.1.1 Überblick

In der Automobilwirtschaft dominieren drei Absatzwege:

- der Direktvertrieb der Hersteller
- der Absatz über Vertragshändler (Einzelhändler)
- der Absatz über Agenten (Handelsvertreter)

Der Absatz über die Vertragshändler- und Agentensysteme ist häufig zweistufig aufgebaut, d.h., neben den Haupthändlern werden auch noch sog. Unterhändler bzw. Vertragswerkstätten in den Absatzweg eingeschaltet. Abbildung 2 gibt einen Überblick über die drei genannten Absatzwege in Deutschland.

2.1.2 Direktvertrieb der Automobilhersteller

Der Direktvertrieb der Automobilhersteller erfolgt entweder über zentrale Verkaufsabteilungen und/oder werkseigene Niederlassungen. Die Verkaufsaktivitäten zentraler Vertriebsbereiche konzentrieren sich zumeist auf spezielle Abnehmergruppen. Dies sind die eigenen Mitarbeiter (Jahreswagen), Behörden, VIPs, Journalisten usw.

Wichtiger noch als der Vertrieb über zentrale Verkaufsabteilungen ist der Vertrieb über werkseigene Niederlassungen. Die Niederlassungen können bei allen potentiellen Nachfragern in ihrem Marktverantwortungsgebiet akquirieren. Besondere Bedeutung haben Niederlassungen – wie aus Abbildung 2 ersichtlich – in den Absatzkanalsystemen von Mercedes-Benz und BMW. So verfügt Mercedes-Benz über 38 Niederlassungen mit 49 Zweigbetrieben und BMW über 37 Niederlassungen. Vorteile des Vertriebs über Niederlassungen sind aus Sicht des Automobilherstellers *(Diez/Brachat 1994, S. 121)*:

- direkte Steuerung der Vertriebsorgane
- direkter Kundenkontakt
- Sicherstellung eines markenspezifischen Einkaufsstättenimages
- Ausgestaltung zu Vorzeigebetrieben für die Marke
- Testfeld für Innovationen

Hersteller	Nieder-lassungen	Haupthändler (inkl. Filialen)	Unterhändler/ Vertrags-werkstätten	Exklusivitäts-grad in v. H.
Alfa Romeo	1	262	5	84
BMW	37	860	16	98
Chrysler	–	240	–	78
Citreön	9	353	176	87
Daihatsu	–	386	15	80
Fiat	3	692	585	100
Ford	–	1056	1521	95
Honda	–	525	–	100
Hyundai	–	351	–	100
Kia	–	429	2	19
Lada	–	590	33	41
Lancia	3	338	55	95
Lexus	–	43	–	100
Mazda	–	858	–	100
Mercedes-Benz	43	525	633	99
Mitsubishi	–	869	–	100
Nissan	1	874	–	100
Opel	–	1543	1007	99
Peugeot	18	608	532	98
Porsche	–	80	–	100
Renault	4	714	943	100
Rover	–	196	46	90
Saab	2	87	–	53
Seat	–	740	–	99
Skoda	–	491	–	100
Subaru	–	296	157	75
Suzuki	–	579	–	80
Toyota	–	672	138	100
Volkswagen	–	2112	1474	100
Volvo	1	289	33	88

(Quelle: Wer vertritt wen? Autohaus Nr. 1/2, 1995)

Abb. 2: Absatzwege in der deutschen Automobilwirtschaft

- Instrument der Absatzsicherung
- Vermeidung externer Vertriebskosten (keine Händlermarge)
- Markenpräsenz an teuren, aber strategisch wichtigen Standorten

Nachteile von Niederlassungen sind wiederum aus Herstellersicht *(Diez/Brachat 1994, S. 121)*:

- zusätzliche Kapitalbindung
- Übernahme von Vertriebsrisiken
- kaum Flächendeckung möglich
- geringer Individualisierungsgrad der Kundenansprache
- großbetriebliche Neigung zum Bürokratismus

Die Tatsache, daß vor allem die beiden dominierenden Premium-Fabrikate auf dem deutschen Automobilmarkt – Mercedes-Benz und BMW – ihre Fahrzeuge über Niederlassungen absetzen, zeigt, daß bei diesen beiden Fabrikaten der markenadäquaten Gestaltung des Einkaufsstättenimages, insbesondere in Großstädten, eine sehr große Bedeutung für den Markterfolg beigemessen wird.

2.1.3 Vertrieb über Vertragshändler

Strukturmerkmale des Vertragshändlersystems

Die wichtigsten Träger des Automobilabsatzes sind die Vertragshändler. Der Vertragshändler kann als ein selbständiger Gewerbetreibender definiert werden, der „aufgrund eines Vertrages ständig damit betraut ist, im eigenen Namen und auf eigene Rechnung Waren zu vertreiben, und verpflichtet ist, sich für deren Absatz nach der Konzeption des Herstellers einzusetzen" *(Ahlert 1991, S. 215)*. Von besonderer Bedeutung für den Vertragshändlerbegriff ist die Pflicht zur Förderung des Absatzes der Vertragswaren und die damit verbundenen Weisungsrechte des Herstellers. So heißt es beispielsweise im VW- und Audi-Händlervertrag, daß der Händler verpflichtet ist, den „Absatz und Kundendienst intensiv zu fördern und das Marktpotential optimal auszuschöpfen" *(Volkswagen AG 1989, S. 3)*.

Der Absatz von Automobilen über Vertragshändler stellt eine Form des selektiven Vertriebs dar. Er ist durch die folgenden Merkmale gekennzeichnet *(vgl. dazu auch: Diez/Brachat 1994, S. 105 ff., und Florenz 1992, S. 166 ff.)*:

- Die Selektion der Vertragshändler erfolgt sowohl nach qualitativen als auch nach quantitativen Kriterien. Wichtige qualitative Kriterien sind:

168

- persönliche Qualifikation des Händlers und seiner Mitarbeiter
- Erfüllung von betrieblichen Standards im Hinblick auf bestimmte leistungsprogrammbezogene Merkmale (z.B. Haltung von Vorführwagen)
- Einverständnis des Händlers zur Überprüfung seiner Geschäftsbücher durch den Hersteller (finanzielle Qualifikation)
- Bereitschaft und Fähigkeit zur Befolgung von Richtlinien des Herstellers, wie z.B. Beteiligung an Händlerbetriebsvergleichen (ablauforganisatorische Qualifikation)
- Erfüllung von baulichen Standards des Geschäftsbetriebes (institutionelle Qualifikation)

- Gleichzeitig kann der Hersteller aber selbst Unternehmen, die die qualitativen Voraussetzungen erfüllen, eine Übertragung von Vertriebsrechten vorenthalten, wenn er der Auffassung ist, daß in einem bestimmten Gebiet keine weiteren Händler für die Marktausschöpfung notwendig sind. Diese Möglichkeit zu einer offenen quantitativen Selektion der Händler stellt wiederum eine Besonderheit der Automobildistribution dar.
- Der Vertragshändler unterliegt zahlreichen Bindungen. Diese sind:
  - Gebietsbindungen mit Akquisitionsverbot: Dem Vertragshändler wird ein bestimmtes Marktverantwortungsgebiet zugewiesen, außerhalb dessen er keine aktive Akquisition betreiben darf. Eine aktive Akquisition läge vor, wenn ein Vertragshändler außerhalb seines Marktverantwortungsgebiets werben oder Gebietsverkäufer einsetzen würde.
  - Bezugsbindung: Der Vertragshändler darf Vertragswaren lediglich beim Hersteller oder bei einem autorisierten Händler des gleichen Vertriebsnetzes einkaufen.
  - Absatzbindung: Der Vertragshändler darf im Regelfall nur die Vertragswaren eines Herstellers verkaufen (Markenexklusivität). Nur wenn er nachweisen kann, daß eine Marke zur Aufrechterhaltung seiner wirtschaftlichen Existenz nicht ausreicht, ist er zur Aufnahme einer Zweitmarke berechtigt.
- Nach der Betriebsform handelt es sich beim Vertragshändler um einen Fachhandelsbetrieb. Kennzeichnend für den Fachhandelscharakter ist die Begrenzung auf ein automobilspezifisches Sortiment, das Angebot einer qualitativ hochwertigen Beratung und Betreuung sowie die Bereitstellung eines markenspezifischen technischen Services.
- Was schließlich das Koordinationsprinzip des Vertragshändlersystems anbelangt, so bildet dies – wie der Name schon sagt – der Händlervertrag. Er wird zumeist um Richtlinien über die konkrete Ausgestaltung der Strukturen und Prozesse des Geschäftsbetriebes ergänzt („Vertriebsrichtlinien"). Darüber hinaus wird aber durch den Hersteller auch das Koordinationsprinzip „Macht" zur Verhaltenssteuerung eingesetzt. Die Macht des Herstellers setzt sich aus seiner Marken-, Experten- und Sanktionsmacht zusammen.

Abbildung 3 gibt einen Überblick über einige der Regelungen, die für das Vertragshändlersystem in der Automobilwirtschaft als typisch anzusehen sind.

Die Vertragshändlersysteme sind in der Regel zweistufig aufgebaut. Neben der eigentlichen Vertragshändlerstufe (sog. Haupt-, A- oder Direkthändler) gibt es bei den meisten Fabrikaten noch eine zweite Absatz- bzw. Servicestufe (Unter- und B-Händler bzw. Vertragswerkstätten). Der Grund für diese Zweistufigkeit liegt in der bereits erwähnten doppelten Funktion der Automobildistribution: Einerseits soll sie eine kostengünstige Marktausschöpfung mit relativ wenigen Verkaufsstützpunkten ermöglichen, andererseits aber einen flächendeckenden Service sicherstellen. Da nicht in allen Marktgebieten ein

---

Leitlinien für den Automobilverkauf (Auswahl)

- Wahrnehmung der Marktverantwortung gemäß der Jahreszielvorgabe
- Unterhalten eines Bestandes an Ausstellungs-, Lager- und Vorführwagen
- intensives Bemühen um den Absatz von Gebrauchtfahrzeugen zur Förderung des Neufahrzeuggeschäfts
- Respektieren der Direktlieferungsvorbehalte des Herstellers

Leitlinien für den Kunden- und Teiledienst (Auswahl)

- Unterhaltung einer Werkstatt mit den vorgeschriebenen Spezialwerkzeugen, Meß- und Testgeräten
- Durchführung eines Kundendienstes gemäß den gültigen Kundendienstrichtlinien
- Verwendung von Originalersatzteilen bei der Durchführung von Gewährleistungsreparaturen
- Einrichtung und Unterhaltung eines adäquaten Ersatzteillagers

Leitlinien für eine Corporate Identity (Auswahl)

- Errichtung eines Geschäftsbetriebs, der in Größe, Ausstattung und äußerem Erscheinungsbild den Erwartungen der Kunden an die Marke gerecht wird
- Herausstellen des Eindrucks der Zugehörigkeit zum Vertriebsnetz des Herstellers durch entsprechende Kennzeichnung
- Verwendung des Herstellerzeichens im Geschäftsverkehr
- Inanspruchnahme der Bauberatung des Herstellers und Berücksichtigung seiner Vorschläge

Leitlinien für den Informationsaustausch (Auswahl)

- Übermitteln von Betriebsdaten in der vom Hersteller vorgeschriebenen Form zum Zwecke des Betriebsvergleichs
- Anfertigung von Berichten über Marktlage, Lagerbestände und voraussichtliche Bedarfe
- Verwendung der vom Hersteller vorgeschriebenen EDV
- Zulassung der Einsicht in Geschäftsunterlagen

(Quelle: Heß: Konflikte in Vertraglichen Vertriebssystemen der Automobilwirtschaft, Ottobrunn, 1994 S. 48).

Abb. 3: Typische Vertragsklauseln in Vertragshändlerverträgen der Automobilwirtschaft

ausreichendes Verkaufsvolumen garantiert werden kann, macht dies die Einrichtung von Betrieben notwendig, die überwiegend technische Serviceaufgaben haben.

Die Beziehung zwischen Haupt- und Unterhändlern bzw. Vertragswerkstätten basiert auf vertraglichen Regelungen. So schließen die Unterhändler mit dem Haupthändler einen Kommissionsagenturvertrag zum Verkauf von Neuwagen ab, d.h., sie verkaufen Neuwagen im eigenen Namen, aber auf fremde Rechnung (nämlich auf die des Haupthändlers). Der Unterhändler muß sämtliche Bestellungen über den für ihn zuständigen Haupthändler abwickeln. Andererseits hat der Haupthändler gegenüber den mit ihm vertraglich verbundenen Unternehmen eine Versorgungspflicht. Der Unterhändler wird für seine Verkaufstätigkeit vom Haupthändler provisioniert. Der Einsatz von Unterhändlern bzw. Vertragswerkstätten durch einen Haupthändler bedarf der Zustimmung des Herstellers.

Im Rahmen des Vertragshändlersystems sind Filialisierungen möglich. Das heißt, daß ein Unternehmen über mehrere Vertragshändlerverträge eines Fabrikates verfügt oder neben dem Haupthändlervertrag auch noch Betriebe der zweiten Vertriebsstufe betreibt. Filialisierte Betriebe werden häufig auch als „Kettenbetriebe" bezeichnet.

Rechtliche Grundlagen des Vertragshändlersystems

Wie leicht nachzuvollziehen ist, können von der quantitativen Selektion und den zahlreichen Bindungen des Vertragshändlers wettbewerbsbeschränkende Wirkungen ausgehen (Creutzig 1995, S.29). Sie bestehen u.a. darin, daß durch die quantitative Selektion die Zahl der Wettbewerber in einem bestimmten Gebiet begrenzt und durch die Gebietsbindung der Wettbewerb auf der Einzelhandelsstufe insgesamt beschränkt wird. Schließlich engen die Bezugs- und Absatzbindungen die unternehmerische Freiheit des Vertragshändlers ein. Nach Art. 85 Abs. 1 des EWG-Vertrages sind alle Vereinbarungen zwischen Unternehmen verboten, „welche den Handel zwischen Mitgliedstaaten zu beeinträchtigen geeignet sind". Da die genannten selektiven Vertriebsbindungen, z.B. die Gebietsbindung, den freien Warenaustausch zwischen den EG-Mitgliedstaaten behindern können, mußten die Vertragshändlerverträge des Kraftfahrzeughandels vom Verbot des Art. 85 des EWG-Vertrages freigestellt werden. Dies erfolgte mit einer Dauer von zehn Jahren durch eine Gruppenfreistellungsverordnung im Jahr 1985 (GVO Nr. 123/85). Begründet wurde diese Freistellung damit, daß der selektive Vertrieb sowohl für die Hersteller und Händler als auch für den Verbraucher vorteilhaft ist. So wird insbesondere argumentiert, daß durch den selektiven Vertrieb dem Verbraucher ein zuverlässiges Kundendienstnetz in der gesamten Europäischen Gemeinschaft zur Verfügung steht, der Vertragshändler eine ausreichende Kapitalrendite erzielen kann, damit sich die Investitionen in Service und Ersatzteilversorgung lohnen, und der Hersteller ein zuverlässiges und flächendeckendes Händlernetz von hoher Qualität unterhalten kann *(Creutzig 1995, S. 30 f.)*.

Nachdem die GVO Nr. 123/85 auf zehn Jahre befristet wurde, wird sie nun in veränderter Form verlängert (GVO Nr. 1475/95). Dabei kommt es insbesondere zu einer Aufweichung der bisherigen Regelung hinsichtlich der Markenexklusivität (Erleichterung der Aufnahme von Zweitfabrikaten) sowie der Gebietsbindung (Möglichkeit zur aktiven Akquisition außerhalb des Marktverantwortungsgebietes). Weitere Veränderungen betreffen die einvernehmliche Regelung bei der Festlegung der Jahresverkaufsziele, den Bezug von Ersatzteilen, die Verbreitung technischer Informationen an nicht zum Vertragsnetz gehörende Unternehmen sowie die Aufhebung der Herstellerbindung des Vertragshändlers bei Leasinggeschäften *(vgl. dazu im einzelnen: ZDK 1994, S. 2 ff.)*.

Bewertung des Vertragshändlersystems

Die Vorteile des Vertragshändlersystems gegenüber dem Vertrieb über Niederlassungen sind aus Sicht des Herstellers (vgl. Florenz 1992, S. 67):

- keine Kapitalbindung in der Vertriebsorganisation
- teilweise Verlagerung des Absatz- und Lagerhaltungsrisikos auf den Vertragshändler
- Minderung von produktionswirksamen Absatzschwankungen (Vertragshändler als „Puffer" zwischen Nachfrage und Produktion)
- starke unternehmerische Motivation der Vertragshändler (im Gegensatz zur Angestelltenmentalität bei Niederlassungen)
- Delegation von Verantwortung an den Ort der Leistungserbringung

Nachteile des Vertragshändlersystems sind wiederum aus Herstellersicht *(vgl. Florenz 1992, S. 67)*:

- Notwendigkeit von Markenmacht, um qualifizierte Betriebe zu gewinnen
- geringere Steuerungs- und Kontrollmöglichkeiten
- höherer Koordinationsaufwand in der Vertikalkette
- Gefahr von Systeminstabilitäten bei einem Marktrückgang

Trotz dieser Nachteile stellt das Vertragshändlersystem einen aus Herstellersicht optimalen Absatzweg dar, da der Hersteller einen sehr weitgehenden Einfluß auf die Absatzmittler hat und gleichzeitig von einer massiven Kapitalbindung im Vertriebssystem entlastet wird. Es kann daher davon ausgegangen werden, daß dieses System langfristig seine große Bedeutung im Automobilvertrieb behalten wird.

2.1.4 Vertrieb über Agenten

Neben dem Vertragshändler als Eigenhändler („Verkauf von Waren in eigenem Namen und auf eigene Rechnung") findet sich bei einigen Herstellern, insbesondere bei Mercedes-Benz, der Agent als Absatzmittler. Bei dem Agenten handelt es sich rechtlich betrachtet um einen Handelsvertreter nach § 84 HGB, d.h., er verkauft Waren „in fremdem Namen und für fremde Rechnung". Die wesentlichen Unterschiede zwischen einem Vertragshändler (Eigenhändler) und einem Agenten (Handelsvertreter) sind *(vgl. Creutzig 1993, S. 65ff.)*:

- *Preisbindung:* Während beim Vertragshändler keine Preisbindung durch den Hersteller möglich ist, ist sie beim Agenten, der Geschäfte nicht abschließt, sondern sie lediglich vermittelt, systemimmanent.
- *Geschäftsabwicklung:* Beim Agenten ist sie stets durch den Hersteller vorgegeben.
- *Lagerhaltung und Bereitstellung von Ausstellungswagen:* Der Agent ist von diesen Verpflichtungen freigestellt. Dies bedeutet, daß der Hersteller dem Agenten Lager- und Ausstellungswagen unentgeltlich zur Verfügung stellt.
- *Vertrag mit Endverbraucher:* Während der Vertragshändler mit dem Endverbraucher einen Vertrag rechtwirksam abschließt, wird beim Agentensystem der Vertrag zwischen dem Hersteller und dem Agenten abgeschlossen.

Insgesamt kann man also feststellen, daß Rechte und Pflichten im Agentensystem anders verteilt sind als im Vertragshändlersystem. So ist der Status des Agenten durch eine höhere Bindungintensität gegenüber dem Hersteller gekennzeichnet als der des Vertragshändlers. Andererseits wird der Agent aber von bestimmten Leistungen freigestellt. Er erhält dafür dann aber wiederum eine geringere Provision (Händlerrabatt) als der Eigenhändler. So beträgt die Provision der Mercedes-Benz-Vertragspartner lediglich 13,5% gegenüber durchschnittlich 17% bei den anderen auf dem deutschen Markt vertretenen Fabrikaten.

2.2 Automobilrelevante Absatzkanalsysteme

Absatzkanalsysteme stellen mögliche Kombinationen von Absatzwegen dar. Auf dem deutschen Automobilmarkt können die folgenden Absatzkanalsysteme identifiziert werden. Dabei wird lediglich die jeweilige schwerpunktmäßige Ausrichtung der verschiedenen Fabrikate berücksichtigt, da zahlreiche Hersteller noch einzelne Niederlassungen haben, die aber nur von peripherer Bedeutung für den Gesamtabsatz sind:

● Direktvertrieb + Vertragshändler:	BMW
● Direktvertrieb + Vertragshändler + Unterhändler:	Peugeot, Citroën, Renault, Fiat, Lancia
● Direktvertrieb + Agenten + Unterhändler:	Mercedes-Benz
● Vertragshändler + Unterhändler:	Volkswagen, Opel, Ford, Toyota, Volvo, Lada, Mazda, Rover, Subaru
● Vertragshändler:	Honda, Nissan, Chrysler, Hyundai, Porsche, Saab, Kia, Alfa Romeo, Mitsubishi, Seat, Skoda, Suzuki

Die Gründe für diese unterschiedliche Gestaltung der Distributionssysteme sind teilweise historisch begründet, teilweise spiegeln sich jedoch unterschiedliche Strategien der Marktbearbeitung wider. So sind die Tendenz der Oberklassenfabrikate zum Direktvertrieb (Mercedes-Benz, BMW) sowie die Dominanz des zweistufigen Vertragshändlersystems bei den großen auf dem deutschen Markt vertretenen Marken (Volkswagen, Opel, Ford) unverkennbar. Demgegenüber wählen kleinere Fabrikate häufig einstufige Systeme, weil nur so die Existenz weitgehend exklusiver Betriebe gesichert werden kann.

Die Stabilität von Absatzkanalsystemen hängt ganz wesentlich von der Verträglichkeit der gewählten Absatzwege ab. Dabei stellen sich vor allem zwei Probleme:

● *Konflikte zwischen Direktvertrieb und indirektem Vertrieb:* Die gleichzeitige Durchführung von direktem und indirektem Vertrieb führt immer wieder zu Konflikten in den vertraglichen Systemen der Automobilwirtschaft. Die Ursachen dafür sind leicht identifizierbar: Der Vertragshändler nimmt hohe Investitionen in den Aufbau und die Führung seines Geschäftsbetriebes vor. Dementsprechend möchte er ein Marktverantwortungsgebiet ohne Herstellereinfluß bearbeiten können. Verfolgt nun ein Hersteller aggressive Mengenziele und setzt er dazu den direkten Vertriebsweg ein, sei es über die Forcierung von Großabnehmergeschäften oder einen verstärkten Verkauf durch seine Niederlassungen, dann werden damit dem Vertragshändler Marktpotentiale entzogen, d.h., es kommt zu einem Preiswettbewerb zwischen Niederlassung und Vertragshändler. Aufgrund der größeren Finanzkraft herstellereigener Vertriebsorgane hat der Vertragshändler in einem solchen Konditionenwettbewerb keine Chance. Der Direktvertrieb kann also tendenziell zu einer Ertragserosion bei den fabrikatsgebundenen Betrieben führen *(Diez 1992, S. 32 ff.)*.

● *Konflikte zwischen Haupt- und Unterhändlern:* Im Rahmen von zweistufigen Systemen kommt es sehr häufig zu Konflikten zwischen den Haupt- und Unterhändlern, die teilweise schon zur Gründung von eigenen Vertretungsorganen der Unterorganisationen geführt haben. Gegenstand der Auseinandersetzung ist zumeist das Verhältnis zwischen den Pflichten der Unterhändler einerseits und der Provisionierung ihrer Leistungen andererseits *(Heß 1994, S. 32)*. So empfinden viele Unterhändler ihre Vermittlungsprovision als zu niedrig, während die Haupthändler zumeist auf die bei ihnen anfallenden Kosten für die Lager- und Vorführwagenhaltung sowie für ihre werblichen Aktivitäten hinweisen. Einen besonderen Konfliktpunkt stellt in jüngerer Zeit der Preiswettbewerb dar. Da der Haupthändler eine höhere Marge als der Unterhändler erhält, kann er prinzipiell auch höhere Kundennachlässe gewähren als der Unterhändler. Die Unterhändler fühlen sich dadurch im Wettbewerb benachteiligt. Allerdings muß auch hier die unterschiedliche Kostensituation im Neuwagenverkauf zwischen den beiden Absatzstufen berücksichtigt werden.

Vor dem Hintergrund der genannten Interessenkonflikte muß man feststellen, daß gemischte Absatzkanalsysteme stärkere Dysfunktionalitäten aufweisen als reine Systeme und damit tendenziell konfliktanfälliger sind. Teilweise sind diese Konflikte auch schon Gegenstand rechtlicher Auseinandersetzungen geworden. So hat z.B. der Bundesgerichtshof in einem Urteil vom 12.01.1994 („Daihatsu-Urteil") die Möglichkeiten der Hersteller zum Direktvertrieb in den Marktverantwortungsgebieten der Vertragshändler dahingehend begrenzt, daß er vom Hersteller dafür den Nachweis „sachlich gerechtfertigter Gründe" und eine „angemessene Beschränkung des Direktgeschäftsvorbehalts" fordert. Andernfalls müsse er dem Vertragshändler einen Ausgleichsanspruch gewähren *(Bundesgerichtshof 1994, S. 9)*. Ob eine solche Regelung den Konflikt zwischen direktem und indirektem Vertrieb in der Praxis entschärfen kann, hängt sicherlich auch von dem konkreten Einsatz der „Waffe Direktvertrieb" durch die Hersteller ab. Die teilweise angestrebte Abschaffung zweistufiger Systeme *(vgl. Wittig 1995, S. 8)* könnte ebenfalls zu einer Harmonisierung in Absatzkanalsystemen beitragen. Auch wenn die Motive dafür andere sind, würde damit deren Konfliktanfälligkeit zweifellos reduziert.

Abbildung 4 gibt noch einmal einen zusammenfassenden Überblick über die wichtigsten Merkmale automobilwirtschaftlicher Distributionssysteme in Deutschland.

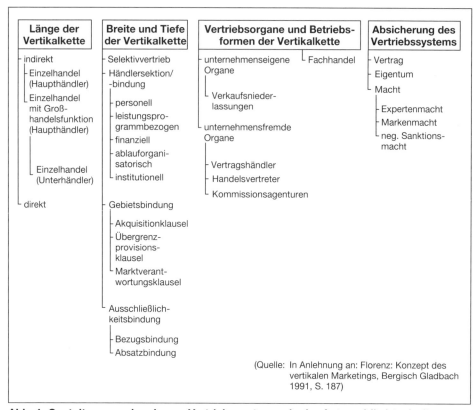

Länge der Vertikalkette	Breite und Tiefe der Vertikalkette	Vertriebsorgane und Betriebs-formen der Vertikalkette	Absicherung des Vertriebssystems
- indirekt - Einzelhandel (Haupthändler) - Einzelhandel mit Groß-handelsfunktion (Haupthändler) - Einzelhandel (Unterhändler) - direkt	- Selektivvertrieb - Händlersektion/-bindung - personell - leistungspro-grammbezogen - finanziell - ablauforgani-satorisch - institutionell - Gebietsbindung - Akquisitionklausel - Übergrenz-provisions-klausel - Marktverant-wortungsklausel - Ausschließlich-keitsbindung - Bezugsbindung - Absatzbindung	- unternehmenseigene Organe ⌐ Fachhandel - Verkaufsnieder-lassungen - unternehmensfremde Organe - Vertragshändler - Handelsvertreter - Kommissionsagenturen	- Vertrag - Eigentum - Macht - Expertenmacht - Markenmacht - neg. Sanktions-macht

(Quelle: In Anlehnung an: Florenz: Konzept des vertikalen Marketings, Bergisch Gladbach 1991, S. 187)

Abb. 4: Gestaltungsmerkmale von Vertriebssystemen in der Automobilwirtschaft

2.3 Vertriebsnetzplanung

2.3.1 Begriff und Entscheidungstatbestände

Die Vertriebsnetzplanung besteht in der Streuung der Vertragshändlerbetriebe im Raum. Sie erfolgt in Form der Zuordnung von Marktverantwortungsgebieten.

Im Rahmen der Vertriebsnetzplanung müssen simultan zwei Tatbestände entschieden werden *(vgl. dazu auch: Lerchenmüller 1992, S. 278)*:

- die Festlegung der Zahl der Händlerbetriebe, die zum Vertriebsnetz gehören sollen (Selektionspolitik)
- die Festlegung der geographischen Verteilung der Händlerbetriebe (Standortpolitik)

Indirekt wird damit auch über die gewünschten Betriebsgrößen im Vertriebsnetz bzw. die Stufigkeit des Vertriebsnetzes entschieden.

2.3.2 Anforderungen an das Vertriebsnetz

Aus der Sicht der Automobilhersteller sollte das Vertriebsnetz so gestaltet sein, daß es zwei Anforderungen erfüllt:

- die Sicherstellung einer optimalen Marktausschöpfung für das jeweilige Fabrikat sowie
- die Sicherstellung eines flächendeckenden Servicenetzes.

Im Hinblick auf die optimale Marktausschöpfung stellt die Bestimmung der Distributionsdichte, definiert als Quotient aus der Zahl der Händlerbetriebe und der Zahl der automobilen Bedarfsträger, eine wichtige strategische Variable dar. Ist die Distributionsdichte zu hoch, besteht die Gefahr eines Intra-Brand-Wettbewerbs, der aufgrund der geringen Handlungsmöglichkeiten der Vertragshändlerbetriebe leicht ruinöse Formen annehmen kann. Andererseits ist bekannt, daß die Intensität der Marktbearbeitung mit wachsender Entfernung vom Händlerbetrieb nachläßt. Abbildung 5 zeigt dazu ein Beispiel. Ist die Distributionsdichte also zu klein, kann dies dazu führen, daß insbesondere an den Rändern der jeweiligen Marktverantwortungsgebiete Marktpotentiale nicht genutzt werden.

Was die Gestaltung des Servicenetzes anbelangt, ist der Begriff der Flächendeckung nicht eindeutig bestimmt. Wann ein Servicenetz als flächendeckend anzusehen ist, hängt nämlich sehr stark von der Akzeptanz einer bestimmten Fahrtstrecke bzw. Fahrtzeit der jeweiligen Kunden eines Fabrikates ab, um den nächsten Servicestützpunkt zu erreichen. Diese Akzeptanzgröße ist zwischen den verschiedenen Marken unterschiedlich. Im Rahmen einer herstellerinternen Befragung eines Premium-Fabrikates wurde festgestellt, daß die Akzeptanzschwelle dieser Kunden bei etwa zehn Kilometern Entfernung liegt, d.h., größere Entfernungen werden von diesen Kunden als nicht akzeptabel angesehen.

2.3.3 Methoden und Instrumente der Vertriebsnetzplanung

Die Gestaltung von Vertriebsnetzen kann als ein mehrstufiger und dynamischer Prozeß beschrieben werden. Mehrstufig deshalb, weil sukzessiv einzelne

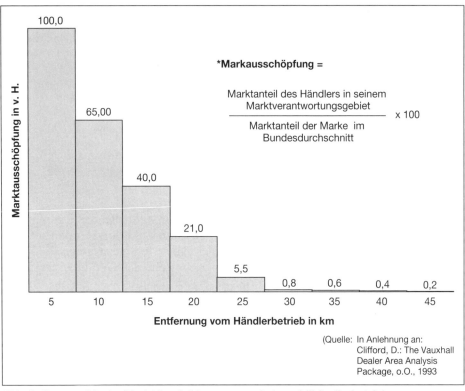

Abb. 5: Geographische Marktdurchdringung von Automobilhändlerbetrieben

Entscheidungstatbestände abgearbeitet werden müssen; dynamisch, weil mit der Veränderung des Marktes bzw. des Produktprogrammes oder auch der gesamten Marktbearbeitungsstrategie die Vertriebsnetze entsprechend angepaßt werden müssen. Im folgenden sollen vier Planungschritte unterschieden werden:

- *Festlegung von Marktverantwortungsgebieten:* Die Einteilung von Marktverantwortungsgebieten erfolgt in der Regel auf der Grundlage von geographischen Informationssystemen (GIS), die relativ kleinräumig die jeweiligen Marktstrukturen abbilden *(o.V. 1992, S. 87 ff.).* Von besonderer Bedeutung sind dabei Daten über die fahrfähige Bevölkerung, die Kaufkraft sowie den Bestand an Pkw. Diese Daten bilden die wichtigste Grundlage für die Beurteilung von automobilen Marktpotentialen *(Diez/Brachat 1994, S. 159 ff.).*
- *Festlegung der Stufigkeit des Vertriebsnetzes:* Die Entscheidung über die Anzahl der Vertriebsstufen im Rahmen eines automobilen Vertriebssystems stellt eine unternehmensstrategische Entscheidung dar. Sie hängt zum einen

178

vom Marktanteil des jeweiligen Fabrikates ab, zum anderen davon, wie die Hersteller die Faktoren Verkaufsnetzdichte, Servicenetzdichte und Unternehmensgröße der Händlerbetriebe bewerten. Möchte ein Hersteller mit einem hohen Marktanteil überwiegend kleine Unternehmensgrößen in seinem Netz von Handelsbetrieben, eine mittlere Verkaufsnetzdichte und eine hohe Servicenetzdichte, wird er sich in der Regel für ein mehrstufiges Netz entscheiden. Ist der Hersteller indessen bereit, mit größeren Händlerbetrieben zu arbeiten bei einer gleichzeitig geringen Zahl von Verkaufsstützpunkten und einer hohen Servicenetzdichte, so würde dies für ein einstufiges Netz mit Service-Satellitenbetrieben der Vertragshändler sprechen.

- *Wahl des Standortes im Marktverantwortungsgebiet:* Sind die Marktverantwortungsgebiete und die Stufigkeit des Vertriebskanals entschieden, stellt sich als nächste Frage die nach dem optimalen Standort des Händlerbetriebes im Marktverantwortungsgebiet. Dabei spielen eine Reihe von Faktoren wie etwa die gewünschte Kunden- oder auch Wettbewerbsnähe, die Infrastruktur, der notwendige Flächenbedarf und die jeweiligen Grundstückspreise sowie baurechtliche Vorschriften eine Rolle *(vgl. dazu: Diez/Brachat 1994, S. 160).*

- *Analyse und Optimierung:* Die historisch gewachsenen Vertriebsnetzstrukturen müssen ständig darauf hin analysiert werden, ob sie die gestellten Anforderungen erfüllen oder ob Optimierungsmaßnahmen notwendig sind. Insbesondere aufgrund von strukturellen Marktveränderungen kann sich die Notwendigkeit von Standortverlagerungen stellen. Ein besonders wichtiges Instrument zur Beurteilung der Vertriebsnetzstruktur stellt die Analyse der Richtungsverteilung der Verkäufe eines Händlerbetriebes dar. Abbildung 6 zeigt dazu ein Beispiel. Kommt es zu keinen Verkäufen in einer bestimmten Richtung, kann dies auf mangelnde werbliche und verkäuferische Aktivitäten in dieser Region zurückzuführen sein. Es kann aber auch ein Indikator für einen falsch gewählten Standort sein, wenn die Käuferströme aufgrund geographischer, topographischer oder raumstruktureller Faktoren anders verlaufen.

Die Umsetzung der Vertriebsnetzplanung hat einen hohen Zeitbedarf. Dies hängt damit zusammen, daß Vertriebsnetze historisch gewachsen sind und aufgrund von Gewohnheitseffekten unter planerischen Gesichtspunkten suboptimale Standorte nur ungern aufgegeben werden. Gleichzeitig sind mit der Veränderung des Vertriebsnetzes vielfältige rechtliche Fragen verwoben, insbesondere Rechtsansprüche der Vertragshändler. Gleichwohl ist das Bestreben der Automobilhersteller erkennbar, die Vertriebsnetze besser zu strukturieren. Folgte die Vertriebsnetzpolitik bis in die jüngste Vergangenheit, so etwa bei der Markterschließung in den neuen Bundesländern, dem Prinzip, möglichst viele Betriebe einzusetzen und es dann dem Wettbewerb zu überlassen, welche sich letztlich durchsetzen, so erfolgt heute eine systematische Überprü-

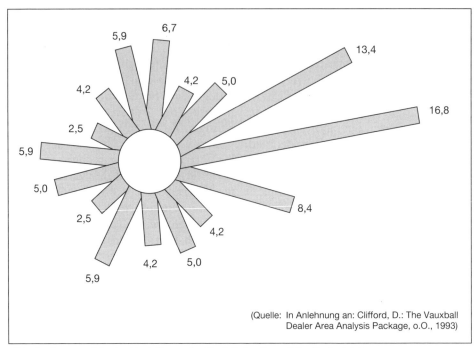

Abb. 6: Geographische Verteilung der Verkäufe eines Händlerbetriebes

fung der Vertriebsnetzstrukturen. Ursache dafür ist die Erkenntnis, daß die tendenzielle Überbesetzung vieler Vertriebsnetze mit hohen Vertriebskosten und mit der Gefahr eines imageschädigenden Preiswettbewerbs im Automobilhandel verbunden ist.

3 Management des Distributionssystems

3.1 Vertikales Marketing

Das Distributionsmanagement hat die Steuerung der vertikalen Beziehungen zwischen Automobilherstellern und Automobilhändlern zum Gegenstand. Im folgenden wird dafür der gebräuchlichere Begriff des „vertikalen Marketings" verwendet. Unter vertikalem Marketing versteht man die Zusammenarbeit organisatorischer Einheiten unterschiedlicher Distributionsstufen im Marketing.

180

3.2 Strukturmerkmale des vertikalen Marketings

3.2.1 Das Konzept der Marketingführerschaft

Grundlegendes Strukturmerkmal des vertikalen Marketings in der Automobilwirtschaft ist die Marketingführerschaft des Automobilherstellers gegenüber dem Automobilhandel. Unter Marketingführerschaft versteht man die Möglichkeit eines Mitgliedes im Distributionssystem, das Marketing-Mix für eine bestimmtes Leistungsangebot zu steuern. Der Marketingführer gestaltet also das gesamte Marketing-Mix für ein Absatzgut über alle Distributionsstufen bis hin zum Endverbraucher und hat die Möglichkeit, gegebenenfalls auf die am Distributionsprozeß beteiligten organisatorischen Einheiten einzuwirken, um die Anpassung ihrer Marketingaktivitäten an diesen Mix zu erreichen *(in Anlehnung an: Ahlert 1992, S. 110 ff.)*.

Betrachtet man den Automobilhandelsbetrieb als Ganzes, so kann man von keiner totalen, sondern lediglich partiellen Marketingführerschaft sprechen. So sind die Einflußmöglichkeiten des Herstellers lediglich im Bereich des Verkaufs von Neuwagen und Ersatzteilen im Rahmen der selektiven Vertriebsbindungen als sehr hoch anzusehen. Demgegenüber kann der Hersteller seine Vorgaben im Bereich des Services nur eingeschränkt durchsetzen, und im Bereich der Gebrauchtwagenvermarktung besitzt auch der vertragsgebundene Automobilhändler eine verhältnismäßig weitgehende unternehmerische Freiheit.

Die Marketingführerschaft des Herstellers wird durch die beiden grundlegenden Koordinationsprinzipien „Vertrag" und „Macht" abgesichert. Die vertraglichen Regelungen werden im Rahmen des Händlervertrages festgeschrieben. Sowohl die vertragliche Bindung als auch die Gestaltung der Geschäftsprozesse im Neuwagenverkauf erfolgen jedoch unter dem Einfluß der Machtausübung des Herstellers. Beide Koordinationsprinzipien – Vertrag und Macht – sind insofern in der Automobilwirtschaft sehr eng miteinander verzahnt.

3.2.2 Macht als Koordinationsprinzip

Macht kann im Anschluß an die Definition von Max Weber als die Chance bezeichnet werden „innerhalb einer sozialen Beziehung den eigenen Willen auch gegen Widerstreben durchzusetzen" *(Weber 1922, S. 28)*. Die Macht des Automobilherstellers basiert nicht primär auf seiner schieren Größe gegenüber den überwiegend kleinen und mittelständischen Unternehmen des vertragsgebundenen Automobilhandels. Ausprägungen seiner Macht sind vielmehr

- die Markenmacht,
- die Expertenmacht sowie
- die Sanktionsmacht.

Die Markenmacht des Herstellers beruht auf der Anziehungskraft der Marke gegenüber den Konsumenten. Das Kaufverhalten ist im Automobilmarkt markenorientiert, d.h., der Kunde trifft Kaufentscheidungen sehr stark nach dem Grad des Vertrauens, den er in eine Marke hat. Die Marke wird aber überwiegend vom Hersteller geprägt. Der Automobilhersteller schafft also durch die Markenbildung ein bestimmtes „akquisitorisches Potential", von dem der mit ihm verbundene Automobilhändler profitiert.

Der Automobilhersteller verfügt zweitens über Expertenmacht. Das heißt, er ist in der Lage, Automobile zu entwickeln und herzustellen und gleichzeitig ein Vermarktungskonzept zu erarbeiten und umzusetzen. Er besitzt demnach nicht nur die Bereitschaft, sondern auch die Fähigkeit, einen Systemverbund, wie es ein Vertriebsnetz darstellt, zu führen.

Schließlich verfügt der Automobilhersteller auch über Sanktionsmacht. Sie gründet in der fundamentalen Asymmetrie, was die gegenseitige Abhängigkeit von Herstellern und Händlern anbelangt. Während eine Vertragskündigung des Herstellers für einen Markenhändler zu erheblichen wirtschaftlichen Verlusten, eventuell sogar zum wirtschaftlichen Untergang führen kann, ist die aktive Vertragskündigung eines Händlers für den Hersteller in keiner Weise existenzgefährdend.

3.2.3 Funktionsverteilung zwischen Industrie und Handel

Die Marketingführerschaft des Herstellers kommt in der Funktionsverteilung zwischen Herstellern und Handel bei der Marktbearbeitung zum Ausdruck. Die Funktionsverteilung betrifft die Aufgabenverteilung beim Einsatz der einzelnen Marketinginstrumente.

Betrachtet man die Funktionsverteilung zwischen Industrie und Handel in der Automobilwirtschaft, so kann man feststellen, daß die Hersteller alle strategisch-konzeptionellen Aktivitäten ausüben. Die Händlerbetriebe haben demgegenüber im wesentlichen ausführende Aufgaben nach den Vorgaben der Hersteller. Eine eigenständige Profilierung der Vertragshändler ist daher nur sehr begrenzt möglich. Während in vielen anderen Branchen die Marketingführerschaft mehr und mehr auf den Handel überzugehen scheint *(vgl. Hallier*

1995, S. 104), zeichnet sich im Automobilhandel bislang keine vergleichbare Entwicklung ab.

3.3 Steuerung im vertikalen Marketing

3.3.1 Ziele und Instrumente der Steuerung

Das vertikale Marketing des Herstellers zielt darauf ab, den Handel für eine Unterstützung bei der Realisierung seiner Marketingziele zu gewinnen. Diese Ziele sind:

- die Optimierung der Marktausschöpfung
- die Sicherstellung einer hohen Kundenzufriedenheit
- die Stärkung des Markenimages

Die wichtigsten Instrumente zur Stimulierung des Handels sind *(vgl. dazu auch: Irrgang 1989, S. 79):*

- nichtmonetäre Anreize
  - Unterstützung werblicher Aktivitäten
  - Durchführung von Verkaufsförderungsmaßnahmen
  - Beratung und Betreuung des Händlerbetriebes
  - Schulung der Mitarbeiter
- monetäre Anreize
  - Einräumung eines Grundrabattes (Handelsspanne)
  - Gewährung von Bonuszahlungen
  - Bezahlung von Prämien
  - Gewährung von Werbekostenzuschüssen

Im folgenden sollen einige dieser Instrumente im Hinblick auf ihren Einsatz in der Automobilwirtschaft näher beleuchtet werden.

3.3.2 Nichtmonetäre Anreize

Die nichtmonetären Anreize sollen den Automobilhandel zu einem aktiven Handelsmarketing im Sinne der Herstellerkonzeption veranlassen. Der Händlervertrag verpflichtet den Händler, den Absatz von Vertragswaren zu fördern. Angesichts der beschränkten finanziellen Ressourcen und der zumeist mangelnden Marketingkompetenz im Automobilhandel möchte der Hersteller durch gezielte Maßnahmen das werbliche Akivitätsniveau im Handel erhöhen.

Ein typischer nichtmonetärer Anreiz für werbliche Aktivitäten ist die Bereitstellung von vorgefertigten Anzeigensujets. In einem freigelassenen Adreßfeld kann der Händler seinen Namen eintragen. In der Regel erhält er für ein Inserat zusätzlich einen Werbekostenzuschuß. Weiterhin erhält der Händler für bestimmte Aktionen (z.B. Tag der offenen Tür, Produktneueinführungen, Zubehöraktionen) Vorschläge und Werbemittel bereitgestellt.

Auf dem Gebiet der Verkaufsförderungsmaßnahmen kommt es meistens zu einer Mischung von monetären und nichtmonetären Anreizen. Monetäre Anreize sind in diesem Fall Zulassungsprämien oder Verkaufswettbewerbe. Nichtmonetäre Anreize können wiederum spezielle werbliche Aktivitäten für einzelne Verkaufsförderungsmaßnahmen sein (z.B. Sonderprospekte, spezielle Anzeigensujets). Weit verbreitet sind auch Sonderfinanzierungsaktionen. Teilweise müssen sich die Automobilhändler aber an solchen Aktionen finanziell beteiligen, so etwa bei der Durchführung von Leasingprogrammen.

Ein weiterer Bereich der nichtmonetären Anreize ist die Beratung und Betreuung des Händlers vor Ort. Diese Aktivitäten können sich sowohl auf die Gestaltung des Betriebes (z.B. Architektur, Ausstattung der Verkaufsräume) als auch auf die konkrete Durchführung von händlereigenen Werbemaßnahmen beziehen. Diese Betreuung erfolgt von seiten der Hersteller zumeist durch die Gebietsleiter, die in seiner Außenorganisation tätig sind.

Ein klassisches Instrument des vertikalen Marketings sind Schulungen. Sie werden von den Herstellern selbst oder auch in Zusammenarbeit mit externen Unternehmen durchgeführt. Die Schulungen wenden sich primär an die Mitarbeiter in den Händlerbetrieben und sollen sie im Sinne der Marketingkonzeption des Herstellers beeinflussen.

3.3.3 Monetäre Anreize: Margensysteme

Unter einem Margensystem ist eine Kombination von Entgeltelementen zu verstehen, die der Händler für seine Leistungen im Rahmen des vertikalen Marketings erhält. Das Margensystem ist für die Verhaltenssteuerung im Automobilhandel von zentraler Bedeutung, da von der Höhe und Struktur der Marge der wirtschaftliche Erfolg eines Unternehmens im Automobilhandel abhängt.

An ein Margensystem werden die folgenden Anforderungen gestellt:

- *Leistungsgerechtigkeit:* Die Händlermarge ist ein Entgelt, das der Händler für die Durchführung seiner Aktivitäten im Rahmen der Funktionsverteilung zwischen Industrie und Handel im Automobilvertrieb erhält. Grundlage für die Bestimmung der Margenhöhe müssen daher die im Händlervertrag festgelegten Pflichten des Händlers sein. Der Hersteller hat – auch im Interesse seiner Händler – die Aufgabe, die Einhaltung dieser Pflichten in seinem Händlernetz zu kontrollieren und durchzusetzen. Außerdem erfordert der Aspekt der Leistungsgerechtigkeit, daß die Marge nicht willkürlich manipulierbar sein darf.

● *Sicherstellung einer ausreichenden Profitabilität:* Die Marge sollte so bestimmt sein, daß sie eine angemessene Kapitalverzinsung und gleichzeitig dem Handel die Finanzierung von Investitionen zur Zukunftssicherung ermöglicht.

● *Förderung der Marktausschöpfung:* Das Margensystem soll dem Händler einen Anreiz zu einer aktiven Marktausschöpfung geben. Es soll ihn motivieren, Marktpotentiale zu erfassen und den Marktanteil in seinem Marktverantwortungsgebiet zu erhöhen.

● *Erhöhung der Kundenzufriedenheit:* Neben der kurzfristigen Marktausschöpfung soll das Margensystem auch einen Anreiz zur Pflege des Kundenstammes geben. Da zwischen Kundenzufriedenheit und marken- bzw. händlertreuem Kaufverhalten ein direkter Zusammenhang besteht, muß das Margensystem die Kundenbetreuung belohnen. Diese stellt einen wesentlichen Beitrag zur langfristigen Absatz- und Ertragssicherung dar.

● *Vermeidung des Intra-Brand-Wettbewerbs:* Das Margensystem sollte den Intra-Brand-Wettbewerb zumindest nicht fördern. Der Vertragshändler hat aufgrund seiner vielfältigen Bindungen, insbesondere der Bezugsbindung beim Hersteller, kaum Möglichkeiten, seine Kostenstruktur an den Preiswettbewerb anzupassen. Da der Intra-Brand-Wettbewerb aber zumeist über den Preis geführt wird, hat er eine Aushöhlung der Ertragssituation im vertragsgebundenen Automobilhandel zur Folge.

● *Stabilität:* Das Margensystem sollte in seinen wesentlichen Rahmenbedingungen für den Handel langfristig berechenbar sein. Nur so kann er sich in seinem gesamten Leistungsverhalten darauf einstellen. Ständige Änderungen würden zu einer Verunsicherung und Demotivation des Handels führen.

● *Einfache Handhabung:* Schließlich sollte das Margensystem einfach zu handhaben sein. Die Akzeptanz von Margensystemen ist um so höher, je transparenter und nachvollziehbarer sie für den Handel sind. Außerdem können bei einer einfachen Handhabung die Kosten der Berechnung und Verrechnung der Margen reduziert werden.

Die Margenpolitik gehört zu den konfliktträchtigsten Instrumenten des vertikalen Marketings. Daraus ergibt sich die Notwendigkeit, bestehende Margensysteme ständig kritisch zu überprüfen.

Die in der Automobilwirtschaft üblicherweise praktizierten Margensysteme setzen sich aus drei Elementen zusammen:

- Rabatt
- Bonus
- Prämie

Der Rabatt ist die Vergütung, die dem Vertragshändler für die Erfüllung seiner vertraglichen Aufgaben zusteht. Er ist die Geschäftsgrundlage des Vertragshändlervertrages, wobei es sich dabei um einen Dienstvertrag mit Geschäftsbesorgungscharakter nach § 621 ff. und § 675 des BGB handelt. Der Bonus ist eine zusätzliche Vergütung der Aktivitäten des Vertragshändlers. Er ist ein Entgelt, das der Hersteller für besondere Leistungen gewährt. Der Bonus kann, muß aber nicht vertraglich festgeschrieben sein. Die Bezahlung von Boni an die Händler ist zumeist von der Erreichung bestimmter Mengenziele, bezogen auf die Jahreszielvereinbarung, abhängig. Die Prämie stellt schließlich eine in besonderen Marktsituationen zeitlich begrenzte finanzielle Unterstützung des Vertragshändlers durch den Hersteller dar. Sie ist nicht Teil der vertraglichen Vergütung. Prämien werden zumeist in Form von Zulassungsprämien für verkaufsschwache Modelle oder zur kurzfristigen Absatzstimulierung an den Handel bezahlt. Abbildung 7 zeigt ein Beispiel für ein traditionelles aus den Elementen Rabatt und Bonus bestehendes Margensystem.

Das traditionelle Margensystem weist zweifellos eine Reihe von Stärken auf. Sie liegen vor allem in der Stabilität dieses Systems und in seiner hohen Transparenz, die es für den Händler sehr leicht nachvollziehbar macht. Außerdem fördert dieses Margensystem zweifellos die Marktausschöpfung, da die absolute Höhe der Marge sehr stark vom Verkaufsvolumen abhängig ist: Der Gesamtbetrag der erzielbaren Marge steigt mit der abgesetzten Menge nicht nur proportional, sondern aufgrund von Bonuszahlungen überproportional an. Andererseits ist das traditionelle Margensystem heute in vielfacher Hinsicht der Kritik der Hersteller und des Handels ausgesetzt. Diese Kritik bezieht sich sowohl auf die Höhe als auch auf die Struktur dieses Systems:

- Von seiten des Automobilhandels wird immer wieder darauf hingewiesen, daß die branchenübliche Marge von 17% nicht mehr ausreicht, die in den Händlerverträgen festgeschriebenen Pflichten zu erfüllen. Dies gelte vor allem für die Standards der Hersteller hinsichtlich der Verkaufsraumgestaltung, der Haltung von Vorführwagen, der Verkäuferschulung und der Kundenbetreuung. Im Rahmen einer am Institut für Automobilwirtschaft (IFA) durchgeführten Musterkostenrechnung auf der Grundlage ausgewählter Händlerverträge wurde ermittelt, daß die Verkaufskosten eines Händlerbetriebes bei Erfüllung sämtlicher Herstellerstandards zwischen 11% und 14% des Neuwagenverkaufspreises liegen *(Diez/Deuschle/Zellmer 1995, S. 3)*. Das Ergebnis dieser Musterkostenrechnung läßt angesichts des hohen

186

1. Grundrabatt

17% für alle Modelle

2. Bonus

Bonus-kategorie	Bonusziel	Quartals-Zulassungsbonus in % bei Erreichung des Quartals-Bonuszieles zu		
		110%	100%	90%
0	bis 99	–	–	–
1	100 – 124	0,75	0,50	0,25
2	125 – 174	1,25	1,00	0,50
3	175 – 249	1,50	1,25	0,625
4	250 – 349	1,75	1,50	0,75
5	350 – 449	2,25	2,00	1,00
6	450 – 599	2,75	2,50	1,25
7	600 u. m.	3,25	3,00	1,50

3. Prämie

Bonus-kategorie	Bonusziel	Modellmix-Prämie in DM pro Zulassung					
		106	205	306	405	605	J5
0	bis 99	–	–	–	–	–	–
1	100 – 124	10,–	25,–	35,–	100,–	200,–	100,–
2	125 – 174	20,–	30,–	50,–	200,–	300,–	200,–
3	175 – 249	30,–	40,–	60,–	250,–	450,–	250,–
4	250 – 349	40,–	60,–	80,–	300,–	500,–	300,–
5	350 – 449	50,–	95,–	110,–	340,–	540,–	340,–
6	450 – 599	75,–	125,–	140,–	375,–	575,–	375,–
7	600 u. m.	100,–	150,–	160,–	405,–	605,–	405,–

(Quelle: Eigene Recherche)

Abb. 7: Traditionelles Margensystem in der Automobilwirtschaft

Nachlaßniveaus erkennen, daß die heutigen Grundrabatte keine ausreichende Profitabilität im Händlerbetrieb mehr sicherstellen.

- Ein weiterer Kritikpunkt am traditionellen Margensystem bezieht sich darauf, daß es keine leistungsdifferenzierenden Merkmale enthält. So erhält ein Händler, der hohe Investitionen in seinem Betrieb durchführt und seine Kunden intensiv betreut, die gleiche Marge wie ein Händler, der sich auf eine kurzfristige Absatzmaximierung konzentriert. Zukunftsaufwendungen werden also nicht belohnt.

- Das traditionelle Margensystem stellt ferner einen Anreiz zum Verkauf über das eigene Marktverantwortungsgebiet hinaus dar, da es rein mengenorientiert ist. Insbesondere beinhaltet es keine Differenzierung in der Margenhöhe für Fahrzeuge, die innerhalb oder außerhalb des Marktverantwortungsgebietes verkauft werden. Ausnahmen sind hier lediglich die Margensysteme von Mercedes-Benz und Porsche. So gibt es im Margensystem von Mercedes-Benz eine sog. Übergrenzausgleichsprovisionsregelung. Sie beinhaltet, daß ein Händler, der ein Fahrzeug an einen Kunden in einem anderen als dem ihm zugewiesenen Marktverantwortungsgebiet verkauft, einen Teil seiner Marge aus diesem Verkauf an den Markenhändler im Verkaufsgebiet abgeben muß. Die Verteilung der Margenhöhe zwischen dem verkaufenden und dem im Marktverantwortungsgebiet zuständigen Händler beträgt 75:25, bezogen auf die gesamte Provision. Eine ähnliche Regelung besteht bei Porsche, wo der betreuende Händler im Marktverantwortungsgebiet eine sog. Serviceprovision erhält.

- Schließlich wird vor allem von den Automobilherstellern als ein Nachteil des traditionellen Margensystems die Tatsache empfunden, daß es die Kundenzufriedenheit nicht explizit berücksichtigt. Da die Kundenzufriedenheit eine zentrale marketingpolitische Zielgröße darstellt, sollte sie nach dieser Auffassung in ein Margensystem aufgenommen werden. Dagegen kann eingewandt werden, daß eine subjektive und manipulierbare Größe wie die Kundenzufriedenheit nicht zur Grundlage der Honorierung des Händlers gemacht werden darf, da dies dem Prinzip der Leistungsgerechtigkeit widersprechen würde. Wird Kundenzufriedenheit durch hohe Preisnachlässe des Vertragshändlers geschaffen, kann ihre Einbeziehung in die Margenberechnung außerdem zu einer Fehlsteuerung im Vertriebssystem in Richtung einer steigenden Nachlaßgewährung führen.

Angesichts der kontroversen Diskussion über das in der Automobilwirtschaft heute überwiegend praktizierte Margensystem ist es nicht überraschend, daß in den letzten Jahren verstärkt über Alternativen nachgedacht wird und neue Konzeptionen vorgestellt und teilweise auch in die Praxis umgesetzt wurden.

Gemeinsame Grundlage der heute in der Praxis diskutierten Vorschläge über neue Margensysteme für den Automobilhandel ist die Einbindung von „leistungsbezogenen" Elementen in die Margengestaltung. Gemeint sind damit Faktoren, die nicht direkt oder indirekt mit der Zahl der verkauften Einheiten verknüpft sind. Damit soll die extreme Stückzahlorientierung im Automobilvertrieb zugunsten einer mehr qualitativ-langfristig orientierten Marktbearbeitung zurückgedrängt werden.

Grundsätzlich kann ein Margensystem stärker von Gestaltungs- oder von ergebnisbezogenen Faktoren her aufgebaut sein. Bei den Gestaltungsfaktoren handelt es sich um Input-Faktoren, die der Händler in seine Geschäftsprozesse einbringt. Es wird erwartet, daß sich beim Vorhandensein von bestimmten Gestaltungsfaktoren auch die Leistung verbessert. Demgegenüber knüpfen die ergebnisbezogenen Faktoren direkt an die erbrachten Leistungen an. Sie sind also outputorientiert. Abbildung 8 gibt einen Überblick über typische margenfähige Margenbestandteile.

Die Verwendung der einen wie der anderen Faktoren hat Vor- und Nachteile: Die Honorierung von Gestaltungsfaktoren fördert zweifellos die langfristige Ausrichtung der Geschäftspolitik. Durch die Marge wird ein Anreiz gegeben, künftige Marktpotentiale aufzubauen. Umgekehrt prämiert eine Marge, die sich an den ergebnisbezogenen Faktoren orientiert, die konkreten Verkaufserfolge im Markt. Dadurch wird die Ausschöpfung des aktuellen Marktpoten-

Gestaltungsbezogene Elemente (= Input-Faktoren)	Ergebnisbezogene Elemente (= Output-Faktoren)

● Planung und Durchführung werblicher Aktivitäten
● Größe und Ausstattung Showroom
● Festlegung der Zahl von Verkäufen und Akquisiteuren
● Anzahl Vorführwagen und Ausstellungsfahrzeuge
● Einrichtung und Pflege einer Kundendatei
● Teilnahme an Händlerbetriebsvergleichen
● Teilnahme an Kundenzufriedenheitsanalysen
	● Höhe des Absatzvolumens (Margenstaffel)
	● Marktausschöpfung im eigenen Marktverantwortungsgebiet
	  – gemessen am Marktanteil
	  – gemessen am Marktanteil der Vergleichsklasse
	● Veränderungen des Absatzvolumens bzw. der Marktausschöpfung
	● Ergebnis von Kundenzufriedenheitsanalysen

Schaffung von Marktpotentialen	Ausschöpfung von Marktpotentialen (Quelle: Eigene Darstellung)

Abb. 8: Gestaltungs- und ergebnisbezogene Elemente von Margensystemen

tials gefördert. Die unterschiedlichen, gleichwohl aber beide notwendigen Wirkungsrichtungen – Schaffung von Marktpotentialen und Ausschöpfung von Marktpotentialen – sprechen dafür, beide Margenelemente miteinander zu kombinieren. Je nach der strategischen Grundausrichtung des Herstellers können dabei die einen oder anderen Elemente stärker gewichtet werden. So sollten bei einem Premium-Hersteller zweifellos die Gestaltungsfaktoren eine größere Bedeutung haben, während ein Massenhersteller den ergebnisbezogenen Faktoren ein stärkeres Gewicht geben dürfte.

Praxisbeispiel:

Das Neue Rabattsystem (NRS) von BMW

Als erster deutscher Hersteller hat die BMW AG bereits 1991 ein leistungsbezogenes Margensystem eingeführt. Die Einführung war mit einem langen Rechtsstreit verbunden, der weniger mit dem Inhalt des Neuen Rabattsystems (NRS) zusammenhing als vielmehr mit der Art seiner Einführung *(vgl. dazu Heß 1994, S. 211ff.)*. Nach mehrfachen Änderungen wurde das NRS von den Vertragshändlern akzeptiert. Das NRS umfaßt vier Elemente:

- den Grundrabatt, der auf der Basis der Unverbindlichen Preisempfehlung (UPE) ermittelt wird, in Höhe von 14,5%
- den Mengenrabatt, der auf der Basis der in einem Jahr abgenommenen Fahrzeuge entsprechend einer vom Hersteller definierten Staffelung berechnet wird .... max. 2,0%
- dem Leistungsrabatt, der sich wiederum aus den folgenden Teilelementen zusammensetzt:
  - Teilnahme am Händlerbetriebsvergleich .... max. 1,0%
  - Durchführung bestimmter Werbe- und Verkaufsförderungsaktivitäten .... max. 0,9%
  - Einsatz von Gebietsverkäufern und Akquisitionsunterstützung .... max. 1,0%
  - aktives Gebrauchtwagen-Management .... max. 0,3%
  - Teilnahme am Kundenreport .... max. 0,5%
- dem Top-Bonus, der vom Grad der Kundenzufriedenheit auf der Basis des Kundenreports abhängt .... max. 0,5%.

Die maximal mögliche Marge beträgt demnach 20,7%. Sie liegt damit über der in der Branche üblichen Durchschnittsmarge von 17%. Das NRS hat bei den BMW-Händlern insgesamt zu einer Erhöhung der durchschnittlichen Marge gegenüber dem alten System geführt. Gleichwohl wird es auch kritisch gesehen. Von seiten des Herstellers wohl vor allem deshalb, weil er mehr Marge bezahlen muß als beim alten System. Von seiten der Händler wird die Tatsache kritisiert, daß es den Intra-Brand-Wettbewerb im Händlernetz nicht wirksam habe begrenzen können. Das NRS wurde für eine Laufzeit von fünf Jahren festgeschrieben. Es endet automatisch zum 31.12.1995. Sollte keine Verlängerung vorgenommen werden, würde auch BMW wieder zu einem traditionellen Margensystem zurückkehren.

4 Organe im Distributionssystem

4.1 Strukturmerkmale automobilrelevanter Distributionsorgane

4.1.1 Betriebsformen, Betriebstypen und Betriebskonzepte

Unter den Betriebsformen, definiert als standardisierte Typen möglicher Waren-Dienstleistungs-Kombinationen, dominiert in der Automobilwirtschaft der Fachhandelsbetrieb. Er läßt sich klar von anderen Betriebsformen des Einzelhandels abgrenzen: So sind Fachhandelsbetriebe generell durch ein schmales, aber tiefes Sortiment, eine hohe Beratungsintensität und einen leistungsfähigen Service gekennzeichnet. Außerdem weisen Fachhandelsbetriebe kleinere Betriebsgrößen auf. Andere Betriebsformen – wie etwa Super- oder Verbrauchermärkte – haben sich bislang im Automobilhandel trotz gelegentlicher Versuche (Rover/Massa) nicht durchsetzen können.

Der Betriebstyp stellt die konkrete branchenmäßige Ausprägung einer Betriebsform dar. Wesentliche strukturbestimmende Merkmale für die Betriebstypen in der Automobilwirtschaft sind der Grad der Herstellerbindung und die Betriebsgröße. Dabei wird unterstellt, daß Unternehmen, die in diesen Merkmalen übereinstimmen, eine ähnliche innere Struktur hinsichtlich des Ablaufs ihrer Geschäftsprozesse aufweisen. Nach dieser Abgrenzung lassen sich die folgenden sieben automobilrelevanten Betriebstypen unterscheiden: Vertragshändler (Haupthändler), Handelsvertreter, Unterhändler/Vertragswerkstätten, freie Kfz-Werkstätten sowie Niederlassungen.

Was schließlich das Betriebskonzept anbelangt, so hebt dieser Begriff auf den spezifischen Ablauf der Geschäftsprozesse innerhalb eines Betriebstyps ab. Kriterien, nach denen Betriebskonzepte im Automobilhandel unterschieden werden können, sind die Aspekte „Art der Leistungserbringung" und „räumliche Gestaltung". Danach lassen sich vier Betriebskonzepte unterscheiden:

- der Komplettbetrieb mit den Geschäftsfeldern Neu- und Gebrauchtwagenverkauf, Service und Teile/Zubehör
- die Vertragswerkstatt mit einer klaren Dominanz des Servicegeschäftes
- die Filialisierung, d.h. die räumliche Dispersion der Leistungserbringung in Form von Komplettbetrieben
- der Betriebsverbund, der die räumliche Dispersion mit einer jeweils standortspezifischen Leistungsspezialisierung verbindet („Satellitenkonzept")

4.1.2 Das Autohaus als dominanter Betriebstyp im Automobilvertrieb

Vergleicht man ein Autohaus mit anderen Handelsbetrieben, so sind unschwer einige Besonderheiten dieser Betriebsform zu erkennen:

- Das Autohaus stellt eine nahezu gleichgewichtige Kombination aus Handels- und Handwerksbetrieb dar. Während in typischen Handelsbetrieben, insbesondere in den Großbetriebsformen des Handels, der technische Service eine nur noch marginale Bedeutung hat, stellt der Kundendienst nicht nur eine wichtige Umsatz-, sondern vor allem auch Ertragssäule im Automobilhandelsbetrieb dar.
- Das Autohaus ist ein Mehrspartenunternehmen, das unterschiedliche Geschäftsfelder bearbeitet. Neben dem Verkauf von Neu- und Gebrauchtwagen sowie dem Kundendienst verkauft es Zubehör und führt in der Regel Finanzierungs- und Versicherungsgeschäfte durch.
- Das Autohaus verfügt über unterschiedliche unternehmerische Freiheiten in den verschiedenen Geschäftsfeldern. Während der Neuwagenverkauf weitgehend durch die Vorgaben der Hersteller bestimmt wird, ist der unternehmerische Gestaltungsspielraum im Gebrauchtwagengeschäft sehr hoch. Eine Mittelstellung nehmen Kundendienst, Ersatzteile und Zubehör ein.
- Anders als die meisten anderen Handelsbetriebe ist das Autohaus nicht nur eine verkaufende Einheit, sondern auch eine ankaufende. So muß das Autohaus Gebrauchtwagen beim Verkauf von Neuwagen in Zahlung nehmen und diese dann weiter vermarkten. Dies führt zu sehr spezifischen Abläufen in den Verkaufs- und Managementprozessen.

- Schließlich ist das Autohaus durch eine vergleichsweise hohe Kapitalbindung sowohl im Anlage- als auch im Umlaufvermögen gekennzeichnet. Die hohe Kapitalbindung im Umlaufvermögen hängt vor allem mit dem hohen Wert der verkauften Produkte zusammen. Hinzu kommt die Kapitalbindung im Gebrauchtwagenbereich aufgrund von Standzeiten. Die Kapitalbindung im Anlagevermögen ist auf die hohen Investitionen zur Gestaltung der Verkaufsräume und im wachsenden Maße durch den Einsatz sehr teuren technischen Gerätes in der Werkstatt verursacht (z.B. Diagnosegeräte für die Fahrzeugelektronik).

Es liegt auf der Hand, daß das Autohaus-Management aufgrund dieser Besonderheiten nur bedingt nach den Regeln der allgemeinen Handelsbetriebslehre erfolgen kann. Vielmehr erfordert die Steuerung der betrieblichen Erfolgsfaktoren im Autohaus den Einsatz spezifischer betriebswirtschaftlicher Konzepte.

Zusammenfassend kann man feststellen, daß der Automobilfachhandel in Deutschland ausgesprochen kleinbetrieblich strukturiert ist. Eine „Dynamik der Betriebsformen", die viele andere Handelsbereiche kennzeichnet, ist im Automobilhandel bislang nicht erkennbar. Vielmehr haben sich die Strukturen der 50er Jahre noch weitgehend erhalten. Dies deutet darauf hin, daß der Veränderungsdruck in der Automobildistribution in der Vergangenheit gering ausgeprägt war. Vor dem Hintergrund des Strukturwandels im Automobilmarkt könnte sich dies aber in den nächsten Jahren gravierend verändern.

4.1.3 Aufgaben von Automobilhandelsbetrieben

Der Automobilhandelsbetrieb hat im Rahmen der Automobildistribution die folgenden vier Aufgabenfelder wahrzunehmen *(in Anlehnung an: Haas 1993, S. 1137 ff.)*:

- Unterstützung bei der Kaufentscheidung
  - Bereitstellung von Informationen (z.B. Prospekte, Preislisten)
  - Angebot von Probefahrten
  - persönliche Beratung
  - Gewährung von Sicherheiten (z.B. Garantien)
  - Kaufhilfen (z.B. Angebot von Finanzierung, Leasing)
  - Ankauf von Gebrauchtwagen
- Gestaltung der Einkaufshandlung
  - Warenpräsentation (z.B. Ausstellungsfahrzeuge, Zubehör)
  - Erlebnisvermittlung (z.B. High-Tech-Ambiente, Bistro)
  - unterstützende Dienstleistungen (z.B. Kinderhort)

- Übergang der Ware
  - Bereitstellung des Fahrzeuges (z.B. Fahrzeugübergabe)
  - Zahlungsbedingungen (z.B. Einräumung von Zahlungszielen)
  - technische Beratung (z.B. persönliche Einweisung)
- Betreuung nach dem Kauf
  - Anlaufstelle für Beschwerden (z.B. aktives Nachkaufmarketing)
  - Angebot von technischen Serviceleistungen (z.B. Wartung)
  - Beseitigung von Fahrzeugmängeln (z.B. Garantien, Kulanzen)

Insgesamt erfüllt der Automobilhandelsbetrieb also die klassischen Einzelhandelsfunktionen, wobei einige dieser Aufgaben eine automobilspezifische Ausprägung haben (z.B. Gebrauchtwagenankauf, Probefahrten). Letztlich stellt dieser Aufgabenkatalog die Leistung des Handels dar, für die er als Gegenleistung vom Hersteller ein Entgelt in Form der Händlermarge erhält.

4.2 Kundenkontakt-Management im Autohaus

4.2.1 Grundformen des Kundenkontaktes

Die Funktion von Autohäusern im Rahmen automobilwirtschaftlicher Distributionssysteme ist die Herstellung und Pflege von persönlichen Kundenkontakten. Grundsätzlich lassen sich dabei die folgenden Kontaktformen unterscheiden *(Diez 1993, S. 130)*:

- der Verkaufskontakt
- der Servicekontakt
- der Event-Kontakt

Der Verkaufskontakt bezieht sich auf den Absatz von Neu- oder Gebrauchtwagen sowie Ersatzteilen und Zubehör. Er kann sowohl anbieter- als auch bedarfsinduziert sein, d.h., der Auslöser für diesen Kontakt kann vom Hersteller/Händler oder direkt vom Kunden kommen. Der Servicekontakt betrifft die Inanspruchnahme von Wartungs- und Reparaturleistungen. Er ist im wesentlichen bedarfsinduziert, geht also vom Kunden aus. Mit dem Event-Kontakt ist die Teilnahme des Kunden an Veranstaltungen und Aktionen im Autohaus gemeint. Er ist also im wesentlichen anbieterinduziert. Da der Event-Kontakt nicht direkt auf die Erzielung von Umsätzen gerichtet ist, wird er hier nicht näher behandelt. Eine ausführliche und detaillierte Darstellung des Event-

Marketings findet sich in Teil 4 „Kommunikationspolitik". Die folgende Darstellung konzentriert sich im wesentlichen auf die Organisation und Gestaltung der Verkaufs- und Servicekontakte.

Der persönliche Verkauf kann als eine Absatztätigkeit definiert werden, die auf einen Vertragsabschluß mit potentiellen Kunden abzielt. Er wird überall dort eingesetzt, wo es um den Absatz komplexer, erklärungsbedürftiger und hochpreisiger Produkte geht *(Weis 1989, S. 18)*. Dementsprechend ist der persönliche Verkauf die in der Automobilwirtschaft typische Verkaufsform. Dabei handelt es sich um eine sehr effektive, aber auch sehr teure Form der Vermarktung von Produkten.

Aufgaben des persönlichen Verkaufs im Rahmen der Automobildistribution sind *(vgl. dazu auch: Schröder/Diller 1992, S. 1206)*:

- Akquisitionsfunktion
  - Gewinnung von Neukunden
  - Bedarfsweckung bei Stammkunden
- Kommunikationsfunktion
  - Beratung von Kunden
  - Durchführung von Probefahrten
  - Ansprechpartner für Rückfragen
- Abschlußfunktion
  - Vorbereitung und Führung des Verkaufsgespräches
  - Erlangung von Kundenaufträgen
  - Preisdurchsetzung
- Servicefunktion
  - Fahrzeugübergabe und technische Einweisung
  - Entgegennahme von Kundenbeschwerden in der Nachkaufphase
  - Einladungen von Kunden zu Veranstaltungen und Aktionen
- Informationsfunktion
  - Pflege der Kundendatei
  - Wettbewerbsbeobachtung
- Koordinationsfunktion
  - Sicherstellung des Auslieferungstermines
  - Sicherstellung der Fahrzeugfinanzierung
  - Versicherung und Zulassung des Fahrzeuges

Der persönliche Verkauf umfaßt also ein sehr breites Spektrum von Tätigkeiten, das weit über die zumeist im Vordergrund stehende Funktion des Verkaufsabschlusses hinausgeht. Diese vor- und nachbereitenden Aufgaben müssen sowohl bei der Verkaufsorganisation als auch bei der Verkäuferqualifikation berücksichtigt werden.

4.2.2 Verkaufsorganisation

Die grundlegenden Prinzipien zur Gestaltung einer Verkaufsorganisation sind *(Weis 1989, S. 190ff.)*:

- die Gebietsorientierung
- die Produktorientierung
- die Kundenorientierung

Die gebietsorientierte Gestaltung der Verkaufsorganisation ist in der Automobilwirtschaft von untergeordneter Bedeutung, da der Ladenverkauf die dominierende Verkaufsform bei Automobilen ist. Lediglich bei Fabrikaten mit einem hohen Anteil von gewerblichen Kunden, wie z.B. Mercedes-Benz, spielt der Gebietsverkauf eine größere Rolle.

Bedeutsamer als die Gebietsorientierung ist in der Automobilwirtschaft die Produktorientierung bei der Verkaufsorganisation, da sie sich auch im Ladenverkauf anwenden läßt. Dabei können die folgenden Gestaltungsdimensionen unterschieden werden:

- Differenzierung nach Produktarten (z.B. Pkw, Transporter, schwere Lkw, Wohnmobile)
- Differenzierung nach Produktsegmenten bzw. Marken (z.B. Kleinwagen, Oberklasse)
- Differenzierung nach Produktgruppen (z.B. Neuwagen, Gebrauchtwagen)

Der Vorteil einer produktorientierten Gestaltung des Verkaufs ist zunächst der, daß sich der Verkäufer hinsichtlich seiner Produktkenntnisse spezialisieren kann. Dies ist unumgänglich, wenn er gegenüber dem Kunden Kompetenz zeigen soll. Darüber hinaus bedeutet die Produktspezialisierung eine klare Zuordnung von Verantwortung für den Verkaufserfolg in einem bestimmten Produktbereich. Dies erzeugt beim Verkäufer Motivation und Identifikation mit den von ihm vertretenen Produkten. Nachteile der Produktorientierung können dann auftreten, wenn dieses Prinzip sehr rigide durchgesetzt wird. Sie führt dann zu einer Reduktion der personellen Flexibilität und kann auch die Realisierung von Cross-Selling-Käufen erschweren (z.B. wenn ein Lkw-Kunde einen Pkw kaufen will, für den ein anderer Verkäufer zuständig ist). Weisen die verschiedenen Produktgattungen unterschiedliche Preise bzw. Bruttoerträge auf, kann ferner das Problem einer ungleichen Verkäuferentlohnung auftreten.

Schließlich ist es möglich, den persönlichen Verkauf kundenorientiert zu organisieren. In diesem Fall ist der Verkäufer für eine ganz bestimmte Kundengruppe zuständig. Gestaltungsdimensionen sind hier:

- gebietsorientierte Merkmale (z.B. Kunden aus bestimmten Gemeinden, Stadtteilen)
- institutionelle Merkmale (z.B. gewerbliche Kunden, Privatkunden)
- sozio-demographische Merkmale (z.B. soziale Stellung des Kunden, Altersgruppen, männliche oder weibliche Kunden)
- Bedeutung des Kunden (z.B. Key Accounts)

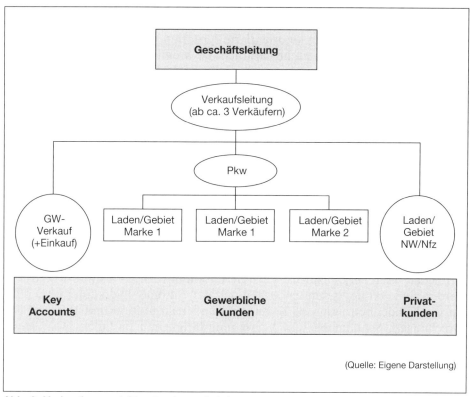

Abb. 9: Verkaufsorganisition in einem Autohaus

Der wichtigste Vorteil der kundenorientierten Verkaufsorganisation besteht zweifellos darin, daß sie den Aufbau langfristiger Kundenbeziehungen ermöglicht. Dadurch kann sich zwischen dem Kunden und dem Verkäufer ein Vertrauensverhältnis herausbilden. Außerdem kann sich der Kunde in allen Fragen an „seinen" Verkäufer wenden. Das Prinzip des „one-face-to-the-customer" wird also umgesetzt. Ein weiterer Vorteil der Kundenorientierung liegt darin, daß der Verkäufer kundenspezifisch qualifiziert werden kann und auch kundenspezifische Verkaufstechniken entwickelt. Mögliche Nachteile der kundenorientierten Verkaufsorganisation können mangelnde Spezialkenntnisse

197

des Verkäufers über einzelne Produkte sein, wenn er sehr unterschiedliche Produktgattungen verkaufen soll. Darüber hinaus können auch Status-probleme zwischen den Verkäufern auftreten, da die Wertigkeit der zu betreuenden Kunden Rückwirkungen auf das jeweilige Verkäuferimage haben kann.

Da jedes der genannten Kriterien zur Einteilung von Verkaufsgebieten spezifische Vor- und Nachteile hat, werden in der Praxis häufig Mischformen angewandt. Ein Beispiel dafür ist in Abbildung 9 dargestellt. In diesem Fall werden gebiets-, produkt- und kundenorientierte Kriterien sortimentsspezifisch kombiniert. Darüber hinaus besteht natürlich die Möglichkeit und meistens auch die Notwendigkeit, daß Key-Accounts direkt von der Geschäftsleitung betreut werden.

4.2.3 Verkäuferselektion

Der Personalbedarf im Verkauf hängt von verschiedenen Faktoren ab. Als Erfahrungswerte gelten, daß ein Neuwagenverkäufer etwa 90 – 125 Fahrzeuge pro Jahr verkaufen kann. Bei Gebrauchtwagenverkäufern rechnet man mit 90 – 140 Einheiten (Autohaus o.J., o.S.). Der Einsatz eines Verkaufsleiters erfolgt ab etwa drei Verkäufern, wobei der Verkaufsleiter in der Regel selbst noch aktiv mitverkauft. Im Rahmen einer empirischen Erhebung über den Zeitbedarf von Verkaufsprozessen im Automobilvertrieb konnte festgestellt werden, daß von der gesamten Arbeitszeit der Automobilverkäufer etwa 40% auf die Kundenbetreuung, 45% auf die Kundenakquisition und 15% auf Besprechungen, Schulungen und Verwaltungstätigkeiten entfallen *(Diez/Hent-schel 1995, S. 12)*.

Im Rahmen der Personalrekrutierung für den persönlichen Verkauf gilt es, die folgenden Anforderungen zu beachten *(vgl. dazu auch: Schmitz 1992, S. 88, sowie Goehrmann 1984, S. 69)*:

● fachliche Qualifikation (Kenntnisse und Erfahrungen)
● Problemlösungsqualifikation (Fähigkeiten)
● soziale Kompetenz (persönliche Eigenschaften)

Grundsätzlich müssen die Kriterien „Problemlösungsfähigkeit" und „soziale Kompetenz" das größte Gewicht bei der Auswahl von Mitarbeitern im Verkauf haben. Sie sind einerseits für den verkäuferischen Erfolg besonders wichtig, andererseits aber nur schwer erlernbar. Demgegenüber können Kenntnisse relativ leicht im Rahmen von Schulungen vermittelt werden.

4.2.4 Verkäuferentlohnung

In der Automobilwirtschaft werden die Verkäufer nach dem Fixum-Provisionssystem entlohnt. Das Fixum ist in der Regel relativ niedrig und liegt bei 1.200 bis 1.500 DM. Bei der Provisionierung gibt es zwei Alternativen: Die Umsatzprovision und die Bruttoertragsprovision. Bei der Umsatzprovision bildet der Preis des verkauften Fahrzeuges, vermindert um Erlösschmälerungen (Nachlässe), die Basis der Provisionierung. Sie beträgt in der Regel 1,5% bis 2% des korrigierten Umsatzwertes. Demgegenüber wird bei der Bruttoertragsprovision vom Preis des Fahrzeuges, wiederum vermindert um Erlösschmälerungen, der Händlereinstandspreis abgezogen. Die verbleibende Restgröße ist der Bruttoertrag, auf den der Verkäufer eine Provision von 10% bis 15% erhält. Wie das Beispiel in Abbildung 10 zeigt, wirken sich bei einer Bruttoertragsprovision Preisnachlässe stärker auf die Höhe der Verkäuferprovision aus als bei einer Umsatzprovisionierung. Daher ist der Bruttoertragsprovision der Vorzug zu geben, da sie den Verkäufer dazu motiviert, möglichst geringe Kundennachlässe zu geben. Darüber hinaus kann der Verkäufer auch noch Einmalzahlungen (Prämien) erhalten, z.B. beim Verkauf besonders schwergängiger Modelle oder beim Verkauf eines Neuwagens an Wettbewerbskunden.

In der Tendenz begünstigt ein reines Fixum-Provisionssystem ein Hard-Selling-Verhalten im Verkauf, d.h., der Verkäufer wird sich sehr stark auf den Verkaufsabschluß konzentrieren. Dies kann tendenziell zu einer Vernachlässigung der anderen Aufgaben, insbesondere der Kundenbetreuung und der Informationsaufgabe, führen. Unter diesem Gesichtspunkt könnte es sinnvoll

Fall 1: Neuwagenverkauf ohne Nachlaß		**Fall 2: Neuwagenverkauf mit Nachlaß**	
(1) NW-Verkaufspreis (UPE)	28.000,00 DM	(1) NW-Verkaufspreis (UPE) ./. Nachlaß 6% aus (1)	28.000,00 DM 1.680,00 DM
(2) Umsatz	28.000,00 DM	(2) Umsatz	26.320,00 DM
(3) Werksabgabepreis	23.520,00 DM	(3) Werksabgabepreis	23.520,00 DM
(4) Bruttobetrag	4.480,00 DM	(4) Bruttoertrag	2.800,00 DM
Umsatzprovision: 2% Provision aus (2)	560,00 DM	Umsatzprovision: 2% Provision aus (2)	526,40 DM
Bruttoertragsprovision: 12,5% Provision aus (4)	560,00 DM	Bruttoertragsprovision: 12,5% Provision aus (4)	350,00 DM
		(Quelle: Eigene Darstellung)	

Abb. 10: Umsatz- und Bruttoertragsprovision im Vergleich

sein, in die Verkäuferprovisionierung ein drittes, verhaltensorientiertes Element einzuführen. Denkbar wäre der Einsatz von Leistungsbeurteilungen, die anhand möglichst objektivierbarer Verhaltensmerkmale individuell durchgeführt werden. Dabei können alle Aspekte des Verkaufsverhaltens einbezogen und ihre Erfüllung einkommenswirksam bewertet werden. Ein Leistungsbeurteilungssystem stellt für die Verkaufsleitung ein wirkungsvolles Führungsinstrument dar. Insbesondere würde dem Verkäufer ein monetärer Anreiz gegeben, seine Verkaufsaufgabe gesamthaft wahrzunehmen.

4.2.5 Verkaufsstrategie

Ein interessanter Bezugsrahmen für die Gestaltung von Verkaufsstrategien ist der GRID-Ansatz von Blake und Mouton *(vgl. dazu: Weis 1989, S. 121 f.)*. Wie Abbildung 11 zeigt, wird bei diesem Ansatz zwischen Verkaufsstrategien unterschieden, bei denen das Interesse am Kunden bzw. das Interesse am Verkaufen dominiert. Vereinfacht können die Ansätze 1.9 und 9.9 als „Soft-Selling"-Strategien, der Ansatz 9.1 als Hard-Selling-Strategie bezeichnet werden. Der Ansatz 5.5 nimmt eine Mittelstellung ein.

In der Automobilwirtschaft sind problemorientierte „Soft-Selling"-Strategien einem reinen „Hard Selling" vorzuziehen. Dafür sprechen vor allem die folgenden Gründe: Das Automobil wird als hochwertiges und teures Konsumgut in der Regel nach einem längeren Such- und Entscheidungsprozeß gekauft. Angesichts der Vielfalt und technischen Komplexität des Produktangebotes legt der Kunde Wert auf eine fachgerechte Beratung. Eine Hard-Selling-Strategie, die auf einen schnellen Verkaufsabschluß abzielt, trifft daher auf einen erheblichen Käuferwiderstand. Dieser Widerstand kann durch ein Hard Selling noch verstärkt werden. In der Regel wird sich der Kunde in einer solchen Situation mit einer Rückzugsstrategie aus der Umklammerung durch den Verkäufer zu lösen versuchen. Hinzu kommt, daß die Kundenzufriedenheit mit dem Produkt sehr stark von der Beratung abhängt. Wird der Aufbau einer langfristigen Kundenbeziehung angestrebt, ist dies nur möglich, wenn der Kunde ein seinen Anforderungen und finanziellen Möglichkeiten angemessenes Produkt kauft.

Diesen verkaufsstrategischen Argumenten steht das spontane Verkäuferverhalten oft entgegen. Die vergleichsweise hohen je Verkaufsakt zu erzielenden Provisionen und die relativ langen Wiederbeschaffungsintervalle fördern beim Verkäufer ein an kurzfristigen Verkaufserfolgen orientiertes Denken. Dementsprechend kommt es häufig auch im Automobilverkauf zu Hard-Selling-Verhaltensweisen. Es ist die Aufgabe des Verkaufsmanagements, ein solches

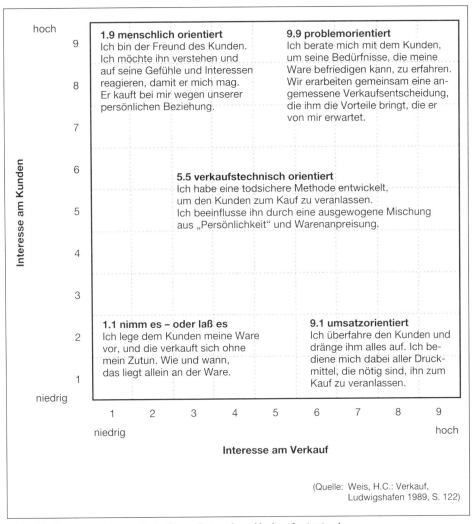

(Quelle: Weis, H.C.: Verkauf, Ludwigshafen 1989, S. 122)

Abb. 11: Das GRID-Modell als Grundlage einer Verkaufsstrategie

Verhalten zu korrigieren, wobei hier der Provisionsgestaltung erhebliche Bedeutung zukommt.

Abbildung 12 zeigt die Ergebnisse einer empirischen Untersuchung, bei der Eigenschaften erfolgreicher Verkäufer ermittelt wurden. Wie leicht zu erkennen ist, dominieren hier Verhaltensmerkmale, die eine Mischung aus Soft- und Hard-Selling-Elementen darstellen, wobei die Soft-Elemente ein klares Übergewicht haben.

Merkmale erfolgreicher Automobilverkäufer

- Zeigt sehr viel Eigeninitiative.
- Erkundigt sich gleich zu Beginn nach den Wünschen des potentiellen Käufers.
- Macht auf technische Neuigkeiten aufmerksam.
- Drückt sich niemals unverständlich aus.
- Zeigt stets ein sehr gepflegtes Äußeres.
- Verhält sich nicht streng geschäftlich.
- Holt sich während des Gesprächs nur in Ausnahmefällen Informationen von Mitarbeitern.
- Wirkt nicht arrogant.
- Bietet dem Kunden häufig etwas zur Erfrischung an.
- Seine Argumentation überzeugt den Kunden voll und ganz.
- Er spricht den Kunden immer mit Namen an.
- Er erinnert sich recht genau an frühere Gespräche, kennt seinen Kunden und dessen Art sowie seine Anforderungen.
- Ist sehr zuvorkommend, freundlich und bemüht.
- Vermittelt dem Kunden nie das Gefühl, zu einer Kaufentscheidung gedrängt worden zu sein.
- Bietet dem Kunden frühzeitig aktiv eine Probefahrt an.
- Macht dem Kunden Angebote zur Finanzierung und Versicherung, die Kunden nehmen diese Angebote auch häufiger in Anspruch als bei anderen Verkäufertypen.
- Er befaßt sich während eines Beratungsgespräches ausschließlich mit dem Kunden, nur in Ausnahmefällen kümmert er sich um anderes.
- Führt keine knallharten Preisverhandlungen.
- Er ist bei Preisverhandlungen nicht flexibler als andere, dennoch hat der Kunde keine unangenehme Erinnerung an den Preis.
- Drängt mit gebotener Zurückhaltung zur Vertragsunterzeichnung.
- Wirkt rundum kompetent.

(Quelle: Car Garantie/Autohaus:
Pkw-Verkäuferstudie 194, Freiburg 1994, S. 33)

Abb. 12: Merkmale erfolgreicher Automobilverkäufer

4.2.6 Kalt-Akquisition

Die Gewinnung von Neukunden und die Bedarfsweckung von Stammkunden stellen im Automobilbereich ein besonderes Problem dar. So gibt es im Autohaus eine vergleichsweise geringe Laufkundschaft einerseits, andererseits erfolgt der Kauf eines Neuwagens zumeist nach eher langfristig geplanten Beschaffungsintervallen, wobei der Verfügbarkeit der entsprechenden finanziellen Mittel eine große Bedeutung zukommt. Da die Kalt-Akquisition mit einem erheblichen Zeitbedarf und gleichzeitig vielen Fehlversuchen verbunden ist, wird diese Aufgabe von den Verkäufern nicht im notwendigen Umfang wahrgenommen. Es bietet sich daher an, sie einem spezialisierten Kalt-Akquisiteur zu übertragen und damit die Verkäufer von dieser Aufgabe zu entlasten.

Ziele der Kalt-Akquisition sind die Gewinnung von Neukunden und die Aktivierung von Stammkunden. Der Kalt-Akquisiteur soll Bedarfe feststellen und, wenn möglich, konkrete Termine für ein Verkaufsgespräch oder ein Probefahrt vereinbaren. Kommt es zu keiner Terminvereinbarung, kann der Kontakt bei Vorliegen eines potentiellen Bedarfs auf andere Weise fortgesetzt werden (z.B. Direct Mailing, Einladung zu Produktvorstellungen). In der Praxis wird die Kalt-Akquisition in der Regel telefonisch von speziell geschulten Vertriebsassistentinnen durchgeführt. Sie erhalten für ihre Tätigkeit ein monatliches Fixum sowie eine Beteiligung an der Verkäuferprovision bei einem erfolgreichen Verkaufsabschluß.

Die im Rahmen der Kalt-Akquisition gewonnenen Adressen und Informationen über Interessenten können zur Grundlage einer Kundenpotentialanalyse gemacht werden. Sie hat das Ziel, Interessenten nach dem Grad ihrer Kaufbereitschaft zu klassifizieren. Das Beurteilungsraster bilden dabei bestimmte Merkmale des Interessenten, die für den Kauf eines bestimmten Modells und einer bestimmten Marke besonders relevant sind. Dabei wird es sich in der Regel um allgemeine soziodemographische und automobilbezogene Merkmale handeln:

- Alter/Geschlecht
- Beruf/Einkommen
- Familienstand/Größe der Familie
- aktuelles Fahrzeug (Typ und Alter)
- Freizeitbeschäftigung

Verfügt man über die entsprechenden Angaben, kann man anhand eines Scoring-Modells den individuellen Kundenwert berechnen. Abbildung 13 zeigt

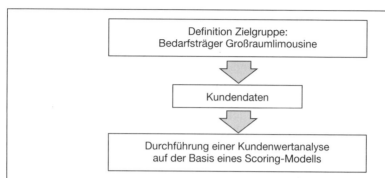

Merkmal	Ausprägung	GF*	BF*	Punkte (BF x GF)
Alter	20 – 40 Jahre • 40 – 50 Jahre über 50 Jahre	0,3	10 50 10	15
Familie	keine Kinder • 1 Kind 2 Kinder 3 Kinder mehr als 3 Kinder	0,4	5 10 20 40 50	1
Bisheriges Fahrzeug	Sportwagen • Limousine Kombi	0,1	10 30 50	3
Beruf	Angelernter Arbeiter Facharbeiter • Angestellter Lehrer Freiberufler	0,2	10 20 30 50 50	6
Gesamtwert des Kunden (max.: 50 Punkte)				**25**

Bedarfshorizont	nächste 6 Monate 6 – 12 Monate 12 – 24 Monate über 24 Monate	kundenindividuelle Zuordnung zum Kundenwert

* GF = Gewichtungsfaktor des Merkmals
* BF = Bewertungsfaktor der Ausprägung
• = fiktives Beispiel

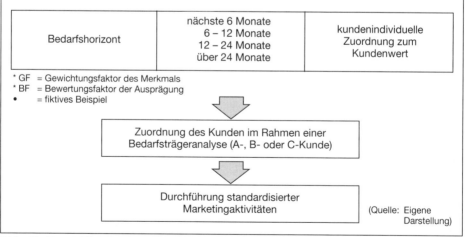

(Quelle: Eigene Darstellung)

Abb. 13: Durchführung einer Kundenwertanalyse

204

dazu ein vereinfachtes Beispiel. Entsprechend der ermittelten Gesamtpunktzahl kann der Kunde dann einer definierten Kundenkategorie zugeordnet werden. Verwendet man die Systematik einer ABC-Analyse, könnte dies beispielsweise so aussehen:

- A-Kunden (über 37,5 Punkte):
  Bewertung: Kunde wird sich innerhalb der nächsten sechs Monate einen Neuwagen anschaffen und gehört der anvisierten Zielgruppe an.
  Aktivität: Kunde erhält eine konkretes Angebot mit einer Einladung für eine Probefahrt.
- B-Kunden (über 12,5 bis 37,5 Punkte):
  Bewertung: Kunde plant erst mittelfristig den Kauf eines Neuwagens, entspricht aber grundsätzlich der Zielgruppe.
  Aktivität: Kontinuierliche Information über Produktprogramm, Zubehör- und Serviceaktionen. Einladung zu Kundenveranstaltungen im Autohaus. Angebot einer Gebrauchtwagenbewertung.
- C-Kunden (bis 12,5 Punkte):
  Bewertung: Kunde gehört nicht zur anvisierten Zielgruppe.
  Aktivität: Keine systematische Weiterverfolgung des Kontaktes.

Selbstverständlich kann und muß dieses hier nur grob skizzierte System einer Kundenpotentialanalyse für den Einsatz in der Praxis feiner strukturiert werden. Entscheidend für den Erfolg von Kundenpotentialanalysen ist, daß sie nach objektiv nachvollziehbaren Kriterien erfolgen und daß die Kundenklassifizierung automatisch standardisierte Verkaufs- und Marketingaktivitäten auslöst.

4.2.7 Verbale und nonverbale Kommunikation

Der Automobilkauf ist angesichts der damit verbundenen finanziellen Mittelbindung für den Kunden ein Vertrauenskauf. Daher sind Seriosität und der Aufbau einer emotionalen Beziehung zum Kunden wichtige Voraussetzungen für einen erfolgreichen Verkaufsabschluß.

Nonverbale Elemente der Kommunikation sind:

- das Aussehen des Verkäufers (Kleidung)
- die Gestik und Mimik des Verkäufers
- das Verkaufsambiente

4.2.8 Verkaufsargumentation

Für die formale Gestaltung der Verkaufsargumentation gelten die einschlägigen Gesprächs- und -abschlußtechniken, wie sie teils auf der Grundlage wissenschaftlicher Erkenntnisse, teilweise aus praxeologischer Sicht entwickelt wurden *(vgl. dazu ausführlich Bänsch 1990, S. 47 ff.)*. Was den inhaltlichen Aufbau der Verkaufsargumentation anbelangt, können drei Argumentationsebenen unterschieden werden *(Holme 1991, S. 145 ff.)*:

- die leistungsorientierte Argumentation
- die wirkungsorientierte Argumentation
- die bedürfnisorientierte Argumentation

Bei der leistungsorientierten Argumentation versucht der Verkäufer, dem Kunden bestimmte technische Merkmale des Produktes zu vermitteln. Dies setzt in der Regel Vorkenntnisse beim Kunden voraus, damit dieser die jeweiligen Eigenschaften auch tatsächlich bewerten kann. Bei der wirkungsorientierten Argumentation werden die für den Kunden nachvollziehbaren Vorteile eines Produktangebotes in den Mittelpunkt der Verkaufsargumentation gestellt. Damit wird die für den Kunden entscheidende Frage beantwortet, was er davon hat, daß ein Fahrzeug über diese oder jene technische Eigenschaft verfügt. Die wirkungsorientierte Argumentation ist also die klassische Produktvorteilsargumentation, wie sie für Verkaufsgespräche im Konsumgüterbereich kennzeichnend ist. Mit der bedürfnisorientierten Argumentation schließlich werden tieferliegende Kaufmotive des Kunden angesprochen. Sie stehen möglicherweise nicht in einer direkten oder spezifischen Verbindung mit einem Produkt, sind letztlich aber doch kaufentscheidend. Diese Argumentation ist deshalb so schwierig, weil sie eine gute Kenntnis des Kunden voraussetzt. Demgegenüber knüpfen die leistungsorientierte und die wirkungsorientierte Argumentation an bekannten Produktmerkmalen an.

Die drei Argumentationsebenen sollen an einem automobilbezogenen Beispiel erläutert werden: Soll z.B. ein Fahrzeug mit Fahrer- und Beifahrer-Airbag verkauft werden, würde bei einer leistungsorientierten Argumentation die technische Funktionsweise des Airbags erklärt. Insbesondere würde man auf die Komplexität und Zuverlässigkeit dieses Produktmerkmals abheben. Die wirkungsorientierte Argumentation würde auf den Sicherheitsgewinn durch dieses Ausstattungsmerkmal hinweisen. Als zusätzlicher Beleg der Aussagen könnten dem Kaufinteressenten Statistiken aus der Unfallforschung vorgelegt werden. Demgegenüber würden bei der bedürfnisorientierten Argumentation die nicht explizit geäußerten Sicherheits- und Schutzbedürfnisse des Kunden angesprochen. So würde man beispielsweise argumentieren: „Denken Sie doch auch an Ihre Frau und Ihre Kinder", „Stellen Sie sich vor, es passiert etwas, und Sie müssen sich hinterher Vorwürfe machen," „Bei so einem wichtigen Ausstattungsteil sollten Sie jetzt nicht sparen." In diesem Fall werden also unbewußte Gefühlsregungen angesprochen bzw. wird an das Gewissen des potentiellen Käufers appelliert.

Beim Automobilverkauf besteht – wie häufig bei technischen Produkten – die Neigung, in der Hauptsache leistungs- und wirkungsorientiert zu argumentieren. Gerade bei einer so komplexen Kaufentscheidung wie der für ein neues Auto können indessen vielfältige emotionale Bereiche angesprochen werden (Statusdenken, Sicherheit, Selbstverwirklichung, Umweltverantwortung etc.). Die bedürfnisorientierte Argumentation ist daher eine sehr wichtige Gestaltungsebene für den erfolgreichen Abschluß bei Automobil-Verkaufsgesprächen.

4.3 Strategien und Maßnahmen zur Optimierung des Kundenkontakt-Managements im Autohaus

4.3.1 Probleme des Kundenkontakt-Managements

Im Vergleich zu Einkaufsstätten in anderen Branchen stellen Autohäuser Handelsbetriebe mit einer geringen Kundenfrequenz („low-frequent") dar. Dieser Tatbestand hat verschiedene Ursachen:

- Die Beschaffungsintervalle für Automobile sind im Vergleich zu den Gütern des täglichen Bedarfs oder auch anderen langlebigen Konsumgütern gering. Die durchschnittliche Haltedauer von Neuwagen im Erstbesitz liegt bei dreieinhalb bis vier Jahren mit steigender Tendenz.
- Aufgrund der Verlängerung der Wartungsintervalle und sinkender Reparaturhäufigkeit nehmen auch die Servicekontakte im Autohaus ab. Hinzu kommt gleichzeitig ein Rückgang der durchschnittlichen Fahrleistung. Nach Berechnungen der Deutschen Automobil Treuhand (DAT) wurden 1993 nur noch 0,89 Verschleißreparaturen im Jahr je Fahrzeug durchgeführt. Zehn Jahre zuvor waren es noch 1,5 Kontakte. Eine zunehmende Zahl von Kunden ist daher nur noch einmal im Jahr gezwungen, den Kundendienst aufzusuchen *(vgl. DAT 1994, S. 1 ff.)*.

Aufgrund geringer und tendenziell noch sinkender bedarfsinduzierter Kundenkontakte besteht die Gefahr, daß die traditionelle Bindung des Kunden an ein Autohaus weiter zurückgeht. Hinzu kommt, daß der Servicekontakt mit dem vertragsgebundenen Autohaus nach Auslaufen der Garantie sehr stark zurückgeht. So beträgt die Service-Loyalität nach dreieinhalb Jahren Haltedauer nur noch 50% *(Brachat 1994, S. 85)*. Daher besteht die Notwendigkeit, aktiv Kundenkontakte zu generieren. Angesichts eines demographisch und sättigungsbedingt rückläufigen Neukundenpotentials gewinnt insbesondere die Bindung von Stammkunden eine zunehmende Bedeutung auch im Automobilgeschäft.

4.3.2 Das Konzept des Life-Cycle-Marketings

Vor dem Hintergrund struktureller Überkapazitäten und einer Intensivierung des Preiswettbewerbes lassen sich für die Marktbearbeitung in der Automobilwirtschaft grundsätzlich zwei Strategien unterscheiden: die Strategie des Discount-Marketings und die Strategie des Life-Cycle-Marketings. Beides sind Strategien, wie sie für reife, relativ gesättigte Märkte mit einem zunehmenden Verdrängungswettbewerb typisch sind. Sie stellen die für solche Marktbedingungen spezifischen Ausprägungen der von Porter entwickelten generischen Wettbewerbsstrategien der Preis- bzw. Leistungsführerschaft dar *(Porter 1985, S. 34 ff.)*.

Ausgangspunkt des Life-Cycle-Marketings ist die Tatsache, daß jeder Kunde mit dem Eintritt in den Automobilmarkt ein automobiles Ausgabenpotential von 300.000 DM bis 550.000 DM darstellt (vgl. Abb. 14). Dieses Ausgabenpotential setzt sich aus dem Kauf von Neu- und Gebrauchtwagen, der Inanspruchnahme von Serviceleistungen sowie dem Bedarf an Teilen und Zubehör zusammen. In einzelnen Fällen können die – bezogen auf die gesamte Lebens-

Untere Variante		Obere Variante	
Gebrauchtwagenkäufe	60.000,00 DM	Gebrauchtwagenkäufe	60.000,00 DM
Neuwagenkäufe	210.000,00 DM	Neuwagenkäufe	400.000,00 DM
Service	20.000,00 DM	Service	40.000,00 DM
Zubehörkäufe	10.000,00 DM	Zubehörkäufe	30.000,00 DM
Σ DM 300.000,00		Σ DM 550.000,00	
		(Quelle: Eigene Darstellung)	

Abb. 14: Der Wert eines Automobilkunden im Life-Cycle-Marketing

208

zeit – getätigten Ausgaben für automobile Zwecke auch noch höher ausfallen. Außerdem ist zu berücksichtigen, daß jeder Kunde in der Regel Einfluß auf das Kaufverhalten anderer Bedarfsträger hat, und sei es nur im Familienverbund (Ehefrau, Kinder). Insofern ist jedes Instrument der Kundenbindung indirekt auch ein Instrument der Neukundengewinnung. Daraus leitet sich das Ziel ab, das Kaufpotential eines Kunden so weit wie möglich an das eigene Unternehmen zu binden, um es in einer langfristigen Kundenbeziehung auszuschöpfen. Dies erfordert einen ganzheitlichen Ansatz zur Kundenbindung. Die Gestaltung einer langfristigen Kundenbeziehung im Sinne der so umrissenen Strategie des Life-Cycle-Marketings ist der Gegenstand des Kundenkontakt-Managements *(Diez 1994, S. 5)*.

4.3.3 Standortpolitische Maßnahmen

Aufgrund des Platzbedarfes und baurechtlicher Vorschriften befinden sich Autohäuser in der Regel in Industriegebieten. Damit verfügen sie über keine Laufkundschaft, wie dies in innerstädtischen Lagen üblich ist. Aus naheliegenden Gründen kann die Standortpolitik nicht zu einer kurz- oder mittelfristigen Erhöhung der Kundenfrequenz eingesetzt werden. Allenfalls im Rahmen langfristig geplanter Betriebsverlegungen oder Neuplanungen von Betrieben kann und muß der Aspekt der Kundenfrequenz berücksichtigt werden. So bieten sich für Autohäuser insbesondere Lagen in der Nähe von stark frequentierten Einkaufszentren sowie Verbraucher- und Supermärkten an. In diesem Fall profitiert das Autohaus von der Attraktivität anderer Handelsbetriebe. Frequenzerhöhend ist auch die branchengleiche Agglomeration, d.h. die Ansiedlung von mehreren Automobilhandelsbetrieben in einem bestimmten Bezirk („Auto-Meile"). Von der räumlichen Konzentration eines produktspezifischen Angebotes geht eine hohe Anziehungskraft auf Kunden aus *(Diez/ Brachat 1994, S. 161)*.

4.3.4 Angebotspolitische Maßnahmen

Angebotspolitische Maßnahmen können auf drei Ebenen ergriffen werden:

- der Sortimentspolitik
- der Organisation der Angebotspolitik
- der situationsgerechten Aktualisierung des Angebots

Auf der sortimentspolitischen Ebene ist es möglich, das Angebotsspektrum auszuweiten, und zwar durch die Aufnahme von Produkten und Dienstleistungen in das Angebotsprogramm, die kürzere Bedarfsintervalle als das Automobil und der technische Service haben. Durch solche Artikel wird eine tendenziell höhere Kundenfrequenz erreicht.

Der Kreis möglicher automobilbezogener Zusatzangebote ist allerdings gering, nicht zuletzt deshalb, weil sich bei der Vermarktung automobilnaher Produkte und Dienstleistungen erhebliche Strukturveränderungen ergeben haben. Als Beispiel sei hier das Tankstellengeschäft erwähnt *(vgl. dazu: Thurow 1992, S. 369 ff.)*. Der Verkauf von Kraftstoffen stellt aufgrund der vergleichsweise hohen Bedarfshäufigkeit eigentlich ein ideales Zusatzgeschäft zur Erhöhung der Kundenkontakte im Autohaus dar. Tatsächlich ist es aber in der Vergangenheit zu einer immer stärkeren Entkoppelung von Automobilhandel und Tankstellengeschäft gekommen. Ausgelöst durch sinkende Margen im Kerngeschäft, dem Verkauf von Kraftstoffen, haben sich zunächst Großbetriebsformen mit Selbstbedienung entwickelt. Damit hat gleichzeitig der Standort als Erfolgsfaktor erheblich an Bedeutung gewonnen; nur an sehr stark frequentierten Straßen können solche Großtankstellen profitabel betrieben werden. Angesichts der Platzprobleme und der ungünstigen Ertragsaussichten war die Bereitschaft vieler Autohäuser gering, in dieses Geschäft zu investieren. Viele Autohäuser mußten zudem aufgrund des steigenden Raumbedarfs ihre traditionellen Standorte aufgeben und haben sich in relativ verkehrsarmen Industriegebieten angesiedelt. In einer weiteren Stufe wird nun seit einigen Jahren mit Erfolg versucht, die Profitabilität des Tankstellengeschäftes durch Shop-Systeme mit Artikeln des täglichen Bedarfs zu erhöhen. Dieser Trend dürfte sich in den nächsten Jahren eher noch verstärken, so daß die räumliche Dispersion von Automobil- und Kraftstoffverkauf eher noch zu- als abnehmen dürfte.

Ähnlich problematisch ist auch die Angliederung von Clean-Parks an den Automobilverkauf. Dies läßt sich aufgrund der meist vorhandenen flächenmäßigen Restriktionen heute allenfalls bei Neubauvorhaben realisieren. Denkbar wäre eine Intensivierung des Teile- und Zubehörgeschäftes mit dem Angebot von verschleißintensiven Artikeln. Hier müssen sich die Autohäuser jedoch gegen die sehr wettbewerbsstarken Großbetriebsformen des Teile- und Zubehörhandels, die überwiegend als Fachmärkte geführt werden, durchsetzen.

Sind die Chancen für eine Erweiterung des Geschäftsumfangs bei automobilnahen Produkten und Dienstleistungen mit kurzen Beschaffungsintervallen kurz- und mittelfristig gering, so gibt es als weitere strategische Option im sortimentspolitischen Bereich noch die Diversifikation, also die Aufnahme automobilfremder Geschäftsfelder mit hoher Kundenfrequenz. Dabei könnte es sich theoretisch um Güter des täglichen Bedarfs oder um einfache Dienstleistungen handeln (z.B. Haushaltswaren bzw. System-Gastronomie, Reisen).

Auch solche Dienstleistungen werden jedoch überwiegend von Großbetriebsformen des Handels vermarktet. Chancen für die Aufnahme solcher Aktivitäten bestehen allenfalls im Rahmen von Neubauvorhaben, wenn sie bereits bei der Standortplanung berücksichtigt werden.

Ein eher kurz- und mittelfristig zu realisierender Ansatz zur Optimierung der Kundenkontakte ist die Team-Organisation. In der Regel führt die Team-Organisation nicht zu einer generellen Erhöhung der Kundenfrequenz, sondern eher zu einer besseren Nutzung der ohnehin vorhandenen Kundenkontakte. Im Vordergrund steht dabei die Ausschöpfung von Cross-Selling-Potentialen. Die traditionelle Organisation eines Autohauses ist funktional ausgerichtet, d.h., sie orientiert sich an den Geschäftsfeldern Fahrzeugverkauf (Neu- und Gebrauchtwagen), Service sowie Teile und Zubehör. Die Problematik einer solchen Organisationsstruktur liegt darin, daß die beiden für den Kunden wichtigsten Ansprechpartner – der Kundendienstannehmer und der Fahrzeugverkäufer – unterschiedlichen Abteilungen zugeordnet sind. Dies kann sich sowohl auf die Kundenzufriedenheit als auch auf die Effizienz der Kundenbearbeitung, insbesondere in größeren Autohäusern, negativ auswirken:

● Der Kunde hat im Service ständig wechselnde Ansprechpartner, die mit seinen spezifischen Bedürfnissen nicht vertraut sind.
● Verantwortlichkeiten werden bei Kundenbeschwerden zwischen Kundendienst und Fahrzeugverkauf hin- und hergeschoben (z.B. bei Auslieferungsmängeln).
● Es findet kein Informationsfluß zwischen Kundendienstannehmer und Verkäufer statt (z.B. über vom Kundendienstannehmer erkannte Bedarfspotentiale hinsichtlich Neu- oder Gebrauchtwagen beim Kunden).
● Das atmosphärische Spannungsverhältnis zwischen Kundendienstmitarbeitern und Verkäufern, das auf Einkommensdifferenzen und unterschiedlichem Sozialprestige beruht, wird zementiert.

Die Bildung von Kundenbetreuungsteams kann dieses Problem lösen und eine stärkere Integration von Verkaufs- und Servicekontakten bewirken. Sie führt dann zu einer Cluster-Organisation *(Friedel-Beitz 1994, S. 40)*.

Ein dritter angebotspolitischer Ansatz zur Optimierung des Kundenkontaktes ist schließlich die situationsgerechte Aktualisierung von Angeboten. Dies bedeutet, daß der Kunde dann ein Angebot vom Autohaus erhält, wenn mit einem entsprechenden Bedarf beim Kunden gerechnet werden kann. Voraussetzung dafür ist ein computerunterstütztes Database-Marketing. Unter Database-Marketing versteht man die Steuerung des Marketings auf der Basis kundenindividueller, in einer Datenbank gespeicherter Informationen. Damit soll sichergestellt werden, daß die „richtigen" Kunden zum „richtigen" Zeitpunkt mit den „richtigen" Maßnahmen angesprochen werden. Die Database ist somit die Grundlage für ein Individual-Marketing *(Link/Hildebrand 1994, S. 108)*. Aus der Theorie des Konsumentenverhaltens ist bekannt, daß ein Käufer verschiedene Verhaltensphasen durchläuft. Nach dem Involvement-Konzept lassen sich für langlebige Konsumgüter wie das Automobil idealtypisch vier Kaufphasen unterscheiden *(Diez 1993, S. 32 f.)*:

● die Nachkaufphase
● die „kalte" Phase
● die Latenzphase
● die „heiße" Phase

Diese Phasen sind jeweils durch typische Verhaltensmerkmale des Kunden gekennzeichnet. Aus Sicht eines integrierten Kundenkontakt-Managements kommt es darauf an, in diesen Phasen die einzelnen Kontaktformen differenziert einzusetzen. So dominiert in der *Nachkaufphase* der Verkaufskontakt. Das Nachkauf-Marketing soll in dieser durch das mögliche Auftreten kognitiver Dissonanzen besonders kritischen Phase eine hohe Kaufzufriedenheit sicherstellen.

In der *„kalten" Phase*, die sechs bis 24 Monate nach dem letzten Kauf liegt, können aktive Verkaufskontakte unterbleiben, da sie in der Regel nicht zum Erfolg führen werden: der Kunde verfügt über ein relativ junges Fahrzeug und ist häufig finanziell erschöpft. Er wird nach einer so kurzen Zeitspanne weder ein neues Fahrzeug kaufen wollen noch kaufen können. Die kalte Phase ist daher die Phase, in der der Kundenkontakt vor allem über den Service und Einladungen zu nicht produktbezogenen Events erfolgt. In der *Latenzphase,* 24 bis 36 Monate nach dem letzten Kauf eines Fahrzeuges, kann das wieder steigende Interesse des Kunden durch Maßnahmen im Rahmen des Verkaufskontaktes angesprochen werden, beispielsweise durch produktbezogene Direct Mails oder auch durch Einladungen zu eher produktorientierten Events wie etwa zur Vorstellung eines neuen Modells. Wichtig ist in dieser Phase ein aktives Service-Marketing, da in diesem Zeitraum die Service-Retention, d.h. die Betreuungsquote, sehr stark rückläufig ist. In der *„heißen" Phase*, 36 bis 48 Monate nach dem letzten Kauf, dominiert dann wieder der Verkaufskontakt, vor allem in persönlicher Form. Schriftliche Verkaufskontakte über Direct Mails reichen jetzt nicht mehr aus. Der Kunde kann und muß telefonisch akquiriert, Probefahrten müssen durchgeführt und schließlich muß ein Verkaufsabschluß anvisiert werden.

Es liegt auf der Hand, daß eine zeitlich und kundenspezifisch differenzierte Integration der Formen des Kundenkontaktes nur möglich ist, wenn entsprechende Kundendaten vorliegen. Insofern stellt eine aktuelle und aussagekräftige Kundendatenbank die unverzichtbare Voraussetzung für eine gezielte Steuerung der Kundenkontakte dar. Die Database sollte die folgenden Bereiche umfassen *(Link/Hildebrand 1994, S. 108 f.)*:

- Grunddaten (Stammdaten) zur Person des Kunden
- verhaltensbezogene Daten über Kaufgewohnheiten des Kunden
- potentialorientierte Daten über die Kaufkraft und Ausgabenbereitschaft des Kunden
- Aktionsdaten über erfolgte Kundenkontakte in persönlicher, telefonischer oder schriftlicher Form
- Reaktionsdaten über Reaktionen des Kunden auf bestimmte werbliche Aktivitäten

4.3.5 Werbepolitische Maßnahmen

Die Kommunikationspolitik des Automobilhandelsbetriebs muß darauf ausgerichtet werden, die Bekanntheit und das Image des Autohauses aktiv zu gestalten. Die Markendominanz in der Kommunikationspolitik der Automobilhersteller führt häufig dazu, daß ein Autohaus nicht mehr ist als der Vertreter einer Marke. Da alle Autohäuser eines Fabrikates ein letztlich identisches Produktangebot im Neuwagenbereich haben, besitzt das Autohaus keine eigene originäre Identität. Dies bedeutet, daß sich ein Autohaus, das die Einkaufsstättenwahl des Automobilkunden aktiv beeinflussen möchte, aus eigener Kraft ein Profil schaffen muß.

4.3.6 Kundenbindungsprogramme

Das Kundenbindungs-Management verfügt über ein ganzes Arsenal von Maßnahmen. Von besonderer Bedeutung sind dabei das Nachkauf-Marketing und das Beschwerde-Management. Unter **Nachkauf-Marketing** ist die Betreuung des Kunden nach Abschluß eines Kaufvertrages und – im Automobilbereich – nach der Übernahme des Fahrzeuges zu verstehen.

Das Nachkauf-Marketing soll dem Kunden signalisieren, daß das Autohaus auch nach dem Kaufabschluß für ihn da ist und an einer langfristigen Verbindung Interesse hat. Insbesondere soll es den Willen dokumentieren, den Kunden umfassend und dauerhaft zufriedenzustellen. Wichtige Instrumente des Nachkauf-Marketings sind:

- persönliche Übergabe des Fahrzeuges und Einweisung
- Nachkauf-Mailing oder telefonischer Kontakt

- Angebot einer Kundenschulung (z.B. Fahrsicherheitstraining)
- Entgegennahme und rasche Beseitigung von Kundenbeschwerden

Mit dem Nachkauf-Marketing wird die Grundlage für eine langfristige Kundenbindung geschaffen. Deshalb muß es ein integrierter Bestandteil des Kundenkontakt-Managements bilden.

Das **Beschwerde-Management** stellt einen Teil des Nachkauf-Marketings dar, darf sich aber nicht auf die eigentliche Nachkaufphase beschränken. Vielmehr muß über die gesamte Nutzungsdauer ein aktives Beschwerde-Management betrieben werden. Die Bedeutung des Beschwerde-Managements ergibt sich aus der Tatsache, daß unzufriedene Kunden ihre Erfahrungen im Durchschnitt neun bis zehn weiteren Personen mitteilen, umgekehrt aber jede gelöste Beschwerde fünf weiteren Personen kommuniziert wird und bei rascher Reaktion 95% der Beschwerdeführer zu Dauerkunden werden *(Bunk 1993, S. 65)*. Das Beschwerde-Management muß während der Nutzungsphase des Fahrzeuges auf den Service ausgerichtet werden. Instrumente zur Erfassung von Servicebeschwerden sind:

- systematische Erfassung und Auswertung von Kundenbriefen im Autohaus und beim Hersteller
- regelmäßige Durchführung von Kundenzufriedenheitsanalysen
- stichprobenweise Anrufe bei Service-Kunden durch das Autohaus
- Einrichtung eines zentralen Servicetelefons beim Hersteller

Entscheidend für die Wirkung eines aktiven Beschwerde-Managements auf die Kundenbindung sind die schnelle Reaktion und der unbedingte Wille, Kundenprobleme zu lösen. Wird dem Kunden erst nach einer langwierigen Prüfung seiner Beschwerde geholfen, wird dies von ihm in der Regel nicht mehr positiv wahrgenommen. Erfahrungsgemäß stellt dies einen wichtigen Grund für die Abwanderung von Kunden dar.

Werden die beiden vorgenannten Maßnahmen zur Kundenbindung bereits seit längerem in der Praxis kundenorientierter Autohäuser angewandt, stellen **Kundenbindungssysteme** ein innovatives Instrument zur Sicherung von Stammkunden dar. Unter einem Kundenbindungssystem soll dabei ein umfassendes und in sich abgestimmtes Maßnahmenbündel verstanden werden, das mit monetären und nichtmonetären Anreizen den Kunden zu einem marken- bzw. einkaufsstättentreuen Kaufverhalten veranlassen soll. Ziel von Kundenbindungssystemen ist die Null-Fluktuation im Kundenstamm. Kundenbindungssysteme treten häufig in Form von Kunden-Clubs auf, die ihren Mitgliedern spezielle Leistungen anbieten. Die Mitgliedschaft ist in der Regel kostenlos.

Eines der erfolgreichsten und bekanntesten Kundenbindungssysteme ist das Miles & More-Programm der Deutschen Lufthansa. Der Kern dieses Programms ist ein Bonussystem in Form von Frei-Meilen, die der Kunde abhängig von der Flugdistanz und der gebuchten Klasse erhält. Zusätzlich bekommt der Fluggast auch noch Frei-Meilen bei der Inanspruchnahme von Leistungen einiger mit der Lufthansa kooperierender Unternehmen (z.B. Hotels, Autovermieter). Die angesparten Frei-Meilen berechtigen zu einem kostenlosen Upgrading in eine höhere Klasse (z.B. von der Economy- zur Business-Class) oder zu Freiflügen.

Abgesehen von wettbewerbsrechtlichen Fragen kann ein solches Programm auch im Automobilhandel um- und eingesetzt werden. Abbildung 15 zeigt ein solches Konzept: Danach erhält der Kunde für jede in Anspruch genommene Leistung eine Prämie, z.B. in Form von Bonuspunkten. Er kann nun diese Prämie sofort in Anspruch nehmen oder – nach einem ihm bekannten Prämienplan – die einzelnen Bonuspunkte ansammeln. In dieses Programm können letztlich alle von einem Autohaus angebotenen Leistungen (Neu- und Gebrauchtwagen, Service, Teile und Zubehör, weitere Dienstleistungen) einbezogen und entsprechend ihrer Wertigkeit bonifiziert werden. Die wichtigste Bedingung dafür, daß ein solches Bonussystem wirksam ist, ist eine attraktive Prämie. Die Attraktivität der Prämie bewegt sich im Spannungsfeld zwischen einer geringen monetären Bewertbarkeit und ihrem Exklusivcharakter: So steigt die Attraktivität einer Prämie, wenn sie dem Stammkunden zu einem

Zeit		Servicekontakt	Prämien-System-Zeit	
Ablauf	kumuliert		Inanspruchnahme	bei Verzicht: Prämienkonto
0		Kauf	Prämie 1	Prämie 1
nach 2 Mon.		Durchsicht	Prämie 2	$\geq$ Prämie 1-2
nach 6 Mon.	6 Mon.	Wartung	Prämie 3	$\geq$ Prämie 1-3
nach 6 Mon.	12 Mon.	Zubehör	Prämie 4	$\geq$ Prämie 1-4
nach 6 Mon.	18. Mon.	Wartung	Prämie 5	$\geq$ Prämie 1-5
nach 6 Mon.	24 Mon.	Wartung	Prämie 6	$\geq$ Prämie 1-6
nach 6 Mon.	30 Mon.	Zubehör/ET	Prämie 7	$\geq$ Prämie 1-7
nach 6 Mon.	36 Mon.	Kauf/Wartung	Prämie 8	$\geq$ Prämie 1-8
nach 6 Mon.	42 Mon.	Kauf	Prämie 9	$\geq$ Prämie 1-9

(Quelle: Eigene Darstellung)

Abb. 15: Prämienkonzept für ein Kundenbindungssystem

Erlebnis verhilft, das für andere nur relativ schwer erreichbar ist. Die Beteiligung an einem Bonusprogramm sollte also einen exklusiven und bequemen Zugang zu interessanten Ereignissen ermöglichen. Dies wäre etwa dann der Fall, wenn die Prämie in einer Freikarte für ein außergewöhnliches Konzert bestünde. Der Kunde muß dann nicht die Unbequemlichkeit des Schlangestehens für eine Eintrittskarte in Kauf nehmen. Er darf sich zu einer kleinen Gruppen von Privilegierten zählen.

Auf der anderen Seite sollte aber die monetäre Bewertbarkeit der Prämie für den Kunden gering sein. Andernfalls besteht die Gefahr, daß er den wirtschaftlichen Vorteil der Prämie einem möglichen Wechsel der Marke oder der Einkaufsstätte gegenüberstellt und sich dann nicht an einem Bonusprogramm beteiligt, wenn er feststellt, daß er durch einen solchen Wechsel mehr Geld einsparen kann, als er in Form einer Treueprämie erhält. Insofern stellen Barrabatte auf bestimmte Leistungen keine optimale Form der Bonifizierung dar. Wenn es gelingt, eine Ideal-Prämie – im rechten oberen Feld der Matrix in Abbildung 16 – zu finden, können Bonussysteme ein sehr effizienter Ansatz zur Integration von Verkaufs- und Servicekontakten sein. Durch eine weitere Ausgestaltung des Club-Konzeptes können zusätzlich auch Event-Kontakte in das Kundenbindungssystem mit eingebaut werden (z.B. spezielle Club-Reisen oder Sportveranstaltungen).

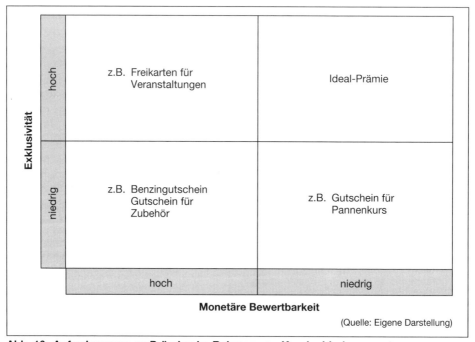

(Quelle: Eigene Darstellung)

Abb. 16: Anforderungen an Prämien im Rahmen von Kundenbindungssystemen

Praxisbeispiel:

Der Volkswagen Club

Im Winter 1994 hat die Volkswagen AG als erster deutscher Automobilhersteller unter der Bezeichnung „Volkswagen Club" ein Kundenbindungssystem eingeführt. Gleichzeitig wurde ein ähnlich gestaltetes System bei der Audi AG vorgestellt („Audi A plus-Programm"). Ziel dieser Systeme ist, über das Produkt hinaus dem Kunden zusätzliche Dienstleistungen anzubieten, die auf seine persönlichen Bedürfnisse zugeschnitten sind. Damit soll ein Mehr an Bequemlichkeit und Spaß rund um das Auto angeboten werden.

Die Programme beinhalten die folgenden Bausteine:

- *Bonusprogramm*
  3%iger Barrabatt auf alle Serviceleistungen, die beim Kauf des nächsten Neu- oder Gebrauchtwagens eingelöst werden können
- *Rund ums Auto*
  Jederzeit erreichbarer Club-Pannenservice, der einen Not- und Pannendienst umfaßt sowie eine umfassende Mobilitätsgarantie sicherstellt
- *Service-Paket*
  Streckenplanung und Lotsendienst sowie Club-Dokumentenservice
- *Leben und Erleben*
  Erlebnisorientierte Reisen (Club-Fernreisen, Club-Traumstädte, Freizeit & Sport), Veranstaltungen (Club-Ticket-Service) und exklusive Einkaufsmöglichkeiten (Club-Shop)
- *Finanzdienstleistungen*
  Verbindung der Club-Mitgliedskarte mit einer VISA- oder Eurocard sowie zusätzlichen Finanzdienstleistungen.

Die Mitgliedschaft im Volkswagen Club ist kostenlos. Die Mitglieder erhalten vierteljährlich das Club Magazin. Als Betreibergesellschaft für die beiden Kundenbindungssysteme wurde von der Volkswagen AG als hundertprozentige Tochter die Kunden Club GmbH gegründet. Die Beteiligung an diesem Programm ist für die Vertragshändler freiwillig. Vertragshändler, die teilnehmen, müssen einen 3%igen Servicerabatt an die Kunden Club GmbH abführen und sich an den Kosten des Programms beteiligen.

5 Distributionspolitische Entwicklungstendenzen

5.1 Strukturprobleme in der Automobildistribution

Die Entwicklung des Automobilmarktes vom Verkäufer- zum Käufermarkt und die damit verbundene Intensivierung des Wettbewerbs hat in den letzten Jahren eine Reihe von Strukturproblemen im Automobilvertrieb sichtbar werden lassen. Folgende Problemfelder sind von besonderer Bedeutung *(vgl. dazu: Diez 1994, S. 3 f.; Enning 1993, S. 12 ff.)*:

- *Hohe Vertriebskosten:* Von seiten der Automobilhersteller werden in zunehmendem Maße die hohen Vertriebskosten für Automobile beklagt. Nach verschiedenen Schätzungen belaufen sie sich auf rund 30% des Fahrzeugwertes, bei einem Durchschnittspreis von etwa 30.000 DM also auf 9.000 DM pro Fahrzeug. Nachdem in den vergangenen Jahren massive Kostensenkungen in der Beschaffung und in der Produktion realisiert wurden, konzentrieren sich die Bemühungen nunmehr auf eine Senkung der Vertriebskosten. Gefordert wird – in Anlehnung an das Konzept des Lean Management – eine „Lean Distribution".
- *Niedrige Renditen im Automobilhandel:* Die Renditen im Neuwagengeschäft des vertragsgebundenen Automobilhandels sind bereits seit mehreren Jahren stark rückläufig. Ursache dafür sind nicht nur die steigenden Standards der Automobilhersteller im Hinblick auf die Präsentation der Fahrzeuge (Showrooms), die Qualifikation des Verkaufspersonals und die Kundenbetreuung, sondern insbesondere das steigende Nachlaßniveau.
- *Erosion der Handelsfunktionen:* Die Dominanz des Vertragshandels in der Automobildistribution wird zunehmend untergraben. Dazu tragen vor allem die in den letzten Jahren enorm gestiegenen Grau-Markt-Importe sowie die zunehmende Zahl von Direktgeschäften der Automobilhersteller bei (Großabnehmergeschäfte). Der Funktionsverlust des Handels im Vertriebskanal erhöht die Konfliktanfälligkeit der Beziehung Vertragshändler – Hersteller.
- *Koppelung und Konkurrenz von Neu- und Gebrauchtwagengeschäft:* Neu- und Gebrauchtwagen stehen insofern in einem konkurrierenden Verhältnis, als eine wachsende Zahl von Neuwagenkäufern den Kauf eines jungen Gebrauchtwagens zumindest alternativ in Erwägung zieht. Der Vertragshändler steht daher in einem ständigen Zielkonflikt zwischen der Erfüllung seiner Jahreszielvereinbarung mit dem Hersteller einerseits und der Minimierung von Standzeiten im Gebrauchtwagengeschäft andererseits.

- *Strukturelle Auslastungsprobleme im Service:* Aufgrund immer länger werdender Wartungsintervalle und einer sinkenden Reparaturanfälligkeit geht der Servicemarkt bei relativ neuen Fahrzeugen ständig zurück. Dies führt zu strukturellen Auslastungsproblemen im Automobilhandel, da der Vertragshandel vor allem diese Zielgruppe anspricht.

Die aufgezeigten strukturellen Herausforderungen könnten auf mittlere und lange Sicht zu einer Veränderung der bisherigen Distributionsstrukturen im Automobilhandel führen. Gefährdet erscheint insbesondere die bislang überwiegend kleinbetriebliche Struktur des vertragsgebundenen Automobilhandels. So wird vielfach ein massiver Konzentrationsprozeß erwartet *(Wieland 1994, S. 182)*. Im folgenden sollen einige alternative Vertriebswege dargestellt und kritisch diskutiert werden.

5.2 Das Franchisesystem

5.2.1 Rechtliche Grundlagen

Franchising kann als eine Form der vertikalen Kooperation definiert werden, „bei der der Franchisegeber aufgrund langfristiger individualvertraglicher Vereinbarungen rechtlich selbständig bleibenden Franchisenehmern gegen Entgelt das Recht einräumt und die Pflicht auferlegt, genau bestimmte Sach- und/oder Dienstleistungen unter der Verwendung von Namen, Warenzeichen, Ausstattung und sonstigen Schutzrechten sowie der technischen und gewerblichen Kenntnisse des Franchisegebers und unter Beachtung des von diesem entwickelten Absatz- und Organisationssystems auf eigene Rechnung an Dritte abzusetzen" *(Ahlert 1981, S. 87)*. Franchisesysteme finden in vielen Branchen Anwendung. Ihre Zahl wird für die Bundesrepublik Deutschland auf 260 Systeme mit 12.500 Partnerbetrieben geschätzt *(McKelvie 1992, S. 25)*. Bekannte Franchisesysteme sind Porst, Eismann, Benetton, Yves Rocher, OBI und McDonald's.

5.2.2 Strukturmerkmale des Franchising

Das Franchising weist viele Ähnlichkeiten mit dem in der Automobilwirtschaft praktizierten Vertragshändlersystem auf, so daß es häufig mit diesem sogar gleichgesetzt wird. Tatsächlich bestehen aber doch einige signifikante Unterschiede *(Creutzig 1993, S. 63 ff; Schiller 1992, S. 73 ff.)*:

- Während beim Vertragshändlersystem der individuelle Firmenname verwendet wird, muß beim Franchisesystem der Name des Franchisegebers oder eine vom ihm gewählte Bezeichnung benutzt werden.

- Die unternehmerische Unabhängigkeit wird beim Franchising noch stärker eingeschränkt als beim Vertragshändlersystem. Die gesamte Organisation und der Ablauf des Geschäftsbetriebes werden beim Franchise durch den Franchisegeber bestimmt. Insbesondere hat er auch die Möglichkeit zu einer Kontrolle der Investitionstätigkeit des Franchisenehmers.
- Für die Überlassung des Know-how erhält der Franchisegeber vom Franchisenehmer eine Gebühr. Dies gilt auch für die Durchführung der gemeinsamen Werbung für das Franchise. Eine ähnliche Regelung tritt bei Vertragshändlersystemen nicht auf.
- Während der Vertragshändler bei der Vertragsbeendigung einen Ausgleichsanspruch nach § 89 HGB hat, besteht ein solcher Schutz für den Franchisenehmer nicht.

Insgesamt ist das Franchisesystem also durch eine höhere Bindungsintensität und Abhängigkeit des Franchisenehmers im Vergleich zum Vertragshändler gekennzeichnet. Im Prinzip ist der Franchisenehmer lediglich Geldgeber und Ausführender innerhalb eines Vertriebssystems. Er ist damit nicht mehr in der Lage, sich ein eigenständiges Profil als Handelsbetrieb aufzubauen.

5.2.3 Anwendung des Franchising im Automobilvertrieb

Unabhängig von der rechtlichen Frage, ob die EU-Kommission heute den Übergang eines Automobilherstellers von der Inanspruchnahme der Gruppenfreistellungsverordnung für Kraftfahrzeuge zur Inanspruchnahme der Gruppenfreistellungsverordnung für Franchisesysteme überhaupt erlauben würde *(vgl. dazu Creutzig 1995, S. 94 f.)*, stellt sich auch die Frage nach den spezifischen Vor- und Nachteilen von Franchisesystemen in der Automobilwirtschaft. Aus der Sicht des Automobilherstellers hat das Franchising zweifellos den Vorteil, daß sein Einfluß und damit auch seine Steuerungsmöglichkeiten hinsichtlich der Handelsorganisation noch größer wären als im Vertragshändlersystem. Das Franchising kommt einem Vertrieb über herstellereigene Niederlassungen sehr nahe, allerdings mit dem für den Hersteller vorteilhaften Unterschied, daß er kein Kapital in das Vertriebssystem investieren muß. Außerdem hat das wirtschaftliche Risiko, das der Franchisenehmer im Gegensatz zu einem angestellten Manager einer Niederlassung trägt, eine hohe Motivationswirkung. Aus der Sicht der Vertragshändler hat das Franchising gegenüber dem Vertragshändlersystem eher Nachteile aufzuweisen. Insbesondere der Verlust der Firmenidentität und der Ausgleichsansprüche gegenüber dem Hersteller sind Elemente des Franchising, die den Vertragshändler in seiner Position im Vertriebskanal schlechter stellen würden.

Die verschiedenen Franchisegebiete werden öffentlich ausgeschrieben. Bewerben können sich sowohl Vertragshändler als auch Einzelhändler, die bislang nicht im Automobilbereich aktiv waren.

Praxisbeispiel:

Franchisekonzept „Smart" der Micro Compact Car (MCC)

Die Micro Compact Car, ein Joint-venture von Mercedes-Benz und der SMH, plant für das neuentwickelte Stadtfahrzeug „Smart" den Vertrieb über ein spezielles, nur auf dieses Produkt bezogenes Franchisesystem. Da sich der Absatz in der ersten Distributionsphase auf insgesamt 90 Ballungsräume in Kontinentaleuropa konzentrieren soll, wird daran gedacht, ein modulares Stützpunktsystem in diesen Zentren aufzubauen. Als Minimalanforderung an ein Franchisegebiet wird die Einrichtung der folgenden Stützpunkte gesehen:

- *Regionalcenter*
  - Standort: primär in der Nähe von bestehenden Shopping-Malls oder anderen hochfrequentierten Einkaufszentren
  - Funktion: Verkauf von Neuwagen und Gebrauchtwagen, Kundendienst und Zubehör
- *Verkaufssatelliten*
  - Standort: innerstädtische Einkaufszentren oder Peripherie
  - Funktion: nur Beratung und Verkauf von Fahrzeugen
- Kommunikationssatelliten
  - Standort: hochfrequentierte Plätze und Einrichtungen (z.B. Flughäfen, Bahnhöfe, Einkaufszentren)
  - Funktion: Informationspunkte für Kunden (Kundendialogterminals)
- *Gebrauchtwagencenter*
  - Standort: wie Regional Center
  - Funktion: Verkauf von Gebrauchtwagen

5.3 Multifranchising

5.3.1 Formen des Multifranchising

Für den Begriff des „Multifranchising" hat sich bislang noch keine einheitliche Definition im Sprachgebrauch der Branche durchgesetzt. Grundsätzlich können zwei Formen des Multifranchising unterschieden werden:

- der Verkauf mehrerer Marken durch ein Unternehmen an einem oder mehreren Standorten (Inhaberprinzip)
- der Verkauf mehrerer Marken an einem Standort durch ein oder mehrere Unternehmen (Standortprinzip)

Je nachdem, welches Prinzip für eine Klassifizierung zugrunde gelegt wird, lassen sich verschiedene Formen des Multifranchising unterscheiden. Bei einem Multifranchising nach dem Inhaberprinzip wird üblicherweise von „Mega-Dealern" gesprochen, während bei Multifranchising nach dem Standortprinzip die Bezeichnung „Mall" verwendet wird. Allerdings gibt es auch Malls, die nur von einem Unternehmen mit mehreren Marken betrieben werden. Für eine Klassifikation von Multifranchising-Konzepten ist weiter zu berücksichtigen, ob es sich um Marken eines Automobilherstellers, also konzernverwandte Marken, oder um Marken unterschiedlicher Automobilhersteller handelt. Läßt man letztere Unterscheidung außer acht, so kann man die in Abbildung 17 dargestellten Betriebstypen von Multifranchising-Konzepten unterscheiden. Die folgende Betrachtung konzentriert sich auf den Fall des Verkaufs von konzernunterschiedlichen Marken.

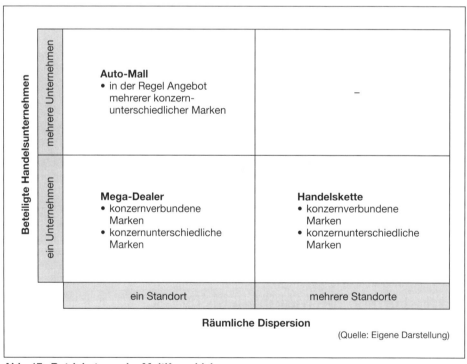

Abb. 17: Betriebstypen im Multifranchising

5.3.2 Multifranchise von Handelsketten

Der Vertrieb mehrerer Marken kann über Betriebe an verschiedenen Standorten erfolgen. In diesem Fall würde man von einer Handelskette sprechen, die den bekannten Handelsketten, etwa im Lebensmittelbereich, in ihrer Struktur entsprechen würde. Allerdings müßte der Inhaber nicht nach außen sichtbar werden, sondern könnte die einzelnen Filialen seiner Kette auch unter unterschiedlichen, eventuell historisch gewachsenen Namen betreiben. Aus der Sicht des Inhabers hat ein solches Konzept den Vorteil eines Risikoausgleichs innerhalb der Unternehmensgruppe. Durch die Verteilung des Absatzes auf mehrere Fabrikate können sich gegenläufige Entwicklungen bei der Marktattraktivität verschiedener Fabrikate ausgleichen. Außerdem könnte eine solche Handelskette Nachfragemacht gegenüber den Herstellern aufbauen und eine aktive Sortimentspolitik betreiben. Anbieten würde sich ein solches Konzept für große Kapitalgesellschaften, die ins Automobilgeschäft eintreten wollen. Es liegt auf der Hand, daß die Automobilhersteller solche Unternehmen nur in Ausnahmefällen in ihrer Handelsorganisation tolerieren würden. Aus ihrer Sicht würde durch mehrfabrikatliche Kettenbetriebe ihre Marketingführerschaft empfindlich eingeschränkt.

5.3.3 Das Konzept des Mega-Dealers

Der Mega-Dealer vertreibt unter einer einheitlichen unternehmerischen Führung mehrere Fabrikate an einem Standort. Dies kann innerhalb separierter Betriebsgebäude und Showrooms auf dem gleichen Betriebsgelände („Cluster-Site") oder innerhalb eines Showrooms erfolgen. Im ersten Fall kann man von einer Markenseparierung, im zweiten Fall von einer Markendifferenzierung sprechen. Wesentlich für den Mega-Dealer ist außer seiner Mehrfabrikatlichkeit auch eine bestimmte Betriebsgröße (mindestens 1.000 Neuwagen pro Jahr). Für eine Beurteilung dieses Betriebstyps entscheidend ist die Frage, ob es sich bei den vertretenen Marken um Fabrikate eines oder verschiedener Hersteller handelt. In den USA, die häufig als Vorbild für die Präsenz von Mega-Dealern genannt werden, hat der Mega-Dealer überwiegend den Charakter eines „intra-corporated" Markenhändlers, d.h., er vertritt lediglich unterschiedliche Konzernmarken (überwiegend von den großen Drei: General Motors, Ford und Chrysler). Nur etwa 15% der amerikanischen Händler vertreten Marken unterschiedlicher Hersteller. Insofern ist die Vorstellung von stark diversifizierten Automobilhandelsbetrieben in den USA, wie sie häufig verbreitet wird, abwegig.

Aus der Sicht der Automobilhersteller erfahren Mega-Dealer, die mehrere Marken eines Konzerns vertreten, eine differenzierte Beurteilung: Auf der einen Seite steigt der Grad der Professionalität im Handelsbetrieb mit der Betriebsgröße an, was sich positiv auf die Marktausschöpfung auswirken kann. Sprechen die verschiedenen Marken unterschiedliche Käufersegmente an, was in der Regel der Fall ist, können außerdem Cross-Selling-Potentiale innerhalb der verschiedenen Konzernmarken erschlossen werden. Da der Hersteller schließlich weniger Händler steuern und auch weniger intensiv betreuen muß, besteht die Möglichkeit zur Senkung der Vertriebskosten. Als nachteilig wird aus Herstellersicht die Tatsache angesehen, daß mit der Betriebsgröße des Händlers seine Drohpotentiale zunehmen und die Marketingführerschaft des Herstellers untergraben werden kann. Außerdem besteht die Gefahr, daß der Händler sich im Verkauf auf die jeweils besonders attraktiven Marken und Modelle konzentriert, die schwergängigeren Produkte aber vernachlässigt. Diese Problematik verschärft sich, wenn es sich um Mega-Dealer handelt, die konzernunterschiedliche Marken vertreten. In diesem Fall würde der Herstellereinfluß auf den Händler sehr stark zurückgehen.

Für den Automobilhändler stellt das Mega-Dealer-Konzept, gleichgültig, in welcher Ausprägung, einen auf den ersten Blick sehr anziehenden Betriebstyp dar. So ermöglicht der Vertrieb mehrerer Fabrikate gleichzeitig eine Risikostreuung und die Erschließung von zusätzlichen Wachstumspotentialen. Weiterhin können mit steigender Betriebsgröße kostensenkende Scale-Effekte verbunden sein. Andererseits steigt mit der Zahl der Fabrikate auch die Komplexität des Managementprozesses an. Dies ist vor allem dann der Fall, wenn es sich um Fabrikate mehrerer Hersteller handelt. Durch unterschiedliche technische Konzepte gehen Spezialisierungsvorteile im Verkauf und im Service verloren. Der Händler muß möglicherweise unterschiedliche EDV- und Diagnosesysteme einführen, weil die Standards und Geräte zwischen den verschiedenen Herstellern nicht kompatibel sind. Dadurch können die genannten Kostenvorteile zumindest teilweise wieder verlorengehen. Außerdem können die Glaubwürdigkeit und das Kompetenzimage des Vertragshändlers leiden, wenn er sich als „Gemischtwarenbetrieb" darstellt. Schließlich ist das Käuferinteresse an einer markenübergreifenden Auswahl im Händlerbetrieb gering ausgeprägt.

5.3.4 Das Konzept der Auto-Malls

Schließen sich mehrere selbständige Händler zusammen, um an einem Standort Fahrzeuge unterschiedlicher Fabrikate zu verkaufen, so handelt sich um eine Mall. Durch eine branchengleiche Agglomeration sollen die Attraktivität eines Einkaufszentrums erhöht und potentielle Autokäufer angelockt werden. Außerdem kann durch eine gemeinsame Werbung eine hohe Publizität und gleichzeitig eine Senkung der Werbekosten je abgesetztes Fahrzeug erreicht werden. In den USA haben Auto-Malls bereits eine relativ weite Verbreitung gefunden. In Deutschland wird das Mall-Konzept ansatzweise in Form von sog. Auto-Meilen umgesetzt.

Praxisbeispiel:

Roseville Auto Mall, California

Die Roseville Auto Mall ist zwar nicht die größte, aber eine der jüngsten und sich besonders dynamisch entwickelnden Malls in den USA. Sie liegt 15 Meilen nordöstlich von Sacramento und wurde im September 1990 eröffnet. Auf einer Grundstücksgröße mit 38 Hektar sind bislang zwölf Händler angesiedelt. Sie verkaufen dort jährlich 16.000 Neu- und Gebrauchtwagen. Vertreten sind die folgenden Marken:

- Pontiac/Cadillac
- Ford
- Nissan
- Infiniti
- Toyota
- Saturn
- Honda
- Dodge
- Chrysler-Plymouth/Jeep-Eagle
- Chevrolet
- Oldsmobile/Mazda/BMW/Subaru/Buick
- GMC

Die enorme Anziehungskraft der Mall für Automobilinteressenten wird an dem dramatischen Anstieg der Verkaufszahlen deutlich. So erhöhte sich die Zahl der verkauften Einheiten von 860 im November 1992 auf über 1.500 Einheiten im August 1993, ohne daß in dieser Zeit ein neuer Händlerbetrieb in der Mall eröffnet worden wäre. Die Mall stellt eine Kooperation mehrerer selbständiger Unternehmer dar („Dealerships"). Diese haben eine eigene Gesellschaft gegründet, die die gemeinsamen Belange der Mall-Betreiber wahrnehmen soll. Der eigentliche Geschäftsbetrieb wird jedoch von jedem Händler individuell in seinem Betrieb durchgeführt. Die Mall wird von einem Mall Manager geführt, den die Gesellschafter zur Wahrnehmung der gemeinsamen Aufgaben angestellt haben. Er leitet die monatlichen Treffen der Gesellschafter und organisiert die Werbung sowie Veranstaltungen in der Mall. Außerdem ist er der Sprecher der Mall nach außen, verhandelt mit den örtlichen Behörden, plant bauliche Maßnahmen auf der Mall usw. Es wird eine gemeinsame Werbung durchgeführt mit einem monatlichen Budget von 120.000 US-Dollar. Damit ist es auch möglich, sehr intensiv im Fernsehen für die Mall zu werben. Die Roseville Auto Mall ist ein gutes Beispiel für die Anziehungskraft eines breitgefächerten, an einem Standort konzentrierten Sortiments.

Der Zusammenschluß von Händlern in einer Mall schwächt zweifellos die Marketingführerschaft des Herstellers. Die Mall entwickelt eine eigene Anziehungskraft, die markenunabhängig ist. Dieser Effekt wird um so größer sein, je intensiver für die Mall geworben wird und eventuell auch weitergehende Formen der Kooperation zwischen den beteiligten Händlern entstehen (z.B. gemeinsame Gebrauchtwagenvermarktung und Serviceaktionen, Erlebnisangebote auf der Mall). Außerdem kann der Produktwettbewerb zwischen Fabrikaten zunehmen, wenn im Service keine Differenzierung mehr erfolgt.

Andererseits profitiert der Hersteller über eine höhere Marktausschöpfung von der Attraktivität der Mall. Bleiben die Händlerbetriebe fabrikatsspezifisch getrennt, so können sich die Marken nach wie vor eigenständig profilieren. Dies gilt für die Verkaufspräsentation, Verkäuferqualifikation wie auch die Kundendienstqualität. Da die Malls nur dann profitabel arbeiten können, wenn sie eine große Anziehungskraft ausüben, wird der Verkauf sehr weit in die Fläche gestreut. Das aber bedeutet, daß zur Sicherstellung des technischen Kundendienstes Servicestützpunkte in der Fläche geschaffen werden müssen. Dies führt dann bereits zu einem weitergehenden Konzept der Betriebstypengestaltung im Automobilhandel, nämlich zum funktionsorientierten Betriebsverbund („Satellitenkonzept").

Als Erfolgsfaktoren für Malls wurden im Rahmen einer empirischen Untersuchung für die USA folgende Angebotselemente ermittelt:

● leichte Zugänglichkeit, bequeme Anfahrt und gute Sichtbarkeit der Mall
● breites Angebot der unterschiedlichsten Fabrikate
● Zusammenfassung von Ressourcen der beteiligten Händlerbetriebe und gemeinsame Werbung
● gemeinschaftliche Nutzung von Einrichtungen und Durchführung von Aktionen zur Kostensenkung

Malls, die diese Anforderungen erfüllen, konnten in den USA in den letzten Jahren überdurchschnittliche Umsatzzuwächse erzielen. Insgesamt wurden auf dem amerikanischen Markt 1993 165 aktive Malls mit 574 beteiligten Unternehmen und 1.511 Verkaufsstützpunkten gezählt. Verkauft wurden in diesen

Malls knapp 900.000 Neuwagen, was einem Anteil von etwa 7% am amerikanischen Markt entspricht. Es wird erwartet, daß dieser Anteil bis zum Jahr 2005 auf 20% – 25% ansteigen wird.

5.4 Satellitenkonzepte im Automobilhandel

5.4.1 Das Problem der „optimalen Betriebsgröße" von Autohäusern

Die bereits eingangs zitierte Auffassung, daß es vor dem Hintergrund der skizzierten Strukturprobleme im Automobilvertrieb zu einer Betriebsgrößenkonzentration im Automobilhandel kommen wird, unterstellt, daß die heutigen Betriebsgrößen im Automobilhandel suboptimal sind und größere Betriebe eine höhere wirtschaftliche Leistungsfähigkeit aufweisen als kleinere. Diese Auffassung erscheint nicht unproblematisch. Notwendig ist zunächst, zwischen den Begriffen „Betrieb" und „Unternehmen" zu unterscheiden. Definiert man den Betrieb als den Ort der Leistungserstellung und das Unternehmen als eine wirtschaftlich-rechtliche Einheit, so ist es nämlich durchaus denkbar, daß eine Unternehmenskonzentration nicht zwangsläufig zu einer Reduktion der Zahl der Betriebe führen muß.

Diese begriffliche Klärung vorangestellt, kann auf der theoretischen Ebene das Problem der „optimalen Betriebsgröße" unter zwei Aspekten behandelt werden, nämlich aus ökonomischer und aus machttheoretischer Sicht. In der ökonomischen Sicht kann die optimale Betriebsgröße als die gewinnmaximale Absatz-, Umsatz- oder Beschäftigungsgröße definiert werden. Abbildung 18 zeigt eine Situation, in der sich ein solcher Punkt eindeutig bestimmen läßt. Dabei wird unterstellt, daß der Anstiegswinkel der Umsatzkurve nach Überschreiten des Optimalpunktes flacher, der Anstiegswinkel der Kosten hingegen steiler wird. Ein solcher Verlauf ist ökonomisch plausibel begründbar. So muß bei einer Ausdehnung des Absatzes über das „natürliche" Marktpotential hinaus mit Erlösverschlechterungen (steigende Nachlässe) einerseits, höheren Kosten der Marktstimulierung (Werbung, persönlicher Verkauf) andererseits gerechnet werden. Schwierig und wohl kaum allgemein zu beantworten ist indessen die Frage, wo dieser Punkt genau liegt. Hier spielen standortspezifische Faktoren ebenso eine Rolle wie das vom jeweiligen Automobilhändler vertretene Fabrikat.

Betrachtet man das Problem der optimalen Betriebsgröße aus machttheoretischer Sicht, so lassen sich die Vertriebskosten des Herstellers als eine Funktion seiner Machtposition im Vertriebskanal definieren. Je größer seine Macht-

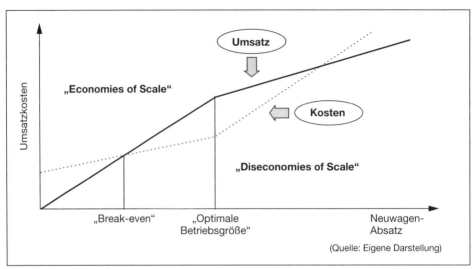

Abb. 18: Das Problem der optimalen Betriebsgröße – ökonomische Sichtweise

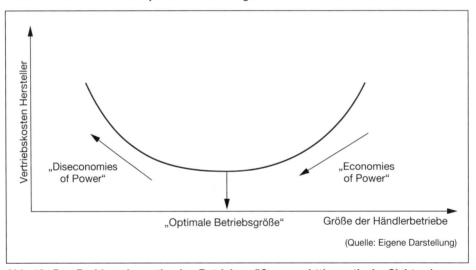

Abb. 19: Das Problem der optimalen Betriebsgröße – machttheoretische Sichtweise

stellung ist, desto eher wird er in der Lage sein, Vertriebskosten auf seine Vertragshändler abzuwälzen. Diesen zweifellos vorhandenen „Economies of Power" stehen indessen auch bestimmte „Diseconomies of Power" gegenüber. Ist der Einfluß des Herstellers auf die Geschäftspolitik des Händlers zu dominierend, gehen Motivation und Kreativität im Händlerbetrieb verloren. Die Folge sind steigende Beratungskosten und Unterstützungsleistungen des Herstellers im Rahmen seiner Händlerbetreuung. Unterstellt, daß beide Effekte auftreten, läßt sich auch aus machttheoretischer Sicht eindeutig eine optimale Betriebsgröße bestimmen (Abb. 19).

Verläßt man diese theoretische Betrachtungsweise, so lassen sich – geschäftsfeldbezogen – zahlreiche Vor- und Nachteile für Groß- und Kleinbetriebe im Automobilhandel aufführen. Sie sind in Abbildung 20 im einzelnen dargestellt. Von der Tendenz her läßt sich als Ergebnis dieser Bewertung feststellen, daß größere Betriebsgrößen insbesondere im Fahrzeugverkauf (Neu- und Gebrauchtwagen) vor allem aus sortimentspolitischen Gründen von Vorteil sind. Außerdem erlauben sie eine Fixkostendegression im Verwaltungsbereich. Demgegenüber haben kleinere Betriebsgrößen aufgrund der damit verbundenen Kundennähe Vorteile im Servicebereich. Es ist demnach irrig, zu glauben, daß größere Betriebsgrößen die Strukturprobleme im Automobilhandel lösen könnten. Vielmehr besteht die Gefahr, daß eine lineare Vergrößerung von Betrieben neue Strukturprobleme hervorrufen würde. Es erscheint daher sinnvoll, das bisherige Betriebskonzept im Automobilhandel, den Komplettbetrieb, kritisch zu hinterfragen und dann eine Vorstellung darüber zu entwickeln, wie ein optimales Betriebsgrößenkonzept im Automobilhandel aussehen könnte.

5.4.2 Der Betriebsverbund als innovatives Betriebskonzept

Der Grundgedanke des Betriebskonzeptes eines Betriebsverbundes im Autohaus ist sehr einfach: Im Rahmen eines in einem Unternehmen integrierten Verbundes von Betriebsstätten an mehreren Standorten werden nicht mehr an allen Standorten alle Geschäftsfelder betrieben, sondern es findet eine Differenzierung und damit eine Konzentration bestimmter geschäftlicher Aktivitäten auf einzelne Standorte statt. Mit Blick auf die oben definierten unterschiedlichen Standortanforderungen an die einzelnen Geschäftsfelder bedeutet das:

● Konzentration des Neuwagenverkaufs auf einen Standort mit einem großen, attraktiven Showroom sowie einem erlebnisorientierten Kundenkontakt-Management
● breite Streuung von kleinen Werkstätten in der Fläche zur Sicherstellung einer optimalen Kundennähe und ggf. Konzentration kapitalintensiver Werkstattbereiche wie Karosserie und Lackierung auf einen Standort
● Vermittlung von Neu- und Gebrauchtwagenkunden durch die Werkstattbetriebe
● Bildung eines Gebrauchtwagenzentrums für das gesamte Unternehmen mit der Möglichkeit des freien Zukaufs („Profit Center")

	Economies of Scale		Diseconomies of Scale	
	Umsatzrelevante Faktoren	Kostenrelevante Faktoren	Umsatzrelevante Faktoren	Kostenrelevante Faktoren
Fahrzeughandel (NW/GW-Geschäft)	Optimierung der Marktausschöpfung durch Professionalisierung • Verbesserung der Sortimentsbreite und -tiefe	Optimierung der Kostenstrukturen durch bessere Relation Verkäufe/Lager- und Vorführwagen	Erlösverfall durch steigende Nachlässe • Intra-Brand-Wettbewerb • Großkunden/Flottengeschäfte	überproportionaler Kostenanstieg durch verstärkte Marketingaktivitäten (z.B. Werbung, VFM)
Teile und Zubehör	• höhere Teileverfügbarkeit • Sortimentsvorteile Zubehör	günstigere Einkaufspreise	zunehmender Anteil von Wiederverkäufergeschäften	sinkende Umschlagshäufigkeit durch Sortimentsüberdehnung
Service	Aufnahme ertragsstarker Aktivitäten (z.B. Lackiererei)	bessere technische Werkstattausstattung	• Zwang zur Kapazitätenauslastung • sinkende Kundenzufriedenheit • sinkender Betreuungsgrad • Anonymisierung Kundenkontakt	• steigender Steueraufwand des Personaleinsatzes • steigende Fehlzeiten • Flexibilitätsverlust
Gesamtbetrieb	Profilierung als Einkaufsstätte	Kostendegression durch sinkende Fixkosten je Umsatzeinheit • steigende Flächen- und Gebäudeproduktivität • Verwaltung	Verlust an unternehmerischer Flexibilität, Bürokratisierungserscheinungen • Verschwendung von Ressourcen • Verantwortungs- und Motivationsverlust	

(Quelle: Eigene Darstellung)

Abb. 20: Thesen zum betriebsgrößenabhängigen Umsatz- und Kostenverlauf in Autohäusern

- Konzentration des (höherwertigen) Zubehörgeschäftes auf den Stammbetrieb, Vorhalten von einfachem Zubehör im Teilesortiment der Werkstattbetriebe
- Gestaltung einer unternehmensinternen Teilelogistik unter Berücksichtigung der regionalen Teileversorgungslager des Herstellers/Importeurs

Die Vorteile eines Betriebsverbundes liegen also zum einen in einer Verbesserung der Voraussetzungen für ein professionelleres Kundenkontakt-Management und -Marketing im Autohaus, zum anderen in den Möglichkeiten zur Kostensenkung durch Betriebsgrößen- und Spezialisierungsvorteile sowie in der Verringerung des Intra-Brand-Wettbewerbs (Abb. 21).

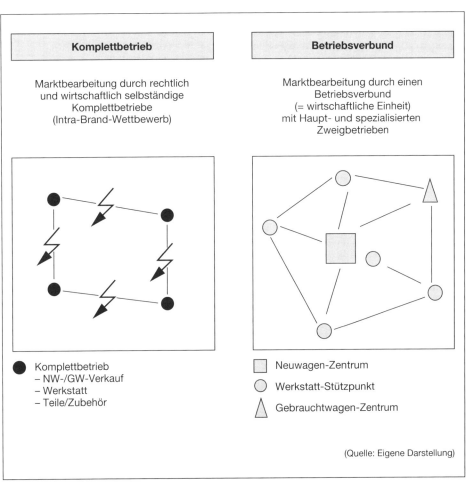

Abb. 21: Das Konzept des Betriebsverbundes im Automobilvertrieb

231

Praxisbeispiel:

Die Marketing- und Vertriebsstrategie von SATURN

SATURN wurde 1985 als eine weitere Tochtergesellschaft von General Motors gegründet. Die Idee zur Gründung dieser Gesellschaft geht auf den früheren Chef von General Motors, Roger Smith, zurück. Ziel dieses Projektes war es, mit einem völlig neu gegründeten Unternehmen die japanischen Anbieter auf dem nordamerikanischen Markt anzugreifen und zurückzudrängen. Gleichzeitig war SATURN als ein Testfeld für den gesamten GM-Konzern gedacht. Nach einer fünfjährigen Gründungsphase wurden die ersten SATURN-Fahrzeuge im Oktober 1990 ausgeliefert. SATURN konnte sich auf Anhieb im Segment der unteren Mittelklasse mit drei Fahrzeugvarianten (Limousine, Kombi und Coupé) etablieren. So konnte die Marke im Jahr 1994 rund 300.000 Einheiten auf dem nordamerikanischen Markt verkaufen. Mit SATURN sollte ein Unternehmen mit einer ganz eigenen Kultur aufgebaut werden. Als Business Mission wurde formuliert: „To market vehicles developed and manufactured in the United States that are world leaders in quality, cost and customer satisfaction through the integration of people, technology, and business systems." Wesentliche Elemente der Unternehmensphilosophie von SATURN sind heute:

- Ausrichtung des gesamten Unternehmens auf den Kunden
- Streben nach Weltklasseniveau im Produkt und im Service
- Einbeziehung aller Mitarbeiter und Partner in Entscheidungsprozesse (Teamorientierung)
- Partnerschaftliche Zusammenarbeit mit Zulieferern und Händlern
- Sicherstellung einer hohen gesellschaftlichen Akzeptanz
- kontinuierliche Verbesserung aller Prozesse und Strukturen

Die gesamte Marketing- und Vertriebsstrategie wurde im Sinne dieser Grundsätze auf die Erzielung und Sicherstellung einer hohen Kundenzufriedenheit ausgerichtet. Der Slogan des Unternehmens „A different kind of company, a different kind of car" sollte von vornherein traditionelle Vorbehalte gegenüber einer amerikanischen Marke abbauen. Außerdem wurde durch diesen Slogan das Unternehmen selbst als ein wesentliches Element in die Kommunikationspolitik aufgenommen. Ganz offensichtlich ging es also SATURN von Anbeginn an um die Schaffung einer ganzheitlichen und spezifischen Markenwelt. Damit ist es gelungen, SATURN innerhalb eines kurzen Zeitraumes tatsächlich zu einer der stärksten Automobilmarken auf dem nordamerikanischen Markt zu machen *(vgl. Aaker*

1994, S. 28 f.). Der Aufbau einer neuen und attraktiven Markenwelt kommt in der Gestaltung der konkreten Kundenbeziehungen zum Ausdruck. Wichtige Elemente sind dabei:

- die Individualisierung des Produktangebotes entsprechend den Kundenwünschen
- die Umsetzung einer Festpreispolitik ohne Preisverhandlungen (no-hassle-pricing)
- Gewährung von weitgehender Kaufsicherheit (Umtauschrecht innerhalb von 30 Tagen)
- Einsatz von Verkaufsberatern aus automobilfremden Branchen mit einem Soft Selling Approach
- Durchführung einer integrierten Kommunikation zwischen den verschiedenen Medien und auf den verschiedenen Vertriebsstufen (Hersteller- und Händlerwerbung)

Aus der skizzierten Unternehmens- und Marketingphilosophie heraus wurde auch das Distributionssystem für die SATURN-Produkte völlig neu und für amerikanische Verhältnisse ungewöhnlich gestaltet:

- Integration der Händler in alle unternehmerischen Entscheidungsprozesse in einer Vielzahl von Gremien
- Einrichtung eines mehrstufigen, strengen Auswahlverfahrens für Händler und Durchführung von intensiven Schulungsprogrammen
- Durchsetzung einheitlicher Händlerstandards mit Franchise-Charakter in allen SATURN-Händlerbetrieben
- Realisierung einer Marktarealstrategie bei der Händlernetzplanung

Letzteres gilt als das Kernelement des Vertriebssystems von SATURN. Marktarealstrategie („market area approach") bedeutet dabei eine sehr starke Begrenzung der Zahl der Händler im Vertriebsnetz und die Zuordnung von großen Marktverantwortungsgebieten. So wurde die Zahl der SATURN-Händler anfänglich auf 300 begrenzt. Um die großen Marktverantwortungsgebiete verkaufs- und servicemäßig abdecken zu können, wurde das Händlernetz nach dem Prinzip des Betriebsverbundes gestaltet. So bestehen neben dem Zentralbetrieb, der als Komplettbetrieb ausgestaltet ist, weitere spezialisierte Service-, teilweise auch Verkaufssatelliten in der Fläche. Mit diesem System konnte der Intra-Brand-Wettbewerb im SATURN-Netz nachhaltig begrenzt werden. Nach Schätzungen von Händlern konnten durch das Betriebsverbund-Konzept die Verkaufskosten je Fahrzeug um $300 – $600 gesenkt werden *(J.D.Power 1992, S. 27).* Als

Gründe für diese Kostensenkung werden u.a. die Realisierung von Economies-of-Scale-Effekten im Bereich Personal, Werbung und Invesitionen im Rahmen des Betriebsverbundes genannt. Auch beim Hersteller konnten Vertriebskostensenkungen, z.B. durch Einsparungen im Bereich der Händlerbetreuung, erreicht werden *(Koenders/Chu 1993, S. 42 f.)*. Der Erfolg des Marketing- und Vertriebskonzeptes von SATURN läßt sich anhand von zwei Kennzahlen nachweisen: Zum einen erreicht die Marke SATURN in ihrem Segment die mit Abstand höchsten Werte bei der Kundenzufriedenheit, und zum anderen gehören die SATURN-Dealerships zu den profitabelsten auf dem nordamerikanischen Markt. Obwohl das SATURN-System vor dem Hintergrund nachlassender Produktattraktivität, sinkender Verkaufszahlen und einer Ausdehnung des Händlernetzes Gefahr läuft, in einen massiven Preiswettbewerb hineinzugeraten, hat dieses Konzept auf eine eindrucksvolle Weise die Stärken eines Betriebsverbund-Konzeptes als Basis einer innovativen Marketingstrategie bewiesen. Oder wie J.D. Power and Associates in ihrer Untersuchung über das SATURN-Konzept formuliert haben: „Saturn is proving that how you buy a car may be as important as the car itself." *(J.D.Power 1992, S. 73)*

Praxisbeispiel:

Vertriebsgemeinschaften bei Mercedes-Benz

Ein Schritt zur Neustrukturierung von Vertriebsnetzen in Richtung von Betriebsverbünden stellt die Bildung von Vertriebsgemeinschaften zwischen mehreren Händlern dar. Ein solches Konzept wird bei Mercedes-Benz als ein Element einer künftigen Vertriebsstruktur in Pilotprojekten verfolgt *(Panka 1995, S. 10)*. Vertriebsgemeinschaften können als Zusammenschluß rechtlich selbständiger Händlerbetriebe eines Fabrikates mit zusammenhängender Gebietsstruktur im Verkaufsgeschäft definiert werden. Eine Vertriebsgemeinschaft stellt also eine spezifische, auf den Fahrzeugverkauf ausgerichtete Kooperation dar *(Woltermann 1991, S. 8)*. Diese Kooperation kann auf einer rein vertraglichen Basis erfolgen, aber auch durch die Gründung einer gemeinsamen Vertriebsgesellschaft. Hintergrund für die Einrichtung von Vertriebsgemeinschaften bei Mercedes-Benz ist die geplante Ausweitung des Produktprogramms und die damit zusammenhängende Erhöhung der spezifischen Verkaufskosten (z.B. für Vorführ-, Ausstellungs- und Lagerfahrzeuge, spezialisierte Verkäufer). Da diese Kosten aufgrund des Agentensystems zu einem erheblichen Teil beim Hersteller anfallen, besteht aus seiner Sicht hier eine besondere

Handlungsnotwendigkeit. Das Ziel der Bildung von Vertriebsgemeinschaften ist die Schaffung von mindestoptimalen Betriebsgrößen im Verkauf. Gleichzeitig soll die gute Kundenbetreuung durch überwiegend kleinere Servicebetriebe weitergeführt werden. Bei Mercedes-Benz erfolgt der Zusammenschluß mehrerer Vertreter durch die Gründung einer eigenen Gesellschaft. Diese Gesellschaft, die eine eigene Rechtsform (Personen- oder Kapitalgesellschaft) hat, bekommt einen Vertretervertrag ohne Serviceverpflichtung. Die Gesellschafter sind die bisher in diesem Gebiet tätigen Vertreter, die ihre Anteile in die Gesellschaft einbringen. Sie bleiben weiter als Vertragswerkstätten tätig. Die Führung der Vertriebsgemeinschaft wird durch einen hauptamtlichen, in der Regel nicht aus dem Gesellschafterkreis kommenden Geschäftsführer ausgeübt. Wie unschwer zu erkennen ist, bildet dieses Konzept ein ziemlich genaus Abbild eines idealtypischen Betriebsverbundes, wie er weiter oben skizziert wurde.

5.5 Neue Medien in der Automobildistribution

Die Leistungsverbesserungen bei den „alten" Medien, wie Telefon, Telefax und Online-Systeme, und die Entwicklung bei den „neuen Medien", wie interaktives Fernsehen und Cyberspace, könnten bereits in einer überschaubaren Zukunft zu gravierenden Veränderungen in der Handelslandschaft führen. Der Handel als traditionelle Einkaufsstätte gerät dabei in Gefahr, durch den Einkauf über Medienkontakte ersetzt zu werden. Besonders gefährdet ist vor allem seine Verkaufsfunktion, da der Kauf über die neuen Medien für den Kunden vielfach billiger ist als der Kauf über sach- und personalkostenintensive Handelsbetriebe. So wird vielfach die Herausbildung einer „Virtual Distribution" erwartet. Virtual Distribution kann dabei als der Verkauf von Waren und Dienstleistungen über die Nutzung von Systemen der Informations- und Kommunikationstechnik ohne Dazwischenschaltung von persönlichen Kontakten zwischen Hersteller/Handel und Kunde definiert werden.

Die Möglichkeiten der neuen Informationstechnologien in der Bereitstellung und Vernetzung von Daten haben sich bislang noch verhältnismäßig wenig auf den Handel ausgewirkt. Elektronische Medien wie Fernsehen, Video, interaktive Displays oder PC werden heute weitgehend zur Unterstützung der klassischen Handelsfunktionen eingesetzt, ohne sie zu ersetzen. Beratung und Information des persönlich anwesenden Kunden im Showroom erfolgen EDV-gestützt. Zukunftsszenarien, die bereits Anfang der 80er Jahre ein starkes Vordringen des Teleshopping vorhersagten, haben sich insofern als glatte Fehlpro-

gnosen erwiesen. Verantwortlich dafür war sicherlich, daß zunächst hochge-
lobte Medien wie BTX die Erwartungen nicht erfüllen konnten und dementsprechend beim Verbraucher nur wenig Anklang gefunden haben. Gleichzeitig
verändern sich langerprobte Einkaufsgewohnheiten insbesondere natürlich
bei der älteren Generation nur langsam. Gleichwohl dürfen die Beharrungs-
kräfte im Kundenverhalten auch nicht überschätzt werden. Für die jüngere,
computererfahrene Generation ist der Umgang mit den verschiedenen elektronischen Medien schon längst zur Selbstverständlichkeit geworden. So stellt
sich die Frage, wie sich die weiter zunehmenden Möglichkeiten der Informationstechnik langfristig auf den Automobilhandel auswirken könnten.

Bereits seit mehr als 20 Jahren gibt es den USA sog. Käuferclubs. Die Mitglieder dieser Clubs erhalten eine Mitgliedskarte oder entsprechende Ein-
kaufschecks, mit denen sie bei ausgewählten Partnerunternehmen verbilligt
einkaufen können. Letztlich stellen sie also so etwas wie Verbrauchergenos-
senschaften dar, die ihre Macht als Großabnehmer gegenüber der Industrie
und dem Handel einsetzen. Neu ist lediglich, daß es diesen Käuferclubs durch
den Einsatz der entsprechenden Informations- und Kommunikationssysteme
heute gelingt, eine sehr weitgehende Preistransparenz auf dem Markt zu
schaffen und ohne großen Aufwand für den Kunden Verkaufsabschlüsse her-
beizuführen. Aufgrund eines ausgeprägten preisorientierten Einkaufsverhal-
tens der amerikanischen Verbraucher erfreuen sich diese Käuferclubs wachsender Beliebtheit. So werden z.B. von einem dieser Clubs mittlerweile 20.000
Anfragen von Autokäufern im Monat bearbeitet. Solche Käuferclubs sind
auch in Deutschland bekannt. Sie nennen sich Verbraucher-Services oder auch
einfach Preisagenturen. Die Mitglieder erhalten entweder bei Vorlage ihrer
Mitgliedskarte direkt beim Kauf entsprechende Nachlässe oder eine nachträg-
liche Gewinnausschüttung. Nachdem solche Preisagenturen früher in erster
Linie im Konsumgüterbereich aktiv waren, gehören heute in zunehmenden
Maße auch Automobile zu ihrem Angebot.

Der Vertrieb über solche Verkaufsagenturen kann als „virtuell" bezeichnet
werden. Im Rahmen dieses Absatzweges erfolgt nämlich keine physische Produktpräsentation mit dem Angebot für Probefahrten. Der Verkaufsvorgang
spielt sich vielmehr als reiner Informations- und Kommunikationsprozeß ab.
Jeder Absatzweg besitzt seine eigene innere Dynamik. Die Frage ist daher, wie
sich die „virtuelle Distribution" unter dem Einfluß innovativer Informationstechnologien und eines veränderten Kundenverhaltens in Zukunft weiterent-
wickeln könnte (Abb. 22).

Betrachtet man die heute übliche Form der virtuellen Distribution (erste
Stufe), so stellt sie sich als Trittbrettfahrer des herkömmlichen automobilen
Absatzweges über vertragsgebundene Händler dar. Die Vermittlungsagentur

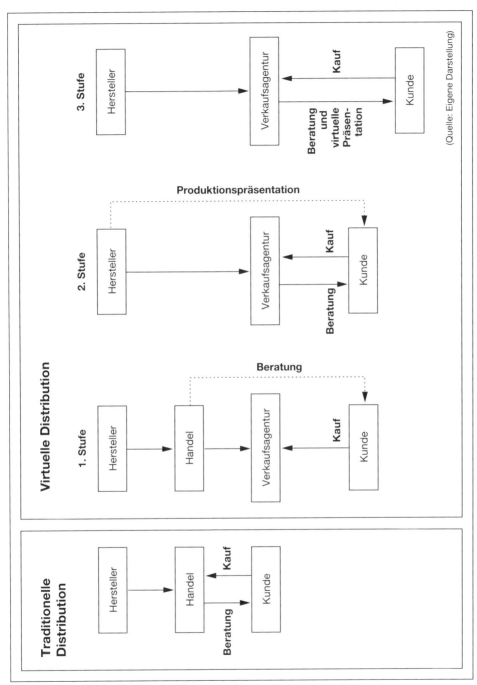

Abb. 22: Stufen der virtuellen Distribution

zwängt sich zwischen Händler und Kunden, wobei der Kunde nach wie vor die Möglichkeit hat, das Automobil beim Händler zu besichtigen und eventuell probezufahren. Der Händler hat also die Kosten der physischen Warenpräsentation zu tragen, während die „Leistung" der Vermittlungsagentur darin besteht, durch Bündelung von Konsumentenmacht einen Preisdruck auf den Handel auszuüben, ohne selbst eine weitergehende Handelsfunktion wahrzunehmen. Eine Ausbreitung solcher Vermittlungsagenturen würde langfristig zu einer Erosion des traditionellen Handels führen. Auf einer zweiten Stufe der „virtuellen Distribution" wäre es deshalb denkbar, daß die Verkaufsagentur über interaktive Medien eine Beratungs- und Informationsfunktion übernimmt und direkt Kundenaufträge an den Hersteller vermittelt. Sofern der Kunde vor dem Kauf noch das physische Produkterlebnis möchte, müßte der Hersteller bestimmte Depots einrichten, an denen das Fahrzeug besichtigt werden kann. Da solche Depots nicht zu weit vom Kunden entfernt sein dürfen, würden durch deren Einrichtung und Betrieb allerdings erhebliche Kosten auf den Hersteller zukommen. Auf einer dritten Stufe wäre es deshalb denkbar, daß solche Depots aufgelöst werden und das physische Produkterlebnis durch die Gestaltung sog. virtueller Welten ersetzt wird. Virtuelle Welten sind dreidimensional gestaltete Bildwelten, die dem Betrachter das Gefühl geben, sich in einem wirklichen Raum aufzuhalten. Durch eine entsprechende Gestaltung kann also das Innere eines Autos dargestellt oder auch eine Probefahrt simuliert werden. Der Kunde erlebt das Auto nicht mehr durch Besuch eines Händlers, sondern zu Hause in seinem Wohnzimmer.

Wie wahrscheinlich ist eine solche, sehr futuristisch anmutende Entwicklung? Die technischen Möglichkeiten zur Herstellung „virtueller Welten" dürften für das beschriebene Szenario keine Begrenzung sein. Bereits heute ist es möglich, sehr weitgehende Simulationen darzustellen („Cyberspace"). Die weit entscheidendere Frage ist die nach der Kundenakzeptanz virtueller Produktpräsentation. Aus heutiger Sicht wird man diese Frage eher verneinen, denn für den Kunden besitzt die „echte" Produkterfahrung nach wie vor große Bedeutung. Gerade bei neuen Fahrzeugen sind die reale Produktanmutung und Probefahrt wichtig. Dies gilt natürlich noch sehr viel stärker beim Kauf eines Gebrauchtwagens.

Vor diesem Hintergrund ist es sehr wahrscheinlich, daß die virtuelle Distribution in einem mittelfristigen Betrachtungszeitraum auf der ersten Stufe stehen bleibt, d.h., daß sich neben dem vertragsgebundenen Handel ein zweiter, unsichtbarer Vertriebskanal aufbaut. Die Verstärkung preisorientierten Kaufverhaltens verstärkt die Gefahr, daß sich Zahl und Umfang von Käuferclubs weiter erhöhen. Die Ausbreitung der virtuellen Distribution deutet auf eine tiefgreifende Krise der traditionellen Handelsfunktionen hin. Der Kunde scheint auf Beratung und Information immer weniger Wert zu legen. Ursachen für diese „Akzeptanzkrise des Handels" sind der zunehmende Bildungsgrad und das fast schon ausufernde Informationsangebot für den Verbraucher. Wer sich über ein neues Modell informieren möchte, muß deshalb nicht ins Autohaus. Er kann dies auch über die Vielzahl von Fachzeitschriften und spezielle Produktvideos bzw. CD-ROM tun. Hinzu kommt, daß der Verbraucher in praktisch allen anderen Konsumbereichen mittlerweile an die „Selbstbedienung" gewöhnt ist und deshalb den persönlichen Verkauf zuweilen schon als „störend" empfindet. Die virtuelle Distribution ist insofern Reaktion und Angriff auf die Rolle des Handels innerhalb der vertraglichen Vertriebssysteme.

Wenn der Handel seinen Platz im Automobilvertrieb behalten möchte, muß er seine traditionellen akquisitorischen Funktionen durch zusätzliche Angebote erweitern, um als Einkaufsstätte attraktiv zu bleiben. Das Schlüsselwort heißt hier „Erlebnismarketing". Ziel des Erlebnismarketings ist, die Frequenz und die Verweildauer im Autohaus zu erhöhen, denn damit erhöht sich die Wahrscheinlichkeit von Kaufabschlüssen beim vertragsgebundenen Handel. Der Handelsbetrieb muß also mehr bieten als die Präsentation von Fahrzeugtechnik. Er muß dem Einkaufen seinen reinen Versorgungscharakter nehmen. Der Einkaufsvorgang muß einen Eigenwert in der Freizeitgestaltung der Kunden bekommen, indem in den automobilen Einkaufsstätten themenbezogene Erlebniswelten geschaffen werden. Das aber fordert neue betriebswirtschaftliche und gestalterische Konzeptionen für das Autohaus der Zukunft.

Praxisbeispiel:

Cyberspace bei Mercedes-Benz

Bei Mercedes-Benz befindet sich ein Konzept des Cyberspace in der Erprobung. Mit diesem System können Innenräume von Fahrzeugen dargestellt werden. Dabei erzeugen Computer ein dreidimensionales, stereoskopisches Bild des Autoinnenraumes, das in einen speziellen Monitorhelm projiziert wird (vgl. Abb. 23). Sobald eine Testperson den Helm aufsetzt, erlebt sie eine künstliche Welt, die exakt den tatsächlichen Verhältnissen entspricht. Dreht sie den Kopf beispielsweise zur Seite oder nach hinten, folgt der Computer automatisch dieser Bewegung und überträgt blitzschnell die entsprechenden Bilder auf das Helmdisplay. In Kombination mit einem sogenannten Datenhandschuh, der ebenfalls mit dem Computer verbunden ist, kann er sogar die Schalter und Hebel an der imaginären Instrumententafel bedienen. Mit Hilfe dieser künstlichen Welten können die Dimensionen oder Farben eines Autoinnenraumes per Knopfdruck verändert werden. Gegenwärtig besteht die Möglichkeit, neun virtuelle Variationen des Innenraumes in den Monitorhelm zu übertragen: drei Versionen mit unterschiedlichen Dimensionen und drei Ausführungen mit verschiedener Farbgestaltung. So lassen sich z.B. die Neigungswinkel der Frontscheibe und der vorderen Dachsäulen verändern, so daß sich bei den Insassen ein neues Raumgefühl einstellt. Für die Darstellung einer künstlichen Welt müssen Konstruktionsdaten in bewegte Bilder umgewandelt werden. Dazu wird jedes Bauteil in eine Vielzahl drei- und mehreckiger Flächen gegliedert, die netzförmig jede Rundung oder Kante erfassen. Für den realitätsnahen Raumeindruck erzeugt der Computer pro Sekunde 25 bis 30 Bilder, die sich jeweils aus rund 30.000 Vielecken (Polygone)zusammensetzen. Das Cyberspace wird bislang noch für die Entwicklung neuer Fahrzeuge eingesetzt. Langfristig wird es jedoch für möglich gehalten, daß Kunden die erste Probefahrt mit ihrem neuen Wagen in einer künstlichen Welt absolvieren und das Interieur dabei ganz nach persönlichem Geschmack gestalten. Ausstattungslinien, Innenraumfarben, Stoffdessins oder Holzdekors lassen sich dann per Knopfdruck variieren und virtuell erleben.

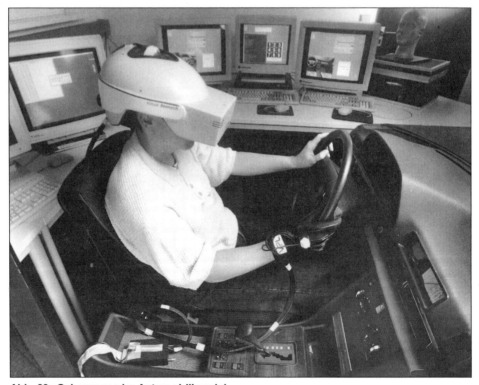

Abb. 23: Cyberspace im Automobilhandel

Literaturhinweise

Aaken, D. A. (1994): Wie eine Markenpersönlichkeit erfolgreich aufgebaut wurde, in: Harvard Business Manager Nr. 4/1994, S. 28-39 ff.

Ahlert, D. (1991): Distributionspolitik, 2. Auflage, Stuttgart 1991

Autohaus (1992): Autohaus-System, Ottobrunn b. München 1992

BGH (1994): Urteil des Bundesgerichtshofes vom 12. Januar 1994 („Daihatsu-Urteil"), o.O. 1994

Bossiatzky, G. S. von (1995): Die Zukunft beginnt heute – Die neue Kommunikationslandschaft braucht Architekten, in: Absatzwirtschaft Nr. 3/1995, S. 86-102

BP Oil Deutschland (1994): Erfolgsfaktoren für das Autohaus, Hamburg 1994

Brachat, H. (1994): Auslastung sichern!, in: Autohaus Nr. 1/2 1994, S. 85-88

Bunk, B. (1993): Das Geschäft mit dem Ärger, in: Absatzwirtschaft Nr. 9/1993, S. 65-69

Car Garantie/Autohaus (1994): Pkw-Verkäuferstudie '94, Freiburg i.Br. 1994

Creutzig, J. (1993): Die zukünftige Regelung des Automobilvertriebs in Europa, in: Meinig, W. (Hrsg.): Automobilwirtschaft, Wiesbaden 1993, S. 43-73

Creutzig, J. (1995): Franchise – nein danke!, in: Autohaus Nr. 11/1995, S. 94-95

Creutzig, J. (1995): Mittelfristige Entwicklungstendenzen im Automobilhandel, in: Reuss, H. / Müller, W. (Hrsg.): Wettbewerbsvorteile im Automobilhandel, Frankfurt/New York 1995, S. 27-42

Deutsche Automobiltreuhand (1994): DAT-Kundendienstreport, Stuttgart 1994

Diez, W. (1993): Bindung durch Kontakt (1. Teil), in: Autohaus Nr. 17/1993, S. 130-134

Diez, W. (1993): Bindung durch Kontakt (2. Teil), in: Autohaus Nr. 19/1993, S. 30-35

Diez, W. (1994): Integriertes Kundenkontaktmanagement – Neue Ansätze zur Stärkung der Wettbewerbsposition, unveröffentlichtes Vortragsmanuskript, Bad Homburg 1994

Diez, W. (1994): Neue Vertriebsstrukturen in der Automobilwirtschaft, unveröffentlichtes Vortragsmanuskript, Wiesbaden 1994

Diez, W. / Brachat, H. (1994): Grundlagen der Automobilwirtschaft, Ottobrunn b. München 1994

Diez, W. / Zellmer, K. (1994): Schattenvertrieb – Virtual Distribution ein neuer Vertriebsweg für Automobile?, in: Autohaus Nr. 13/1994, S. 14-15

EG-Kommission (1985): Verordnung (EWG) Nr. 123/85 der Kommission vom 12.12.1984 über die Anwendung von Artikel 85 Absatz 3 des Vertrags auf Gruppen von Vertriebs- und Kundendienstvereinbarungen über Kraftfahrzeuge, Brüssel 1984

EG-Kommission (1988): Verordnung (EWG) Nr. 4087/88 der Kommission vom 30.11.1988 über die Anwendung von Artikel 85 Absatz 3 des Vertrags auf Gruppen von Franchisevereinbarungen, Brüssel 1988

Enning, B. (1993): Das deutsche Kfz-Gewerbe – Die Aufgabenstellung im europäischen Markt, in: Meinig, W. (Hrsg.): Automobilwirtschaft, Wiesbaden 1993, S. 9-35

Enning, B. (1995): Kfz-Gewerbe: Konjunkturmotor kommt noch nicht auf Touren, in: Promotor Nr. 3/4 1995, S. 1-22

Florenz, P. J. (1992): Konzept des vertikalen Marketing, Bergisch Gladbach 1992

Friedel-Beitz, A. (1994): Ist die klassische Autohaus-Organisation noch kundengerecht?, in: ZDK (Hrsg.): Betriebswirtschaftliche Jahrestagung des ZDK (Tagungsbericht), Bonn 1994, S. 39-52

Girard, J. (1981): How to Sell Yourself, New York 1981

Goehrmann, K. E. (1984): Verkaufsmanagement, Stuttgart 1984

Haas, H.-L. (1993): Was produziert ein Handelsbetrieb, in: Zeitschrift für Betriebswirtschaft, Heft Nr. 11/1993, S.1137-1155

Hallier, B. (1995): Der Handel auf dem Weg zur Marketingführerschaft, in: Absatzwirtschaft Nr. 3/1995, S. 104-107

Hansen, U. / Jeschke, K. (1992): Nachkaufmarketing – Ein neuer Trend im Konsumgütermarketing, in: Marketing ZFP, Heft Nr. 2, 1992, S. 88-97

Holme, P. (1991): Neue Wege zur Käuferzentrierung, Augsburg 1991

J.D.Power and Associates (1993): The Revolution in Automotive Retailing – The 1993 Auto Mall Study, o.O. 1993

Lerchenmüller, M. (1992): Handelsbetriebslehre, Ludwigshafen 1992

Link, J. / Hildebrand, V. G. (1994): Database Marketing und Computer Aided Selling, in: Marketing ZFP, Heft Nr. 2/1994, S. 107-120

Meffert, H. (1995): Kundenbindung – Konzeption und Instrumente, unveröffentlichtes Vortragsmanuskript, Ingolstadt 1995

Meinig, W. / Heß, A. (1992): Konflikte in vertraglichen Vertriebssystemen der Automobilwirtschaft, in: Zeitschrift für Betriebswirtschaft, Heft Nr. 4/1992, S. 369-390

o.V. (1995): Platz nehmen im virtuellen Auto, Daimler-Benz HighTechReport Nr. 1/1995, S. 48-55

Panka, E. (1995): Vertriebsstrukturüberlegungen für den Automobilhandel der Zukunft, unveröffentlichtes Vortragsmanuskript, Geilingen a.d. Steige 1995

Ried, P. H. (1993): Kundenverhalten im Wandel, in: Autohaus Nr.19/1993, S. 36-40

Schiller, T. (1992): Eine betriebswirtschaftliche Analyse der Gruppenfreistellungsverordnung, Diplomarbeit an der Universität Köln 1992

Schröder, H. / Diller, H. (1992): Verkauf, in: Vahlens Großes Marketing Lexikon, hrsg.v. Hermann Diller, München 1992, S. 1206-1207

Thurow, W. (1992): Strukturwandel im deutschen Kraftstoffvertrieb am Beispiel der Aral AG, in: Zeitschrift für betriebswirtschaftliche Forschung Nr. 4/1992, S. 369-385

Tietz, B. (1993): Der Handelsbetrieb, 2., neubearbeitete Auflage, München 1993

Weis, H.-C. (1989): Verkauf, 2., erweiterte und überarbeitete Auflage, Ludwigshafen 1989

Wieland, B. (1994): Das große Fressen, in: Auto Motor Sport, Heft Nr. 11/1994, S. 182-186

Wittig, D. (1995): Es muß alles auf den Prüfstand, in: Kfz-Betrieb Unternehmermagazin Nr. 2/1995, S. 8-11

Woltermann, A. (1991): Kooperationsfibel, Bonn 1991

ZDK (1992): Händlervereinigungen – Beirat oder e.V.?, Bonn 1992

ZDK (1994): Geschäftsbericht des Zentralverbandes Deutsches Kraftfahrzeuggewerbe, Bonn 1994

Zeutschel, U. / Hintzpeter, R. / Patzelt, B. (1995): BMW: „Jetzt wird auch der Verkauf super gemacht", in: Harvard Business Manager Nr. 1/1995, S. 65-70

Abbildungsverzeichnis

Abb. 1:   Entscheidungstatbestände in der akquisitorischen Distribution
Abb. 2:   Absatzwege in der deutschen Automobilwirtschaft
Abb. 3:   Typische Vertragsklauseln in Vertragshändlerverträgen der Auto-
           mobilwirtschaft
Abb. 4:   Gestaltungsmerkmale von Vertriebssystemen in der Automobilwirt-
           schaft
Abb. 5:   Geographische Marktdurchdringung von Automobilhändlerbetrie-
           ben
Abb. 6:   Geographische Verteilung der Verkäufe eines Händlerbetriebes
Abb. 7:   Traditionelles Margensystem in der Automobilwirtschaft
Abb. 8:   Gestaltungs- und ergebnisbezogene Elemente von Margensystemen
Abb. 9:   Verkaufsorganisation in einem Autohaus
Abb. 10:   Umsatz- und Bruttoertragsprovision im Vergleich
Abb. 11:   Das GRID-Modell als Grundlage einer Verkaufsstrategie
Abb. 12:   Merkmale erfolgreicher Automobilverkäufer
Abb. 13:   Durchführung einer Kundenwertanalyse
Abb. 14:   Der Wert eines Automobilkunden im Life-Cycle-Marketing
Abb. 15:   Prämienkonzept für ein Kundenbindungssystem
Abb. 16:   Anforderungen an Prämien im Rahmen von Kundenbindungssyste-
           men
Abb. 17:   Betriebstypen im Mulifranchising
Abb. 18:   Das Problem der optimalen Betriebsgröße – ökonomische Sicht-
           weise
Abb. 19:   Das Problem der optimalen Betriebsgröße – machttheoretische
           Sichtweise
Abb. 20:   Thesen zum betriebsgrößenabhängigen Umsatz- und Kostenverlauf
           in Autohäusern
Abb. 21:   Das Konzept des Betriebsverbundes im Automobilvertrieb
Abb. 22:   Stufen der virtuellen Distribution
Abb. 23:   Cyberspace im Automobilhandel

Teil IV

Kommunikations-
marketing

1 Grundlagen

Unter Kommunikationspolitik versteht man die systematische Gestaltung der Übermittlung von Informationen und Bedeutungsinhalten mit dem Ziel, Einstellungen und Verhaltensweisen gemäß den unternehmerischen Zielsetzungen zu steuern *(Meffert 1986, S. 443)*. Die wichtigsten Instrumente des Kommunikationsmarketings sind:

- die Werbung
- die Öffentlichkeitsarbeit
- das Sponsoring
- die Verkaufsförderung

Die Kommunikationspolitik ist in der Automobilwirtschaft von herausragender Bedeutung. Dafür sind vor allem drei Gründe verantwortlich:

Das Automobil ist ein typisches High-involvement-Produkt, mit dessen Kauf sich der Kunde relativ lange beschäftigt. Der Kaufentscheidungszeitraum liegt zwischen sechs und zwölf Monaten. Angesichts der hohen finanziellen Mittelbindung und der nicht unerheblichen Kaufrisiken ist der Kunde sehr stark an Informationen über das Angebot auf dem Automobilmarkt interessiert. Bei vielen Autofahrern ist dies selbst dann der Fall, wenn sie nicht direkt vor einem Neuwagenkauf stehen. Das intensive Kundeninteresse spiegelt sich in einem hohen Medieninteresse wider. Wohl für kein anderes Produkt gibt es eine so große Zahl von Fachzeitschriften wie für das Automobil. Hinzu kommt die regelmäßige Berichterstattung über den Automobilmarkt in Tageszeitungen und Zeitschriften sowie in den elektronischen Medien. Aufgrund dieses starken Interesses ist es für die Automobilhersteller zwingend notwendig, intensive Kommunikationsbeziehungen mit den Kunden und der Öffentlichkeit aufzubauen und zu gestalten.

Über das Produkt hinaus stehen auch die Unternehmen der Automobilindustrie in besonderer Weise im Blickpunkt der Öffentlichkeit. Als eine der wirtschaftlichen Schlüsselbranchen in vielen Industrieländern ist die Entwicklung in diesem Wirtschaftszweig, etwa im Hinblick auf die Beschäftigung, von großer gesamtwirtschaftlicher Bedeutung. Außerdem sind mit der Produktion, der Nutzung und der Entsorgung des Automobils vielfältige ökologische Belastungen verbunden. Die Öffentlichkeit erwartet von den Automobilherstellern Antworten, wie diese Probleme gelöst werden können. Unternehmen, Marke und Produkt bilden daher in der Automobilwirtschaft – anders als in vielen anderen Branchen – praktisch eine Einheit. Daraus resultiert eine enge Verbindung zwischen Unternehmens- und Produktkommunikation.

Schließlich gestaltet die Kommunikationspolitik einen der zentralen Erfolgsfaktoren auf dem Automobilmarkt: das Image. Unter Image ist die Gesamtheit aller Einstellungen zu verstehen, die Menschen mit einem bestimmten Gegenstand verbinden. Dabei kann es sich um das Unternehmen (Unternehmensimage), die Marke (Markenimage) oder auch um eine einzelne Baureihe (Produktimage) handeln. Zwar bestehen zwischen diesen Images wechselseitige Beziehungen und fließende Übergänge, doch können Unternehmens-, Marken- und Produktimages durchaus unterschiedliche Ausprägungen aufweisen. So besitzen z.B. außergewöhnliche Modelle innerhalb eines Produktprogramms häufig ein gegenüber der Marke eigenständiges Image (z.B. Audi quattro, Mazda MX 5, Mini Cooper). Selbstverständlich wird das Image als ein sich langfristig herausbildendes Einstellungsmuster auch von den anderen Marketinginstrumenten, also der Produkt-, Preis- und Distributionspolitik, beeinflußt. Aufgrund eines beschleunigten Imitationswettbewerbs sinken jedoch die Differenzierungsmöglichkeiten durch Produktinnovationen, Produktqualität und Preisstellung. Da die Kommunikationspolitik die Wahrnehmung und Bewertung von Angebotsmerkmalen beeinflussen kann (z.B. der Produktqualität oder der Preisstellung), ist es möglich, daß sich das Image durch eine intensive Kommunikationspolitik zumindest temporär gegenüber den objektiven Gegebenheiten verselbständigt. Vermeintlich „weiche" Meinungen werden damit zu „harten" Tatsachen. Durch die Kommunikationspolitik kann daher eine langfristig wirksame Wettbewerbsdifferenzierung im Markt erreicht werden.

Image als Gegenstand der Kommunikationspolitik

Für die Automobilwirtschaft liegen eine Vielzahl von Imagestudien vor. Ein differenziertes Bild über die Images unterschiedlicher Marken gibt eine Befragung, die im Auftrag des „SPIEGEL" durchgeführt wurde. Gefragt wurde dabei, wie sympathisch die verschiedenen Fabrikate empfunden werden. Die Ergebnisse sind in Abbildung 1 dokumentiert. Wie gut zu erkennen ist, belegen die deutschen Fabrikate überdurchschnittliche Sympathiewerte (Mercedes-Benz, BMW, Volkswagen). Unverkennbar sind die Imageschwächen der japanischen Anbieter. Sie belegen lediglich hintere Plätze. Daß dies nicht zwangsläufig auf die geringere Marktbedeutung dieser Fabrikate zurückzuführen ist, zeigen die vergleichsweise hohen Imagewerte für Porsche, Jaguar und Volvo.

Betrachtet man die Ergebnisse verschiedener Imageanalysen im Überblick, so wird deutlich, daß die Imagestärke von Marken vor allem von zwei Faktoren abhängt:

● Marken mit einem spezialisierten Produktprogramm weisen tendenziell bessere Imagewerte auf als Full-Line-Hersteller. Die Fokussierung des Pro-

Marken	Bekanntheit in v. H.	Sympathie in v.H.
Deutsche Marken		
Audi	97	35
BMW	99	44
Ford	98	20
Mercedes-Benz	98	49
Opel	99	37
Porsche	95	35
Volkswagen	99	48
Europäische Marken		
Alfa Romeo	85	11
Citroën	91	9
Fiat	97	11
Jaguar	85	24
Peugeot	92	11
Renault	94	10
Rover	55	5
Saab	75	9
Seat	74	6
Skoda	66	1
Volvo	91	19
Japanische Marken		
Honda	89	12
Hyundai (Südkorea)	31	1
Mazda	92	15
Mitsubishi	76	8
Nissan	87	12
Subaru	59	3
Suzuki	74	6
Toyota	92	16

Befragt wurden potentielle Autokäufer in Deutschland (alte Bundesländer) im Jahr 1992 (Quelle: SPIEGEL-Dokumentation: Auto, Verkehr und Umwelt, Hamburg 1993, S. 165 ff.)

Abb. 1: Bekanntheit und Image von Automobilmarken

duktprogramms auf bestimmte Segmente führt offensichtlich zu einem prägnanteren Markenbild und schafft damit zugleich eine bessere Distanz zum Wettbewerb. Dies wird insbesondere durch die sehr guten Imagewerte von Marken wie Mercedes-Benz, BMW, Porsche, Jaguar und Volvo belegt.

● Marken mit einem langfristig angelegten Kommunikationskonzept weisen ein besseres Image auf als Marken, die ihr kommunikatives Profil häufig verändern. Vor allem die japanischen Hersteller neigen zu einem häufigen Wechsel des Werbestils und der Werbebotschaft. In Verbindung mit den relativ kurzen Modellwechseln wird damit die Herausbildung eines klaren Markenprofils verhindert.

Die wirtschaftliche Bedeutung eines starken Images wird dann sichtbar, wenn aktuelle Produktschwächen auftreten. Bei imageschwachen Anbietern führt dies sofort zu nachhaltigen Marktanteilsverlusten. Demgegenüber können imagestarke Marken auch eine solche Schwächephase noch relativ gut durchstehen: Die allgemein positive Einstellung zu einer Marke überdeckt Schwächen bei einzelnen Produkteigenschaften. Insofern kann man feststellen, daß ein gutes Image ein Unternehmen bis zu einem gewissen Grad immun gegenüber unternehmerischem Fehlverhalten macht, weil es kurzfristige Käufersanktionen verhindert *(Haedrich 1993, S. 260)*. Gerade in der Automobilwirtschaft, in der die produktpolitische Flexibilität begrenzt ist, besitzt dieser Aspekt eine herausragende Bedeutung.

2 Werbung

2.1 Grundlegende Aspekte

In Anlehnung an die klassische Definition von Behrens kann Werbung als eine absichtliche und zwangfreie Form der Beeinflussung von Menschen zur Erfüllung der Werbeziele bezeichnet werden *(Behrens 1963, S. 12)*. Die Werbeziele ergeben sich dabei aus den allgemeinen unternehmens- und marketingpolitischen Zielen.

Die Werbung spielt die dominierende Rolle im Kommunikations-Mix der Automobilwirtschaft. Ein Indikator dafür ist die Höhe der Werbeausgaben. Bezogen auf das Gesamtvolumen der Werbeaufwendungen liegt die Automobilwirtschaft an der Spitze der werbungtreibenden Wirtschaftszweige, und regelmäßig finden sich unter den Unternehmen mit den höchsten Werbeausgaben einige der großen Automobilhersteller (Abb. 2). Die hohen absoluten Werbeaufwendungen müssen freilich in bezug zum Umsatz der Branche und der Unternehmen gesehen werden.

Die Werbeintensität weist zwischen den verschiedenen Automobilherstellern erhebliche Unterschiede auf. Betrachtet man die Werbeaufwendungen je verkauftes Fahrzeug, so zeigt sich eine sehr deutliche, inverse Beziehung zwischen dem Marktanteil und der Werbeintensität: Unternehmen mit hohen Marktanteilen weisen vergleichsweise niedrige Aufwendungen von 400 bis 500 DM je verkauftes Fahrzeug auf, während sie bei Fabrikaten mit kleinem Marktanteil größenordnungsmäßig bei 1.000 bis über 2.000 DM je Fahrzeug liegen (Abb. 3).

Rang/Branche/Produktgruppe	Werbeaufwand in Mio. DM
1. Automarkt	2.186,5
2. Massenmedien	1.697,1
3. Handelsorganisationen	1.624,8
4. Schokolade und Süßwaren	983,0
5. Pharmazie	972,2
6. Banken	693,3
7. Spezial-Versender	672,5
8. EDV	605,2
9. Bier	599,9
10. Waschmittel	597,6
	(Quelle: Nielsen Werbeforschung 1995)

Abb. 2: Werbeaufwendungen ausgewählter Branchen im Jahr 1994

Marken	Werbeaufwand in Mio. DM
Deutsche Marken	
VW/Audi	403
Opel	396
Ford	532
Mercedes-Benz	504
BMW	408
Porsche	2.869
Europäische Marken	
Renault	734
Peugeot	983
Citroën	1.137
Fiat/Lancia	1.055
Alfa Romeo	2.071
Volvo	2.527
Saab	2.123
Japanische Marken	
Toyota	986
Mazda	919
Nissan	808
Honda	850
Mitsubishi	625
Subaru	1.038
Suzuki	562
Die Angaben beziehen sich auf das Jahr 1993	(Quelle: Autohaus 1994)

Abb. 3: Werbeaufwendungen ausgewählter Automobilhersteller

251

2.2 Werbekonzeption

2.2.1 Konzeptionelle Grundlagen

Die Werbekonzeption kann als ein gesamtheitlicher Entwurf zur Durchführung der werblichen Aktivitäten definiert werden. In dieser weiten Abgrenzung umfaßt die Werbekonzeption die folgenden Elemente:

- die Werbeziele
- die Werbebotschaft
- das Werbebudget
- die Werbemittel und Werbeträger
- die Werbeerfolgskontrolle

Diese Elemente der Werbekonzeption sollen im folgenden im Hinblick auf ihre Relevanz und Ausgestaltung im Automobilbereich näher beleuchtet werden.

2.2.2 Werbeziele

Die Werbeziele ergeben sich aus den allgemeinen Marketingzielen eines Unternehmens. Dabei kann bei den Marketingzielen grundsätzlich zwischen Positionierungs- und Verkaufszielen unterschieden werden. Positionierungsziele beinhalten die Verankerung eines Unternehmens, einer Marke oder eines Produktes in der Vorstellungswelt des Kunden. Grundlage der Positionierung ist zunächst die Erzielung einer bestimmten Markenbekanntheit. Das zweite Teilziel sind dann die Beeinflussung der Einstellungen der Kunden und die Schaffung von unternehmens-, marken- und produktbezogenen Präferenzen. Das dritte Teilziel der Positionierung ist schließlich die Schaffung von Kundenzufriedenheit als Bedingung eines markentreuen Kaufverhaltens. Die Verkaufsziele umfassen demgegenüber die Erzielung eines bestimmten Absatzvolumens und Marktanteils. Analog zur Unterscheidung zwischen Positionierungs- und Verkaufszielen kann auf der Ebene der Werbeziele zwischen kommunikativen und ökonomischen Zielen unterschieden werden.

Betrachtet man die Entwicklung in der Automobilwirtschaft, so hat sich auf der Ebene der Marketingziele unter dem Einfluß der rezessiven Marktentwicklung zu Beginn der 90er Jahre eine Verschiebung zugunsten der Verkaufsziele ergeben. Ursache dafür ist, daß der Verkaufsdruck erheblich zugenommen hat. Dies ist insofern problematisch, als zwischen den Positionierungs-

und Verkaufszielen und damit auch zwischen den kommunikativen und ökonomischen Werbezielen Zielkonflikte auftreten können. Besteht beispielsweise das Ziel, eine Marke im Wertempfinden der Kunden höher zu positionieren, was in den 80er Jahren praktisch von allen Automobilherstellern versucht wurde, so wird eine solche Upgrading-Strategie durch eine preisaggressive Verkaufswerbung konterkariert. Die Marke verliert an Wertanmutung, und das Produkt wird zum „commodity on wheels". In der Tat muß man bei vielen Automobilherstellern eine mangelnde Abstimmung von kommunikativen und ökonomischen Werbezielen feststellen. Der Konflikt zwischen (langfristigen) Positionierungs- und (kurzfristigen) Verkaufszielen zieht sich wie ein roter Faden durch die Werbepraxis der Automobilbranche der letzten Jahre. Hohe Investitionen in den Markenwert wurden durch eine preisdominante Werbepolitik vernichtet. Die dadurch eingetretenen Imagebeschädigungen lassen sich nur durch eine in sich konsistente Werbegestaltung wieder beseitigen. Dazu bedarf es aber eines langen Atems.

2.2.3 Werbebotschaft

Die Werbebotschaft stellt die grundsätzliche Aussage eines Unternehmens gegenüber der anvisierten Zielgruppe dar. Sie umfaßt den Inhalt und die Tonality einer bestimmten werblichen Aktivität *(vgl. Huth/Pflaum 1991, S. 95)*. Beides ergibt sich aus dem jeweiligen konkreten Werbeziel.

Betrachtet man zunächst den Inhalt der Werbebotschaft, so kann er in drei Formen auftreten: Zunächst kann die Werbebotschaft aus einer Leitidee bestehen, die der Gestaltung des Marken- und Unternehmensimages dient. Eine Leitidee bringt die Markenphilosophie eines Unternehmens zum Ausdruck. Inhalt der Werbebotschaft können zweitens die Definition und Kommunikation einer Unique Selling Proposition (USP) sein. Der USP besteht in konkreten Produktvorteilen für den Kunden, wobei sich diese sowohl auf den Grund- wie auch auf den Zusatznutzen eines Produktes beziehen können. Vor allem soll der definierte USP aber eine Differenzierung zum Wettbewerb erkennen lassen. Dies ist die Voraussetzung, um beim Kunden Kaufpräferenzen zu erzeugen. Schließlich kann aber auch eine kurzfristige Absatzsteigerung angestrebt werden. In diesem Fall besteht der Inhalt der Werbebotschaft aus der Präsentation eines konkreten Produkt- und Preisangebotes mit Aktionscharakter. Die Werbebotschaft muß in diesem Fall den Eindruck der Außergewöhnlichkeit des Angebotes und seiner zeitlichen Befristung vermitteln.

Im Hinblick auf den Inhalt der Werbebotschaft können also theoretisch drei Formen von Werbung unterschieden werden:

Abb.: VOLVO 850 GLT

ICH MACHE GERNE,
WAS ICH WILL. ABER NICHT
UM JEDEN PREIS.

Das könnte Ihnen so gefallen. Ein Kombi, der ausgestattet ist wie eine Oberklasse Limousine. Ohne Aufpreis zu der Limousine. Dürfen wir vorstellen: der neue Volvo 850 Kombi. Serienmäßig mit allen Privilegien wie Airbag, ABS, integriertem Kindersitz, SIPS-Seitenaufprallschutz, 3-Punkt-Gurten auf allen fünf Sitzen, autom. Gurtstraffern. Und mit mehr Spielraum für Träume.

Traumhaft sind auch das Design des Volvo 850 Kombi und der neue Vorderradantrieb. Sie können zwischen zwei 5-Zyl.-Varianten wählen. Der GLE-Version mit 103 kW (140 PS) und der GLT-Version mit 20 V. und 125 kW (170 PS).

DER NEUE VOLVO 850 KOMBI.
OHNE AUFPREIS ZUR LIMOUSINE.
ALS GLE AB DM 46.600,-*
*Unverbindl. Preisempfehlung ab Lager Volvo.

DER NEUE VOLVO 850 KOMBI.
MEHR SPIELRAUM FÜR TRÄUME.

VOLVO

(Quelle: Volvo Deutschland)

Abb. 4: Imagewerbung in der Automobilindustrie

(Quelle: Toyota Deutschland)

Abb. 5: Produktwerbung in der Automobilindustrie

- Imagewerbung (Leitidee)
- Produktwerbung (Unique Selling Proposition)
- Aktionswerbung (aktuelle Angebotspräsentation)

Es liegt auf der Hand, daß sich die drei dargestellten Grundformen einer inhaltlichen Werbebotschaft in der Werbepraxis vermischen. Dementsprechend bietet die Automobilwerbung ein sehr vielgestaltiges und differenziertes Bild.

Imagewerbung

Die Leitidee wird bei werblichen Aussagen in der Regel als Slogan formuliert. Der Slogan soll die Kontinuität in der werblichen Kommunikation sicherstellen und bildet ein wesentliches Element der Markenprofilierung. Imagestarke Marken halten zumeist über Jahrzehnte an ihrem Slogan fest, während viele andere Marken durch den ständigen Wechsel ihrer zentralen Werbebotschaft kein eigenständiges Image aufbauen können. Beispiele für Slogans, in denen Leitideen formuliert werden, sind *(vgl. auch Abb. 4)*:

- *Mercedes-Benz:* Ihr guter Stern (Qualität, Sicherheit, Exklusivität)
- *BMW:* Freude am Fahren (Hedonismus, Modernität, Ästhetik)
- *Audi:* Vorsprung durch Technik (Innovation, Zukunft)
- *Volkswagen:* Da weiß man, was man hat (Zuverlässigkeit, Seriosität)
- *Opel:* Ein neues Denken für eine neue Zeit. Wir haben verstanden (Umwelt- und Kundenorientierung)
- *Ford:* Die tun was (Verantwortungsgefühl, Handlungsbereitschaft)
- *Renault:* Autos zum Leben (Umweltverträglichkeit, Vernunft)
- *Citroën:* Mehr als Sie erwarten (Exzellenz, überdurchschnittliches Leistungsniveau)
- *Toyota:* Nichts ist unmöglich (Außergewöhnlichkeit, Begeisterung)

Eine Leitidee wird nur dann zum Fokus des Unternehmens- bzw. Markenimages, wenn sie durch die Leistungen des Unternehmens bewiesen wird. Insofern besteht die Grenze der Wirksamkeit von Imagewerbung in der Erfahrungswelt der Kunden und Interessenten.

Produktwerbung

In der Produktwerbung wird versucht, konkrete wettbewerbsdifferenzierende Produktvorteile zu kommunizieren (Abb. 5). Für sie gilt am ehesten, was Huth/Pflaum von einer Werbebotschaft fordern: Darstellung des Verbrauchernutzens (Consumer Benefit) und dessen Glaubhaftmachung (Reason Why) *(Huth/Pflaum 1991, S. 95)*. Für den Automobilbereich liegen eine Reihe von Untersuchungen über Themeninhalte der Produktwerbung vor. Je nach dem

Untersuchungsdesign ergeben sich unterschiedliche Gewichtungen für die verschiedenen Themenbereiche. So hat Preißner im Zeitraum zwischen 1992 und Mitte 1994 insgesamt 350 Automobilanzeigen in Zeitschriften (Stern, Freundin, ADAC Motorwelt, TV Spielfilm, manager magazin u.a.) ausgewertet. Seine Auswertung konzentrierte sich auf mindestens ganzseitige Anzeigen. Folgende Themenschwerpunkte konnte er identifizieren (Preißner 1995, S. 81):

- Kraft/Leistung   25%
- Produktvorstellung   16%
- Sicherheit   12%
- Prestige   9%
- Individualität   9%
- Preis   7%
- Umwelt   6%
- Transportleistung   6%
- Zuverlässigkeit   5%
- „Süß"   4%

Im Rahmen von zwei weiteren Untersuchungen aus jüngerer Zeit wurden zwischen Mitte 1991 und Mitte 1992 sowohl Tageszeitungen (FAZ, Süddeutsche Zeitung, Stuttgarter Zeitung) als auch Zeitschriften (ADAC Motorwelt, Auto Motor Sport, Auto Bild, Brigitte, Hörzu, Spiegel, Stern u.a.) im Hinblick auf Themen der Produktwerbung im Segment der unteren Mittelklasse und der Mittelklasse untersucht *(Reik 1993, S. 24 ff.; Wesemann 1993, S. 28 ff.)*. Identifiziert werden konnten dabei die folgenden Themenschwerpunkte:

Segment untere Mittelklasse
(„Golf"-Segment):

- Ausstattung/Technik   23,4%
- Umwelt   23,4%
- Sicherheit   19,5%
- Komfort   9,1%
- Qualität   7,8%
- Sportlichkeit   7,8%
- Design   5,2%
- Wirtschaftlichkeit   3,9%

Segment Mittelklasse:

- Ausstattung/Technik   46,6%
- Umwelt   18,5%
- Garantie   11,9%
- Qualität   6,7%
- Zuverlässigkeit   4,4%
- Leasing   3,0%
- Sportlichkeit   3,0%
- Sicherheit   2,2%
- Design   2,2%
- Individualität   1,5%

Auffällig ist die anhaltend starke Dominanz von technischen Werbeinhalten. Offensichtlich wird in der Automobilwerbung nach wie vor sehr stark auf die Überzeugungskraft von technischen und ausstattungsmäßigen Details gesetzt.

Aktionswerbung

Unter dem Einfluß der rezessiven Marktentwicklung hat in den Jahren 1993 und 1994 die Aktionswerbung ganz massiv zugenommen. Sie findet sich vor allem in den regionalen Tageszeitungen. Sondermodelle, Hauspreise und supergünstige Finanzierungs- und Leasingangebote bilden die dominanten Werbethemen vieler Fabrikate (Abb. 6). Da die regionale Insertion sehr stark vom Vertragshandel unter Verwendung von Herstellervorlagen durchgeführt wird, kommt hier eine auffällige, für die Gestaltung des Markenimages aber sehr fragwürdige Rollenverteilung zwischen Hersteller- und Händlerwerbung zum Ausdruck.

Tonality

Das zweite Element der Werbebotschaft ist die Tonality. Sie bezeichnet die Art und Weise, wie die inhaltliche Aussage der Werbung ausgedrückt wird. Grundsätzlich kann zwischen zwei Formen der Tonality unterschieden werden, nämlich

- der informativen und
- der emotionalen

Werbung *(Kroeber-Riel 1990, S. 56)*. Die *informative Werbung* besteht in einer sachlichen, an die Ratio des Adressaten gerichteten werblichen Aussage. Sie möchte kraft des besseren Argumentes mit konkreten Leistungsvorteilen überzeugen. Demgegenüber zielt die emotionale Werbung auf die Vermittlung von Erlebnisqualitäten beim Adressaten der Werbebotschaft ab. Die Werbung will in diesem Fall positive Gefühle wie Freude, Zuneigung und Zufriedenheit vermitteln, oder sie appelliert an das Gewissen und das moralische Empfinden der angesprochenen Zielgruppen.

Unter den Bedingungen informationsüberlasteter Konsumenten wird der *emotionalen Werbung* zumeist eine größere Wirksamkeit zugeschrieben als der informativen, da sie leichter einer Differenzierung vom Wettbewerb erlaubt *(Kroeber-Riel 1990, S. 65)*. Gleichwohl hat in der Automobilwirtschaft die eher informative Werbung nach wie vor eine große Bedeutung. Wie bereits erwähnt, hat für die kleineren Fabrikate die Werbung ganz wesentlich die Aufgabe, überhaupt eine optische Präsenz des Produktes zu erreichen. So lag der Marktanteil von immerhin 25 der 31 im Jahr 1994 auf dem deutschen Automobilmarkt angebotenen Marken unter 5%. Für diese Fabrikate hat die bildliche Darstellung des Produktes eine wichtige kommunikative Funktion: Sie soll das Fahrzeug bekanntmachen. Bei einer stärker emotionalen Werbung mit nicht fahrzeugbezogenen Bildmotiven würde beim Kunden überhaupt keine Produktvorstellung geschaffen.

258

Abb. 6: Aktionswerbung in der Automobilindustrie

2.2.4 Werbebudget

Unter Werbebudgetierung versteht man die Planung der Gesamtheit aller Werbeausgaben für eine bestimmte Planperiode *(Schweiger/Schrattenecker 1988, S. 52)*.

Die Bestimmung der absoluten Höhe des Werbebudgets erfolgt in der Praxis in der Regel anhand der folgenden operationalen Verfahren *(Schweiger/ Schrattenecker 1988, S. 53 ff.)*:

● Umsatzanteilsmethode
● „All-you-can-afford"-Methode (Prinzip der wirtschaftlichenTragfähigkeit)
● Orientierung am Branchendurchschnitt oder an einzelnen Wettbewerbern
● Orientierung an bestimmten Marketingaufgaben

Aus theoretischer Sicht am besten begründbar unter den operationalen Verfahren ist die Orientierung an den Marketingaufgaben. Werden spezielle Marketingziele verfolgt (z.B. Steigerung des Marktanteils, Einführung neuer Produkte), so müssen in einer solchen Periode die Werbeausgaben über den langjährigen Durchschnitt hinaus erhöht werden. Demgegenüber können in einem marketingpolitischen „Normaljahr" die Werbeausgaben wieder zurückgeführt werden. Die Problematik dieses Verfahrens liegt darin, daß es keine klare Quantifizierungsregel beinhaltet, da die jeweiligen Marketingaufgaben kaum meßbar sind. Letztlich bleibt damit ein sehr erheblicher Bewertungsspielraum für die Höhe des jeweiligen Werbebudgets. Insbesondere die Sockelwirkung erhöhter Werbeausgaben in Jahren mit vielfältigen Marketingaufgaben kann tendenziell eine Inflationierung der Werbeausgaben zur Folge haben.

Praxisbeispiel:

Werbebudgetierung beim VW Golf

Die Orientierung des Werbebudgets an den jeweiligen Marketingaufgaben kann sehr gut am Beispiel des VW Golf nachvollzogen werden *(Meffert 1994, S. 86 ff.)*. Abbildung 7 zeigt den (indexierten) Verlauf des Werbebudgets für den VW Golf und die jeweiligen Marktanteile. Ausgehend von einem Indexwert von 100 im Jahr der Markteinführung wurde das Werbebudget in den folgenden Jahren bis 1978 zurückgeführt. Der Golf befand sich in diesen Jahren in der Wachstums- und Reifephase, so daß zusätzliche Werbeanstrengungen kaum notwendig waren. Ab dem Jahr 1979 wurden die Werbeausgaben wieder leicht erhöht, weil der Golf I nunmehr in die Sättigungs- und Auslaufphase kam. Im Jahr 1983 wurde der Golf II in den Markt eingeführt. Dementsprechend wurde das Werbebudget deutlich erhöht. Nachdem das neue Modell im Markt bekanntgemacht worden war, wurde das Budget wieder zurückgeführt. Erst im Jahr 1987, als der Golf II einen Marktanteil von 13,5% erreichte, wurde das Werbebudget des Jahres 1983 deutlich überschritten. Die Jahre 1989/1990 waren durch eine gute Mengenkonjunktur gekennzeichnet, so daß eine weitere Erhöhung der Werbeausgaben nicht sinnvoll erschien. Im Jahr 1993 wurde der Golf III eingeführt, was wiederum eine entsprechende Einführungskampagne notwendig machte. Die Werbeaufwendungen erreichten in diesem Jahr den Indexwert 475. Im folgenden Jahr wurde das Budget wieder zurückgenommen, zumal die Marktentwicklung im ersten Halbjahr 1992 noch recht positiv war. Einen weiteren Sprung machte das Werbebudget dann im Jahr 1993. Dabei kamen zwei Faktoren zusammen: Zum einen wurden mit dem Golf Variant und dem Golf Cabrio zwei wichtige Typvarianten in den Markt eingeführt, wobei es sich beim Golf Variant um einen völligen neuen Typ in der Golf-Baureihe handelte. Gleichzeitig kam es zu einem Konjunktureinbruch. Um dem entgegenzusteuern, mußten die Werbeausgaben für den Absatz- und Umsatzträger im VW Konzern deutlich erhöht werden.

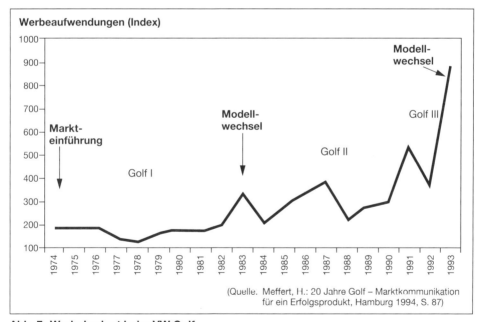

(Quelle. Meffert, H.: 20 Jahre Golf – Marktkommunikation für ein Erfolgsprodukt, Hamburg 1994, S. 87)

Abb. 7: Werbebudget beim VW Golf

2.2.5 Werbemittel und Werbeträger

Sachliche Mediaselektion

Die Auswahl der Werbemittel und Werbeträger gehört zu den Kernelementen der Werbekonzeption. Unter einem Werbemittel versteht man eine Kombination unterschiedlicher Darstellungsfaktoren, während der Werbeträger das eigentliche Medium der Übermittlung der Werbebotschaft an den Adressaten ist. Zwischen Werbemitteln und Werbeträgern bestehen – wie Abbildung 8 deutlich macht – enge Beziehungen. Neben den mediengebundenen Werbemitteln wie Anzeigen, TV- und Hörfunk-Spots ist die Direktwerbung von besonderer Bedeutung. Bei ihr erfolgt der Kontakt direkt zwischen dem Werbetreibenden und dem Beworbenen ohne Zwischenschaltung eines selbständigen Mediums.

Die Verteilung des Werbebudgets auf die verschiedenen Werbeträger wird häufig auch als Mediaselektion bezeichnet. Die Mediaselektion umfaßt verschiedene Entscheidungsebenen:

- sachliche Mediaselektion
  - intermedial
  - intramedial
- zeitliche Mediaselektion

Die sachliche Mediaselektion beschäftigt sich mit der Streuung des Werbebudgets über die verschiedenen Arten von Werbeträgern (intermedial) bzw. über die verschiedenen Medien innerhalb eines Werbeträgers (intramedial). Die zeitliche Mediaselektion betrifft die Verteilung des Werbebudgets über den Planungszeitraum.

Die wichtigsten Kriterien der inter- und intramedialen Selektion sind *(Huth/- Pflaum 1980, S. 103 ff.)*:

- die Reichweite der einzelnen Medien, gemessen an den Lesern pro Ausgabe (LpA-Wert) bzw. Hörer oder Seher pro Zeiteinheit
- die Kosten der einzelnen Medien, gemessen an den Anzeigen- bzw. Spotpreisen
- die Qualität der einzelnen Medien, und zwar hinsichtlich
  - der Zielgruppeneignung (Möglichkeiten zur gezielten Streuung),
  - des Spielraums zur Gestaltung der werblichen Aussage,
  - des Umfangs der möglichen werblichen Aussage,
  - der Wirkungsdauer,
  - des Umfelds des Medienkontaktes,

Werbeträger	Werbemittel

Printmedien
 	
● **Tageszeitungen**
   ● überregional
   ● regional
   ● Anzeigenblätter
 	
● **Zeitschriften**
   ● Publikumszeitschriften
   ● Special Interest
   ● Fachzeitschriften
 	
● **Adreßbücher/Telefonbücher**
	Anzeigen
	Beilagen

Elektronische Medien
 	
● **Fernsehen**
   ● öffentlich-rechtliche Anstalten
   ● Kabel-Kanäle
   ● Pay-TV
 	
● **Hörfunk**
   ● öffentlich-rechtliche Anstalten
   ● Lokalradios
 	
● **Kino**
	TV-, Hörfunk-
	und Kino-Spot

Außenwerbung	**Plakat** **Verkehrsmittelwerbung** **Bandenwerbung**
Direktwerbung	**Kundenbrief (Direct-to-Mail)** **Prospekt** **Kundenzeitschrift** **Schaufenster/Verkaufsräume (Handel)** **Events**

(Quelle: Eigene Darstellung)

Abb. 8: Werbemittel und Werbeträger im Überblick

- der zeitlichen Elastizität und Flexibilität,
- der Isolierbarkeit von konkurrierenden Werbeeindrücken,
- der Ausweichmöglichkeiten,
- des Images des Werbeträgers sowie
- der Möglichkeiten zur Durchführung einer Werbeerfolgskontrolle.

Um die Streuplanung zu vereinfachen, werden teilweise kombinierte Maße für die Effizienz der verschiedenen Werbeträger eingesetzt. Von besonderer Bedeutung sind der Tausender-Preis, die Gross Rating Points und die Affinität.

Der Tausender-Preis stellt ein kombiniertes Maß aus Reichweite und Kosten dar. Er gibt an, wieviel es in den verschiedenen Medien kostet, tausend werbliche Kontakte herzustellen.

Mit den Gross Rating Points (GRP) soll der relative Werbedruck gemessen werden. Er gibt die Werbeträgerkontaktchancen je hundert Zielpersonen an und wird wie folgt ermittelt:

GRP = Reichweite x Durchschnittskontakte.

Die Affinität ist definiert als der Anteil der Zielpersonen an der Gesamtnutzerschaft eines Werbeträgers. Rechnerisch läßt sich die Affinität wie folgt ermitteln *(Huth/Pflaum 1991, S. 165)*:

$$A = \frac{\textit{Reichweite in der Zielgruppe}}{\textit{Reichweite in der Grundgesamtheit}} \; x \; 100$$

Abbildung 9 zeigt die Anwendung des Affinitätsindex im Automobilbereich. Betrachtet man die Gruppe der potentiellen Automobilkäufer (Kaufabsicht innerhalb von ein bis zwei Jahren), so zeigt sich, daß diese Gruppe besonders gut durch automobilspezifische Medien erreicht werden kann. Obgleich deren Reichweite generell deutlich unterhalb der einer ganzen Reihe anderer Medien liegt, ist ihre Verbreitung innerhalb der Zielgruppe sehr hoch. Mit Hilfe des Affinitätsindex können also Streuverluste in der Werbeplanung vermieden werden.

Grundsätzlich werden in der Automobilwerbung alle genannten Werbemittel und Werbeträger eingesetzt. Abbildung 10 zeigt die intermediale Mediaselektion der Automobilindustrie im Vergleich zur gesamten werbetreibenden Wirtschaft. Wie gut zu erkennen ist, unterscheidet sich die Automobilbranche signifikant beim Werbeverhalten gegenüber den anderen Branchen im Hinblick auf die Gewichtung der Tageszeitungen und des Fernsehens: Tageszeitungen haben einen über-, das Fernsehen einen nur unterdurchschnittlichen Anteil. Allerdings haben auch für das Werbeverhalten der Automobilhersteller die elektronischen Medien in den letzten Jahren erheblich an Bedeutung gewonnen.

Zeitliche Mediaselektion

Die Verteilung des Werbebudgets im zeitlichen Ablauf einer Planperiode wird auch als zeitliche Mediaselektion bezeichnet. Grundsätzlich können dabei drei Strategien unterschieden werden *(Kotler 1989, S. 541)*:

Printmedien	
Auto Motor Sport	296
Auto Bild	264
Playboy	253
Kicker Sportmagazin	221
Sport-Bild	216
TV Spielfilm	188
ADAC Motorwelt	180
Der Spiegel	138
Stern	128
Neue Revue	122
Bild am Sonntag	109
Bunte	83
Fernsehen	
RTL	109
SAT.1	103
ZDF	82
ARD	73

Basis: Männliche Pkw-Fahrer 18 – 39 Jahre (alte BL)
Bezugsjahr 1992

(Quelle: Motor Presse Verlag: Autofahren in
Deutschland '93, Stuttgart 1993, S. 26)

Abb. 9: Affinitätsindex automobilrelevanter Medien

Medien	Automobilbranche		alle Branchen	
	in TDM	in v. H.	in TDM	in v. H.
Tageszeitungen	871.091	39,8	5.475.601	23,4
Publikumszeitschriften	593.424	27,1	5.903.248	25,3
Fachzeitschriften	17.540	0,8	758.684	3,2
Printmedien	1.482.055	67,7	12.137.533	51,9
Fernsehen	519.152	23,7	8.963.115	38,4
Hörfunk	136.718	6,3	1.576.201	6,7
Elektronische Medien	655.870	30,0	10.539.316	45,1
Plakat	48.616	2,2	686.425	2,9
Summe	**2.186.541**	**100,0**	**23.363.274**	**100,0**

(Quelle: Nielsen Werbeforschung S+P, 1995)

Abb. 10: Der Media-Mix in der Automobilindustrie

- die kontinuierliche Werbung
- die konzentrierte Werbung
- die Werbepulsation

Kontinuierliche Werbung bedeutet, daß in jeder Teilperiode des Planungszeit-
raumes gleich hohe Werbeausgaben getätigt werden. Demgegenüber wird bei
einer konzentrierten Werbung das gesamte Werbebudget innerhalb einer Teilperiode ausgegeben („Werbeblitz"). Von Werbepulsation wird schließlich gesprochen, wenn ein ständiger Wechsel zwischen zwei unterschiedlichen Ausga-
benniveaus im jeweiligen Werbezeitraum erfolgt *(Hempelmann 1995, S. 42)*.

Im Hinblick auf den zeitlichen Ablauf der Werbung in der Automobilwirt-
schaft lassen sich gewisse jahreszeitliche Schwankungen erkennen (Abb. 11):
Auffällig sind insbesondere die hohen Werbeausgaben in den Herbstmonaten.
Ursache dafür ist, daß das Modelljahr in der Regel nach den großen Sommer-
Werksferien beginnt und zu diesem Zeitpunkt neue oder modellgepflegte
Fahrzeuge in den Markt eingeführt werden. Die hohe Werbeintensität im No-
vember hat ihre Ursache in dem Bestreben der Automobilhersteller, zum Jah-

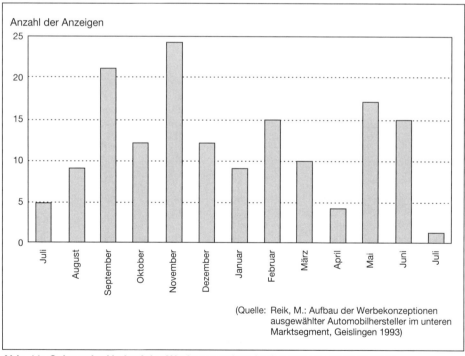

(Quelle: Reik, M.: Aufbau der Werbekonzeptionen
ausgewählter Automobilhersteller im unteren
Marktsegment, Geislingen 1993)

**Abb. 11: Saisonaler Verlauf der Werbeausgaben in der Automobilwirtschaft
– Segment untere Mittelklasse**

resende hin ihren Absatz zu erhöhen, um die angestrebten Marktanteilsziele zu erreichen. In der Regel geht dies einher mit der Gewährung von Zulassungsprämien an die Vertragshändler.

2.2.6 Messung des Werbeerfolgs

Anknüpfend an die Unterscheidung zwischen kommunikativen und ökonomischen Werbezielen kann zwischen der Messung des ökonomischen und des außerökonomischen Werbeerfolgs differenziert werden. Im Hinblick auf den Zeitpunkt der Durchführung der Werbeerfolgskontrolle ist außerdem zwischen der Werbeerfolgsprognose und der Werbeerfolgskontrolle im engeren Sinne zu unterscheiden. Abbildung 12 gibt einen Gesamtüberblick über die verschiedenen Instrumente zur Messung des Werbeerfolgs. Auf eine Diskussion der jeweiligen Vor- und Nachteile der verschiedenen Verfahren muß an dieser Stelle verzichtet werden *(vgl. dazu:Schweiger/Schrattenacker 1988, S. 190 ff.)*.

Gegenstand	Methoden	
	Werbeerfolgsprognose	Werbeerfolgskontrolle
Außerökonomischer Werbeerfolg		
Werbekontakt	Mediaanalyse (Reichweite)	
Kognitive Werbewirkung ● Wahrnehmung ● Erinnerung	Tachistokop (Blickaufzeichnung)	Direct Response
	Recognition/Recall	
Emotionale Werbewirkung	Tachistokop/psychogalvanische Reaktion	
Einstellungswirkung	Zuordnungs-, Skalierungsverfahren	
Ökonomischer Werbeerfolg		
Individuelles Kaufverhalten (Verhaltenswirkung)	Testmärkte ● Gebietsverkaufstest ● Minitest-Markt ● Store-Test	Demoskopische Methoden ● Direktbefragung ● NETAPPS-Methode ● Direct Response (BuBaW) Panels
Betriebliche Kennzahlen (Umsatz, Absatz, MA etc.)	Statistisch-mathematische Verfahren (Marktreaktionsfunktionen)	

(Quelle: Eigene Darstellung)

Abb. 12: Methoden zur Messung des Werbeerfolgs

Im Rahmen einer Befragung von 18 in Deutschland tätigen Automobilherstellern und -importeuren wurde ermittelt, welche Verfahren der Werbeerfolgskontrolle in der Automobilwirtschaft eingesetzt werden (Schanz 1994, S. 52ff.). Im Hinblick auf die eingesetzten Werbemittel zeigte sich, daß vor allem Anzeigen und Direct Mails auf ihre Wirkung hin überprüft werden (Abb. 13). Die Werbeerfolgskontrolle im Bereich der elektronischen Medien und des Plakats ist deutlich weniger ausgeprägt. Mit diesem Ergebnis korrelieren auch die Antworten auf die Frage, welche Methoden der Werbeerfolgskontrolle angewandt werden. Den höchsten Anteil weist hier der gestützte bzw. ungestützte Recall-Test sowie das Direct Response mittels Coupons oder telefonischer Anfragen auf.

Basis: 18 Unternehmen	Basis: 6 Unternehmen MA < 1%		Basis: 7: Unternehmen MA 1 – 5%		Basis: 5 Unternehmen MA > 5%		Gesamt	
	Einsatz	Kontrolle	Einsatz	Kontrolle	Einsatz	Kontrolle	Einsatz	Kontrolle
Anzeigen	6	4	7	7	5	5	18	16
Fernseh-Spots	4	–	7	6	5	5	16	11
Rundfunk-Spots	3	–	6	5	5	5	14	10
Plakate	3	–	5	3	4	4	12	7
Prospekte	6	3	7	4	5	4	18	11
Direct Mailings	6	6	7	5	5	4	18	15
					(Quelle: Schanz, M.: Möglichkeiten und Grenzen der Werbeerfolgskontrolle, Geislingen/St. 1994)			

Abb. 13: Werbeerfolgskontrolle in der Automobilwirtschaft

Einen interessanten Zusammenhang zwischen den Werbeausgaben und der Markenerinnerung (Recall) zeigt die Entwicklung bei Volkswagen im Zeitraum vom Herbst 1992 bis März 1994 (Abb. 14): Wie gut zu erkennen ist, steigen die Recall-Werte ab Juni 1993 deutlich an und erreichen zum Jahreswechsel 1993/94 Werte von knapp unter 40%, obwohl das Niveau der Werbeausgaben nicht erhöht wurde. Dies ist ein Ausdruck für die gestiegene Werbeeffizienz im Betrachtungszeitraum. Sie kann durch eine bessere Werbegestaltung oder durch eine Veränderung des Streuplanes erreicht worden sein.

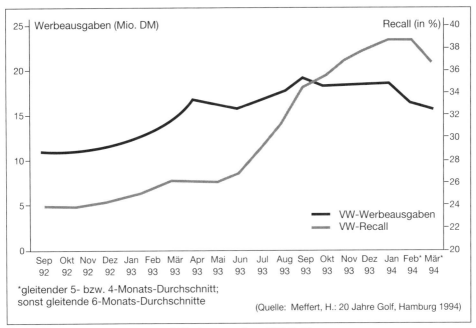

Abb. 14: **Markenerinnerung und Werbeausgaben VW Golf**

2.3 Werbegestaltung

2.3.1 Rahmenbedingungen

Die Werbegestaltung in der Automobilwirtschaft steht im Spannungsfeld unterschiedlicher Einflußfaktoren. Einige wesentliche Determinanten seien hier kurz angesprochen:

● *Informationsüberlastung:* Definiert man den Grad der Informationsüberlastung als Verhältnis zwischen der angebotenen und der genutzten Information, so beträgt sie in Deutschland 98%. Das heißt, nur 2% der angebotenen Information erreichen die anvisierte Zielgruppe und werden von dieser auch wahrgenommen *(Kroeber-Riel 1990, S. 14).* Dieses in den USA auch als „Marketing Immunity" bezeichnete Phänomen *(Lazarus 1988, S. 1)* ist vor allem auf das wachsende Informationsangebot bei einer gesellschaftlich und biologisch beschränkten Aufnahmekapazität von Informationen durch den Menschen zurückzuführen.

● *Steigende Wettbewerbsintensität:* Die Wettbewerbsintensität wird auf dem Automobilmarkt in Zukunft weiter zunehmen. Bei enger werdenden Wachstumsspielräumen, insbesondere in den reifen Automobilmärkten, und einer wachsenden Zahl von Anbietern wird der Kampf um Marktanteile immer härter werden. Erfolgreich ist nicht unbedingt der qualitativ Bessere oder der Kostengünstigere, sondern der Schnellere. Diese Entwicklung erfordert auch von der Werbung mehr Schnelligkeit und Flexibilität. Das heißt, die Werbung muß – vor dem Hintergrund der Informationsüberlastung – einerseits langfristige Positionierungziele verfolgen. Gleichzeitig muß sie aber auch kurzfristig auf Wettbewerbsaktionen reagieren oder im Rahmen eines vorstoßenden Wettbewerbs Produktvorteile schnell und breitenwirksam kommunizieren.

● *Produktinvolvement:* Das Automobil gilt in der Typologie der Konsumgüter als klassisches High-interest-Produkt. Dementsprechend kann die Automobilwerbung mit einem überdurchschnittlich hohen Aufmerksamkeitsgrad rechnen. Abbildung 15 macht deutlich, daß das Produktinteresse bei Kraftfahrzeugen nach Touristik und Oberbekleidung den dritten Platz einnimmt. Dies trägt wesentlich zur hohen Anzeigenbeachtung bei. Andererseits erfolgt der Kauf von Automobilen in relativ langen Intervallen. Für die Automobilwerbung stellt sich daher die schwierige Aufgabe, die zeitlich unterschiedlich involvierten Käuferpotentiale individuell anzusprechen.

● *Neue Medien:* Die Entwicklung in der Medienlandschaft geht ganz eindeutig in Richtung interaktiver Medien. Aufgrund ihrer Dialogfähigkeit eröffnen diese Medien ganz neue Gestaltungsansätze für die Werbung. Wenn es künftig möglich ist, daß der Interessent gezielt Produktinformationen über sein Fernsehgerät oder einen PC abrufen kann, eröffnet dies die Möglichkeit zu einer noch stärkeren Individualisierung der Werbung. Gleichzeitig erschließt der Bereich der Multimedia-Technik neue Möglichkeiten der Produktpräsentation, z.B. im Hinblick auf virtuelle Produkterlebnisse. Schließlich wird die Dialogfähigkeit der elektronischen Werbemedien zu einer noch engeren und schnelleren Verknüpfung von Werbung und Verkauf führen. Die neuen Medien beschleunigen daher das Zusammenwachsen von Kommunikation und Distribution.

2.3.2 Werbegestaltung: Ziele und Techniken

Der Werbestil bezeichnet die über einen längeren Zeitraum gleichbleibende Umsetzung der Werbebotschaft. Er umfaßt sowohl die Tonality als auch die formalen Stilelemente der Werbung *(Meyer-Hentschel 1992, S. 1308)*. Die Sicherstellung eines einheitlichen Werbestils umfaßt drei Dimensionen:

● die zeitliche Kontinuität
● die formale Identität der Werbung bei verschiedenen Werbeträgern
● die vertikalkettenübergreifende Abstimmung zwischen Hersteller- und Händlerwerbung

Branche	Anzeigen-beachtung in %	Niveau Produkt-interesse (5+6) in %	Index (Produktinteressierte = 100)
Touristik	44	51	86
Oberbekleidung	49	47	104
Kraftfahrzeuge	52	46	113
Bier	54	34	159
Alkoholfreie Getränke	55	33	167
Kosmetik	46	33	139
Phonogeräte	44	32	138
Zigaretten	50	29	172
Uhren und Schmuck	48	29	166
Elektrische Haushalts-geräte	43	26	165
Süßwaren und Schokolade	54	25	216
Foto und Optik	44	24	183
Luftfahrt	45	24	188
Geldinstitute	45	23	196
Spirituosen	52	21	248
Versicherungen	36	19	189
Chemisch-pharma-zeutische Produkte	29	18	161
(Quelle: 6.000 Anzeigen-Copytest im Stern, Hamburg 1994)			

Abb. 15: Anzeigenbeachtung im Vergleich zum Produktinteresse
– Produktbereiche mit mindestens 100 Testanzeigen

Die Konstanz und Durchgängigkeit des Werbestils ist eine wesentliche Voraussetzung für die Effizienz der Werbung. Nur wenn jene sichergestellt ist, findet nämlich beim Adressaten der Werbung ein kumulatives Lernen statt, d.h., er erkennt an bestimmten Stilelementen (z.B. Formen, Farben, Bilder, Firmenzeichen, Schrifttypen) sofort, daß es sich um die Werbung für eine bestimmte Marke handelt. Im Verlauf dieses Konditionierungsprozesses prägen sich Marke und Werbebotschaft ein. Wird demgegenüber der werbliche Auftritt häufig verändert, so muß der Adressat ständig neu lernen, so daß in seiner Vorstellungswelt kein präzises Bild von einer Marke oder einem Produkt entsteht *(Kroeber-Riel 1991, S. 166)*.

Beispielhaft für die Konstanz des Werbestils ist die Werbung für den Golf seit 1975 *(Meffert 1994, S. 74 ff.)*. So wird schon seit Anbeginn an ein verhalten-humoriger Unterton gepflegt. Darüber hinaus wird die Tonality durch das Bestreben nach hohem Informationsnutzen, Ehrlichkeit, Glaubwürdigkeit, Klarheit sowie Souveränität und Überzeugungskraft geprägt. Auch formal wurde die Golf-Werbung vom Layout her kaum verändert: ein dominierendes Bildmotiv, darunter eine Textleiste mit einer Überschrift sowie rechts unten das VW-Logo. Obwohl natürlich eine Modernisierung im Detail durchgeführt wurde, hat sich die klare, leicht identifizierbare Anmutung der Golf-Anzeigen nicht verändert.

Das generelle Gestaltungsziel von Werbung ist, beim Adressaten eine positive Veränderung von Einstellungen und Verhaltensweisen zum Werbeobjekt zu erzielen. Um dieses Oberziel zu erreichen, müssen jedoch mehrere Zwischenziele erfüllt werden. In einer zeitlichen Systematik lassen sich diese Zwischenziele aus Werbewirkungsmodellen ableiten. Das bekannteste dieser Modelle ist zweifellos das AIDA-Modell von Lewis *(Schweiger/Schrattenacker 1988, S. 51)*. Danach muß die Werbung

- Aufmerksamkeit erregen (attention),
- Interesse wecken (interest),
- Kaufwünsche motivieren (desire) und
- Kaufhandlungen auslösen (action).

Auf einer anderen Ebene bewegen sich die von Kroeber-Riel entwickelten Sozialtechniken zur Werbegestaltung. Unter einer Sozialtechnik ist dabei die systematische Anwendung von verhaltenswissenschaftlichen Gesetzmäßigkeiten zur Beeinflussung von Menschen zu verstehen *(Kroeber-Riel 1990, S. 91)*. Die von Kroeber-Riel genannten Sozialtechniken lassen sich ebenfalls als (Teil-) Gestaltungsziele der Werbung interpretieren. Es sind dies:

- Herstellung von Kontakt
- Sicherung der Aufnahme der Werbebotschaft
- Vermittlung von Emotionen
- Erreichung von Verständnis
- Verankerung im Gedächtnis

Zur Erreichung dieser Ziele bedarf es der Anwendung verhaltenstheoretisch begründeter Gestaltungstechniken. Sie bilden das Instrumentarium für die Realisierung konkreter Werbesujets.

272

Wichtige Gestaltungstechniken in der Werbung sind:

- die Produktpräsentation
- die Emotionalisierung
- die Bildkommunikation
- das Testimonial
- die Aktivierung durch Farbe und Größe
- die Wiederholungen (Reminder)
- die Teaser
- die Musicalwerbung
- die Hierarchie der Informationsdarbietung
- die Überraschung
- die Slice-of-Life-Technik
- die Objektivierung (redaktionelle Werbung)
- die narrative (erzählende) Werbung
- die Werbung-über-die Werbung-Technik

Einige der hier summarisch dargestellten Gestaltungstechniken sind generell, d.h. bei allen Werbemitteln einsetzbar, einige nur werbemittelspezifisch. Die einzelnen Elemente dieser Gestaltungstechniken bilden die Gestaltungsmittel.

Die elementaren Gestaltungsmittel der Werbung sind:

- der Text
  - Headline
  - Slogan
  - (Body) Copy
- die Typographie
- das Bild
  - Fotos
  - Graphiken
  - Diagramme
- die Sprache
  - Wörter und Sätze
  - Laute
- die Musik
  - Jingles
  - Lieder/Songs
- Gerüche

Diese grundlegenden Gestaltungsmittel müssen nach einem inhaltlichen und formalen Gesamtkonzept miteinander kombiniert werden. Diese kombinatorische Aufgabe wird im Bereich der Printmedien als Layout, im Bereich der elektronischen Medien als Regie bezeichnet. Ein Hilfsmittel dafür ist der sog. morphologische Kasten, der die kreative Kombination unterschiedlicher Gestaltungsmittel fördert.

2.3.3 Medienwerbung

Informative Werbung

Print- und elektronische Medien sind – wie weiter oben dargestellt – die mit Abstand wichtigsten Werbeträger in der Automobilwirtschaft. Dementsprechend bilden Anzeigen und TV-Spots, in geringerem Umfang auch Hörfunk-Spots, die bevorzugten Werbemittel.

Die Stärken der Anzeige liegen zweifellos in der Möglichkeit, Werbebotschaften zielgruppenspezifisch steuern zu können, in dem flexiblen Umfang der möglichen werblichen Aussagen, einer relativ langen Wirkungsdauer sowie einem gut gestaltbaren Preis-Leistungs-Verhältnis. Anzeigenwerbung wird von den Automobilherstellern vor allem in Tageszeitungen und Publikumszeitschriften betrieben, wobei sich die Automobilhersteller stärker auf die Publikumszeitschriften konzentrieren, während die Tageszeitungen, insbesondere regionale Blätter, bevorzugt vom Automobilhandel belegt werden.

Das Werbemittel TV-Spot hat für den Automobilbereich einen spezifischen Vorteil: Es erlaubt eine dynamische Darstellung, die für das „mobile" Produkt Auto von ganz besonderer Bedeutung ist. Aufgrund dieses arteigenen Vorteils und der steigenden Angebotsvielfalt in der Medienlandschaft ist die Fernsehwerbung der Automobilhersteller in den letzten Jahren stark angestiegen.

Die Automobilwerbung ist eine sehr produktdominierte Werbung, d.h., die Produktpräsentation steht zumeist im Mittelpunkt der werblichen Aussage. Nur ganz selten – wie etwa in dem bekannten „Ohrfeigen"-Spot von Mercedes-Benz – wird auf eine Produktdarstellung völlig verzichtet. Diese Produktdominanz ist vor allem auf das Ziel, optische Präsenz herzustellen, zurückzuführen. Außerdem soll die Produktgestaltung den Kunden ganzheitlich ansprechen. Das Automobildesign stellt ja bereits ein eigenes Kommunikationsinstrument dar, da es die inneren Werte eines Fahrzeuges gesamthaft zum Ausdruck bringt. Diese kommunikative Wirkung von Design wird in der Automobilwerbung genutzt.

Die Produktdominanz kommt auch in der textlichen Gestaltung der Anzeigen zum Ausdruck. Zwar sind technische Detailbeschreibungen heute eher die

Ausnahme. Nach wie vor werden aber Aussagen zur Fahrzeugtechnik und zum Ausstattungsumfang gemacht, wobei die Nutzeninterpretation häufig dem Kunden überlassen wird. Die Automobilwerbung ist damit relativ weit entfernt von extremen Formen der narrativen Werbung, in der eher Geschichten erzählt als Produktvorteile kommuniziert werden.

Angesichts der High-involvement-Situation ist die Konzentration der Automobilwerbung auf das Produkt sicherlich eine sinnvolle Strategie. Andererseits darf jedoch nicht übersehen werden, daß die Differenzierung vom Wettbewerb über die bloße Produktdarstellung immer schwieriger wird. Da der Leser einer Tageszeitung oder einer Zeitschrift eine Anzeige nur wenige Sekunden betrachtet, wird bei ihm aufgrund der Ähnlichkeit der Fahrzeuge kaum ein spezifisches Produktbild haften bleiben. Daher müssen auch in der Automobilwerbung differenzierende Elemente eingebaut werden.

Emotionalisierungstechniken

Die wichtigste werbliche Differenzierungstechnik ist die Emotionalisierung. Sie wird durch einen Konditionierungsvorgang erreicht. Das Prinzip der Konditionierung besteht darin, daß ein Reiz, der für ein Individuum zunächst keine Bedeutung hat (neutraler Reiz), wiederholt kurz vor oder während der Aussendung eines anderen Reizes, der angeborene oder schon gelernte Reaktionen auslöst (unbedingter Reiz), angeboten wird. Die Folge davon ist, daß schließlich auch der neutrale Reiz allein zu der gewünschten Reaktion führt. Klassisches Beispiel der Konditionierung ist der sog. Pawlowsche Hund, bei dem sich nach einer entsprechenden Konditionierung bereits bei einem Klingelzeichen Speichel bildet, obwohl er gar kein Essen bekommt. Bei der emotionalen Konditionierung in der Werbung wird eine Produktpräsentation mit der Darstellung eines emotionalisierenden Objektes verbunden, so daß die dadurch ausgelösten Gefühle auf das Produkt übertragen werden.

Eine besonders starke emotionalisierende Wirkung wird Personendarstellungen zugeschrieben. Insbesondere das sog. Kindchenschema und erotische Darstellungen besitzen eine hohe Emotionalität. Beide Techniken finden sich auch in der Automobilwerbung. So wird die Darstellung von Kindern beispielsweise in Anzeigenmotiven von Opel und Mercedes-Benz in Verbindung mit dem Thema Sicherheit gebracht. Damit wird das menschliche Bedürfnis, Schutz zu geben, angesprochen und auf das beworbene Automobil transferiert. Zugleich ist eine solche Darstellung ein Appell an das Gewissen, beim Autokauf an die Sicherheit der gesamten Familie zu denken.

Der Einsatz erotisierender Darstellungen in der Automobilwerbung ist nicht unproblematisch. Auf der einen Seite wird durch Erotik der männliche Imponierhabitus angesprochen. Auf der anderen Seite stellen Frauen eine zunehmend wichtigere Kundengruppe dar, die durch eine solche Werbung nicht angesprochen, möglicherweise sogar verärgert wird. Außerdem müßte jeder Automobilhersteller, der mit freizügigen erotischen Darstellungen werben würde, mit massiven öffentlichen Angriffen und damit mit einer Beschädigung seines Images rechnen. Erotisierende Darstellungen werden daher in der Automobilwerbung zumeist sehr zurückhaltend eingesetzt. Beispielhaft für den eher unterschwelligen Einsatz erotischer Werbung sei hier auf die Kampagne von Mazda bei der Einführung des „Xedos" hingewiesen. Neben der Produktdarstellung und einem modernen architektonischen Ambiente findet sich in dieser Anzeige eine junge, attraktive Frau. Auffällig dabei ist, daß sie keinen direkten Kontakt zum Fahrzeug hat, sondern eher als ein Accessoire wirkt. Die Frau spielt hier ganz offensichtlich die Rolle eines die Gesamtdarstellung erotisierenden, Begehrlichkeit erzeugenden Eyecatchers (Abb. 16).

Bei allgemeinen Personendarstellungen in der Automobilwerbung muß stets berücksichtigt werden, daß die gemeinsame Darstellung von Personen und Produkten automatisch einen Zielgruppenbezug erzeugt. Das bedeutet, daß der Betrachter von der dargestellten Person auf die Zielgruppe schließt, die mit dem Fahrzeug angesprochen werden soll. Identifiziert er sich mit der gezeigten Person, wird ihn auch das Produkt, für das geworben wird, interessieren. Identifiziert er sich indessen nicht mit der gezeigten Person, wird er sich

Abb. 16: Emotionalisierende Werbung am Beispiel des Mazda „Xedos"

auch mit dem Fahrzeug nicht näher beschäftigen. Vielfach ist der Zielgruppenbezug in der Automobilwerbung gewünscht. So hatte z.B. die Marke BMW bei der Einführung der 5er-Baureihe (E34) im Jahr 1988 das Ziel, ihre Penetration im Bereich der Geschäftswagen für Führungskräfte (Executive Cars) zu erhöhen. In der Einführungswerbung wurden daher sehr häufig Bildmotive verwandt, die außer dem Fahrzeug Glasfassaden mit Business-Anmutung und überwiegend jugendliche Manager in dunklen Anzügen und mit Aktenmappen zeigten. Damit sollte bewußt die Gruppe von jungen Führungskräften, die in ihrer Markenpräferenz noch nicht auf Mercedes-Benz als eher konservative Alternative festgelegt waren, zur Identifikation eingeladen werden. In der Tat scheint es BMW gelungen zu sein, mit der 5er-Baureihe stärker in das Business-Segment einzudringen. Ein Gegenbeispiel bildet die Einführungswerbung des Golf III. Obwohl der wichtigste Golf-Wettbewerber, der Opel Astra, der gleichzeitig in den Markt eingeführt wurde, sehr intensiv mit Personendarstellungen beworben wurde, hat VW darauf völlig verzichtet. Der Grund war, daß man das Image des Golfs als ein „klassenloses" Auto erhalten wollte. Eine Identifikation des Produktes mit einzelnen Zielgruppen wurde daher bewußt vermieden. Als Alternative zur Emotionalisierung durch Personen gibt es die Möglichkeit von Landschaftsdarstellungen. Stilisierte Landschaften können gut vorhersagbare Gefühle erzeugen. So ist es auch folgerichtig, daß Volkswagen dort, wo eine Emotionalisierung notwendig ist, wie etwa bei der Werbung für das Golf Cabrio, mit Landschaftsbezügen arbeitet.

Bildkommunikation

Nicht zuletzt aufgrund des Trends zur Emotionalisierung gewinnt die Bildkommunikation auch in der Automobilwerbung weiter an Bedeutung. Im Rahmen einer Langfristuntersuchung wurde festgestellt, daß der Anteil der Bilder in der Anzeigenwerbung für Konsumgüter von 50% in den 50er Jahren auf mittlerweile 70% gestiegen ist und weiter zunimmt *(Kroeber-Riel 1992, S. 119)*. Dieser Bedeutungsgewinn der Bildkommunikation reflektiert einen fundamentalen, vor allem durch das Fernsehen ausgelösten Wandel des Wahrnehmungsverhaltens. Der „Abschied von der Schriftkultur" geht einher mit einer wachsenden Bedeutung visueller Instrumente. Neben der hohen Emotionalität hat die Bildkommunikation den Vorteil, daß Bilder sehr schnell aufgenommen werden. Kroeber-Riel spricht etwas martialisch von Bildern als „schnellen Schüssen ins Gehirn". So wurde festgestellt, daß ein Bild mittlerer Komplexität in ein bis zwei Sekunden aufgenommen werden kann. In der gleichen Zeit kann ein Leser aber nur fünf bis zehn Wörter aufnehmen. Die Bildkommunikation trägt also dem Tatbestand der Informationsüberlastung Rechnung. Schließlich konnte auch nachgewiesen werden, daß Bilder leichter als Texte erinnert werden und eine sehr hohe Verhaltenswirkung haben *(Kroeber-Riel 1992, S. 119 f.)*.

Der Erfolg der Bildkommunikation hängt im wesentlichen von zwei Faktoren ab *(Kroeber-Riel 1990, S. 192ff.)*:

- von der Anknüpfung an vorhandene Schemavorstellungen in der Zielgruppe und
- vom Aufbau strategischer Bilder.

Schemavorstellungen sind „innere Bilder", die sich über viele Jahre hinweg zu bestimmten Gegenständen eingeprägt haben. Knüpft ein Bild an vorhandene Schemavorstellungen an, wird es leichter aufgenommen und bleibt eher im Gedächtnis haften. Schemavorstellungen hinsichtlich des Automobils betreffen etwa dessen Gestalt oder Einsatzzweck (z.B. Familienlimousine, sportliches Fahrzeug, Freizeitfahrzeug). Soll ein beworbenes Automobil schnell im Hinblick auf seine Verwendung identifiziert werden, muß es mit den entsprechenden Attributen versehen werden (z.B. Familienauto: Kinder, Hund, viel Gepäck; sportliches Fahrzeug: dynamische Darstellung, Spoiler, Renn-Dress; Freizeitfahrzeug: Surfbrett, Golfausrüstung).

Die Forderung nach einer Berücksichtigung von Schemavorstellungen steht allerdings im Konflikt mit der Forderung nach Unverwechselbarkeit und Originalität der Bildmotive. Beides erfordert eigentlich ein Durchbrechen der herkömmlichen Schemavorstellungen. Beispielhaft sei hier eine Kampagne von Citroën genannt, in der das beworbene Fahrzeug in jeweils sehr ungewöhnlichen Positionen dargestellt wurde. So wurde z.B. ein Auto aufrecht stehend gezeigt oder ein Mann, der über ein Autodach rennt (Abb. 17). Solche Darstellungen brechen die Betrachtungsroutine auf und reizen damit zum Hinschauen (Aktivierung durch Überraschungseffekte). Andererseits widersprechen diese Darstellungen aber den inneren Schemavorstellungen der Betrachter und können daher Widerstände oder negative Emotionen auslösen (z.B. mögliche Beschädigung des Fahrzeuges durch den rennenden Mann auf dem Autodach).

Die Forderung nach dem Aufbau strategischer Bilder (oder auch Bildwelten) meint, daß die Werbung leitmotivische Darstellungen verwenden sollte, die über einen längeren Zeitraum den Werbeauftritt begleiten. Sie ergibt sich aus der Forderung nach der Konstanz des Werbestils, da Bilder ja ein wesentliches Element der Werbesujets sind. Strategische Bilder sind insofern das bildhafte Pedant zum Slogan. Ihre Auswahl sollte sich an der jeweiligen Leitidee der Marke orientieren. Als strategische Bilder eignen sich markante Produktmerkmale, Personen, Szenen oder auch Landschaften (z.B. Großstadt-Atmosphäre oder eher ländliche Szenerie). Sie erleichtern dem Betrachter im Sinne des kumulativen Lernens die Identifikation einer Werbung. Ein Beispiel für die Entwicklung einer strategischen Bildwelt ist eine Kampagne, die von

(Quelle: Citroën Deutschland)

Abb. 17: Überraschende Effekte in der Bildkommunikation am Beispiel von Citroën

Mazda Ende der 80er Jahre durchgeführt wurde. Im Rahmen dieser Kampagne wurde die Produktpalette in künstlerisch anmutenden Studioaufnahmen präsentiert. Damit sollte der hohe Designanspruch der Fahrzeuge untermauert werden. Inhalt und formale Gestaltung der Werbung bildeten auf diese Weise eine überzeugende Einheit. Das Studio-Ambiente konnte sofort mit der Marke Mazda in Verbindung gebracht werden.

Testimonial-Werbung

Eine im Automobilbereich vielfach eingesetzte Gestaltungstechnik ist das Testimonial. Allerdings tritt es dort in einer modifizierten Form auf. Handelt es sich beim klassischen Testimonial um eine Werbung, bei der eine (bekannte oder unbekannte) Person konkrete Produktvorteile (z.B. Bequemlichkeit, gutes Fahrverhalten, Zuverlässigkeit) bestätigt, so werden in der Automobilwirtschaft dafür gerne Urteile der Fachpresse oder unabhängiger Institutionen verwendet. In Frage kommen dazu die Ergebnisse von Einzel- oder Vergleichstests, aus denen zitiert wird, oder auch die aktive Kommunikation von Preisen, die ein Fahrzeug gewonnen hat (z.B. „Auto des Jahres", „Auto der Vernunft", „Design Award", ADAC-Pannenstatistik). Damit soll die eigene Werbebotschaft objektiviert und glaubhaft belegt werden. Angesichts des Renommees einiger Fachzeitschriften und allgemein als herstellerkritisch eingestufter Institutionen erscheint eine solche Wirkung durchaus plausibel. Problematisch ist bei dieser Art von Testimonial-Werbung jedoch die Tatsache, daß sie mittlerweile fast schon inflationär eingesetzt wird. Angesichts der Vielzahl an natio-

279

nalen und internationalen Fachzeitschriften besagt ein Titel wie „Auto des Jahres" wenig, wenn die jeweilige Jury nicht weithin anerkannt wird. Die sich teilweise widersprechenden Ergebnisse von Fahrzeugtests und Preiskonkurrenzen führen letztlich zu einer Relativierung und damit Entwertung des jeweiligen Testimonials.

Eine weitere Form des unpersönlichen Testimonials ist der Hinweis auf Verkaufserfolge. Diese Methode eignet sich insbesondere für unbekanntere Marken und für Nischenprodukte. Durch den Hinweis auf den Verkaufserfolg sollen empfundene Kaufrisiken entkräftet werden. So hat z.B. Chrysler eine längere Zeit für die Großraumlimousine Voyager mit dem Hinweis geworben, daß dieses Fahrzeug mittlerweile schon vier Millionen Male verkauft wurde und damit der Weltmeister unter den Mini-Vans sei. Für ein Fahrzeug, das in Deutschland eine insgesamt kleine Verbreitung hat, wird damit der Eindruck seiner Verläßlichkeit und breiten Akzeptanz vermittelt („Vier Millionen Käufer können sich nicht irren").

Trotz gewisser Stereotypie bietet die Automobilwerbung nach wie vor ein vielfältiges Bild, das den jeweiligen Markencharakter gut zum Ausdruck bringt. Standen in der Nachkriegszeit die Produktpräsentation und in der 60er Jahren der Prestigecharakter des Automobils ganz im Vordergrund der Darstellung *(Kriegeskorte 1994, S. 6 f.)*, so findet sich heute eine enorme Spannweite der Aussagen von der preisaggressiven „Schweinebauch"-Anzeige bis hin zu fast schon surrealistisch anmutenden Bildwelten (Mercedes-Benz-DTM-Werbung). Gemeinsam ist der Automobilwerbung jedoch ihr starker Produktbezug geblieben, der zweifellos ein Spezifikum dieser Branche darstellt.

Praxisbeispiel:

Die Einführungswerbung für die C-Klasse von Mercedes-Benz

Marketingsituation
Nach gut zehn Jahren Produktionszeit wurde die Baureihe W 201 (190er) im Modellprogramm von Mercedes-Benz 1993 durch die Nachfolgebaureihe W 202 (C-Klasse) abgelöst. Obwohl sich der 190er mit weltweit über drei Millionen verkauften Einheiten als eine ausgesprochen erfolgreiche Baureihe etabliert hatte, mußte bei der Einführung des Nachfolgers der veränderten Marktsituation Rechnung getragen werden. Dies galt insbesondere hinsichtlich der Umweltverträglichkeit, der Sicherheit, der Individualität und des Preis-Leistungs-Verhältnisses. Außerdem erwiesen sich die konjunkturellen Rahmenbedingungen bei der Markteinführung als wenig erfreulich, da sich der Automobilmarkt in einer tiefen Rezession befand.

Werbeziele
Es wurden vier wesentliche Werbeziele definiert:

- Die C-Klasse-Zulassungen sollten über den gesamten Lebenszyklus um 15% über das Niveau des 190er gebracht werden.
- Die Markenbasis sollte durch gezielte Eroberungen vom Wettbewerb erweitert werden.
- Die C-Klasse sollte zum Auto-Ereignis des Jahres 1993 werden, und mindestens die Hälfte der deutschen Bevölkerung sollte in diesem Jahr auf die C-Klasse aufmerksam werden.
- Die C-Klasse sollte im Marktsegment bis Ende 1994 unter die ersten drei kommen mit einem Marktanteil von mindestens 10%.

Kreative Strategie
Die Kommunikation der neuen C-Klasse erfolgte in drei Phasen:

1. Phase (Juni – August 1993): Positionierung der C-Klasse als bestes Auto seiner Klasse zu einem wettbewerbsfähigen Preis (Abb. 18).
2. Phase (Oktober 1993 – Februar 1994): Bekanntmachung der Vielfalt an Design- und Ausstattungsvarianten. Emotionale TV-Werbung mit unterschiedlichen Interpretationen des Songs „My way".
3. Phase (ab November 1994): Gezielte Profilierung der einzelnen „Lines" (Elegance, Sportline) sowie Betonung der Preis-Wert-Strategie durch die Darstellung der umfangreichen serienmäßigen Ausstattung.

Mediastrategie
In der ersten Phase stand die Information einer breiten Öffentlichkeit im Vordergrund. Dazu wurde das gesamte Spektrum der Medien eingesetzt. In der zweiten Phase wurde die TV-Werbung verstärkt (Emotionalisierung). In der dritten Phase dominierte die Anzeigenwerbung.

Ergebnisse
Die Zahl der verkauften C-Klasse-Fahrzeuge wurde im Vergleich zum Vorgängermodell vervierfacht. Die Markenbasis konnte durch hohe Eroberungen erweitert werden: So kamen bis Ende 1994 35% der C-Klasse-Käufer von einer anderen Automobilmarke. Mercedes-Benz erreichte mit der C-Klasse-Werbung deutlich mehr als die Hälfte der deutschen Bevölkerung. Die ungestützte Werbe-Awareness betrug 58% gegenüber 19% und 15% bei den beiden wichtigsten Wettbewerbern. Schließlich konnte ein hohes Maß an Effizienz erreicht werden: Das Spending je Prozentpunkt Awareness betrug bei Mercedes-Benz 0,59 Mio. DM im Vergleich zu

2,18 Mio. und 1,87 Mio. DM bei den beiden Wettbewerbern. Beauftragte Agentur war Springer & Jacoby in Hamburg.

Abb. 18: Einführungswerbung Mercedes-Benz C-Klasse

Die Positionierung des Renault Twingo im Kleinwagensegment

Marketingsituation

Renault ist ein traditioneller Anbieter im Segment für Kleinwagen. Er war dort viele Jahre mit dem Modell Clio vertreten, wobei der Anteil männlicher und älterer Käufer überdurchschnittlich hoch war. Der Twingo sollte als junge und ungewöhnliche Alternative zusätzlich in diesem Segment positioniert werden.

Werbeziele

Ziele der Twingo-Werbung waren:

- Steigerung des Renault-Marktanteils
- überdurchschnittliche Gewinnung von Wettbewerbskunden
- ein überdurchschnittlicher Anteil weiblicher und junger Käufer sollte erreicht werden
- Etablierung des Twingo als gleichwertiges Angebot von Renault in diesem Segment neben dem Clio und Nutzung der Einzigartigkeit des Produktes zu einer eigenständigen Positionierung

Kreativstrategie

Kennzeichnend für den Twingo ist seine Originalität. Sie drückt sich im Design, in der Variabilität des Fahrzeuges und seinen ungewöhnlichen Farben aus. Der Twingo sprengt die üblichen Denkmuster, die man mit einem Kleinwagen verbindet. Das Gesicht des Fahrzeuges wirkt fröhlich und sympathisch. Die Originalität wurde mit dem Claim „Twingo. Der macht die Welt verrückt" zum Ausdruck gebracht. Die optische Gestaltung der Anzeigen im Cartoon-Stil von Petit-Roulet war für Automobilwerbung sehr ungewöhnlich und hat damit die Eigenständigkeit des Produktkonzeptes unterstrichen.

Mediastrategie

Die Zielsetzungen des Launches waren die schnelle Bekanntmachung des Produktes, die Generierung von Interesse und die Visualisierung des neuen Fahrzeuges. Neben dem Funk wurden in der Einführungsphase vor allem die Werbeträger TV, Kino und Printmedien eingesetzt. Auffällig beim Media-Mix für den Twingo ist der hohe Anteil der Kinowerbung bei der Markteinführung (knapp 20%). Da der Twingo den Charakter eines Stadtfahrzeuges hat, sollten mit diesem Medium vor allem junge, mobile und urbane Erwachsene angesprochen werden. Seit 1994 beschränkt sich die werbliche Kommunikation auf TV und Printmedien mit einem sehr hohen TV-Anteil (65%).

Ergebnisse
Das Ziel einer Erhöhung des Marktanteils für Renault im Kleinwagensegment wurde erreicht. Vor allem zeichnet sich die Käuferstruktur des Twingo durch eine hohe Eroberungsrate aus: Während der Anteil der Kunden, der bisher eine Fremdmarke fuhr, beim Clio 42% betrug, erreichte er beim Twingo 70%. Auch die psychographischen Werbeziele wurden erreicht. So ist der Frauenanteil beim Twingo überdurchschnittlich hoch mit 62% (im Segment: 55%), das Durchschnittsalter der Käufer ist niedriger und das Haushaltseinkommen mit 50.100 DM pro Jahr höher als im Segment (45.900 DM). Die Twingo-Kampagne wurde von der Publicis-FCB Werbeagentur in Frankfurt realisiert und von der Jury des Jahrbuchs der Werbung mit einem Preis ausgezeichnet.

Praxisbeispiel:

Die Werbekampagne für den Volvo 850

Marketingsituation
Volvo gehört zu den etablierten Marken im Segment der oberen Mittelklasse. Das Marktgeschehen wird in diesem Segment sehr stark von deutschen Herstellern bestimmt. Die Marke verfügt über eine starkes Image im Hinblick auf Sicherheit, Zuverlässigkeit und Langlebigkeit. Aufgrund des ungewöhnliches Designs gilt Volvo als ein Auto für Individualisten. Neben der Limousine hat die Kombi-Version eine große Bedeutung für den Absatz von Volvo.

Werbeziele
Die wichtigsten Ziele der Werbekampagne für den Volvo 850 sind:

- Erhöhung der Modellbekanntheit
- Kompetenzausbau im relevanten Segment
- Erhöhung des Bekanntheitsgrades der Gleichpreisstrategie für Limousine und Kombi
- Steigerung der Eroberungsrate
- Erweiterung des Imageprofils um die „neuen" Werte Dynamik, Fahrspaß und Faszination

Kreative Strategie

Die Werbebotschaft soll Dynamik und Fahrspaß vermitteln und das moderne und eigenständige Design hervorheben. Außerdem soll auf das hervorragende Preis-Leistungs-Verhältnis hingewiesen werden. Ein weiterer Inhalt der Kommunikationsstrategie ist die Innovation im Sicherheitsbereich mit der serienmäßigen Einführung eines Seitenairbags als erster Automobilhersteller.

Mediastrategie

Der Media-Mix verteilt sich nahezu gleichgewichtig auf die elektronischen und Printmedien. Im Bereich der Direktwerbung werden jährlich zwei Direct Mailings an jeweils ca. 400.000 Adressen durchgeführt. Im Bereich des Automobilhandels werden zwei große Aktionen realisiert: Im Herbst 1994 war dies die Aktion „Happy Family" und im Frühjahr 1995 die Aktion „Fun & Drive", die jeweils mit einem großen Gewinnspiel verbunden waren. Darüber hinaus werden dem Handel zahlreiche Werbemittel zur Verfügung gestellt (z.B. Rechnungsbeileger, Beauty-Poster, Außenfahnen, Tageszeitungsbeilagen mit Händlereindruck).

Ergebnisse

Volvo konnte den Absatz der Baureihe 850 trotz einer rückläufigen Konjunktur in Deutschland von 1992 bis 1994 verdreifachen. Insgesamt stieg der Marktanteil von Volvo von 0,5% in 1992 auf 0,8% in 1994. Die 850er-Kampagne von Volvo wird von der GRAMM Werbeagentur in Düsseldorf durchgeführt.

2.3.4 Direct Mailing

Unter Direct Mailing versteht man die Aussendung werblicher Informationen über den Postweg. Es ist ein Instrument der Direktwerbung, d.h., es wird hier kein zusätzliches Übertragungsmedium eingesetzt. Grundlage des Direct Mailing sind in der Regel gezielt ausgesuchte Adressen, die mit einer spezifischen Werbebotschaft angesprochen werden sollen *(Schweiger/Schrattenacker 1988, S. 167)*. Im Automobilbereich findet das Direct Mailing hauptsächlich im Rahmen der Produkt- und Aktionswerbung Anwendung.

Das Direct Mailing ist ein verhältnismäßig teures Werbemittel. Es ist daher für eine breite Streuung der Werbebotschaft nicht geeignet. Seine Stärke liegt vielmehr in der erreichbaren Tiefenwirkung, d.h., es kann meßbare Verkaufsabschlüsse und damit eine Umsatzsteigerung bewirken. Um dies zu erreichen, muß eine zielgerichtete, individualisierte, auf der Grundlage einer Kundenselektion durchgeführte Kundenansprache in schriftlicher Form erfolgen. Das Direct Mailing wird in der Automobilwirtschaft in der Regel nicht vom Herstellers selbst, sondern von seinen Vertragspartnern durchgeführt. Die Konzeption und die Erstellung der notwendigen Werbemittel erfolgen jedoch häufig durch den Automobilhersteller.

Die einzelne Aussendungseinheit wird als Mail-Order-Package bezeichnet. Sie umfaßt normalerweise die folgenden Werbemittel:

● Werbebriefumschlag
● Werbebrief
● Prospekt (Flyer/Stuffer)
● Werbegeschenk
● Antwortkarte

Der Werbebriefumschlag stellt bereits ein Werbemittel dar. Er sollte so gestaltet sein, daß für den Empfänger ein Anreiz besteht, den Brief zu öffnen. Voraussetzung dafür ist, daß er personalisiert ist und bei kleineren Aussendungsmengen die Adresse eventuell sogar handgeschrieben wird. Im Rahmen empirischer Untersuchungen wurde festgestellt, daß sich der Empfänger einer Mail-Order-Package etwa 20 Sekunden mit dem Inhalt beschäftigt *(Huth/Pflaum 1991, S. 212)*. Der Werbebrief muß daher so gestaltet sein, daß der Adressat sofort die wichtigsten Inhalte aufnehmen kann und zugleich ein Interesse an einer weiteren Beschäftigung mit dem Inhalt entwickelt. Bei der Werbebriefgestaltung kann auf das empirisch ermittelte Leseverhalten Bezug genommen werden. *(vgl. Huth/Pflaum 1991, S. 213)*. Besonders stark wahrgenommene Elemente sind der Absender, der Betreff sowie der Nachsatz (PS). Grundsätzlich gilt für den Werbebrief, daß er personalisiert und gut lesbar sein muß. Der Betreff hat beim Werbebrief die Funktion, die bei der Anzeige die Headline hat: In ihm sollte die zentrale Werbebotschaft zusammengefaßt sein. Da ein Postskriptum sehr intensiv wahrgenommen wird, kann dort eine weitere wichtige Botschaft plaziert werden. Um die angestrebte Verkaufswirkung zu erreichen, muß der Prospekt konkrete Angebote enthalten, auf die der Empfänger mit einer (freigemachten) Antwortkarte reagieren kann. Die Möglichkeiten für den Versand von Werbegeschenken sind begrenzt. Am einfachsten sind Gutscheine. Ansonsten kommen nur flache und leichte Geschenkartikel in Frage (z.B. Telefonkarte).

Für den Erfolg eines Direct Mailing sind folgende Faktoren von besonderer Bedeutung:

● präzise Zielformulierung hinsichtlich
  – Aktionsziel

– Zielgruppen,
– Aktionszeitraum;

● interne Vorbereitung hinsichtlich
– Begleitung des Direct Mailing durch Anzeigen-, Plakat- oder
– Schaufensterwerbung,
– Information der Mitarbeiter,
– Bereitstellung der beworbenen Produkte.

Einer der wesentlichen Vorteile des Direct Mailing liegt zweifellos in der Möglichkeit einer direkten Werbeerfolgskontrolle. Für die differenzierte Bewertung einer Aktion müssen verschiedene Reaktionsstufen unterschieden und gemessen werden. Diese sind:

● die Reagierer
● die Aktionskäufer
● die Cross-Selling-Interessenten
● die Cross-Selling-Käufer

Cross-Selling-Käufer sind Käufer, die ein anderes als das eigentlich beworbene Produkt kaufen. Durch Hinweise oder Gutscheine für Probefahrten, kostenlose Fahrzeugtests, Zubehör usw. können Cross-Selling-Käufe gezielt forciert werden. Das Direct Mailing eröffnet also wie kaum ein anderes Werbeinstrument die Chance für einen persönlichen Kundenkontakt.

2.3.5 Event-Marketing

Ziele und Besonderheiten des Event-Marketings

Unter Event-Marketing versteht man die erlebnisorientierte Gestaltung von Veranstaltungen und anderen Ereignissen mit werblicher Absicht. Events sind Bestandteil des Erlebnismarketings. Unter einem Erlebniswert ist ein subjektiv erlebter Beitrag zur Lebensqualität des Konsumenten zu verstehen *(Weinberg1992, S. 3)*.

Wie das Direct Mailing ist auch das Event-Marketing ein Instrument der Direktwerbung. Das Event-Marketing basiert auf einem persönlichen Kontakt zwischen dem werbenden Unternehmen und der jeweils angesprochenen Zielgruppe. Die Besonderheit von Events als Instrument der Werbung liegt darin, daß es einerseits ein selbständiges Werbemittel darstellt, sein Einsatz jedoch gleichzeitig stets in Kombination mit anderen Werbemitteln erfolgt *(Linde-*

mann 1995, S. 17). So kann für Events mit Anzeigen oder Plakaten geworben werden. Während eines Event können Video-Clips mit werblichem Inhalt gezeigt und schließlich können nach einem Event die Teilnehmer mit einem Werbebrief angeschrieben werden. Darüber hinaus kann ein Event zum Gegenstand von Public-Relations-Aktivitäten gemacht werden.

Mit der Durchführung von Events werden üblicherweise drei Ziele verfolgt:

- Schaffung von Sympathien für Marke und Einkaufsstätte
- Herstellung und Intensivierung von persönlichen Kundenbeziehungen
- Dokumentation gesellschaftlicher und kultureller Verantwortung

Das Event-Marketing hat in den letzten Jahren erheblich an Bedeutung gewonnen. Die Ursachen dafür sind vor allem:

- die nachlassende Wirksamkeit der traditionellen Massenkommunikation
- die wachsende Freizeit und der damit verbundene Wandel vom Versorgungs- zum Erlebniseinkauf

Die Stärke des Event-Marketings besteht darin, daß es eine emotionale Beziehung zwischen dem werbenden Unternehmen und seinen Kunden herstellt. Die positiven Erlebnisse bei einem Event werden auf die Marke oder Einkaufsstätte übertragen und erhöhen damit die Kundenbindung. Speziell im Automobilbereich gewinnt das Event-Marketing deshalb an Bedeutung, weil die Zahl der Kundenkontakte aufgrund langer Beschaffungsintervalle niedrig ist und tendenziell weiter zurückgeht. So kauft der Kunde im Durchschnitt nur alle vier Jahre einen Neu- oder Gebrauchtwagen, und die Zahl der Servicekontakte wird durch verlängerte Wartungsintervalle und eine geringere Reparaturanfälligkeit der Fahrzeuge immer seltener. Durch das Event-Marketing können bedarfsunabhängige Kundenkontakte generiert und die Kunden insbesondere in der sog. „kalten Phase" unmittelbar nach dem Kauf eines Neuwagens angesprochen werden *(Diez 1993, S. 133)*.

Formen des Event-Marketings

Nach dem Initiator oder Träger eines Event sind Events der Automobilhersteller und Events der Vertragspartner im Automobilhandel zu unterscheiden. Dominierend sind die Events am Point of Sale, also im Automobilhandel. Häufig werden die Events jedoch vom Automobilhersteller angeregt und durch die Bereitstellung von Werbemitteln unterstützt.

Nach dem Inhalt des Event können

- Unterhaltungs-Events,
- Musik-Events,
- Kultur-Events,
- Sport-Events sowie
- Produkt-Events

unterschieden werden. Bei einem Unterhaltungs-Event kann es sich um die Einladung eines Prominenten oder ein Infotainment zu einem bestimmten Thema handeln. Musik-Events sind Veranstaltungen mit populärer, ein breites Publikum ansprechender Musik (Volksmusik, Pop-Musik). Kultur-Events bestehen demgegenüber in der Durchführung von Konzerten mit klassischer Musik, Lesungen oder Kunstaustellungen. Bei Sport-Events werden die Kunden zu bestimmten sportlichen Aktivitäten eingeladen (z.B. Tennis- oder Golfturnier, Off-Road-Fahren) oder passiv in Sportereignisse mit einbezogen (z.B. Motorsport). Bei Produkt-Events schließlich wird ein produktpolitisches Ereignis wie z.B. die Vorstellung eines neuen Modells zum Anlaß für eine Veranstaltung genommen.

Nach der Abgrenzung des Teilnehmerkreises können schließlich offene und geschlossene Events unterschieden werden. Bei einem offenen Event werden Kunden und Nichtkunden in gleicher Weise angesprochen. Ziel des offenen Event ist vor allem die Neukundengewinnung. Demgegenüber wendet sich ein geschlossenes Event nur an die Stammkunden. Sie werden dabei in der Regel persönlich oder schriftlich eingeladen. Das geschlossene Event kann ein wichtiger Beitrag zur Einkaufsstättenprofilierung und zur Erhöhung der Kundenbindung sein. Dies ist aber nur dann der Fall, wenn es dem Kunden ein Erlebnis vermittelt, das er ausschließlich bei dieser Marke oder bei diesem Autohaus bekommt. Der marken- und einkaufsstättentreue Kunde erhält gewissermaßen einen emotionalen Benefit für sein Treueverhalten. Bei einer kontinuierlichen Durchführung von attraktiven und exklusiven Events kann innerhalb eines Autohauses eine „Club"-Atmosphäre auf der Basis persönlicher Beziehungen zwischen den Kunden geschaffen werden („Networking"). Der heute vielfach propagierte Gedanke des Kundenclubs erhält damit einen substantiellen Inhalt *(Diez 1993, S. 134)*.

Planung von Events

Ein Event ist ein sehr komplexes Werbemittel mit Dienstleistungscharakter. Es bedarf daher einer sehr sorgfältigen Planung und Vorbereitung. Die wichtigsten Planungsschritte sind (Radl 1994, S. 176):

- Konzeption des Event
  - Zielsetzung und Anlaß der Veranstaltung

- Art und Motto der Veranstaltung
- Organisation und Verantwortlichkeiten
- Termin, Dauer und Ort der Veranstaltung
- Festlegung des Budgets
- Zusammenarbeit mit einer Agentur
- Rahmenplanung des Events
  - Inhalt und Aktionen bei der Veranstaltung
  - Beteiligung von Kooperationspartnern (Co-Promotion)
  - Catering
  - Personalbedarf
  - Logistik
  - Technik
  - Einladungen (Anzeigen, Direct Mailing)
- Planung des Veranstaltungsablaufs
  - Empfang der Gäste
  - Begrüßungsreden
  - Aktionen
  - Bewirtung
  - Giveaways (Erinnerungsgeschenke)
- Nachbereitung der Veranstaltung
  - Nach-Event-Kommunikation
  - Durchführungskontrolle
  - Erfolgskontrolle (Gästebefragung, Presseauswertung etc.)
  - interne Dokumentation der Veranstaltung

Das Event-Marketing wird in der Automobilwirtschaft bislang noch kaum professionell gehandhabt. Die Hersteller konzentrieren sich in ihren eigenen Aktivitäten zumeist auf einen sehr engen Kreis von VIP-Kunden. Um eine gewisse Breitenwirkung zu erreichen, muß das Event-Marketing vom Automobilhandel durchgeführt werden. Dort fehlen aber zumeist die Kapazität und die Kompetenz, um Events professionell durchzuführen. Andererseits beschränkt sich die Unterstützung der Hersteller in der Regel auf die Durchführung eines „Tag der offenen Tür". Aufgrund des Routinecharakters dieser Veranstaltungen ist die Kundenresonanz darauf jedoch häufig gering. Daraus wird dann die Schlußfolgerung gezogen, daß Events kein attraktives Werbemittel sind, so daß ein Teufelskreis zwischen geringer Attraktivität und geringen Teilnehmerzahlen entsteht. Die geringe Akzeptanz von Events als Werbemittel im Automobilhandel ist zweifellos aber auch darauf zurückzuführen, daß Events ein sehr teures Werbemittel, bezogen auf die Zahl der erreichbaren Kundenkontakte, sind. Dies setzt dem Einsatz dieses Werbemittels zweifellos Grenzen. Andererseits darf jedoch die Intensität des möglichen Kundenkontaktes im Rahmen von Veranstaltungen nicht unterschätzt werden. Sie zu messen ist jedoch ausgesprochen schwierig.

Im Rahmen des 3-S-Modells sollte das Event-Marketing ein integrierter Bestandteil der Werbekonzeption im Handelsmarketing der Automobilwirtschaft sein (Abb. 19). Die drei „S" stehen dabei für die Ziele, die mit dem werblichen Auftritt insgesamt verfolgt werden: Stabilisierung der Kundenerinnerung, Stimulierung von Kaufaktivitäten sowie Schaffung von langfristigen Sympathiewerten. Das Ziel einer „stabilisierenden" Werbung, die die Präsenz des Autohauses und der von ihm vertretenen Marke im Bewußtsein der Käufer sicherstellen soll, wird am besten mit den klassischen Werbemitteln und Werbeträgern, insbesondere der Anzeigenwerbung, erreicht. Diese Werbeebene stellt quasi die „Grundlast" des werblichen Marktauftritts dar. Das Ziel einer „stimulierenden" Werbung, die zu konkreten Kaufhandlungen führen soll, wird mit dem Direct Mailing erreicht. Der Kundenbrief soll den Kunden direkt auf bestimmte Produkte und Leistungen des Autohauses ansprechen und muß daher anlaßbezogen eingesetzt werden (z.B. mit Blick auf Sommer-, Herbst-, Winter- oder Frühjahrsaktionen, Hauptuntersuchung oder Abgasuntersuchung, Komplettpreisangebote). Das dritte Ziel, die Schaffung von Sympathiewerten, wird durch Event-Marketing erreicht. Hier geht es nicht um die Initiierung von konkreten Käufen, sondern um die emotionale Bindung des Kunden an seine Einkaufsstätte. So verstanden kann das Event-Marketing durch kein anderes Kommunikationsinstrument ersetzt werden.

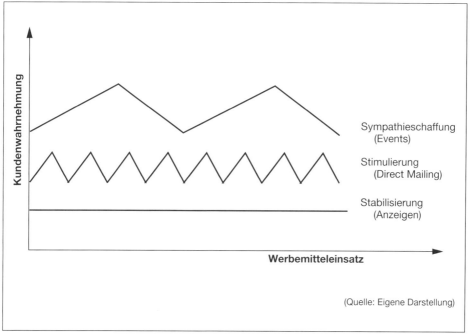

Abb. 19: Das 3-S-Modell der werblichen Kommunikation

291

3 Öffentlichkeitsarbeit

3.1 Grundlegende Aspekte

Unter Öffentlichkeitsarbeit (Public Relations) versteht man die systematische Gestaltung der Beziehungen eines Unternehmens zu einer nach Gruppen gegliederten Öffentlichkeit. Ihr Ziel ist, Akzeptanz und Vertrauen in die Produkte und das unternehmerische Verhalten herzustellen *(Meffert 1986, S. 493)*. Wichtige Zielgruppen der Öffentlichkeitsarbeit sind:

- die Kunden
- die Aktionäre
- die Mitarbeiter
- die Lieferanten
- die Händler
- die politisch Verantwortlichen (z.B. Regierung, Behörden, Parteien)
- gesellschaftlich relevante Gruppen (z.B. Gewerkschaften, Verbände, Bürgerinitiativen)
- Ausbildungseinrichtungen (z.B. Schulen und Hochschulen)

Als eine „indirekte" Zielgruppe können die Medien bezeichnet werden, da die eigentlichen Zielgruppen häufig nur über Zwischenschaltung von Print- und elektronischen Medien erreicht werden können.

Der Öffentlichkeitsarbeit kommt in der Automobilindustrie eine besonders hohe Bedeutung zu, da die Automobilhersteller und ihre Produkte eine in vielfacher Hinsicht exponierte Stellung einnehmen:

- Die Automobilhersteller sind überwiegend Großunternehmen mit einer erheblichen wirtschaftlichen Bedeutung und auch Machtstellung.
- Die Nutzung des Automobils ist mit verschiedenen, häufig als negativ empfundenen gesamtgesellschaftlichen Folgen verbunden (z.B. Verkehrs- und Umweltbelastung, Unfallrisiken).

Das breite öffentliche Interesse an automobilbezogenen Themen ermöglicht und erfordert eine intensive Pflege der Beziehungen zur Öffentlichkeit. Öffentliches Wohlwollen gegenüber einem Unternehmen fördert die Akzeptanz und damit auch den Markterfolg seiner Produkte. Der hohe Stellenwert der Öffentlichkeitsarbeit in der Automobilindustrie kommt auch darin zum Ausdruck, daß dieser Bereich bei einigen Automobilherstellern ein eigenes Vorstandsressort bildet *(Borghs 1990, S. 84)*.

292

3.2 Instrumente der Öffentlichkeitsarbeit

Die wichtigsten Instrumente der Öffentlichkeitsarbeit sind *(Hermanns/Naundorf 1992, S. 984)*:

- Medienarbeit
- öffentlichkeitsbezogene Veranstaltungen und Aktionen
- Einsatz von Druckschriften und Videos
- Lobbyismus

Die genannten Instrumente können selbstverständlich miteinander kombiniert werden. Außerdem bedürfen sie der Abstimmung mit den anderen Kommunikationsinstrumenten.

3.3 Formen der Öffentlichkeitsarbeit

Im Hinblick auf die Gestaltung der Öffentlichkeitsarbeit sind zwei Differenzierungen von besonderer Bedeutung:

- nach dem Gegenstand der Öffentlichkeitsarbeit:
  – die produktorientierte und
  – die unternehmensorientierte Öffentlichkeitsarbeit;
- nach dem Auslöser öffentlichkeitspolitischer Aktivitäten:
  – die reaktive und
  – die offensive Öffentlichkeitsarbeit.

Je nachdem, um welche Form von Öffentlichkeitsarbeit es sich handelt, finden die einzelnen Instrumente einen differenzierten Einsatz.

3.4 Konzeptionelle Gestaltung der Öffentlichkeitsarbeit

3.4.1 Produktorientierte Öffentlichkeitsarbeit

Die produktorientierte Öffentlichkeitsarbeit hat zum Ziel, den Bekanntheitsgrad der Produkte zu erhöhen und konkrete Produktvorteile darzustellen. Häufig wird diese Funktion auch als Product Publicity bezeichnet. Ihr Zeithorizont ist kurz- bis mittelfristig, ihre primäre Zielgruppe sind die Kunden. Das wichtigste Instrument der produktorientierten Öffentlichkeitsarbeit ist die

Medienarbeit. Sie wendet sich vor allem an die Automobilfachpresse sowie die Automobiljournalisten der allgemeinen Print- und elektronischen Medien.

Die produktorientierte Öffentlichkeitsarbeit steht in einem gleichzeitig komplementären und substitutiven Verhältnis zur Produktwerbung. Komplementär ist das Verhältnis im Hinblick auf die Kommunikation von Produktvorteilen. So muß sich die Öffentlichkeitsarbeit im Inhalt und im Ton von der Werbung unterscheiden. Sie muß sachlich gestaltet werden und sich auf wesentliche Neuheiten im Produktprogramm beschränken. Andernfalls droht die Gefahr, daß sie von den Journalisten als versuchte Schleichwerbung abgelehnt wird und in der Redaktionsarbeit keine angemessene Berücksichtigung findet.

Zweifellos kann jedoch durch eine offensive Öffentlichkeitsarbeit Werbung auch substituiert werden. Dies gilt insbesondere im Hinblick auf die Vorstellung neuer Produkte. Im Rahmen von Produkteinführungen besitzt die Öffentlichkeitsarbeit große Bedeutung. Obwohl die Durchführung von Fahrvorstellungen mit zumeist mehreren hundert Journalisten als sehr kostspielig gilt, wäre die Erreichung einer entsprechenden Medienpräsenz über Werbung um ein Vielfaches teurer.

3.4.2 Unternehmensorientierte Öffentlichkeitsarbeit

Die unternehmensorientierte Öffentlichkeitsarbeit verfolgt das Ziel, das Image des Unternehmens zu gestalten, indem seine wirtschaftlichen Erfolge sowie seine gesellschaftliche Relevanz und Verantwortung dokumentiert werden. Der Zeithorizont ist in diesem Fall mittel- bis langfristig. Die bevorzugten Zielgruppen der unternehmensorientierten Öffentlichkeitsarbeit sind auch hier die Kunden, gleichzeitig aber auch die anderen, weiter oben genannten Zielgruppen. Besondere Bedeutung kommt dabei der Politik und den verschiedenen gesellschaftlich relevanten Gruppen zu. Konflikte und Kampagnen im gesellschaftspolitischen Bereich können das Image eines Unternehmens nachhaltig beschädigen. Instrumente der unternehmensorientierten Öffentlichkeitsarbeit sind neben der Medienarbeit vor allem Unternehmensdarstellungen und die Instrumente der persönlichen Öffentlichkeitsarbeit.

3.4.3 Krisen-PR

Von reaktiver Öffentlichkeitsarbeit kann man sprechen, wenn die Aktivitäten der Öffentlichkeitsarbeit durch negative Ereignisse und Angriffe auf das Unternehmen ausgelöst werden. Diese können sich sowohl auf das Produkt als auch auf bestimmte unternehmenspolitische Entscheidungen beziehen. Die reaktive Öffentlichkeitsarbeit wird daher häufig auch als „Krisen-PR" bezeichnet *(Hermanns/Naundorf 1992, S. 581f.)*.

Felder, auf denen Automobilhersteller häufig angegriffen werden, sind:

● Qualitätsmängel von Fahrzeugen
● Rückrufaktionen
● hoher Kraftstoffverbrauch
● Beschäftigungsabbau
● Preisdruck gegenüber Lieferanten und Händlern
● Managementfehler

Aufgrund ihrer exponierten Stellung müssen die Automobilhersteller stets mit einem hohen Maß an Publizität rechnen, so daß bei allen unternehmenspolitischen Maßnahmen die Öffentlichkeitswirkungen in den Entscheidungsprozeß mit einbezogen werden müssen. Daher ist die Einbindung des Leiters der Öffentlichkeitsarbeit in die Vorstandsarbeit zwingend notwendig.

Grundregeln der Krisen-PR sind:

● Anerkennung und Relativierung des Problems
● Hinweis auf den Stand des Wissens
● Bereitschaft zur rückhaltlosen Aufklärung
● Richtigstellung von Sachverhalten in sachlichem Ton
● Vermeidung von Leerformeln
● Verzicht auf Anschuldigungen gegenüber Dritten
● Vermeidung von Angriffen auf die Presse
● Bereitschaft zur Beseitigung von Fehlern
● Kombination jeder schlechten mit einer guten Nachricht

Die Krisen-PR ist sehr stark situativ geprägt. Schnelligkeit geht hier vor Präzision, da sich eine Anschuldigung nicht in der öffentlichen Meinung verfestigen soll. Die genannten Regeln können dazu beitragen, eine kumulative Verschärfung von Konflikten zu vermeiden.

3.4.4 Issue Management

Unter offensiver Öffentlichkeitsarbeit versteht man die aktive und selbstbestimmte Kommunikation von unternehmensrelevanten Themen in der Öffentlichkeit. Sie wird häufig auch als Issue Management bezeichnet *(Imhof 1993, S. 1)*. Das Issue Management verfolgt grundsätzlich zwei Zielrichtungen: Zum einen sollen kritischen Themen im Sinne einer vorbeugenden Krisen-PR rechtzeitig identifiziert und Strategien zu deren Bewältigung konzipiert werden. Zum anderen besteht das Ziel, wirtschaftlich, gesellschaftlich und technisch relevante Themenfelder frühzeitig zu besetzen, um damit einen Kompetenzanspruch in der öffentlichen Meinung durchzusetzen. Beide Zielsetzungen gehen natürlich in der Praxis ineinander über.

Automobilrelevante Issues sind:

- Konzepte für umweltgerechten Automobilverkehr
- Maximierung von Sicherheitsstandards
- Sicherstellung der individuellen Mobilität
- Einsatz neuer Technologien
- Sicherung der internationalen Wettbewerbsfähigkeit
- Erhaltung von Arbeitsplätzen
- Globalisierung von Produktion und Entwicklung
- Verantwortung und Partnerschaft mit Zulieferern und Händlern

Issue Management läßt sich als ein mehrstufiger Prozeß beschreiben. Folgende Prozeßstufen können unterschieden werden *(Hahn 1992, S. 151)*:

- *Monitoring:* Das Monitoring umfaßt die Erforschung des Umfeldes hinsichtlich wichtiger Trends („Trendmonitoring"). Es sollte möglichst breit angelegt sein, um alle wichtigen Entwicklungen ins Blickfeld zu bekommen. Das Monitoring besteht in der Auswertung von persönlichen und mediengebundenen Informationen („Scanning").
- *Identifikation:* In einem nächsten Schritt müssen kritische Felder identifiziert werden. Diese Aufgabe darf sich jedoch nicht auf eine Status-quo-Betrachtung begrenzen. Notwendig ist vielmehr ein Abgleich der Unternehmensplanung mit den als relevant angesehenen allgemeinen Trends. Nur aus diesem dynamischen Vergleich lassen sich die unternehmensrelevanten Probleme und Chancen erkennen.
- *Priorisierung:* Da in der Regel eine Vielzahl von unternehmensrelevanten Issues identifiziert wird, ist eine Priorisierung zwingend notwendig, da die Öffentlichkeitsarbeit ansonsten überfordert wäre.
- *Analyse:* Die priorisierten Themenfelder werden im nächsten Schritt eingehend analysiert. Dazu bedarf es zum einen detaillierter Recherchen über die sachlichen, zeitlichen und personellen Zusammenhänge, in denen ein Thema steht. Zum anderen müssen aber auch die internen Potentiale und Handlungsmöglichkeiten zur Bewältigung eines Themas erforscht werden.
- *Strategieentscheidung:* Die Strategieentscheidung betrifft zunächst die Frage, ob ein Issue aktiv aufgegriffen oder ob lediglich ein „Schubladen"-Konzept erarbeitet werden soll. Ein Instrument zur Beantwortung dieser Frage ist das Themen-Portfolio (Abb. 20). Es kombiniert die öffentliche Re-

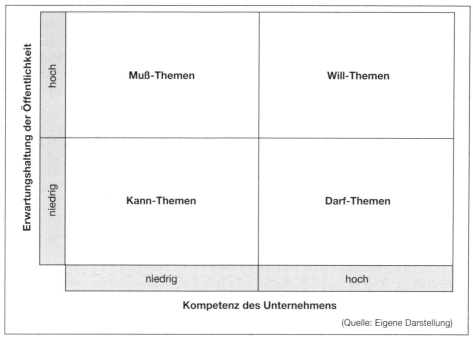

Abb. 20: Das Themen-Portfolio im Issue Management

levanz eines Themas mit der jeweiligen unternehmerischen Kompetenz. Themen, die eine hohe öffentliche Relevanz aufweisen und bei denen das Unternehmen über starke (wirtschaftliche, gesellschaftliche, technische) Kompetenz verfügt, sind „Will"-Themen. Das heißt, diese Themen sollten auf jeden Fall aktiv kommuniziert werden. Themen mit geringerer öffentlicher Relevanz und einer nur begrenzten unternehmerischen Kompetenz sind demgegenüber „Kann"-Themen, die bei verfügbarer Kapazität aufgegriffen werden können. Besonders kritisch sind Problemfelder, die eine große Bedeutung in der öffentlichen Diskussion haben, bei denen die unternehmerische Kompetenz aber nur schwach ist. Bei diesen „Muß"-Themen ist es notwendig, daß sich das Unternehmen zwingend eine Kompetenz aufbaut, weil hier eine entsprechende Breitenwirkung in der Kommunikation erreicht werden kann. Was schließlich die „Darf"-Themen anbelangt, so handelt es sich dabei häufig um Themen, die lediglich für einige kleinere Zielgruppen von besonderer Bedeutung sind, während der gesellschaftliche Mainstream sich dafür nicht interessiert. Solche Themen sollten dementsprechend zielgruppenspezifisch angegangen werden.

● *Umsetzung der Strategie:* Die Umsetzung der Strategieentscheidung erfolgt zunächst durch die Formulierung einer detaillierten strategischen Konzeption. Dies kann in Anlehnung an die Elemente einer Werbekonzeption erfolgen (Ziele, Botschaften, Instrumente und Medien). Danach müssen dann die entsprechenden Aktivitäten eingeleitet und realisiert werden.

● *Auswertung:* Da es sich bei Issues um langfristig wirksame Themen handelt, ist eine Erfolgskontrolle im klassischen Sinne kaum möglich. Am ehesten kann der Erfolg der Aktivitäten dahingehend quantifiziert werden, daß Einstellungsveränderungen gegenüber dem Unternehmen verfolgt werden.

3.5 Erfolgskontrolle

Die Bezugsgröße für die Erfolgskontrolle in der Öffentlichkeitsarbeit ist das jeweilige Zielsystem. Da die Ziele der Öffentlichkeitsarbeit nur in Ausnahmefällen operational definiert sind, ist eine Erfolgskontrolle schwierig *(Kuhn 1994, S. 25)*. Eine operationale Zieldefinition läge dann vor, wenn z.B. eine politische Entscheidung verhindert oder in einer bestimmten Richtung beeinflußt werden sollte. Das Ergebnis des politischen Entscheidungsprozesses (z.B. ein neues Gesetz bezüglich Abgasgrenzwerten) könnte dann direkt mit dem angestrebten Ziel verglichen werden. In der Regel dominieren in der Öffentlichkeitsarbeit jedoch allgemeine kommunikative Ziele. Die Erfolgskontrolle kann dann zumeist keinen Zielerreichungsgrad bestimmen, sondern muß sich auf eine Analyse der Wirkungen der Öffentlichkeitsarbeit beschränken.

Methoden der Erfolgskontrolle in der Öffentlichkeitsarbeit sind:

● Imageuntersuchungen
  – quantitative Imageuntersuchungen (Bekanntheitsgrad)
  – qualitative Imageuntersuchungen (Beliebtheitsgrad)
● Medienmonitoring
  – quantitatives Medienmonitoring (Clipping-Analysen)
  – qualitatives Medienmonitoring (Inhaltsanalysen)
● Journalistenbefragungen

Darüber hinaus können natürlich auch die klassischen Verfahren der Werbeerfolgskontrolle eingesetzt werden (z.B. Recall und Recognition).

4 Sponsoring

4.1 Grundlegende Aspekte

Unter Sponsoring versteht man die Planung, Organisation, Durchführung und Kontrolle sämtlicher Aktivitäten, die mit der Bereitstellung von Geld, Sach-

mitteln oder Dienstleistungen durch Unternehmen für Personen und Organi-
sationen im sportlichen, kulturellen, sozialen und ökologischen Bereich zur
Erreichung unternehmerischer Marketing- und Kommunikationsziele verbunden sind *(Bruhn 1990, S. 2)*. Das Sponsoring stellt heute ein eigenständiges Instrument der Kommunikationspolitik dar.

Das Sponsoring hat in den letzten Jahren im Rahmen des Kommunikations-
Mix erheblich an Bedeutung gewonnen. Gründe dafür sind:

- die Wirkungsverluste der klassischen Medienwerbung
- der Trend zum „Erlebnismarketing"
- die Komplementarität des Sponsorings zu anderen Kommunikationsinstrumenten

Auch im Kommunikations-Mix der Automobilhersteller hat das Gewicht des
Sponsorings dramatisch zugenommen. Abbildung 21 zeigt die wichtigsten
Sponsoren in der Automobilindustrie.

		in Mio. DM
1	Daimler-Benz	40
2	Opel	25
3	VW	20
4	Peugeot	7
5	Audi	6
6	BMW	5,5
7	Toyota	1
8	Ford	0,25
9	Dt. Renault	0,2
10	Fiat	0,1

(Quelle: Sponsor News, München 1992)

Abb. 21: Die Top-ten-Sponsoren der Automobilindustrie in Deutschland

4.2 Konzeptionelle Gestaltung des Sponsorings

4.2.1 Sport-Sponsoring

Das Sport-Sponsoring ist heute der wichtigste Sponsoringbereich. Rund drei Viertel der gesamten Sponsoringaufwendungen entfallen auf den Sport. In der Automobilindustrie dürfte dieser Betrag eher noch höher liegen. Der Aspekt der Dynamik stellt eine innere Verbindung zwischen dem Sport und dem Produkt Automobil her, so daß dieser Bereich für Automobilhersteller besonders geeignet erscheint.

Die wesentlichen Elemente einer Sport-Sponsoringkonzeption sind *(in Anlehnung an: Bruhn 1990, S. 73 ff.)*:

- Festlegung der Sponsoringziele
- Festlegung der Zielgruppen
- Festlegung der Strategie:
    - Definition der Sponsoringfelder
        - Sportarten
        - Leistungsebene
          (Spitzensport, Amateure, Breitensport)
    - Definition des Sponsoringumfangs
        - Titelsponsor (bei Turnier-Sponsoring)
        - Full Sponsor
        - Hauptsponsor
        - Co-Sponsor
    - Definition der Sponsoringmaßnahmen
        - Leistungen des Sponsors
        - Leistungen des Gesponserten
            - Markierung von Ausrüstungsgegenständen
            - Hospitality
            - Gewährung von Prädikaten
            - Einsatz von Sportlerpersönlichkeiten im Rahmen werblicher Aktivitäten (z.B. Autogrammstunden, Testimonial-Werbung)
    - Definition der konkreten Sponsorships
        - Auswahl von Personen, Mannschaften, Vereinen und Veranstaltungen unter Berücksichtigung
            - der Übereinstimmung mit den Sponsoringzielen
            - der Aufmerksamkeit und Akzeptanz bei den Zielgruppen
            - der Ablehnung bei bestimmten Gruppen
            - des Images und der Professionalität der Gesponserten
            - der Rückwirkungen auf die Mitarbeiter

- der Ausgestaltungsmöglichkeiten
- der Kosten
- der Integrationsmöglichkeiten in die gesamte Unternehmenskommunikation
- Definition des Zeitraumes
- Definition des gewünschten räumlichen Wirkungsbereiches
- Definition des Sponsoringbudgets
- Festlegung der Erfolgskontrolle

Der Erfolg des Sponsorings hängt ganz wesentlich von einer systematischen Planung der Aktivitäten ab. Persönliche Vorlieben von Entscheidungsträgern in Unternehmen, die in der Vergangenheit häufig der Auslöser von Förderaktivitäten waren, dürfen dabei keine Rolle spielen. Vor allem die Integration in den gesamten Kommunikations-Mix bestimmt die Effektivität des Sponsorings, da sich nur so Synergieeffekte mit anderen öffentlichkeitswirksamen Aktivitäten realisieren lassen.

Praxisbeispiel:

Das Sport-Sponsoringkonzept der Adam Opel AG

Im Rahmen einer Imageanalyse stellte Opel Mitte der 80er Jahre fest, daß die Produkte des Unternehmens zwar positiv bewertet werden, sich gleichzeitig mit der Marke Opel aber ein eher biederes Image verbindet. Durch die geplante Erneuerung des kompletten Produktprogramms, deren Bedeutung durch die Veränderung der bisherigen Produktnamen unterstrichen wurde (Rekord/Omega, Ascona/Vectra sowie Manta/Calibra), sollte die Marke Opel entsprechend dem neuen Slogan „Opel. Technik, die begeistert" repositioniert werden. Diesen Prozeß der imagebezogenen Neuausrichtung des Unternehmens galt es kommunikativ zu unterstützen. Dem Sport-Sponsoring wurde dabei eine zentrale Bedeutung beigemessen *(hier und im weiteren nach: Dahlhoff 1991, S. 117ff.)*.

Die wichtigsten Ziele von Opel im Rahmen des Sportengagements waren:

- die Schaffung eines jungen und dynamischen Appeals für die Marke und das Unternehmen sowie
- die Schaffung von Produktinteresse bei Zielgruppen, die bislang durch die Marke Opel nicht erreicht wurden.

Im Hinblick auf diese Zielsetzung fiel die Wahl auf die „dynamischen Ballsportarten", und zwar insbesondere auf Tennis und Fußball. Neben der Affinität zum Sponsoringziel einer Dynamisierung des Markenimages wiesen diese beiden Sportarten besondere Vorteile hinsichtlich der Publikumsresonanz, der Zielgruppenadäquanz, der Medienresonanz und der flexiblen Einsatzmöglichkeiten auf. Grundsätzlich sollten Personen-, Mannschafts- und Veranstaltungssponsoring kombiniert werden, mit einer Konzentration auf Spitzensportler und Spitzenveranstaltungen.

Im Bereich Tennis wurden die folgenden Sponsorships gewählt:

● *Veranstaltungssponsoring:* Zusammenarbeit mit der International Tennis Federation (ITF) in Form einer Förderung des Davis Cup, des Federation Cup und des World Youth Cup,
● *Mannschaftssponsoring:* Unterstützung des deutschen Davis-Cup-Teams,
● *Personensponsoring:* Zusammenarbeit mit Steffi Graf.

Als Leistungen der Gesponserten wurden festgelegt:

● Einräumung von Rechten für Banden- und Anzeigenwerbung sowie VIP-Betreuung im Rahmen der ITF-Turniere.
● Verwendung von Opel-Stickern durch das Davis-Cup-Team sowie Gewährung des Prädikats „Offizieller Sponsor der deutschen Davis-Cup-Mannschaft.
● Einsatz von Steffi Graf für Werbe- und Verkaufsförderungsaktionen sowie im Rahmen der Medienwerbung.

Neben dieser Förderung im Spitzensport sollten in einer Kombination aus Hersteller- und Händleraktivitäten auch lokale Tennismannschaften gesponsert werden. Mittlerweile bestehen Patenschaften von Opel-Vertragshändlern mit mehr als 250 Tennisvereinen.

Im Bereich Fußball entschied sich Opel für folgende Sponsorships:

● *Veranstaltungssponsoring:* Förderung internationaler Fußballturniere (WM 1986 in Mexiko, EM in Deutschland 1988 und Schweden 1992) sowie Zusammenarbeit mit der Europäischen Fußball-Union (UEFA) bei der Durchführung der Endspiele im Europapokal der Landesmeister und der Pokalsieger.
● *Mannschaftssponsoring:* Förderung des FC Bayern München sowie einer Reihe weiterer internationaler Spitzenmannschaften in anderen europäischen Ländern.

Leistungen der Gesponserten sind hier:

● im Rahmen des Veranstaltungssponsorings: Einräumung von Rechten zur Bandenwerbung, Präsentation des Produktprogramms im Umfeld der Veranstaltungsorte sowie Berücksichtigung von Opel bei Rahmenveranstaltungen.
● im Rahmen des Mannschaftssponsorings: Trikot-Werbung.

Die Sponsoringaktivitäten wurden zu einem integrierten Bestandteil der gesamten Marktleistungs- und insbesondere Kommunikationspolitik des Unternehmens. So wurde beispielsweise ein Sondermodell des Corsa als „Steffi special" auf den Markt gebracht. Außerdem war Steffi Graf bei der Präsentation des Calibra bei der IAA in Frankfurt 1989 anwesend. Im Zusammenhang mit den geförderten Sportveranstaltungen werden vielfältige werbliche Aktivitäten durchgeführt, und das Sponsoringengagement ist Bestandteil der Medienwerbung. (z.B. „Opel gratuliert dem Davis-Cup-Team").

Praxisbeispiel:

Das Sport-Sponsoringkonzept von BMW

Die BMW AG verfolgt mit dem Sport-Sponsoring vor allem zwei Ziele *(hier und im folgenden: Strassl 1989, S. 134 ff.)*:

● die Aktualisierung der Marke sowie
● die Realisierung eines Imagetransfers vom Sport auf die Marke.

Mit dem Sport-Sponsoring sollen Zielgruppen erreicht werden, die mit den herkömmlichen Kommunikationsinstrumenten nur schwer angesprochen werden können. Dabei wird bei jeder Sponsoringaktivität sehr stark auf das jeweilige Umfeld und die Co-Sponsoren geachtet. So wurde festgestellt, daß eine Marke, die in einer Fernsehübertragung von Spielausschnitten für eine Dauer von drei Minuten mit zwei anderen Marken beim Tennis zu sehen ist, besser erinnert wird als eine Marke, die in einer gleich langen Fußballübertragung neben 31 anderen Marken im Bild erscheint. Aufgrund von Marktforschungsergebnissen hat BMW die folgende Prioritätenlisten für Sport-Sponsoringaktivitäten erstellt:

1. Golf
2. Tennis
3. Segeln
4. Reiten
5. Ski alpin

Tennis, Reiten, Golf, Ski alpin gelten als Exklusiv-/Prestige-Sportarten mit den Imagewerten

- internationales Flair,
- Exklusivität,
- Prestige,
- modern,
- für Leute mit Geld und starker Persönlichkeit.

Segeln und Golf haben das Image von Eleganz-Sportarten. Hier dominieren nach den Erkenntnissen von BMW Imagewerte wie

- Genuß,
- Ästhetik,
- Eleganz,
- Erotik,
- Seriosität.

Eine konkrete Aktivität, die aus diesen strategischen Überlegungen heraus entstanden ist, ist der BMW Golf Cup. Es handelt sich dabei um eine bundesweite Amateurgolfturnierserie. Sie ist so angelegt, daß sie zum einen BMW die Möglichkeit gibt, seine Produkte im Umfeld relevanter Zielgruppen zu plazieren und gleichzeitig seinen Vertragspartnern im Handel die Gelegenheit zu verschaffen, bestehende Kundenkontakte zu intensivieren bzw. neue Kontakte herzustellen.

4.2.2 Motorsport-Marketing

Das Engagement von Automobilherstellern im Motorsport weist zweifellos viele Ähnlichkeiten mit dem klassischen Sport-Sponsoring auf. Dies gilt insbesondere hinsichtlich der Art und des Einsatzes der verschiedenen Sponsoringinstrumente. Andererseits unterscheidet sich das Motorsport-Marketing aus der Sicht eines Automobilherstellers dadurch vom üblichen Sport-Sponsoring, daß das Sponsoringobjekt in einer sehr engen Beziehung zum Kerngeschäftsfeld steht und der Automobilhersteller hier gleichzeitig Sponsor und Gesponserter sein kann. Insofern muß das Motorsport-Marketing als ein eigenständiges und spezifisches Instrument des Kommunikations-Mix in der Automobilindustrie angesehen werden.

Motorsport-Marketing kann ganz allgemein als das systematische Engagement von Automobilherstellern im Bereich des Motorsports unter Einbringung eigener technischer Leistungen mit einer primär werblichen Absicht definiert werden. Durch den Hinweis auf die Einbringung eigener technischer Leistungen unterscheidet sich das Motorsport-Marketing vom herkömmlichen Sponsoring.

Der Motorsport besitzt nach wie vor eine große, in den letzten Jahren sogar wieder steigende Breitenwirkung. Dies gilt nicht nur für die Zuschauerzahlen bei den Rennen selbst, sondern auch im Hinblick auf die Medienpräsenz. So liegt beispielsweise die Sendedauer von motorsportlichen Veranstaltungen in Deutschland bei rund 80 Stunden. Besonders wichtig in den Printmedien ist der hohe Anteil der Bildkommunikation bei der Berichterstattung über Automobilrennen. Er beträgt rund 45%. Dies bedeutet hohe Aufmerksamkeitswerte für den Motorsport.

Formen des Motorsport-Marketings

Im Hinblick auf die organisatorische Gestaltung des Motorsport-Marketings können folgende Formen unterschieden werden:

● Durchführung in Eigenregie (Werksteam)
● Durchführung mit einem Partner in einem eigenständigen Unternehmen
● Unterstützung von Privatfahrern

Je nach der Konzeption des Engagements ergibt sich eine differenzierte Chancen- und Risikobewertung für den Automobilhersteller.

Nach dem technischen Charakter der Fahrzeuge und der Art des Rennens können unterschieden werden:

● Rundstreckenrennen
  – Formelklassen (z.B. Formel 1, Formel 3000)
  – Tourenwagen
● Rallyerennen

Die stärkste Öffentlichkeitswirkung besitzen die Rundstreckenrennen, insbesondere die Rennen der Formel 1 mit einer globalen Ausstrahlung, und in Deutschland die Deutsche Tourenwagenmeisterschaft (DTM).

Das Motorsport-Marketing stellt eine sehr teures Marketinginstrument dar. Daher müssen Chancen und Risiken eines solchen Engagements sehr sorgfältig abgewogen werden. Die Chancen des Motorsport-Marketings sind:

- *Erzielung von Innovationsvorsprüngen in Serienfahrzeugen:* Die Entwicklung und der Einsatz von neuen Technologien für die extreme Beanspruchung in Automobilrennen und ihre schnelle Übertragung in Serienfahrzeuge konnten in der Vergangenheit zweifellos Wettbewerbsvorteile auf dem Automobilmarkt begründen. Der Aspekt der Technik hat für das Motorsportengagement nur noch eine sekundäre, vielleicht auch lediglich legitimatorische Bedeutung *(Melzer 1990, o. S.).*
- *Dynamisierung des Markenimages:* Durch die Beteiligung am Motorsport kann eine hohe Wettbewerbsbereitschaft und bei entsprechenden Erfolgen eine positive Veränderung des Markenimages hinsichtlich Innovationsgrad, Leistungsfähigkeit und auch Zuverlässigkeit erreicht werden. Die werbliche Wirkung des Motorsports wird insbesondere durch die besondere Erlebnissituation bei Automobilrennen verstärkt.
- *Durchsetzung von Innovationen:* Das Engagement im Motorsport ist eine Möglichkeit, die Durchsetzung und breite Akzeptanz neuer Technologien im Serienfahrzeugbau zu verbessern. Wird eine technische Komponente im Motorsport eingesetzt und bewährt sie sich, kann dies als glaubwürdiges Argument in der Produktwerbung eingesetzt werden.

Risiken des Motorsport-Marketings sind:

- Bei Mißerfolgen in Automobilrennen kann dies zu einem Verliererimage der Marke führen.
- Aufgrund der Sicherheitsrisiken und Umweltbelastungen durch den Automobilsport können sich negative Spill-over-Effekte auf das Marken- und Unternehmensimage ergeben.
- Die Beteiligung am Motorsport erfordert hohe Aufwendungen.

Eine generelle Antwort auf die Frage nach der Kosten-Nutzen-Relation des Motorsport-Marketings ist sicherlich nicht möglich. Sie muß letztlich markenspezifisch und das heißt unter Berücksichtigung der jeweiligen Marketingziele getroffen werden.

Die konzeptionelle Gestaltung des Motorsport-Marketings umfaßt die folgenden Entscheidungstatbestände:

- Festlegung der Ziele
  - technische Ziele
  - kommunikative Ziele

306

- Festlegung des Motorsportbudgets
  - Definition der Aufwendungen für technische Leistungen (einschließlich aller indirekten und Folgekosten)
  - Definition der Kosten der Kommunikationspolitik
- Festlegung des Aktivitätsbereiches
  - Auswahl der Motorsportklasse
  - Definition des räumlichen Wirkungsbereiches
  - Definition der Zeitdauer des Engagements
- Festlegung der Partner
  - Wahl der Partner im technischen Bereich
  - Akquisition geeigneter Sponsoren
- Festlegung des Kommunikationskonzeptes
  - Definition der werblichen Aktivitäten (Medien- und Direktwerbung)
  - Integration des Handelsmarketings
  - Aktivitäten im Rahmen der Öffentlichkeitsarbeit
- Festlegung eines Konzeptes zur Erfolgskontrolle
  - Erfolgskontrolle der technischen Ziele
  - Erfolgskontrolle der kommunikativen Ziele

Ein intensives Motorsportengagement eröffnet zweifellos vielfältige Möglichkeiten zur Darstellung von Automobilunternehmen und ihrer Produkte in der Öffentlichkeit. Damit dieses Potential ausgeschöpft wird, bedarf es jedoch einer gesamtheitlichen Marketingkonzeption für diesen Bereich. Gleichzeitig müssen schon beim Beginn eines Engagements die hohen Risiken bei der Planung Berücksichtigung finden. Konkret bedeutet dies, daß die Gestaltung einer Marketingkonzeption mit einer Definition möglicher Rückzugsstrategien kombiniert werden muß.

Praxisbeispiel:

Das Engagement von Mercedes-Benz bei der Deutschen Tourenwagenmeisterschaft

Die Deutsche Tourenwagenmeisterschaft (DTM) hat sich in den letzten Jahren als eine der erfolgreichsten Rennserien international etabliert. Gefahren werden pro Saison zwölf Rennen, davon sieben in Deutschland und mittlerweile fünf in anderen europäischen Ländern. Zugelassen zur DTM sind Fahrzeuge, deren Karosserie von einem Großserienmodell stammt, das mindestens 25.000mal im Verlauf von zwölf aufeinanderfolgenden Monaten gebaut wurde. Alle erlaubten Änderungen sind im Reglement klar definiert. Was den Motor anbelangt, ist ein maximaler Hubraum von 2,5 Litern und sechs Zylindern festgelegt. Mercedes-Benz beteiligt sich an der DTM auf zwei Ebenen:

- Die erste Ebene bilden zwei Werksteams, nämlich AMG und Zakspeed. Diese Teams bekommen von Mercedes-Benz Rennfahrzeuge der C-Klasse zur Verfügung gestellt. Die beiden Teams finanzieren sich über Sponsoren. Dies sind bei der AMG UPS, sonax, Tabac Original, D2-Privat-Mannesmann-Mobilfunk. Industriepartner von AMG sind BBS, Fondmetal, Boss, Bilstein, Recaro, Becker-Design, Bosch, TRW-Power-Steering und Sandtler Rennbekleidung. Sponsoren des Zakspeed-Teams sind ProMarkt, Mercedes-Benz-Original-Teile sowie Mobil. Industrielle Partner sind BBS, Bilstein, Bosch, Fondmetal, Intergraph, Mercedes-Benz-CharterWay, Recaro sowie Silicon Graphics.
- Auf einer zweiten Ebene werden sog. Semi-Werksfahrer gefördert. Es handelt sich dabei um Privatfahrer, die von Mercedes-Benz Rennfahrzeuge des Vorjahres und auch sonstige werkseitige Unterstützung im technischen Bereich erhalten. Auch die Privatfahrer müssen sich über Sponsoren finanzieren. Durch die Privatfahrer werden das Teilnehmerfeld und die Markenpräsenz erweitert.

Neben Mercedes-Benz sind vor allem Alfa Romeo und Opel in der DTM engagiert. Ziel der Beteiligung von Mercedes-Benz am Rennsport ist die Gewinnung von neuen, vor allem jüngeren Kunden. Mit dem Motorsport sollen Markenwerte wie Qualität, Effizienz, Dynamik und Internationalität kommuniziert werden. Das Publikumsinteresse an der DTM hat in den letzten Jahren weiter zugenommen. Die Besucherzahl stieg 1994 um 18,5% auf 776.000 Besucher. Die Gesamtauflage aller Berichte in Zeitungen und Zeitschriften, die in Deutschland über die DTM 1994 berichtet haben, lag deutlich über einer Milliarde Exemplare. Darüber hinaus haben 180 Fernsehstationen in 110 Ländern Berichte über die DTM gesendet. Die Gesamtlänge der Übertragungen betrug 367 Stunden, wobei 921 Millionen erreicht wurden. In Deutschland sahen jedes der zwölf Rennen in 1994 durchschnittlich 23,3 Millionen Zuschauer, und über das Jahr hatte das deutsche TV-Publikum 280 Millionen Male Blickkontakt am Bildschirm mit der DTM. Neben der DTM ist Mercedes-Benz auch bei der Formel 1 und bei der amerikanischen IndyCar-Serie beteiligt. Das Engagement in der Formel 1 erfolgt im Rahmen eines Joint-venture mit dem Rennstall McLaren. Dabei ist McLaren für die Konstruktion, den Aufbau und Einsatz der Rennautos sowie – über Sponsor-Partner – für die Finanzierung verantwortlich. Mercedes-Benz bringt die Motoren und einen Anteil des Budgets für Entwicklung und Fahrergagen in das Gemeinschaftsunternehmen ein. Ähnlich gestaltet ist auch die Zusammenarbeit mit dem Penske-Rennteam bei der IndyCar-Serie. Nach dem Sieg beim Rennen in Indianapolis im Jahr 1994 konnte Mercedes-Benz eine deutliche Belebung seines Absatzes auf dem nordamerikanischen Markt feststellen.

4.2.3 Kultur-Sponsoring

Das Kultur-Sponsoring hat in den letzten Jahren einen deutlichen Aufschwung genommen. Nach dem Sport-Sponsoring stellt es den zweitwichtigsten Sponsoringbereich dar. Dazu hat sicherlich die zunehmende Bedeutung der kulturellen Aktivitäten im Rahmen der Freizeitgestaltung vieler Menschen beigetragen. Nachdem im Bereich des Kultur-Sponsorings traditionell Unternehmen der Dienstleistungsbranche sehr stark engagiert sind, wenden sich nunmehr auch die Automobilhersteller immer stärker diesem Bereich zu.

Die Formen und die konzeptionellen Gestaltungsparameter des Kultur-Sponsorings sind denen des Sport-Sponsorings vergleichbar. Besonderheiten ergeben sich hinsichtlich der Imageziele und vor allem der Sponsoringfelder. Das Kultur-Sponsoring ist geeignet, die Imageziele

● Exklusivität,
● Sympathie,
● Jugendlichkeit sowie
● Wahrnehmung gesellschaftspolitischer Verantwortung

zu realisieren. Letzteres kann vor allem im Non-Profit-Bereich des Kulturlebens demonstriert und kommuniziert werden *(Hermanns/Drees 1989, S. 151)*.

Wichtige Sponsoringfelder sind:

● Unterstützung von Kunstinstitutionen (z.B. Museen, Theater, Konzerthäuser)
● Förderung von Kulturschaffenden (z.B. Orchester, Maler, Nachwuchskünstler)
● Sponsoring von Einzelveranstaltungen (z.B. Konzerte, Ausstellungen, Tourneen)

Leistungen und Gegenleistungen können im Kultur-Sponsoring ähnlich wie im Sport-Sponsoring gestaltet werden, wobei jedoch die Gesponserten in diesem Bereich zumeist gegenüber dem Sponsor eine größere Distanz gewahrt wissen wollen.

Praxisbeispiel:

Kultur-Sponsoring der Audi AG

Den Schwerpunkt der Audi-Kulturförderung bildet der Bereich „Musik". So unterstützte Audi von 1985 bis 1989 die Münchner Philharmoniker und ermöglichte ihnen u.a. Tourneen in die Vereinigten Staaten, nach Japan und Israel. Als Gegenleistung dafür gab das Orchester unter der Leitung des Dirigenten Sergiu Celebidache für die Audi-Mitarbeiter in den Werkshallen in Ingolstadt ein Konzert. Das Ereignis war so spektakulär, daß das Zweite Deutsche Fernsehen darüber berichtete und gleichzeitig ein Portrait der Audi-Werke ausstrahlte. Dadurch konnte eine Vielzahl von Zuschauerkontakten erreicht werden werden. Audi war weiterhin Hauptsponsor des Schleswig-Holstein-Festivals unter der Leitung von Justus Frantz. Außerdem fördert Audi eine Reihe von weiteren Musik-Festivals, und zwar u.a. die Musikfestspiele Potsdam-Sanssouci, die Ingolstädter Jazz- und Orgeltage sowie die „Sommerkonzerte zwischen Donau und Altmühltal". Die Sponsoringaufwendungen der Audi AG in diesem Bereich werden auf 1,2 Mio. DM geschätzt.

Praxisbeispiel:

Musik-Sponsoring durch die Volkswagen AG

Seit 1992 sponsert die Volkswagen AG die Tourneen bekannter internationaler Rock-Gruppen. Im Jahr 1992 wurde diese Sponsoringaktivität mit der Gruppe „Genesis" begonnen und 1993 mit der Gruppe „Pink Floyd" fortgesetzt. Im Jahr 1994 ist Volkswagen nunmehr Sponsor der Europa-Tournee der „Rolling Stones". Ziel dieses Engagements ist, jüngere Kunden zu erreichen, wobei mit den genannten Gruppen auch noch die für die Motorisierung mit Neuwagen besonders interessante Altersgruppe zwischen 35 und 45 Jahren angesprochen werden kann. Im Rahmen der Zusammenarbeit wurden Sondermodelle mit dem jeweiligen Gruppennamen entwickelt. So wurden von dem Sondermodell „Genesis" 20.000 Einheiten verkauft. Bei der Pink-Floyd-Tournee waren es 85.000 Sondermodelle, und bei den Rolling Stones sollen es 100.000 sein. Außerdem konnte Volkswagen die Gruppennamen in weitere werbliche Aktivitäten einbinden (Medienwerbung, Verkaufsförderung, Special Events, Giveaways etc.). Die Kosten des „Genesis"-Engagements von Volkswagen werden auf 20 – 25 Mio. DM, die für das Rolling-Stones-Sponsoring auf 30 Mio. DM geschätzt.

4.2.4 Umwelt-Sponsoring

Trotz der unbestreitbaren Popularität des Themas „Umwelt" spielt das Umwelt-Sponsoring im Vergleich zum Sport- und Kultur-Sponsoring bislang eine eher noch untergeordnete Rolle im Rahmen unternehmerischer Sponsoringkonzepte. Gleichwohl ist auch in diesem Bereich die Tendenz steigend.

Das Umwelt-Sponsoring ist für die Automobilindustrie ein besonders kritisches Feld, da das Automobil als einer der größten „Umweltfeinde" gilt. So wurde im Rahmen einer – allerdings schon etwas älteren – Befragung aus dem Jahr 1988 auf die Frage, welche Branchen als unpassend für ein Umwelt-Sponsoring gelten, nach der Zigarettenindustrie bereits die Automobilindustrie genannt *(Bruhn 1990, S. 47)*. Die Automobilhersteller stehen also beim Umwelt-Sponsoring vor allem vor dem Problem mangelnder Glaubwürdigkeit. Häufig wird das Umwelt-Sponsoring lediglich als „Alibi" für die Umweltbelastungen durch die Herstellung, Nutzung und Entsorgung von Automobilen angesehen. Angesichts dieser Problematik verwundert es nicht, daß nur wenige Automobilhersteller auf diesem Gebiet aktiv sind. Im Rahmen einer Befragung von Automobilherstellern und -importeuren konnten lediglich drei Automobilhersteller (Mercedes-Benz, Opel und Volkswagen) auf konkrete Umweltprojekte hinweisen *(Maurer 1994, S. 55)*.

Stärker als in anderen Bereichen muß im Umwelt-Sponsoring ein integriertes Gesamtkonzept verfolgt werden, das die Produktpolitik zwingend mit einschließt. Kann ein Automobilhersteller den Nachweis führen, überdurchschnittliche Umweltstandards sowohl beim Produkt als auch bei seiner Herstellung und Entsorgung zu realisieren, so können mit dem Umwelt-Sponsoring wichtige Imageziele erreicht werden. Es sind dies:

- die Verstärkung des Umwelt-Images
- die Wahrnehmung einer gesamtgesellschaftlichen Verantwortung
- die Schaffung von Sympathie für die Marke

Wichtige Sponsoringfelder im Umweltbereich sind:

- Unterstützung von Umweltschutzorganisationen (z.B. Natur- und Tierschutzverbände)
- Unterstützung konkreter Umweltschutzprojekte
- Stiftung von Umweltpreisen

Das Umwelt-Sponsoring wird für die Automobilindustrie auch künftig ein schwieriges Feld bleiben, da die Anforderungen an die Umweltverträglichkeit der Produkte ständig zunehmen. Eine Veränderung des Images muß daher primär über integrierte Umweltkonzepte erfolgen, die die Phasen Produktion – Nutzung – Entsorgung umfassen. Ist dies nicht gewährleistet, wird das Umwelt-Sponsoring keine nachhaltige kommunikative Wirkung entfalten können.

Praxisbeispiel:

Das Pará-Projekt der Daimler-Benz AG

Anläßlich des ersten globalen Umweltgipfels im Jahr 1992 in Brasilien wurde von der Daimler-Benz AG das Pará-Projekt vorgestellt. Es handelt sich dabei um eine Kooperation zwischen Daimler-Benz und der nordbrasilianischen Universität do Pará in Belém. Umweltpolitisches Ziel dieses Projektes ist der Schutz des tropischen Regenwaldes. Dies soll dadurch erreicht werden, daß den Menschen im Amazonasgebiet eine wirtschaftliche Alternative zur Brandrodung und zum Wanderfeldbau aufgebaut wird. Dazu werden auf einem bereits abgeholzten Waldgebiet Naturprodukte aus Pflanzmodulen angebaut, die u.a. im Fahrzeugbau eingesetzt werden können. So wurde im Jahr 1993 eine Manufaktur zur Gewinnung von Kokosfasern in Betrieb genommen. Seit 1994 wird die Mercedes-Benz do Brasil, die Lastkraftwagen und Busse herstellt, mit Fertigprodukten von der Amazonasinsel beliefert. Die Produktion lag im ersten Jahr bei 9.000 Kopfstützen aus Kokosfasern. Im Jahr 1995 soll die Produktion auf 20.000 Stück erhöht werden. Es ist geplant, künftig auch für das europäische Produktprogramm Bauteile auf der Basis nachwachsender Rohstoffe zu verwenden.

Praxisbeispiel:

Das Umwelt-Sponsoring der Adam Opel AG

Im April 1989 begann Opel als erster deutscher Massenhersteller sein gesamtes Produktprogramm serienmäßig mit geregelten Katalysatoren auszustatten. Gleichzeitig wurden weitreichende Maßnahmen zur Reduktion der Umweltbelastungen im Bereich der Produktion durchgeführt (z.B. Umstellung auf wasserlösliche Lacke). Erst als diese Voraussetzungen geschaffen waren, startete Opel dann mit seinen Umwelt-Sponsoringaktivitäten. In Zusammenarbeit mit dem World Wildlife Fund (WWF) werden zwei konkrete Projekte zum Schutz bedrohter Tierarten verfolgt. Es handelt sich dabei um Naturschutzprojekte zur Rettung der Galapagos-Pinguine und afrikanischer Waldelefanten. Diese Förderung wird in der Form durchgeführt, daß Opel für jeden Kühlsystem-Check, der bei einem Vertragshändler durchgeführt wird, eine D-Mark an den WWF überweist. Auf diese Weise konnten in den Jahren 1989 und 1990 insgesamt 500.000 DM gesammelt werden.

4.2.5 Sozio-Sponsoring

Das Sozio-Sponsoring gehört zu den traditionellen, in der Öffentlichkeit aber zumeist wenig beachteten Sponsoringbereichen. Zumeist erfolgt die Unterstützung auf diesem Gebiet in Form des Mäzenatentums, d.h., es werden Förderungen durchgeführt, jedoch häufig nicht entsprechend kommuniziert. Auch Automobilhersteller sind in diesem Bereich engagiert.

Sponsoringfelder sind hier:

● Unterstützung im Bereich des Gesundheits- und Sozialwesens (z.B. Förderung von Behindertenheimen und SOS-Kinderdörfern sowie von Jugendlichen)
● Unterstützung von Wissenschaft und Bildung (z.B. Förderung von wissenschaftlichen Instituten, Einrichtung von Stiftungsprofessuren, Ausschreibung von wissenschaftlichen Wettbewerben)

Das Sozio-Sponsoring ist besonders zur Darstellung gesellschaftspolitischer Verantwortung durch ein Unternehmen geeignet. Bislang können mit dieser Form des Sponsorings kaum große Publizitätserfolge erreicht werden, und eine automobilspezifische Ausgestaltung ist nur selten möglich.

Andererseits dürften die öffentlichen Sympathien für das Sozio-Sponsoring angesichts der wachsenden Verwahrlosungstendenzen in unserer Gesellschaft zunehmen. Die Unterstützung von Jugendlichen kann beispielsweise gezielt als ein Beitrag zur Sicherstellung der Integration in unsere Gesellschaft eingesetzt werden.

5 Verkaufsförderung

5.1 Grundlegende Aspekte

Die Verkaufsförderung („Sales Promotion") umfaßt alle nicht regelmäßig wiederkehrenden Kommunikationsaktivitäten, deren Ziel die kurzfristige Steigerung des Absatzvolumens ist. Sie stellt damit kein originäres Instrument der Kommunikationspolitik dar, sondern vielmehr eine zielorientierte Kombination produkt-, preis-, distributions- und kommunikationspolitischer Maßnahmen.

Die Verkaufsförderung hat in den letzten Jahren im Automobilmarketing erheblich an Bedeutung gewonnen. Bei einigen Automobilherstellern ist sie zum dominierenden Marketinginstrument überhaupt geworden. Gründe dafür sind:

- Zunehmende Sättigungstendenzen im Automobilmarkt und eine rezessive Wirtschaftsentwicklung haben zu teilweise massiven Absatzeinbrüchen und damit einer Unterauslastung vorhandener Produktionskapazitäten geführt.
- Die Verkaufsförderung ist ein vergleichsweise schnell anzuwendendes Marketinginstrument, da ihr Einsatz keine langen Vorlaufzeiten hat.
- Die Verkaufsförderung ist nicht nur schnell, sondern für den Automobilhersteller auch einfach zu handhaben.

Allgemein wird mit einer weiter steigenden Bedeutung der Verkaufsförderung gerechnet *(Birkigt 1983, S. 13)*.

5.2 Formen der Verkaufsförderung

Grundsätzlich werden nach dem Adressaten drei Formen der Verkaufsförderung unterschieden *(Cristofolini/Thies 1979, S. 71ff.)*:

- die konsumentenorientierte Verkaufsförderung
- die händlerorientierte Verkaufsförderung
- die verkäuferorientierte Verkaufsförderung

Es liegt auf der Hand, daß diese Differenzierung bei der Zuordnung konkreter Maßnahmen jeweils nur nach dem jeweiligen Schwerpunkt erfolgen kann, denn letztlich haben alle Aktivitäten das Ziel, das Absatzvolumen zu erhöhen.

5.3 Konzeptionelle Gestaltung

5.3.1 Konsumentenorientierte Verkaufsförderung

In der Automobilwirtschaft übliche Instrumente der konsumentenorientierten Verkaufsförderung sind:

- *Sondermodelle:* Sondermodelle können als Fahrzeuge definiert werden, die auf einem Basismodell aufbauend sich durch technische, optische und ausstattungsbezogene Modifikationen unterscheiden und zu einem speziellen Preis zeitlich oder mengenmäßig begrenzt angeboten werden *(Wenk 1995, S. 10)*. Im Rahmen von Verkaufsförderungsaktionen wird dabei vom jeweiligen Anbieter in der Regel eine Preisvorteil-Strategie verfolgt, d.h., ausstattungsbereinigt hat der Kunde einen Preisvorteil gegenüber einem Standardmodell. Sondermodelle werden heute praktisch von allen Automobilherstellern angeboten. Im Rahmen einer Befragung von 19 Automobilherstellern und -importeuren konnte festgestellt werden, daß der Stellenwert des Sondermodell-Marketings bereits heute sehr hoch eingeschätzt und mit einem weiteren Bedeutungsgewinn gerechnet wird *(Wenk 1995, S. 60)*. Die Problematik der Sondermodellpolitik liegt zweifellos darin, daß die Standardmodelle dadurch entwertet und nur mit hohen Preisnachlässen verkauft werden können. Aufgrund von Kannibalisierungseffekten wird das ursprüngliche Ziel einer (Netto-)Absatzsteigerung in der Regel nur bedingt erreicht.
- *Sonderpreise:* Dieses Instrument umfaßt alle Maßnahmen, bei denen ohne Veränderung des angebotenen Produktes der Preis reduziert wird. Dies kann über offene Preissenkungen, Reduktion der Finanzierungs- und Leasingkonditionen, aber auch durch sog. Abwrackprämien erfolgen. In der Regel werden solche Maßnahmen jedoch sehr schnell durch den Wettbewerb beantwortet, so daß der Netto-Effekt auch hier gering ist.
- *Aktionstage:* Durch Aktionstage, die entsprechend beworben werden, kann versucht werden, die Kundenfrequenz temporär zu erhöhen. Insbesondere können solche Aktionstage mit der Einladung zu Probefahrten verbunden werden.
- *Umtauschrechte:* Die Einräumung zeitlich befristeter Umtauschrechte kann ebenfalls als absatzstimulierendes Instrument eingesetzt werden.
- *Preisausschreiben:* Preisausschreiben dienen der Adressengewinnung potentieller Automobilkäufer.

Praxisbeispiel:

Sondermodell-Marketing Passat „Family"

Von Volkswagen wurde in den Jahren 1994 und 1995 ein Sondermodell des Passat unter der Bezeichnung „Family" angeboten. Vorrangig werden mit diesem Modell Volumenziele angestrebt.

Folgende Differenzierungsmaßnahmen zum Basismodell wurden durchgeführt:

- Erweiterung des Ausstattungsumfangs
  - 15-Zoll-Stahlräder mit 205er-Reifen
  - Zentralverriegelung
  - Glas-Schiebedach, elektrisch
  - höhenverstellbare Lenksäule
  - Sonnenschutzrollo (Limousine)
  - Dachreling/Laderaumabdeckung (Variant)

- Optische Differenzierung
  - Interieur:
    - spezieller Bezugsstoff („Family"-Jaquard)
  - Exterieur:
    - Abdunkelung der Blink- und Heckleuchten
    - Anbringung eines Labels „Family" an der C-Säule
    - Sonderlackierung.

Der Preisvorteil gegenüber dem Basismodell „Passat CL" beträgt rund 2.000 DM, was etwa 5% – 6% gegenüber dem normalen Listenpreis bedeutet. Das Sondermodell wird sowohl über Print- als auch elektronische Medien und Plakate beworben. Die Händler erhalten eine spezielle Verkaufs-Info. Nach Angaben des Herstellers wurden die Volumenziele aufgrund des interessanten „Preis-Leistungs-Verhältnisses" voll erreicht *(Wenk 1995, S. 75)*.

5.3.2 Handelsorientierte Verkaufsförderung

Der Adressat von Verkaufsförderungsmaßnahmen können auch die Absatzmittler in der Automobilwirtschaft, also die Vertragshändler sein. Ziel dieser Maßnahmen ist, den Vertragshändler bei seiner Verkaufsaufgabe zu unterstützen und zu einer Intensivierung der Akquisitionstätigkeit zu veranlassen. Typische Instrumente der handelsorientierten Verkaufsförderung in der Automobilwirtschaft sind:

- *Zulassungsprämien:* Bei Zulassungsprämien handelt es sich um eine zusätzliche, über den Grundrabatt und den Mengenbonus hinausgehende Zahlung des Automobilherstellers an den Vertragshändler. Häufig führen Zulassungsprämien jedoch lediglich zu einer Verlagerung der Fahrzeugbestände vom Hersteller zum Handel.
- *Verkaufswettbewerbe:* Um die Verkaufsaktivitäten zu fördern, kann der Automobilhersteller temporär Verkaufswettbewerbe durchführen.

316

- *Bereitstellung von Vorführwagen und zusätzlichem Werbematerial:* Die Kundenakquisition kann vom Hersteller durch die kostenlose Bereitstellung von Vorführwagen und Werbematerial unterstützt werden.

5.3.3 Verkäuferorientierte Verkaufsförderung

Die Maßnahmen der verkäuferorientierten Verkaufsförderung sind analog zu denen der händlerorientierten Verkaufsförderung zu sehen. Dies gilt insbesondere im Hinblick auf die Einräumung von Zulassungsprämien, die vom Händler auch in Form von zusätzlichen Incentives zur normalen Verkäuferprovision an den Verkäufer weitergegeben werden können. In der Regel wird es sich dabei um einen Festbetrag handeln. Außerdem kann der Händler natürlich auch in eigener Verantwortung oder mit Unterstützung des Herstellers Verkäuferwettbewerbe durchführen. Eine verkäuferspezifische Maßnahme stellen Schulungen dar, die vom Hersteller als zusätzliches Motivationsinstrument eingesetzt werden.

5.4 Erfolgskontrolle

Da die Verkaufsförderung direkt auf die Erhöhung des Absatzvolumens abzielt, ist eine Erfolgskontrolle hier leicht möglich. Problematisch erscheint jedoch die wachsende Bedeutung der Verkaufsförderung in der Automobilwirtschaft unter längerfristigen Aspekten. Wird parallel eine Basis- und Sondermodellpolitik gefahren, sind Erosionswirkungen beim Standardprogramm nicht zu vermeiden. Sowohl bei den Kunden als auch bei den Händlern und Verkäufern tritt ein Gewöhnungseffekt ein, der in der Tendenz zu immer intensiveren Verkaufsförderungsaktionen zwingt. Dies bedeutet, daß auch die Verkaufsförderung dem Gesetz des abnehmenden Grenznutzens unterliegt.

Wie die Erfahrungen aus anderen Branchen zeigen, hat der permanente Einsatz von Verkaufsförderungsaktionen ein Absinken der Wertigkeit des Produktes zur Folge. Diese Gefahr besteht insbesondere bei hochpreisigen Produkten. In der Konsequenz sinkt damit auch die Preisbereitschaft des Kunden. Insofern muß der Einsatz von Verkaufsförderungsmaßnahmen, insbesondere über preisliche Instrumente, im Automobilbereich sehr kritisch bewertet werden. Leider entziehen sich solche schleichenden und zumeist erst langfristig erkennbaren Effekte einer Erfolgskontrolle, so daß sie bei einer Evaluation von Verkaufsförderungsaktionen zumeist nicht angemessen berücksichtigt werden und deren Erfolg damit überschätzt wird.

6 Integrierte Kommunikation

6.1 Grundlegende Aspekte

Integrierte Kommunikation kann als die Abstimmung aller kommunikativen Maßnahmen eines Unternehmens definiert werden *(Kroeber-Riel 1991, S. 166)*. Im Hinblick auf die marktbezogene Kommunikation bezeichnet sie damit im wesentlichen zwei Integrationsaufgaben:

- die horizontale Integration der Kommunikationsinstrumente
- die vertikale Integration der Vertriebsstufen (Hersteller und Handel)

Die integrierte Kommunikation umfaßt dabei die folgenden Koordinationsaufgaben *(in Anlehnung an: Bruhn 1989, S. 408 f.)*:

- die inhaltliche Koordination, d.h. die Abstimmung der jeweiligen Kommunikationsthemen (z.B. Produktaussagen in Werbung und Öffentlichkeitsarbeit)
- die formale Koordination, d.h. die Abstimmung von Gestaltungselementen in der Kommunikation (z.B. einheitliche Verwendung von Markenzeichen, Typographie, Farben)
- die zeitliche Koordination, d.h. die Abstimmung des zeitlichen Ablaufs von Kommunikationsaktivitäten (z.B. bei der Durchführung einer Imagekampagne oder der Einführung eines neuen Produktes)

Durch die Einheitlichkeit des Marktauftrittes entsteht bei den Zielgruppen schneller eine intensive Vorstellung über die Leistungen eines Unternehmens als bei divergierenden Kommunikationsbotschaften und -stilen. Die Verwirklichung einer integrierten Kommunikation stellt daher eine der wichtigsten Herausforderungen für eine erfolgreiche Marktbearbeitung dar.

6.2 Konzeption der integrierten Kommunikation

6.2.1 Die Corporate Identity als übergreifendes Bezugsobjekt

Integrierte Kommunikation zielt darauf ab, ein gesamtheitliches Bild eines Unternehmens zu vermitteln. Diese Gesamtheitlichkeit wird in der neueren Marketing-Literatur mit einer Vielzahl von unterschiedlichen und leider nicht immer eindeutig definierten Begriffen belegt. Bezeichnungen für eine ganzheitliche Charakterisierung von Unternehmen sind die Begriffe Corporate Identity, Marke und Image.

Bezugsgröße für die integrierte Kommunikation ist die Corporate Identity. Sie kann als einheitliche Darstellung eines Unternehmens nach außen und innen definiert werden. Eine prägnante und sympathische Corporate Identity stellt einen langfristig wirksamen Erfolgsfaktor dar, indem sie die Mitarbeiter motiviert und gleichzeitig Anziehungskraft auf Menschen ausübt und Vertrauen in ein Unternehmen und seine Produkte erzeugt. Sie entspricht dem, was Peters und Waterman in ihrer Untersuchung für exzellente Unternehmen als „sichtbar gelebtes Wertesystem" bezeichnen *(Peters/Waterman 1989, S. 321)*. Die Corporate Identity wird vielfach in sog. Unternehmensleitsätzen oder Visionen schriftlich fixiert.

Die Corporate Identity umfaßt die folgenden Teil-Identitäten *(Kramer 1992, S. 161)*:

- *Corporate Culture:* Die Corporate Culture oder auch Unternehmenskultur kann als die Gesamtheit von Werten, Normen und Verhaltensweisen (Corporate Behavior) in einem Unternehmen bezeichnet werden.
- *Corporate Communication:* Die Corporate Communication entspricht dem Begriff der integrierten Kommunikation. Sie bezeichnet also die Abstimmung der kommunikativen Aktivitäten eines Unternehmens nach außen.
- *Corporate Design:* Das Corporate Design bezeichnet das gegenständliche Erscheinungsbild eines Unternehmens nach außen. Es umfaßt die bauliche Gestaltung wie auch die gesamte Geschäftsausstattung und die Gestaltung der Kommunikationsmittel.

Inhaltlich wird die Corporate Identity von der Markenphilosophie bestimmt, die sich wiederum aus der übergreifenden Leitidee eines Unternehmens, seiner „Business Mission" ableitet. Corporate Identity und Marke sind Gegenstand des Images, das die Gesamtheit aller Einstellungen von Menschen gegenüber einem Unternehmen und seinen Produkten umfaßt. Das Image entsteht also durch die subjektive Verarbeitung von sensorischen und intellektuellen Reizen, die von einer Marke bzw. der Corporate Identity ausgehen.

6.2.2 Markenwelt und integrierte Kommunikation

Die Markenwelt bildet das inhaltliche Zentrum der integrierten Kommunikation. Eine Markenwelt kann als ein Erlebnisraum mit weltanschaulichem Charakter definiert werden, der den Menschen gesamtheitlich vereinnahmen soll. Der Kunde soll das Bedürfnis entwickeln, Mitglied dieser Markenwelt zu werden und zu bleiben. Den Mittelpunkt der Markenwelt bildet die jeweilige Leitidee.

Der Aufbau einer Markenwelt umfaßt zwei Ebenen: die Ideen- und die reale Welt. Die Ideenwelt stellt die Leitideen dar, die in Bildern und verbalen Botschaften kommuniziert werden. Für die Attraktivität einer Markenwelt ist aber entscheidend, daß der Kunde diese Ideenwelt in seiner realen Welt, d.h. im Kontakt mit der Marke, bestätigt findet. Die reale Welt besteht aus Erfahrungen mit den Produkten und aus Beziehungen zu den Menschen, die diese Produkte verkaufen und betreuen. Ideenwelt und reale Welt verhalten sich zueinander wie ein Versprechen und seine Erfüllung. Nur wenn diese beiden Welten übereinstimmen, kann eine langfristige emotionale Kundenbindung geschaffen werden. Eine solche Konsistenz läßt sich aber nur über einen umfassenden Integrationsprozeß aller kommunikativen Aktivitäten erreichen.

6.2.3 Traditionelle und integrierte Kommunikation

Ausgangspunkt der traditionellen Marktkommunikation sind zumeist die unterschiedlichen Kommunikationsinstrumente und Kommunikationsebenen (Hersteller- vs. Handelsmarketing). Sie werden als jeweils spezifische und voneinander zu unterscheidende Aktivitäten gesehen. Dementsprechend werden sie zumeist auch in organisatorisch getrennten Bereichen geplant und umgesetzt. Ein solches Verständnis geht also nicht vom Kunden als dem Adressaten aller Kommunikationsaktivitäten aus, sondern von den unterschiedlichen Eigenschaften der verschiedenen Kommunikationsmittel. Die Folge einer solchen Betrachtungsweise ist, daß auf den Kunden häufig sehr unterschiedliche, teilweise sogar gegenläufige Informationen und Wertungen über ein Marke einströmen. So kommuniziert beispielsweise die Öffentlichkeitsarbeit die Umweltphilosophie des Unternehmens, während in der Marketing-Kommunikation gleichzeitig aggressive Werbung mit der Sportlichkeit des Produktprogramms gemacht wird. Oder der Hersteller führt eine intensive Imagekampagne hinsichtlich der Qualität und Exklusivität seiner Produkte durch, während die Vertragshändler gleichzeitig mit Hauspreisen und Sonderkonditionen werben. In allen diesen Fällen wird durch die Kommunikationspolitik eher Irritation erzeugt als Vertrauen in eine Marke geschaffen. Gleichzeitig leidet unter solchen Dissonanzen die Wirksamkeit der Kommunikationsaktivitäten.

Die Betrachtungsweise der integrierten Kommunikation geht daher vom Kunden aus. Die Ausgangsfrage lautet: „Welche Erfahrungen macht der Kunde,

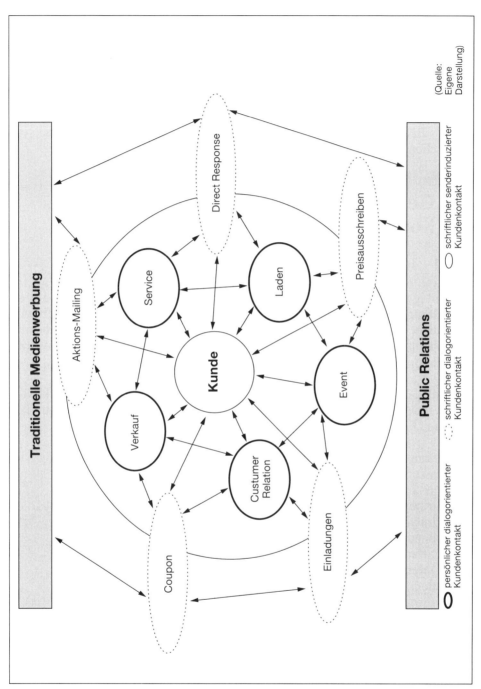

Abb. 22: Der Kunde im kommunikativen Beziehungsgeflecht

321

wenn er – in welcher Form auch immer – mit unserer Marke in Berührung kommt?" So mag es aus Anbietersicht einen Unterschied machen, ob der Automobilhersteller oder der Vertragshändler mit dem Kunden kommuniziert oder ob eine Meldung im Wirtschaftsteil einer Tageszeitung über das Unternehmen erscheint und gleichzeitig eine Werbeanzeige. Für den Kunden besteht dieser Unterschied nicht: Er kommuniziert immer mit der Marke. Aufgabe der integrierten Kommunikation ist es daher, den Kunden in ein kommunikatives Beziehungsgeflecht einzubinden, das von einer einheitlichen und sympathischen Markenbotschaft gesteuert wird (Abb. 22).

6.3 Gestaltungsebenen der integrierten Kommunikation

6.3.1 Integration der Kommunikationsinstrumente

Die Integration der Instrumente des Kundenkontakt-Managements, also die Gestaltung des Kommunikations-Mix, gehört zu den klassischen betriebswirtschaftlichen Optimierungsproblemen. Die Integrationsaufgabe umfaßt dabei die Kommunikationsinstrumente Werbung, Öffentlichkeitsarbeit, Sponsoring und Verkaufsförderung.

Grundlage für die inhaltliche, formale und zeitliche Abstimmung der Aktivitäten ist eine kurz-, mittel- und langfristige Kommunikationsplanung. Sie umfaßt folgende Fragestellungen:

- Stärken-Schwächen-Analyse Image
- Erfassung der künftigen externen Rahmenbedingungen
- Erfassung der künftigen internen Rahmenbedingungen
    - strategische Unternehmensentwicklung
    - Entwicklung des Produktprogrammes
- Festlegung der Kommunikationsinhalte
    - Definition der Imageziele
    - Definition der Kommunikationsbotschaften
- Festlegung der Kommunikationsaktivitäten
    - Gewichtung der Kommunikationsinstrumente (Kommunikations-Mix)
    - Abstimmung der strategischen und operativen Aktivitäten

Die ökologieorientierte Kommunikationsstrategie der Marke Opel

Vor dem Hintergrund der anhaltenden Diskussion um die Umweltbelastungen durch den motorisierten Individualverkehr beschloß der Vorstand der Adam Opel AG als erster Massenhersteller in Deutschland, ab Frühjahr 1989 alle Baureihen serienmäßig mit einem geregelten 3-Wege-Katalysator auszustatten. Damit sollte die Umweltorientierung als strategischer Wettbewerbsvorteil eingesetzt werden *(Meffert 1990, S. 13)*.

Als wichtigste konsumentenbezogene Kommunikationsziele wurden festgelegt:

● Profilierung des Unternehmens durch die Imageausprägung „Anbieter umweltfreundlicher Produkte"
● Herausstellung der Vorreiterrolle von Opel

Daraus ergab sich die Leitidee für diese Kampagne: „Opel kommuniziert der Öffentlichkeit das serienmäßige Angebot umweltfreundlicher Produkte".

Wichtigstes Kommunikationsinstrument der Kampagne war das Instrument Werbung mit den Basismedien Publikumszeitschriften, Tageszeitungen und Fernsehen. Gleichzeitig wurde mit dem Versand von Pressemitteilungen das Instrument der Öffentlichkeitsarbeit eingesetzt. Außerdem wurde in der Folge eine Broschüre erstellt, die das Umweltengagement des Unternehmens umfassend dokumentiert. Zur Verkaufsförderung wurden insbesondere die zur Produktinformation dienenden Materialien eingesetzt. Damit wurden die Voraussetzungen für eine fachlich richtige Beratung im persönlichen Verkauf geschaffen. Gleichzeitig wurden Kommunikationsaktivitäten der vertragsgebundenen Händler initiiert und unterstützt. So wurden die Händler über die Händlerzeitschrift „Auto heute" über die Entscheidung des Unternehmens, den Kat serienmäßig für alle Modelle einzuführen, informiert. Darüber hinaus wurden den Händlern Musterbriefe für Direct-Mailing-Aktionen und Anzeigen-Reprovorlagen mit der zentralen Marketingbotschaft zur Verfügung gestellt. Außerdem wurde noch speziell eine Aktion zur Gemeinschaftswerbung der Adam Opel AG mit ihren Händlern durchgeführt.

Die integrierte Kommunikationskampagne zur serienmäßigen Einführung des geregelten 3-Wege-Katalysators hat sich sowohl in Absatz- wie Imageerfolgen niedergeschlagen *(Meffert 1990, S. 57ff.)*. So konnte Opel seinen Absatz von umweltverträglichen Fahrzeugen deutlich über das Niveau seiner wichtigsten Wettbewerber steigern. Eine im August 1989 durchgeführte Befragung zeigte außerdem, daß es Opel gelungen ist, eine deutliche Verbesserung seines Images nicht nur hinsichtlich der Umweltverträglichkeit seiner Produkte, sondern auch generell im Hinblick auf die technische Fortschrittlichkeit und Innovationsfähigkeit des Unternehmens zu erreichen.

6.3.2 Integration der Akteure des Kundenkontakts

Wie an anderer Stelle bereits dargestellt wurde, nimmt das im Automobilbereich übliche Vertragshändlersystem im Hinblick auf die Integration zwischen Hersteller und Händler eine Mittelstellung ein: Es steht zwischen dem sehr stark herstellergebundenen Franchisesystem einerseits und der fallweisen Kunden-Lieferanten-Beziehung zwischen Hersteller und Absatzmittler andererseits. So handelt der Vertragshändler als Eigenhändler zwar in eigenem Namen und auf eigene Rechnung, ist aber gleichzeitig sehr weitgehenden Bindungen an den Hersteller unterworfen.

Im Hinblick auf die Integration der Kommunikationsaktivitäten von Herstellern und Vertragshändlern ergibt sich daraus der Zielkonflikt, daß der Hersteller seine Markenbotschaft (Leitidee) weitgehend unverfälscht durchsetzen möchte, der Händler aber nach einer eigenständigen Profilierung strebt, die ihn von seinem gleichfabrikatlichen Wettbewerber differenzieren soll. Nur durch eine solche individuelle Profilierung kann er sich einem preisaggressiven Intra-Brand-Wettbewerb entziehen. Eine Lösung für diesen Zielkonflikt gibt es nur insoweit, als dem Hersteller im Rahmen seiner Marketingführerschaft die aktive Rolle bei der Definition und Durchsetzung einer Leitidee zugestanden werden muß („Markendominanz des Herstellers"). Die individuelle Profilierung des Autohauses muß dann im Rahmen der markenspezifischen Leitidee des Herstellers erfolgen („Markenadäquanz des Autohauses"). Ziel sollte dabei sein, daß die Leitidee des Autohauses die Leitidee des Herstellers unterstützt oder zumindest mit ihr kompatibel ist.

Autohausbezogene Leitideen können sein:

● Familienbetrieb
● Seriosität

- Flexibilität
- Dienstleistungen rund ums Auto
- Betriebsgröße
- Standort
- Erlebniswelt

Im Sinne einer Integration von Hersteller und Händler würden sich dann beispielsweise die folgenden Leitideen gegenseitig unterstützen:

Automobilhersteller		Autohaus
LEITIDEEN		
Qualität	↔	Seriosität
Individualität	↔	Familienbetrieb
Sportlichkeit	↔	Flexibilität
Mobilität	↔	Dienstleistungsbereitschaft

Die Integration von Hersteller- und Händleraktivitäten in der Kommunikationspolitik ist deshalb von so herausragender Bedeutung, weil der Vertragshändler letztlich für den Kunden die Marke repräsentiert. Während der Hersteller im wesentlichen nur die Ideenwelt einer Marke schaffen kann, ist die Einkaufsstätte die reale Markenwelt. Kundenzufriedenheit und Kundenbindung werden vor allem dort geschaffen. Daher bedarf es eines markenkonformen kommunikativen Auftritts des Händlers.

Die Instrumente zur Integration von Herstellern und Händlern im Kommunikationsmarketing umfassen letztlich das ganze Arsenal von Maßnahmen der Verhaltensabstimmung im Rahmen des vertikalen Marketings. Sie sollen hier summarisch dargestellt und mit Blick auf die Kommunikationspolitik bewertet werden:

- *Händlerstandards und Vertriebsrichtlinien*: Die in den Händlerverträgen und Vertriebsrichtlinien festgeschriebenen Standards sind nach wie vor das wichtigste Instrument zur Durchsetzung einer herstellerdominierten Markenwelt. Sie umfassen sowohl den gesamten Bereich der baulichen Gestaltung als auch die Durchführung werblicher Aktivitäten.

Praxisbeispiel:

Das Konzept 2000 ET von Nissan

Obwohl Nissan bereits seit vielen Jahren der größte japanische Anbieter auf dem deutschen Markt ist, sind Unternehmen und Marke relativ wenig bekannt. Durch eine Vielzahl von aufeinander abgestimmten Programmen, die unter dem Titel „2000 ET" zusammengefaßt wurden, soll das Markenprofil in Richtung Kundenorientierung verbessert werden. Einer der Schwerpunkte dieses Programms ist die europaweite Neugestaltung der Händlerbetriebe mit den Hauptzielen

- Aufmerksamkeit,
- Attraktivität und
- Funktionalität.

Das neue Corporate Design soll also dem Kunden signalisieren: „Hier sieht es gut aus, hier funktioniert alles, hier fühle ich mich wohl." Wesentliche Elemente der Neugestaltung sind:

- ein blaues Fassadenband mit einer 45°-Neigung, die von unten angestrahlt wird und damit eine aufmerksamstarke Aura erzeugt
- ein blauer Pylon mit modernisiertem Schriftzug
- ein roter Willkommens-Pylon mit silberner Beschriftung, der Hochwertigkeit und Kompetenz ausstrahlen soll

Neben dem äußeren Erscheinungsbild werden gleichzeitig Maßnahmen zur Optimierung der Serviceleistungen im Händlerbetrieb durchgeführt. Die Invesitionen in das neue Corporate Design werden von Nissan mit rund 80% der Investitionssumme bezuschußt.

- *Gestaltungsvorschläge für Anzeigenwerbung*: Die Automobilhersteller bieten ihren Vertragshändlern fertige Vorlagen für die Anzeigenwerbung im lokalen Verkaufsgebiet an. Die Anzeigen haben ein freies Adreßfeld, in das der Händler seine Firmenanschrift eintragen kann. Die jeweilige Anzeige kann auch als Gemeinschaftswerbung mehrerer Händler veröffentlicht werden. Übernimmt der Händler die Vorlagen, erhält er vom Hersteller einen Werbekostenzuschuß in einer Größenordnung von 50%.
- *Gestaltungsrichtlinien*: Will der Händler selbständig produktbezogene Werbung durchführen, muß er die Gestaltungsrichtlinien des Herstellers beach-

ten. Die Gestaltungsrichtlinien sollen einen individualisierten, gleichzeitig aber auch markenkonformen werblichen Auftritt des Händlers sicherstellen.

- *Bereitstellung weiterer Werbemittel*: Neben Anzeigenvorlagen stellen die Hersteller ihren Vertragshändlern weitere Werbemittel zur Verfügung. Allerdings sind diese für den Händler teilweise kostenpflichtig.
- *Unterstützung von Imageanalysen bei den Händlern*: Will sich ein Händler individuell profilieren, so muß er sein Image im lokalen bzw. regionalen wettbewerblichen Umfeld kennen. Da die Händler normalerweise nicht über die entsprechende Fachkompetenz zur Durchführung solcher Imageanalysen verfügen, muß der Hersteller hier Unterstützung leisten. Dies setzt allerdings voraus, daß der Hersteller ein Interesse an einer solchen Profilierung hat.
- *Mitarbeiterqualifizierung*: Die Umsetzung von Marketingkonzeptionen setzt eine entsprechende Qualifizierung sowohl der Geschäftsführer als auch der Mitarbeiter im Autohaus voraus. Die mangelnden Marketingkenntnisse und -fähigkeiten bei den Vertragshändlern stellen heute nach wie vor eine große Umsetzungsbarriere im vertikalen Marketing dar.

Die Integration von Hersteller- und Händlerkommunikation ist in der Automobilwirtschaft eine ständige Gratwanderung zwischen Herstellerdominanz und Händlerprofilierung. Nach wie vor unbefriedigend ist, daß sich die Integration zwischen Hersteller- und Händlerkommunikation weitgehend auf den Bereich der klassischen Medienwerbung und der Verkaufsförderung beschränkt. Nur in Ausnahmefällen gibt es integrierte Konzepte im Bereich des Event-Marketings, der Öffentlichkeitsarbeit oder auch des Sponsorings. Angesichts nachlassender Effizienz der Medienwerbung muß auch der Bereich der „Below-the-Line"-Aktivitäten stärker zu einem Gegenstand der Abstimmung von Hersteller und Handel werden. Grundsätzlich ist ebenfalls die bisherige „Top down"-Orientierung des Integrationsprozesses in Frage zu stellen. Zwar muß der Hersteller in einem Vertragshändlersystem zweifellos die Marketingführerschaft übernehmen. Andererseits ist jedoch nicht einzusehen, warum der Hersteller nicht auch eigenständige kreative Aktionen seiner Händler finanziell unterstützen sollte. Die bislang praktizierten Bezuschussungssysteme bieten jedenfalls für den Händler keine Anreize, selbständig werbliche Aktivitäten durchzuführen. Daher erscheint der Einbau von „Bottom up"-Elementen, z.B. in Form frei verfügbarer Budgets bei den regionalen Betreuungsbüros, sinnvoll. Aus diesen Budgets könnten dann beispielhafte Aktivitäten exzellenter Händler gefördert werden.

Literaturverzeichnis

Backhaus, E. (1990): Krisenprävention und Krisenmanagement – eine grundsätzliche Zukunftsaufgabe, in: Dörrbecker, K. / Rommerskirchen, T. (Hrsg.): Kommunikations-Management – Perspektiven und Chancen der Public Relations, Remagen 1990, S. 148-155

Becker, J. (1992): Marketing-Konzeption, 4. Auflage, München 1992

Behrens, K. C. (1963): Absatzwerbung, Wiesbaden 1963

Birkigt, K. (1983): Angewandte Verkaufsförderung, Hamburg 1983

Borghs, H. P.(1990): Unternehmerische Anforderungen an die Öffentlichkeitsarbeit von morgen – Eine Perspektive der Adam Opel AG, in: Dörrbecker, K. / Rommerskirchen, T. (Hrsg.): Kommunikations-Management – Perspektiven und Chancen der Public Relations, Remagen-Rolandseck 1990, S. 80-89

Bruhn, M. (1989): Planung des Kommunikationsmix von Unternehmen, in: Bruhn, M. (Hrsg.): Handbuch des Marketing, München 1989

Bruhn, M. (1990): Sozio- und Umweltsponsoring, München 1990

Cristofolini, P. M. / Thies, G. (1979): Verkaufsförderung, Berlin 1979

Diez, W. (1993a): Bindung durch Kontakt, 1. Teil, in: Autohaus Nr. 17/1993, S. 130-134

Diez, W. (1993b): Bindung durch Kontakt, 2. Teil, in: Autohaus Nr. 19/1993, S. 30-35

Frey/Beaumont-Bennett (1994): Verkaufsförderung in Deutschland, in: Marketing Journal Nr.1/1994, S. 50-55

GWA (1995): Zahlen und Daten für die Werbeplanung, Frankfurt/M. 1995

Haedrich, G. (1993): Images und strategische Unternehmens- und Marketingplanung, in: Armbrecht, W. / Avenarius, H. / Zabel, U. (Hrsg.): Image und PR, Opladen 1993, S. 251-262

Hahn, D. (1992): Unternehmensführung und Öffentlichkeitsarbeit, in: Zeitschrift für Betriebswirtschaft, 62. Jg. (1992), S. 137-152

Hempelmann, B. (1995): Werbepulsation, in: WiSt Nr. 1/1995, S. 42-45

Hermanns, A. / Drees, N. (1989): Charakteristika des Kultursponsoring, in Hermanns, A. (1989): Sport- und Kultursponsoring, München 1989, S. 151-165

Hermanns, A. / Naundorf, S. (1992): Public Relations, in: Diller, H. (Hrsg.): Vahlens Großes Marketing Lexikon, München 1992

Hoffmann, V. (1995): Issue Management als Grundlage professioneller Öffentlichkeitsarbeit, unveröffentlichtes Manuskript, Nürtingen 1995

Huth, R. / Pflaum, D. (1991): Einführung in die Werbelehre, 4. Auflage, Stuttgart 1991

Imhof, K. (1993): Issue Management und unternehmerisches Handeln, unveröffentlichtes Manuskript, Wiesensteig 1993

Kramer, S. (1992): Corporate Identity, in: Diller, H. (Hrsg.): Vahlens Großes Marketing Lexikon, München 1992, S. 161

Kriegeskorte, M.(1994): Automobilwerbung in Deutschland 1948-1968, Köln 1994

Kroeber-Riel, W. (1990): Strategie und Technik der Werbung, 2. Auflage, Stuttgart 1990

Kroeber-Riel, W. (1991): Kommunikationspolitik – Forschungsgegenstand und Forschungsperspektive, in: Marketing ZFP, Heft Nr. 3/1991, S. 164-171

Kroeber-Riel, W. (1992): Bildkommunikation, in: Diller, H. (Hrsg.): Vahlens Großes Marketing Lexikon, München 1992

Kroeber-Riel, W.: Integrierte Kommunikation, in: Diller, H. (Hrsg.): Vahlens Großes Marketing Lexikon, München 1992

Kuhn, M. (1994): Erfolgskontrolle im Rahmen strategisch geplanter Öffentlichkeitsarbeit, dargestellt am Beispiel des Kommunikationsauftritts der Mercedes-Benz AG auf der 55. IAA 1993, Diplomarbeit an der FH Nürtingen, Nürtingen 1994

Lazarus, G. (1988): Marketing Immunity – Breaking through Customer Resistance, Homewood (Ill.) 1988

Lindemann, J. (1995): Event-Marketing als Instrument der Kommunikationspolitik, Diplomarbeit an der FH Nürtingen, Geislingen/St. 1995

Maurer, A. (1994): Umweltengagement bei einem Automobilunternehmen, dargestellt am Beispiel der Mercedes-Benz AG, Diplomarbeit an der FH Nürtingen, Nürtingen 1994

Meffert, H. (1986): Marketing, 7., überarbeitete und erweiterte Auflage, Wiesbaden 1988

Meffert, H.(1990): Ökologieorientierte Marketing- und Werbestrategie der Marke Opel, Hamburg 1990

Meffert, H. (1994): 20 Jahre Golf – Marktkommunikation für ein Erfolgsprodukt, Hamburg 1994

Meffert, H.(1994): Marketing-Management, Wiesbaden 1994

Melzer, K.-J. (1990): Hat Motorsport noch einen Nutzen für die Serie?, in: Neue Züricher Zeitung v. 08.03.1990, o.S.

Meyer, A. (1994): Integriertes Marketing: Abschied vom Marketing-Mix- und Ressortdenken, in: Absatzwirtschaft Nr. 9/1994, S. 94-101

Meyer-Hentschel, G. (1992): Werbestil, in: Diller, H. (Hrsg.): Vahlens Großes Marketing Lexikon, München 1992

Nieschlag, R. / Dichtl, E. / Hörschgen, H. (1991): Marketing, 16. Auflage, Berlin 1991

Peters, T. J. / Waterman, R. H. (1989): Auf der Suche nach Spitzenleistungen, 12. Auflage, Landsberg a. Lech 1989

Preißner, A. (1995): Differenzierung durch Kommunikation, in: Absatzwirtschaft Nr. 4/1995, S. 80-87

Radl, D. (1994): Der Kunden-Kontakt-Kleber, in: Autohaus Nr. 17/1993, S. 174-186

Reik, M. (1993): Aufbau der Werbekonzeptionen ausgewählter Automobilhersteller im unteren Marktsegment, Diplomarbeit an der FH Nürtingen, Geislingen/St. 1993

Schanz, M. (1994): Möglichkeiten und Grenzen der Werbeerfolgskontrolle und deren praktische Anwendung am Beispiel der Kfz-Hersteller und Importeure, Diplomarbeit an der FH Nürtingen, Geislingen/St. 1994

Schweiger, G. / Schrattenecker, G. (1988): Werbung, 2., bearbeitete und ergänzte Auflage, Stuttgart 1988

Strassl, D. H. (1989): Sportsponsoring aus der Sicht eines Konsumgüterherstellers, in: Hermanns, A. (Hrsg.): Sport- und Kultursponsoring, München 1989, S. 133-149

Wenk, M. (1995): Sondermodellmarketing in der Automobilindustrie, Diplomarbeit an der FH Stuttgart – Hochschule für Druck, Stuttgart 1995

Wesemann, N. (1993): Vergleich von Werbekonzeptionen ausgewählter Automobilhersteller im Mittelklassemarktsegment, Diplomarbeit an der FH Nürtingen, Geislingen/St.1993

Abbildungsverzeichnis

Abb. 1:   Bekanntheit und Image von Automobilmarken
Abb. 2:   Werbeaufwendungen ausgewählter Branchen im Jahr 1994
Abb. 3:   Werbeaufwendungen ausgewählter Automobilhersteller
Abb. 4:   Imagewerbung in der Automobilindustrie
Abb. 5:   Produktwerbung in der Automobilindustrie
Abb. 6:   Aktionswerbung in der Automobilindustrie
Abb. 7:   Werbebudget beim VW Golf
Abb. 8:   Werbemittel und Werbeträger im Überblick
Abb. 9:   Affinitätsindex automobilrelevanter Medien
Abb. 10:   Der Media-Mix in der Automobilindustrie
Abb. 11:   Saisonaler Verlauf der Werbeausgaben in der Automobilwirtschaft
            – Segment untere Mittelklasse
Abb. 12:   Methoden zur Messung des Werbeerfolgs
Abb. 13:   Werbeerfolgskontrolle in der Automobilwirtschaft
Abb. 14:   Markenerinnerung und Werbeausgaben beim VW Golf
Abb. 15:   Anzeigenbeachtung im Vergleich zum Produktinteresse – Produkt-
            bereiche mit mindestens 100 Testanzeigen
Abb. 16:   Emotionalisierende Werbung am Beispiel des Mazda „Xedos"
Abb. 17:   Überraschende Effekte in der Bildkommunikation am Beispiel von
            Citroën
Abb. 18:   Einführungswerbung Mercedes-Benz C-Klasse
Abb. 19:   Das 3-S-Modell der werblichen Kommunikation
Abb. 20:   Das Themen-Portfolio im Issue Management
Abb. 21:   Die Top-ten-Sponsoren in der Automobilindustrie in Deutschland
Abb. 22:   Der Kunde im kommunikativen Beziehungsgeflecht

Teil V

Strategisches und Operatives Marketing

1 Strategisches Marketing

1.1 Grundlegende Aspekte

Die strategische Marketingplanung kann als ein „Prozeß zur Formulierung von Geschäftsfeld- und Marktteilnehmerstrategien" definiert werden. Der Planungsprozeß umfaßt dabei die Ableitung von Zielen, Strategien und Maßnahmen sowie die Allokation der dafür notwendigen Ressourcen (Personal, Sach- und Finanzmittel).

Das strategische Marketing ist in der Automobilwirtschaft von besonderer Bedeutung. Gründe dafür sind:

- Der Automobilmarkt ist ein ausgesprochen komplexer Markt. Neben demographischen, wirtschaftlichen und technologischen Einflüssen kommt gesellschaftlichen und politischen Faktoren eine hohe und in Zukunft wohl noch weiter steigende Bedeutung zu („Komplexität").
- Produktbedingt vollziehen sich die Geschäftsprozesse in der Automobilwirtschaft in relativ langen Zeiträumen. Grundlage der Geschäftsprozesse sind die Modellzyklen. Bedenkt man die Vor- und Nachlaufphase zur Produktionsphase, so umfaßt die Produktentwicklung Planungszeiträume von 15 – 20 Jahren („Langfristigkeit").
- Unternehmerisches Verhalten in der Automobilindustrie vollzieht sich in einem globalen Umfeld. Angesichts der enormen Fixkosten muß ein Automobilunternehmen die Economies-of-Scale-Effekte eines international ausgerichteten Handelns nutzen („Globalität").

Phasen der strategischen Marketingplanung

Im Hinblick auf die Gestaltung einer Marketingstrategie lassen sich die folgenden Phasen unterscheiden *(Becker 1992, S. 659 ff.; Meffert 1994, S. 29 ff.)*:

- Analyse und Prognose des Umfeldes
- Bestimmung der Position des eigenen Unternehmens
- Festlegung der Marketingziele
- Formulierung, Bewertung und Auswahl von Marketingstrategien
- Planung des Einsatzes des marketingpolitischen Instrumentariums
- Strategiekontrolle

Im Hinblick auf die spezifisch automobilwirtschaftlichen Fragestellungen ergeben sich Besonderheiten hinsichtlich der Umfeldanalyse, der Festlegung von

Marketingstrategien sowie des Einsatzes des marketingpolitischen Instrumentariums. Die folgende Darstellung konzentriert sich daher auf diese drei Gestaltungsbereiche, wobei der Einsatz des marketingpolitischen Instrumentariums dem operativen Marketing zugeordnet wird (Abschnitt 2 dieses Kapitels).

1.2 Analyse und Prognose des automobilwirtschaftlichen Umfelds

1.2.1 Generelle Einflußfaktoren

Das unternehmerische Umfeld läßt sich in die folgenden Bereiche gliedern:

- globale Marktentwicklung
- Entwicklung der Wettbewerbssituation
- Entwicklung des Kundenverhaltens
- Entwicklung der politischen und gesellschaftlichen Rahmenbedingungen
- technologische Entwicklung

Es liegt auf der Hand, daß eine detaillierte Darstellung dieser fünf Bereiche den Rahmen einer Darstellung der Grundlagen des Automobilmarketings sprengen würde. Da gleichzeitig ein vollständiger Überblick über die umfeldrelevanten Entwicklungen gegeben werden soll, müssen sich die folgenden Ausführungen auf die Benennung von Stichworten beschränken.

1.2.2 Globale Marktentwicklung

Die Entwicklung auf dem Weltautomobilmarkt läßt sich durch folgende Trends charakterisieren *(vgl. Diekmann 1994; S. 1 ff.; Diez/Brachat 1994, S. 28 ff.; Diez 1992; S. 15; EU-Kommission 1992, S. 3 ff.)*:

- *Verlagerung der regionalen Wachstumsschwerpunkte:* Betrachtet man lediglich die mengenmäßige Entwicklung, so wird es in den nächsten Jahren zu einer weiteren Verlagerung der Wachstumsschwerpunkte kommen. Während die reifen Automobilmärkte Nordamerikas, Europas und Japans vor allem vom Ersatzbedarf leben, bestehen in Südostasien und China sowie in einigen Schwellenländern Lateinamerikas noch große Wachstumchancen. Das Wachstum in den entwickelten Automobilmärkten wird demgegenüber durch eine weitere technische Optimierung und die Nachfrage nach innovativen Fahrzeugkonzepten geprägt sein („qualitatives Wachstum").

● *Globalisierung und Regionalisierung:* Die Entwicklung des Weltautomobilmarktes wird durch zwei sich nur scheinbar widersprechende Tendenzen geprägt sein: den Trend zur Globalisierung und den Trend zur Regionalisierung. Globalisierung bedeutet, daß sich in den aufstrebenden Automobilmärkten eine wachsende Nachfrage nach internationalen Automobilmarken entwickeln wird. Auf der anderen Seite wird diese Nachfrage aber nur über den Aufbau einer lokalen Produktion befriedigt werden können, da mit anhaltend protektionistischen Tendenzen in vielen Schwellenländern gerechnet werden muß. Außerdem kann nur mit einer lokalen Produktion eine breite Marktakzeptanz erreicht werden. Das bedeutet, daß gerade die besonders wachstumsstarken Märkte nicht von den traditionellen nordamerikanischen, europäischen und japanischen Produktionsstandorten aus erreicht werden können.

● *Strukturelle Überkapazitäten:* Aufgrund des Aufbaus neuer Kapazitäten wird sich das Problem der strukturellen Überkapazitäten trotz eines weiteren Wachstums der Weltautomobilnachfrage eher noch verschärfen. Da viele der neuen Kapazitäten in den Schwellenländern nicht nur zur Bedienung des Inlandsmarktes dienen, sondern auch exportstrategisch ausgerichtet werden, wird es insbesondere in den reifen Automobilmärkten zu einer weiteren Erhöhung des Angebotsdrucks kommen.

1.2.3 Entwicklung der Wettbewerbssituation

Im Hinblick auf die Entwicklung der internationalen Wettbewerbssituation lassen sich die folgenden Entwicklungstendenzen ausmachen *(Diekmann 1993, o.S.; Womack/Jones/Roos 1990, S. 11ff.)*:

● *Neue Wettbewerber und Konzentration:* Die Zahl der Wettbewerber wird nicht mehr weiter zunehmen. Markteintritten neuer Anbieter steht das Ausscheiden oder die Übernahme etablierter Anbieter gegenüber. Aufgrund der Schärfe des internationalen Wettbewerbs können sich neue Anbieter nur in geschützten Märkten entwickeln und auf dieser Grundlage Exportstrategien realisieren. Aufgrund des Zwangs zur Realisierung von Economies-of-Scale-Effekten in allen Unternehmensbereichen wird der Konzentrationsprozeß weiter voranschreiten.

● *Verdrängungswettbewerb:* Vor dem Hintergrund der strukturellen Überkapazitäten wird der automobile Wettbewerb in Zukunft noch stärker den Charakter eines Verdrängungswettbewerbs annehmen. Der eher friedliche Wachstumswettbewerb um steigende absolute Produktionsmengen in einem wachsenden Markt wird durch einen intensiven Wettbewerb um

Marktanteile abgelöst. Dies wird insbesondere zu einer weiteren Überlappung von Produktprogrammen und einer Verstärkung des Preiswettbewerbs führen.

- *Imitationswettbewerb:* Aufgrund des hohen technischen Ausreifungsgrades des Automobils und der offenen internationalen Kommunikationslandschaft wird der Imitationswettbewerb weiter an Bedeutung gewinnen. Dauerhafte Technologievorsprünge sind unter solchen Bedingungen allenfalls über System-, nicht aber durch bloße Produktinnovationen realisierbar.

1.2.4 Entwicklung des Kundenverhaltens

Globale Aussagen zur Entwicklung des Kundenverhaltens sind kaum möglich. Zu unterschiedlich sind dazu die automobilen Kulturen in den verschiedenen Regionen. Die folgenden Aussagen müssen sich daher im wesentlichen auf den deutschen und europäischen Raum beschränken. Folgende Trends lassen sich dabei identifizieren *(Diez 1993, S. 6 ff.; SPIEGEL-Dokumentation 1993, S. 138 ff.; Motor Presse 1993, S. 12 ff.; Nowak 1987, S. 10 ff.; Opaschowski 1993, S. 6 ff.):*

- *Individualisierung:* Die Nachfrage und die Anforderungen an das Automobil werden sich in Zukunft weiter differenzieren. Neben dem rein gebrauchswertorientierten Käufer wird es weiterhin den automobilen Enthusiasten geben, neben dem komfort- und sicherheitsorientierten Käufer den mehr sportlich-aggressiven Fahrer. Die Automobillandschaft wird daher künftig durch eine Vielfalt an Produktkonzepten geprägt sein.
- *Ökologieorientierung:* Die Umweltverträglichkeit wird als Grundanforderung an das Automobil („Penalty-Faktor") weiterhin von großer Bedeutung sein. Die Qualifizierung eines Automobils als umweltverträglich stellt dabei eine dynamische Funktion des jeweils erreichten Standes im Hinblick auf die Reduktion der Schadstoff- und Geräuschemissionen sowie auf die Verbrauchssenkung und Wiederverwertung von Altfahrzeugen dar.
- *Erlebnisorientierung:* Der Trend zur Erlebnisorientierung eröffnet auf dem Automobilmarkt auch künftig Chancen für neue, ungewöhnliche Produktkonzepte. Zwar darf der Aspekt der Alltagstauglichkeit in seiner Bedeutung nicht unterschätzt werden. In Verbindung mit neuen Nutzerkonzepten („Pool Leasing") können den Kunden jedoch wirklich neue Erlebnisdimensionen erschlossen werden.
- *Konkurrenz der Bedürfnisse:* Der verlangsamte Anstieg der Realeinkommen wird bei einem hohen und weiter steigenden Anspruchsniveau in den meisten Konsumbereichen zu einer wachsenden Konkurrenz der Bedürfnisse führen. Dies bedeutet, daß die Spielräume für Preiserhöhungen für Neuwagen begrenzt sind.

- *Sinkende Preisbereitschaft:* Vor dem Hintergrund eines steigenden Informations- und Bildungsniveaus wird die Mündigkeit des Verbrauchers gegenüber dem Produktangebot weiter zunehmen. Dies gilt insbesondere hinsichtlich der Preisakzeptanz. Angesichts des zunehmenden Preiswettbewerbs auf allen Märkten und einer forcierten Preisaktionspolitik wird die Preisbereitschaft weiter zurückgehen.
- *Zunehmende Flexibilität:* Das Verhalten der Menschen wird in allen Lebensbereichen durch eine Abkehr von traditionellen Verhaltensmustern und -routinen gekennzeichnet. Diese wachsende Flexibilität wird auf dem Automobilmarkt zu einer tendenziell weiter sinkenden Markentreue führen.

1.2.5 Politische und gesellschaftliche Rahmenbedingungen

Auch im Hinblick auf die Entwicklung der automobilrelevanten politischen und gesellschaftlichen Rahmenbedingungen sind globale Aussagen kaum möglich. Während in vielen Schwellenländern Produktion und Absatz von Automobilen gefördert werden, ist die Entwicklung in den westlichen Industrieländern eher durch eine neutrale bis negative Haltung gegenüber dem Automobil geprägt. Die folgenden Ausführungen konzentrieren sich daher wieder auf den deutschen und europäischen Raum *(vgl. Frank/Walter 1993, S. 3 ff.; Vester 1990, S. 407 ff.; Wissmann 1995, S. 1 ff.; Diekmann 1992, S. 238 ff.):*

- *Verteuerung der individuellen Mobilität:* Angesichts der starken Präferenz für die individuelle Mobilität werden das Automobil und seine Nutzung auch künftig ein bevorzugtes Objekt staatlicher Einnahmenerzielung bleiben. Dabei wird insbesondere der „Schutz der Umwelt" als wichtiges legitimatorisches Argument eingesetzt. Daher muß mit einer weiteren Verteuerung der individuellen Mobilität gerechnet werden.
- *Überlastung der Verkehrsinfrastruktur:* Die Be- und Überlastung der Verkehrsinfrastruktur wird angesichts des gesellschaftlich nicht durchsetzbaren Ausbaus des Verkehrswegenetzes weiter zunehmen. Damit sind erhebliche Beeinträchtigungen bei der Nutzung des Automobils verbunden, was zu einer partiellen Verlagerung des Verkehrs auf alternative Verkehrsträger (Bahn, Flugzeug, Bus, Fahrrad) führen kann.
- *Erhöhung der Umweltverträglichkeit:* Die Gesetzgebung wird weiterhin einen nachhaltigen Druck in bezug auf die Reduktion der Umweltbelastungen durch das Automobil ausüben. In dem Maße, in dem die lokalen und globalen Belastungen durch den motorisierten Automobilverkehr zuneh-

men, wird nicht nur der Druck der politisch Verantwortlichen, sondern auch die Akzeptanz von gesetzgeberischen Maßnahmen in diesem Bereich zunehmen. Dabei ist insbesondere zu berücksichtigen, daß die beschleunigte Motorisierung in den Schwellenländern das globale ökologische Gleichgewicht sowohl hinsichtlich der Schadstoffemissionen als auch der verfügbaren Ölreserven nachhaltig beeinflussen wird.

1.2.6 Technologische Entwicklungen

Die Entwicklung neuer Technologien hat im Zeitalter der informationstechnischen Vernetzung der Welt grundsätzlich globalen Charakter. Dementsprechend stehen neue Technologien in der Regel allen Automobilherstellern zur Verfügung. Die Geschwindigkeit des Einsatzes dieser Technologien kann allerdings national unterschiedlich sein. Folgende technologischen Entwicklungstrends werden die Automobilentwicklung beeinflussen *(VDA 1993, S. 8 ff.; Breitschwerdt 1987, S. 729 f.; Schulz/Eland 1992, S. 5 ff.; Nakajima 1994, S. 3 ff.; Seiffert 1994, S. 4 ff.):*

- *Nutzung der Informations- und Kommunikationstechnologie:* Der Automobilbau stellt ein breites Anwendungsfeld für den Einsatz moderner Informations- und Kommunikationstechnologien dar. Dies gilt sowohl im Hinblick auf die kommunikationstechnische Vernetzung von Fahrzeug und Infrastruktur (Telematik) als auch im Hinblick auf die Entwicklung von Assistenzsystemen für den Fahrer. Damit wird der Anteil der Elektronik am Fahrzeugwert weiter zunehmen.
- *Einsatz alternativer Antriebe:* Vor dem Hintergrund eines beschleunigten Abbaus der Ölreserven infolge des Motorisierungsprozesses in den Schwellenländern ist die Sicherstellung einer ausreichenden Energiebasis für den motorisierten Individualverkehr eine der wichtigsten Herausforderungen für die Automobilindustrie. Die Erforschung und Entwicklung alternativer Energien eröffnen zwar noch nicht die Perspektive einer Ablösung des konventionellen, auf Erdölbasis angetriebenen Otto- bzw. Dieselmotors. Jedoch wachsen die Möglichkeit und die Bereitschaft zum Einsatz alternativer Antriebe in speziellen Anwendungsfeldern (Stadtfahrzeuge, Flottenfahrzeuge etc.).
- *Neue Werkstoffe:* Fortschritte im Bereich der Werkstofftechnologie erhöhen die Chance für eine weitere Gewichtsreduktion von Automobilen. Außerdem verbessern sich die Möglichkeiten für eine umweltverträgliche Entsorgung bzw. Wiederverwertung von Automobilen und Automobilteilen. Damit entsteht die Möglichkeit, geschlossene Materialkreisläufe zu organisieren.

1.3 Gestaltung von Marketingstrategien

1.3.1 Gestaltungsdimensionen und Entscheidungs- tatbestände

Die Gestaltung von Marketingstrategien stellt ein komplexes Planungs- und Entscheidungsproblem dar. Es umfaßt eine Vielzahl von unterschiedlichen Gestaltungsdimensionen. Dementsprechend ist es nicht überraschend, daß in der wissenschaftlichen Literatur eine kaum noch überschaubare Zahl von Strategiekonzeptionen, Strategieansätzen und Strategieelementen diskutiert wird. Die meisten sind auch für die Automobilwirtschaft von hoher Relevanz.

Um einen strukturierten Überblick über die Entscheidungstatbestände und Ausprägungsformen von automobilwirtschaftlichen Marketingstrategien zu geben, orientiert sich die folgende Darstellung an dem systematischen Überblick von Meffert *(vgl. Meffert 1994, S. 122 ff.)*. Abbildung 1 zeigt die wesentlichen Gestaltungsdimensionen des strategischen Marketings.

1.3.2 Definition des strategischen Geschäftsfelds

Ein strategisches Geschäftsfeld ist durch eine spezifische Marktaufgabe gekennzeichnet, weist eine hohe Eigenständigkeit auf und liefert einen Beitrag zum Erfolgspotential der Unternehmung *(Gälweiler 1979, S. 252 ff.)*. In der Automobilwirtschaft sind dabei vor allem zwei Aspekte von besonderer Bedeutung:

● Wie wird der relevante Markt sachlich abgegrenzt?
● Wie wird der relevante Markt räumlich abgegrenzt?

Im Hinblick auf die sachliche Abgrenzung stellt sich insbesondere die Frage, ob der relevante Markt sehr weit als „Markt für Mobilität" oder nur im engeren Sinn als „Markt für motorisierte Mobilität" gesehen wird. Eine weite Marktabgrenzung würde bedeuten, daß sich ein Unternehmen auch mit anderen Verkehrsträgern als dem Automobil beschäftigen muß. Strategisch würde daraus eine Diversifikation folgen. Demgegenüber führt die engere Definition zu einer Konzentration auf das Automobil.

Hinsichtlich der räumlichen Marktabgrenzung muß geklärt werden, ob ein Unternehmen einen globalen oder einen regionalen oder gar nur nationalen Anspruch hat. In der Automobilwirtschaft kommen als realistische Alternati-

Geschäftsfeldstrategien

Marktabgrenzung (SGF)	● Funktionen	● Technologien	● Kundengruppen	● Regionen
Marktfeldstrategie	● Intensivierung	● Produktentwicklung ● Marktentwicklung	● Rückzug	● Diversifikation
Marktabdeckung	● Gesamtmarkt	←——————————→		● Nische
Strategischer Wettbewerbsvorteil	● Kostenvorteil	● Qualitätsvorteil	● Innovationsvorteil	● Markierungsvorteil ● Programmbreitenvorteil

Marktteilnehmerstrategien

Marktbearbeitungsstrategie	● Differenziert	←——————————→		● Undifferenziert
Abnehmerstrategie	● Präferenzstrategie	←——————————→		● Preis-/Mengenstrategie
Konkurrenzstrategie	● Ausweichen	● Kooperation	● Konflikt	● Anpassung
Absatzmittlerstrategie	● Umgehung/ Ausweichung	● Kooperation	● Konflikt	● Anpassung
Anspruchsgruppenstrategie	● Ausweichen	● Innovation	● Widerstand	● Anpassung
Marketing-Mix	● Produktstrategie	● Preisstrategie	● Vertriebsstrategie	● Kommunikationsstrategie

(Quelle: In Anlehnung an: Meffert, H.: Marketing-Management, Wiesbaden 1994, S. 124)

Abb. 1: Systematisierung der Strategiedimensionen im Rahmen des strategischen Marketings

ven eigentlich nur die globale oder regionale Ausrichtung in Frage. Regional könnte dabei eine Beschränkung der Marktbearbeitung auf den nordamerikanischen, europäischen oder asiatischen Raum sein. Diese Regionen verfügen über ein so hohes Marktpotential, daß eine ausreichende Mengenbasis vorhanden ist. So haben sich einige europäische Automobilhersteller in der Vergangenheit bewußt vom nordamerikanischen Markt zurückgezogen und bislang auch keine wesentlichen Aktivitäten zur Erschließung des asiatischen Marktes eingeleitet. Offensichtlich wird bei diesen Unternehmen eine Regionalstrategie im Sinne eines „Eurozentrismus" verfolgt. Eine solche Strategie beinhaltet allerdings das Risiko, daß global ausgerichtete Unternehmen diese Wettbewerber aufgrund von internationalen Kostenvorteilen auch von ihren angestammten Märkten verdrängen *(Diez 1991, S. 19)*.

1.3.3 Definition der Marktfeldstrategie

Grundlage der Marktfeldstrategie ist die Ansoffsche Produkt-Markt-Matrix *(Ansoff 1966, S. 132 ff.)*. Er unterscheidet dabei vier strategische Optionen:

● die Marktdurchdringung
● die Produktentwicklung
● die Marktentwicklung
● die Diversifikation

Bei der Marktdurchdringung wird versucht, mit dem heutigen Produktprogramm in den vorhandenen Märkten die Marktanteile zu erhöhen. Diese Strategie findet auf dem Automobilmarkt als reifer Markt breite Anwendung. Sie führt letztlich zu einem Verdrängungswettbewerb zwischen den verschiedenen Anbietern. Der Strategie der Marktdurchdringung liegt ein im wesentlichen lineares Denken mit einer starken Betonung der Preis- und Kommunikationspolitik zugrunde. Demgegenüber wird bei der Strategie der Produktentwicklung versucht, durch neue Produktkonzepte in den vorhandenen Märkten die Marktposition zu verbessern. Diese Strategie haben in den letzten Jahren eine Reihe von Automobilherstellern durch die Erweiterung ihres Produktprogramms eingeleitet. Im wesentlichen handelt es sich dabei um die verstärkte Entwicklung von Nischenfahrzeugen für spezielle Einsatzzwecke (Stadtfahrzeuge, Roadster, Großraumlimousinen etc.). Die Strategie der Marktentwicklung zielt darauf ab, für das aktuelle Produktprogramm neue Absatzmärkte zu finden. Auch dieser strategische Ansatz wird in der Automobilindustrie von einer Reihe von Herstellern verfolgt. Sie findet insbesondere in der Erschließung der neuen, wachstumsstarken Märkte in Südostasien (China, Südkorea, Thailand, Vietnam etc.) ihren Ausdruck.

Als letzte strategische Option im Hinblick auf die Produkt-Markt-Abdeckung steht schließlich noch die Verfolgung einer Diversifikationsstrategie zur Verfügung. Sie bedeutet die Erweiterung der Unternehmensaktivitäten auf neue Märkte, die mit neuen Produkten bedient werden. Der Erfolg von lateralen, also auf völlig neue Produkt-Markt-Kombinationen ausgerichteten Diversifikationsstrategien in der Automobilindustrie ist – nicht zuletzt vor dem Hintergrund einiger spektakulärer Diversifikationsprozesse in den 70er und 80er Jahren – heftig umstritten. Tatsächlich haben sich viele Diversifikationsansätze sowohl deutscher (Volkswagen/Triumph Adler bzw. Daimler-Benz) als auch nordamerikanischer (GM und Chrysler) und schwedischer Automobilhersteller (Volvo und Saab-Scania) als zumindest problematisch erwiesen. Eine Diversifikationsstrategie ist sicherlich dann sinnvoll und notwendig, wenn der bearbeitete Markt keine ausreichenden Wachstums- und Ertragschancen mehr verspricht. Die langfristige Unternehmenssicherung erfordert dann die Schaffung von oder den Eintritt in branchenfremde Märkte. Eine vollständige Marktsättigung kann im Automobilbereich allerdings nicht festgestellt werden. Angesichts der niedrigeren Motorisierungsdichte in vielen Entwicklungs- und Schwellenländern besteht auf dem Weltautomobilmarkt durchaus noch ein Wachstumspotential. Die immer wieder genannte Realisierung von technologischen Synergieeffekten ist hingegen keine hinreichende Begründung für eine Diversifikation, da neue Technologien für den Automobilbereich auch im Rahmen von Entwicklungspartnerschaften mit Automobilzulieferern oder auch branchenfremden Unternehmen erschlossen werden können. Ein Outsourcing von Technologien hat zudem den Vorteil geringerer Entwicklungsrisiken und einer niedrigeren Fixkostenbelastung im Forschungs- und Entwicklungsbereich. Aufgrund der mit einer Diversifikation verbundenen Managementprobleme und der Gefahr, Kernkompetenzen im Automobilbereich zu verlieren, stellt die Diversifikation eine ausgesprochen riskante strategische Option für Automobilhersteller dar.

1.3.4 Marktabdeckung

Im Hinblick auf die Marktabdeckung wird zwischen einer Strategie der Gesamtmarktabdeckung und einer Nischenstrategie unterschieden. Die Konzentration auf einzelne Marktnischen ist in der Automobilindustrie aufgrund der Notwendigkeit zur Realisierung von Economies-of-Scale-Effekten nur noch im Oberklassenbereich mit einer hohen Preisbereitschaft der Nachfrager möglich. Aufgrund der dort dominierenden Snob-Effekte im Käuferverhalten werden hohe Preise nicht nur als Folge überdurchschnittlicher Produktqualität, sondern auch als Voraussetzung für Exklusivität akzeptiert. Insgesamt geht die Tendenz aber ganz eindeutig zur Gesamtmarktabdeckung (Full-Line-Anbieter).

1.3.5 Wettbewerbsvorteilsstrategie

Ein Wettbewerbsvorteil ist durch folgende Merkmale gekennzeichnet *(Simon 1988, S. 4)*:

- Er betrifft ein wichtiges Leistungsmerkmal.
- Er wird vom Kunden wahrgenommen.
- Er ist von der Konkurrenz kurzfristig nicht einholbar.

Meffert unterscheidet in Erweiterung des Vorteilsschemas von Porter fünf mögliche Wettbewerbsvorteile *(Meffert 1994, S. 124)*:

- Kostenvorteil
- Qualitätsvorteil
- Innovationsvorteil
- Markierungsvorteil
- Programmbreitenvorteil

Diese Strategien schließen sich zumindest teilweise nicht aus, dürfen also nicht alternativ gesehen werden. Dementsprechend schwierig ist eine eindeutige Zuordnung von Wettbewerbsvorteilen zu einzelnen Unternehmen. Konzentriert man sich auf die beiden konträren Wettbewerbsvorteilsstrategien der Kosten- und der Leistungsführerschaft, wie sie insbesondere von Porter herausgearbeitet wurden *(Porter 1987, S. 62 ff.)*, so kann man für die Automobilwirtschaft eine zunehmende Vermischung der beiden strategischen Stoßrichtungen feststellen: War die strategische Ausrichtung der japanischen Automobilhersteller beispielsweise in den 70er Jahren noch eindeutig auf die Erringung von Kostenvorteilen ausgerichtet, so hat bei ihnen in den 80er Jahren das Streben nach einer Qualitäts- und Innovationsführerschaft erheblich an Bedeutung gewonnen. Demgegenüber bemühen sich die deutschen Automobilhersteller nach einer jahrzehntelangen Dominanz der Qualitätsorientierung nun sehr stark um eine Verbesserung ihrer preislichen Wettbewerbsfähigkeit. Am besten kann dieses neue strategische Paradigma in der Automobilindustrie als „Outpacing" im Sinne von Gilbert und Strebel bezeichnet werden *(Gilbert/Strebel 1987, S. 28 ff.)*.

1.3.6 Marktteilnehmerübergreifende Marktbearbeitungsstrategie

Als übergreifende Marktteilnehmerstrategien können die differenzierte und die undifferenzierte Marktbearbeitung unterschieden werden. Bei einer undifferenzierten Marktbearbeitungsstrategie wird versucht, mit einem Produkt ein spezifisches Marktsegment abzudecken (Produktspezialisierung) oder eine Gesamtmarktabdeckung zu erreichen. Demgegenüber werden bei einer differenzierten Marktbearbeitungsstrategie für unterschiedliche Zielgruppen unterschiedliche Produkte angeboten.

Der Automobilmarkt ist durch eine starke Segmentierung gekennzeichnet. Dabei bieten sich eine Vielzahl von Segmentierungskriterien an *(vgl. Diez/ Brachat 1994, S. 65 ff.; Smith 1988, S. 71 ff.; Freter/Barzen 1988, S. 87 ff.; Sabel 1990, S. 750 ff.; SPIEGEL-Dokumentation 1993, S. 42 ff.)*. Neben den produktbezogenen Kriterien (z.B. Hubraumklassen, Aufbauformen, Preise) sind die kundenbezogenen Kriterien von besonderer Bedeutung, da sie direkt zur Bildung in sich homogener Käufergruppen führen. Angesichts der Segmentierung des Automobilmarktes in verschiedene, in sich relativ homogene Käufergruppen kann mit einer undifferenzierten Marktbearbeitung allenfalls ein Segment abgedeckt werden. Nahezu alle Automobilhersteller verfolgen daher eine Strategie der differenzierten Marktbearbeitung mit einem breiten Angebot an unterschiedlichen Baureihen und Typen.

1.3.7 Abnehmergerichtete Strategien

Die Abgrenzung unterschiedlicher abnehmergerichteter Strategien ergibt sich aus der Klassifikation der angestrebten Wettbewerbsvorteile (Kosten- oder Leistungsführerschaft). Grundsätzlich kann daher bei den abnehmergerichteten Strategien zwischen Präferenz- und Preis-Mengen-Strategien unterschieden werden. Unter den Begriff der Präferenzstrategie können all jene Strategien subsumiert werden, die als Wettbewerbsvorteile

- die Innovationsorientierung,
- die Qualitätsorientierung,
- die Markierungsorientierung sowie
- die Programmbreitenorientierung

zum Inhalt haben. Demgegenüber hebt die Preis-Mengen-Strategie vor allem auf die Geltendmachung von Kostenvorteilen ab. Wie bereits weiter oben erwähnt, ist in der Automobilindustrie eine Konvergenz der Präferenz- und Preis-Mengen-Strategie im Sinne des Outpacing-Ansatzes erkennbar.

Betrachtet man die verschiedenen Ausprägungen von Präferenzstrategien, so ist im Hinblick auf die *Innovationsorientierung* festzustellen, daß die Behauptung eines dauerhaften Innovationsvorsprungs gegenüber den relevanten

346

Wettbewerbern innerhalb einer Vergleichsklasse kaum noch möglich ist. Dies hängt zum einen damit zusammen, daß das Automobil ein technisch sehr weit ausgereiftes Produkt darstellt. Die Grenzkosten von Innovationen steigen daher stark an. Gleichzeitig wird der Zeitraum zwischen Innovation und Imitation durch die kommunikationstechnische Vernetzung der Märkte immer kürzer. Dies bedeutet auch, daß die Zyklen zur Amortisation von Innovationsaufwendungen kürzer werden. Die quasimonopolistische Marktposition aufgrund einer Produktneuheit besteht häufig nur wenige Monate. Die Realisierung von echten Innovationsvorsprüngen ist zudem immer seltener über die Einführung neuer technischer Aggregate und Komponenten möglich. Vielmehr konzentriert sich die Innovationstätigkeit auf die Gesamtabstimmung des Fahrzeuges. Die Verbesserung von Fahrverhalten und Fahrkomfort durch eine Optimierung des Fahrzeuges sind dem Kunden häufig aber nur schwer vermittelbar, da sie kein konkretes Leistungsmerkmal betreffen. Im wesentlichen läßt sich daher die Innovationsführerschaft nur noch über die Einführung völlig neuer, kurzfristig nicht kopierbarer Produktkonzepte erreichen. Dies ist aber nur in einzelnen Marktsegmenten möglich, da das klassische automobile Produktkonzept des Allround-Fahrzeuges mit konventionellem Antriebssystem eine hohe Marktakzeptanz besitzt. Als Felder für eine innovative Produktpolitik bieten sich daher vor allem die Nischenmärkte an. Denkbar wäre aber auch die Erzielung von Wettbewerbsvorteilen durch Systeminnovationen. Die telematische Vernetzung der Verkehrsträger und der Infrastruktur eröffnet die Chance, „intelligente Automobile" zu entwickeln. Diese Fahrzeuge werden durch den Einsatz von Systemen der Informations- und Kommunikationstechnik gekennzeichnet sein. Wer in diesem Bereich die künftigen technischen Standards setzt, wird sich – ähnlich wie bei Betriebssystemen in der Computerbranche – dauerhafte Wettbewerbsvorteile sichern können.

Die **Qualität** im Sinne einer vom Kunden empfundenen Produktzufriedenheit ist heute sehr hoch, wie die Ergebnisse einschlägiger Umfragen beweisen. So lagen die Automobilhersteller im Rahmen des von der Deutschen Marketing-Vereinigung entwickelten Kundenbarometers nach den „Urlaubsregionen" an zweiter Stelle der Kundenzufriedenheit bei insgesamt 38 bewerteten Branchen *(AUTOHAUS 1995, S. 13)*.

Differenzierungen sind in diesem Bereich über den Service möglich. Erfolgreiche Servicekonzeptionen sind durch die folgenden sechs zentralen Managementprinzipien gekennzeichnet *(vgl. Müller 1995, S. 85 ff.)*:

● Gestaltung einer ganzheitlichen Servicephilosophie
● Marktbearbeitung im Hinblick auf klar abgegrenzte Käufersegmente
● Definition von meßbaren Servicezielen
● Orientierung des Instrumenteneinsatzes am Kundenwert

- Festlegung von verbindlichen Servicestandards
- Einsatz von Motivations- und Anweisungsmaßnahmen

Mit der Realisierung einer hohen Dienstleistungsqualität kann ein Erfolgs-kreislauf in Gang gesetzt werden, da eine hohe Kundenzufriedenheit in diesem Bereich zu einer hohen Kundenbindung führt, die wiederum die Marktposition und damit auch den Unternehmenserfolg verbessert. Auf der Grundlage einer überdurchschnittlichen Profitabilität ist es dann möglich, das Serviceangebot weiter zu optimieren *(Müller 1995, S. 81 f.)*. Bei einer Konzentration abnehmergerichteter Strategien auf den Service ist allerdings zu berücksichtigen, daß der Automobilhersteller auf die Dienstleistungsqua-lität seiner Vertragspartner im Automobilhandel einen nur begrenzten Einfluß hat.

Die strategische Ausrichtung auf den Wettbewerbsvorteil *„Markierung"* hat sich in der Vergangenheit in der Automobilindustrie als sehr erfolgreich erwie-sen. Unternehmen, die eine intensive Imagepflege betrieben haben, konnten weit überdurchschnittliche Markterfolge erzielen. Außerdem stellt der Aufbau eines starken Markenimages einen nur schwer angreifbaren Schutz gegenüber dem Angriff durch neue Wettbewerber dar, wie der Markteintritt von Lexus in das Oberklassensegment in Deutschland gezeigt hat. Trotz eines ausgezeichne-ten Produktes konnte Lexus die beiden führenden deutschen Wettbewerber in diesem Segment aufgrund ihrer Imagestärke nicht ernsthaft gefährden. Der Aufbau und die Stabilisierung eines starken Images erfordern den integrier-ten, an einer langfristig gültigen Leitidee orientierten Einsatz aller Marketing-instrumente.

Traditionell gilt in der Automobilindustrie eine breites **Produktprogramm** als wichtiger Wettbewerbsvorteil. Ein breites Produktprogramm erlaubt ein indi-vidualisiertes, zielgruppenspezifisches Angebot und sorgt für eine große Marktpräsenz mit einer positiven Wirkung auf die Markenbekanntheit. Außerdem erlaubt es, Kunden, die ihr automobiles Anspruchsniveau verän-dern (Auf- oder Absteiger), an eine Marke zu binden. Gleichwohl dürfen aber auch die Vorteile einer Programmbeschränkung nicht übersehen werden. Sie liegen insbesondere in einer hohen Kompetenzzuschreibung der Kunden im Bereich der Spezialisierung (z.B. Sportwagen = Porsche/Ferrari, Luxus = Rolls-Royce/Bentley). Angesichts des Trends zum Full-Line-Angebot wird es künftig nicht mehr möglich sein, über die Programmbreite allein einen dauer-haften Wettbewerbsvorteil aufzubauen.

Insgesamt kann man feststellen, daß der Erringung von dauerhaften Wettbe-werbsvorteilen im Rahmen einer Präferenzstrategie in der Automobilindustrie enge Grenzen gesetzt sind. Dies ist in gewisser Weise typisch für einen reifen

Markt. Chancen zur leistungsbezogenen Wettbewerbsdifferenzierung liegen vor allem in

● der Realisierung von Systeminnovationen,
● der Optimierung der Servicequalität sowie
● in der Markierung.

Nur Unternehmen, die sich auf diese drei Bereiche konzentrieren, haben die Chance, sich dem Preiswettbewerb zumindest teilweise entziehen zu können. Allerdings müssen zum Aufbau solcher Wettbewerbsvorteile auch die entsprechenden unternehmensseitigen Voraussetzungen und Ressourcen verfügbar sein. Ist dies nicht der Fall, kann sich die Preis-Mengen-Strategie als ein überlegener Ansatz erweisen.

Die Realisierung einer Preis-Mengen-Strategie setzt ein international wettbewerbsfähiges Kostenniveau voraus. Wie die Untersuchung über die „Lean Production" der japanischen Automobilhersteller gezeigt hat, schließen sich niedrige Kosten und eine hohe Qualität im Automobilbau nicht aus. Vielmehr gelingt es den Japanern, hohe Produktivität mit einer im internationalen Vergleich geringen Zahl von Fertigungsmängeln zu verbinden *(vgl.: Womack/ Jones/Roos 1990, S. 93)*.

1.3.8 Konkurrenzgerichtete Strategien

Als Optionen im Bereich der konkurrenzgerichteten Strategien können unterschieden werden:

● Strategie des Ausweichens
● Strategie des Konfliktes
● Strategie der Anpassung
● Strategie der Kooperation

Überblickt man die Automobilindustrie, so kann man feststellen, daß auch in diesem Bereich nicht nur von verschiedenen Unternehmen unterschiedliche, sondern auch von ein und demselben Unternehmen mehrere Strategien gleichzeitig verfolgt werden. Von besonderer Bedeutung sind dabei die beiden extremen Strategien des Konfliktes und der Kooperation. So wird einerseits bewußt der Konflikt mit dem Wettbewerb gesucht. Dies gilt insbesondere hinsichtlich der Marktabdeckung. War es in der Vergangenheit häufig so, daß einzelne Anbieter in ihren Marktnischen nicht angegriffen wurden, so kann man jetzt feststellen, daß praktisch alle Hersteller in die Marktsegmente ihrer wichtigsten Wettbewerber einzudringen versuchen. Dies zeigt sich zum einem in einem Up-trading der bisherigen Massenhersteller und einem Down-trading der Premium-Hersteller. Zum anderen erweitern immer mehr Hersteller ihr Angebot auch in Richtung der Nischensegmente. Hatten einige Hersteller dort in der Vergangenheit fast eine Alleinstellung (z.B. der Renault Espace im Segment der Großraumlimousinen), so zeichnet sich jetzt ab, daß sich die Zahl der Anbieter in den meisten Nischen bereits sprunghaft erhöht hat oder in den nächsten Jahren stark ansteigen wird. Weiterhin hat der Preiswettbewerb, der symptomatisch für Konfliktstrategien ist, auf dem Automobilmarkt an Intensität deutlich zugenommen.

Neben oder parallel zu den Konfliktstrategien wird jedoch auch die Strategie der Kooperation von vielen Automobilherstellern verstärkt eingesetzt. So besteht zwischen vielen Unternehmen eine partielle Zusammenarbeit im Hinblick auf

- die gemeinsame Entwicklung von Fahrzeugen (Double-Badging),
- die gemeinsame Entwicklung und Produktion von Aggregaten und Komponenten,
- den Austausch von Teilen auf der Basis von Kunden-Lieferanten-Beziehungen,
- die gemeinsame Nutzung von Fertigungseinrichtungen,
- die Zusammenarbeit im Vertriebsbereich in Märkten mit geringem Absatzvolumen sowie
- die Zusammenarbeit im Bereich der Entsorgung von Altfahrzeugen.

In zunehmenden Maße bilden sich durch zunächst punktuelle Kooperationen sog. strategische Allianzen heraus. Strategische Allianzen können als Netzwerkarrangements zwischen Unternehmen definiert werden *(Schäfer 1994, S. 687)*. Sie sind in der Regel langfristig angelegt und können durch gegenseitige Kapitalbeteiligungen – neben vertraglichen Vereinbarungen – zusätzlich abgesichert werden.

1.3.9 Absatzmittlergerichtete Strategien

Auch bei den absatzmittlergerichteten Strategien können vier Handlungsmuster unterschieden werden *(Meffert 1994, S. 164)*:

- die Strategie der Umgehung
- die Strategie der Anpassung
- die Strategie der Kooperation
- die Strategie des Konfliktes

350

Aufgrund des in der Automobilwirtschaft bestehenden Machtgefälles zugunsten der Automobilhersteller finden diese Strategien eine sehr spezifische Ausprägung. Das Vertragshändlersystem stellt zwar grundsätzlich eine Form der Kooperation dar. In bezug auf die Gestaltung des gesamten Distributionssystems finden jedoch auch andere Strategien Anwendung.

So bedeutet die Strategie der Umgehung, daß der Automobilhersteller seine Produkte an den Absatzmittlern vorbei im Markt abzusetzen versucht. Im Automobilbereich erfolgt dies teilweise durch den Aufbau von werkseigenen Niederlassungen (z.B. BMW), durch die Duldung von Reimporten aus Niedrigpreisländern sowie durch eine Verstärkung von Großabnehmergeschäften. In allen diesen Fällen wird der Vertragshandel gezielt umgangen. Eine Strategie der Anpassung bedeutet die Akzeptanz des gegenwärtigen Vertriebsweges. Die Strategie der Kooperation zielt auf eine enge wechselseitige Einflußnahme von Industrie und Handel auf die jeweiligen Entscheidungsbereiche des Partners ab. Nachdem der Hersteller die Geschäftspolitik des Handels sehr stark beeinflußt, würde eine intensivere Kooperation heißen, daß sich die Automobilhersteller dem Einfluß des Handels auf ihre Geschäftspolitik öffnen. So wäre es beispielsweise denkbar, daß die Vertragspartner im Handel stärker Einfluß die Produktentwicklung, die Preisgestaltung oder auch die Kommunikationspolitik nehmen. Dies würde die Einrichtung entsprechender Gremien voraussetzen. Bislang sind partizipative Formen der Zusammenarbeit zwischen dem Automobilhersteller und seinen Vertragspartnern nur in Ansätzen erkennbar (z.B. das Partner-Forum bei Opel).

Will ein Automobilhersteller seine Machtposition gegenüber dem Automobilhandel noch verstärken, kann er dazu eine Konfliktstrategie einschlagen. In diesem Fall wird versucht, die Funktions- und Margenverteilung in der Vertikalkette aktiv zu verändern. Aufgrund des Zwangs zur Kostensenkung im Vertriebsbereich hat die Konfliktstrategie in der Automobilwirtschaft an Bedeutung gewonnen. Dies äußert sich in der Diskussion um neue Margensysteme, Händlernetzbereinigungen, Modifikationen von vertraglichen Rechten und Pflichten im Vertragshändlersystem sowie der Infragestellung des Vertragshändlersystems zugunsten von Vertriebssystemen, die dem Hersteller einen noch größeren Einfluß auf die Geschäftspolitik der Händler sichern (Franchising).

1.3.10 Umfeldorientierte Strategien

Neben den Kunden sieht sich ein Unternehmen im Spannungsfeld zahlreicher weiterer interner und externer Anspruchsgruppen. Interne Anspruchsgruppen sind vor allem die Mitarbeiter und Aktionäre. Externe Anspruchsgruppen bilden die Lieferanten, Fremdkapitalgeber sowie eine Reihe von gesellschaftlichen und politischen Gruppen (Verbraucherverbände, Bürgerinitiativen, Kirchen, politische Parteien etc.). Generell muß es einem Unternehmen in seiner Politik gegenüber den verschiedenen Anspruchsgruppen um die Sicherstellung seiner gesellschaftlichen Akzeptanz gehen, da es im anderen Fall mit einem Entzug von öffentlichem Vertrauen, Imageverlusten und damit letztlich auch Markteinbußen rechnen muß. Problematisch dabei ist, daß zwischen den vielfältigen Anspruchsgruppen keine Interessenidentität besteht, so daß sich ein Unternehmen der schwierigen Situation gegenübersieht, letztlich heterogene Interessen in angemessener Weise befriedigen zu müssen.

Konzentriert man die Betrachtung auf die unternehmenskritischen gesellschaftlichen Gruppen, die zumeist eine große Unterstützung auch in den Medien erfahren, so lassen sich wiederum vier Strategiemuster unterscheiden *(Meffert 1994, S. 196 ff.)*:

- die Strategie der Anpassung
- die Strategie des Ausweichens
- die Strategie der Innovation
- die Strategie des Widerstandes

Die Verfolgung einer Strategie der Anpassung würde bedeuten, daß ein Unternehmen im Hinblick auf Ansprüche eine passive, aber nachgiebige Haltung einnimmt und bei einem entsprechendem Druck bereit ist, die an es gerichteten Forderungen zu erfüllen. Ihr Vorteil liegt darin, daß sie einerseits offene, imageschädigende Konflikte mit gesellschaftlichen Gruppen vermeidet. Andererseits erlaubt sie jedoch keine positive Profilierung eines Unternehmens im Hinblick auf die aktive Wahrnehmung gesellschaftlicher Verantwortung. Eigentlich positiv zu wertende Handlungen werden von der Öffentlichkeit und den Medien als Antwort auf den politischen Druck bewertet und erzeugen daher keine positive Einstellung gegenüber dem betreffenden Unternehmen. Das Verhalten vieler Automobilhersteller ist durch eine solche „leise" Strategie geprägt.

Auch die Strategie des Ausweichens stellt eine reaktive Strategie dar. Bei ihr wird versucht, entweder durch eine Problemverlagerung oder durch einen Rückzug einen „heißen" Konflikt zu vermeiden. Dies wäre etwa dann der Fall, wenn Produktionsumfänge, die nur bei einer unpopulären Absenkung der Effcktivlöhne im Inland gehalten werden könnten, ins Ausland verlagert werden. Ein Unternehmen entzieht sich damit einer unter Umständen langwierigen und imageschädlichen Diskussion mit den Betriebsräten und den gewerkschaftlichen Interessenvertretern.

Die Strategie der Innovation ist eine proaktive, offensive Strategie. Sie besteht darin, auf der Grundlage der Forderungen von gesellschaftlichen Gruppen

352

Wettbewerbsvorteile aufzubauen. Damit sollen Leistungs- und Imagevorsprünge realisiert werden. In der Automobilindustrie gibt es eine Reihe von Ansatzpunkten für eine solche Strategie. So etwa bei der Entwicklung besonders verbrauchssparsamer Automobile oder bei der Entwicklung innovativer Konzepte für das Verkehrsmanagement. Auch die Recycling-Problematik wurde von den Automobilherstellern offensiv aufgegriffen. Beispielhaft ist auch die Selbstverpflichtung der deutschen Automobilhersteller gegenüber der Bundesregierung im Hinblick auf die Absenkung des Kraftstoffverbrauches, wie sie Ende der 70er Jahre gemacht wurde, oder die neuerliche Selbstverpflichtung bezüglich der Reduktion der CO_2-Emissionen.

Schließlich bleibt als letzte Strategie die des Widerstandes. In diesem Fall versuchen Unternehmen oder ihre Verbände, als unliebsam angesehene politische Entscheidungen zu verhindern oder gesetzlich nicht abgestützte Ansprüche nicht zu erfüllen. Auch dafür gibt es in der Automobilwirtschaft Beispiele, so etwa die Diskussion um die Einführung eines Tempolimits auf deutschen Autobahnen, das bislang erfolgreich verhindert wurde. Ähnliches gilt auch für die Diskussion um die Sommer-Smog-Verordnung. Ein wenig erfolgreiches Beispiel für eine solche Politik war die Auseinandersetzung um die Einführung von geregelten Katalysatoren auf dem deutschen Automobilmarkt Anfang der 80er Jahre. Dieses Verhalten hatte einen starken und anhaltenden Glaubwürdigkeitsverlust der Branche zur Folge.

1.4 Marketing-Mix-Strategien

Das letzte Element des strategischen Marketings ist die Gestaltung des Marketing-Mix. Der Marketing-Mix kann als qualitative, quantitative und zeitliche Kombination der Marketinginstrumente zur Erfüllung der Marketingziele definiert werden *(Kaas 1992, S. 682)*.

Die detaillierte Ausgestaltung des Marketing-Mix ist dem operativen Marketing zuzuordnen. Daher wird dieses Thema in Abschnitt 2 dieses Kapitels näher behandelt. Demgegenüber sind die grundsätzliche inhaltliche Ausprägung und Gewichtung der verschiedenen Marketinginstrumente noch Entscheidungstatbestände im Rahmen des strategischen Marketings („strategiegeleiteter Marketing-Mix"). Unterscheidet man zwischen Präferenz- und Preis-Mengen-Strategien, so lassen sich bezüglich des Marketing-Mix die folgenden Aussagen machen:

● Im Rahmen einer Präferenzstrategie wird sich die inhaltliche Ausgestaltung des Marketing-Mix an einer emotionalisierenden Leitidee orientieren (Exklusivität, Sportlichkeit, Jugendlichkeit etc.). Die Gewichtung des Mix liegt auf den Instrumenten Produkt- einschließlich Servicepolitik sowie Kommunikationspolitik.

- Bei einer Preis-Mengen-Strategie erfolgt die inhaltliche Ausgestaltung der Marketinginstrumente anhand rationaler Vorteilsargumente (Preis-Leistungs-Verhältnis, Wirtschaftlichkeit etc.). Die dominanten Marketinginstrumente sind hier die Produkt- und Preispolitik.

Aufgrund der Mischung der grundlegenden Marktbearbeitungsstrategien in der Automobilwirtschaft finden sich unternehmensspezifische Kombinationen der Gestaltungsparameter. Dies ist so lange unproblematisch, wie die zeitliche Kontinuität in der inhaltlichen Gestaltung wie auch im jeweiligen Aktivitätsniveau gewahrt wird. Der Marketing-Mix wird dann zu einem starken Träger des Markenimages.

1.5 Strategien in der Automobilwirtschaft

1.5.1 Strategische Gruppen in der Automobilindustrie

Im folgenden sollen Strategieprofile ausgewählter Automobilhersteller im Hinblick auf ihre jeweiligen Chancen- und Risikopotentiale miteinander verglichen werden. Ziel der Betrachtung ist, exemplarisch den strategischen Handlungsbedarf in der Automobilindustrie abzuleiten. Um eine solche Aussage sinnvoll machen zu können, ist die Bildung strategischer Gruppen notwendig, denn je nach der verfolgten Wettbewerbsstrategie lassen sich unterschiedliche Herausforderungen identifizieren.

Eine strategische Gruppe umfaßt Unternehmen, die hinsichtlich ihrer wesentlichen Strukturmerkmale und damit auch hinsichtlich ihrer strategischen Verhaltensweisen vergleichbar sind. Der in der Automobilwirtschaft häufig verwandte Begriff der „Vergleichsklasse" drückt diesen Sachverhalt auf der Ebene des Produktprogramms aus. Die Bildung strategischer Gruppen erfolgt jedoch anhand gesamtunternehmensbezogener Merkmale. Diese sind *(Homburg/Sütterlin 1992, S. 637)*:

- Grad der vertikalen Integration
- Kostenstruktur
- Breite der Produktpalette
- Umfang der F&E-Aktivitäten
- Auswahl der bedienten Märkte
- verwendete Vertriebskanäle

Ähnlich wie im Rahmen der Marktsegmentierung in sich homogene Käufergruppen gebildet werden, stellen strategische Gruppen Segmente in sich homogener Anbieter dar. Das heißt, der Grad der Ähnlichkeit zwischen den Unternehmen einer Gruppe ist signifikant höher als der mit Unternehmen innerhalb einer anderen Gruppe. Unternehmen der gleichen strategischen Gruppe bilden insofern einen engen Wettbewerbsverbund.

In der Weltautomobilindustrie lassen sich drei strategische Gruppen unterscheiden:

- die Gruppe der globalen Full-Line-Hersteller
- die Gruppe der Premium-Anbieter
- die Gruppe der „Neuen Wettbewerber"

Bei der Gruppe der globalen Full-Line-Hersteller handelt es sich um Konzerne, die wirklich global tätig sind und den Gesamtmarkt mit ihrem Produktprogramm weitestgehend abdecken. Zu dieser Gruppe können uneingeschränkt General Motors, Toyota, Ford, Volkswagen und Chrysler gezählt werden. Mit gewissen Einschränkungen gehören dazu auch Fiat, Nissan, Peugeot, Renault, Honda, Mazda und Mitsubishi. Die strategische Gruppe der Premium-Anbieter ist durch kleinere Unternehmensgrößen gekennzeichnet. Sie sind ebenfalls global tätig, wobei sich jedoch aufgrund des engeren Produktprogramms eine gewisse Konzentration auf die reifen Automobilmärkte ergibt. Zu dieser Gruppen gehören im engeren Sinne Mercedes-Benz, BMW und Volvo. Im weiteren Sinne können auch noch Porsche und Rolls-Royce dieser Gruppe zugeordnet werden. Die dritte strategische Gruppe, die „Neuen Wettbewerber", ist vor allem durch ihre gemeinsame nationale Herkunft geprägt. Da es sich hier fast ausschließlich um koreanische Unternehmen handelt, weisen sie eine hohe strategische Affinität auf. In der Regel handelt es sich bei diesen Anbietern um Divisions von breit diversifizierten Unternehmen. Ihre Strategie ist auf Wachstum und Markteroberung ausgerichtet. Häufig besteht eine technologische Abhängigkeit von japanischen und nordamerikanischen Unternehmen. Ihr Anspruch ist grundsätzlich global, wobei sie jedoch von einem starken, protektionistisch geschützten Home-Market aus agieren. Zur Gruppe der „Neuen Wettbewerber" gehören Hyundai, Kia, Daewoo, Ssang Yong sowie das malaysische Unternehmen Proton.

Im folgenden sollen die Strategieprofile einiger ausgewählter Unternehmen aus diesen drei strategischen Gruppen dargestellt werden. Die Basis der Darstellung bilden die reichlich vorhandenen Informationen über die Geschäftspolitik dieser Unternehmen.

1.5.2 Strategieprofile der globalen Full-Line-Hersteller

In dieser Gruppe werden die Strategieprofile von General Motors, Toyota und Volkswagen gegenübergestellt. Da es sich hier um drei Unternehmen aus unterschiedlichen Kulturkreisen handelt, spielen zweifellos nationale Einflüsse eine Rolle bei der Erklärung der teilweise unterschiedlichen Ausprägungen der gemeinsamen Grundstrategie.

Abbildung 2 gibt einen Überblick über die Strategieprofile. Wesentliche Unterschiede ergeben sich hinsichtlich der regionalen Marktbearbeitung. Sie ist bei Toyota durch eine geringe Anpassung der Produkte an nationale Gegebenheiten gekennzeichnet. Außerdem ist die Produktion sehr stark auf den Standort Japan konzentriert. Demgegenüber zeichnet sich insbesondere das Produktprogramm von General Motors durch eine regionale Spezialisierung (Nordamerika vs. Europa) sowie durch eine jeweils lokale Produktion in den Hauptabsatzmärkten aus. Letzteres gilt auch für Volkswagen. Der strategische Wettbewerbsvorteil von General Motors und Volkswagen liegt eher in der Kombination Markierung/Programmbreite bzw. Qualität/Markierung, während die Wettbe-

Strategieelement	General Motors	Toyota	Volkswagen
Marktabgrenzung	Multinationale Strategie	Globalstrategie	Multinationale Strategie
Marktfeldstrategie	Intensivierung	Produkt-/Marktentwicklung	Produkt-/Marktentwicklung
Marktabdeckung	Gesamtmarkt	Gesamtmarkt	Gesamtmarkt
Wettbewerbsvorteil	Markierung/Programmbreite	Kosten/Qualität	Qualität/Markierung
Marktbearbeitung	differenziert	eher undifferenziert	differenziert
Abnehmerstrategie	Präferenzstrategie	Preis-Mengen-Strategie	Präferenzstrategie
Konkurrenzstrategie	Anpassung	Konflikt	eher Konflikt
Absatzmittlerstrategie	eher Anpassung	Kooperation	eher Kooperation
Gesellschaftliche Strategie	Anpassung	Anpassung	Innovation
Marketinginstrumente	Produkt-/Kommunikationspolitik	Produkt-/Preispolitik	Produktpolitk

(Quelle: Eigene Darstellung)

Abb. 2: Strategieprofile in der Automobilindustrie
– Strategische Gruppe I: Globale Full-Line-Hersteller

werbsstrategie sehr stark auf die Kombination Kosten/Qualität abhebt. Diese Unterschiede kommen auch in der Gestaltung der abnehmergerichteten Strategien zum Ausdruck. Auf der Instrumentalebene dominiert bei General Motors die Produkt- und Preispolitik, bei Toyota die Produkt- und Preispolitik, während sich Volkswagen weitgehend allein auf die Produktpolitik konzentriert.

1.5.3 Strategieprofile der Premium-Anbieter

Die Strategieprofile der Premium-Anbieter weisen insgesamt eine größere Ähnlichkeit als die der Full-Line-Anbieter auf (vgl. Abb. 3). Dies ist naheliegend, da ihnen eine nur geringe Zahl von strategischen Optionen offensteht. Kennzeichnend für diese Gruppe ist eine in den letzten Jahren erstaunliche Strategiedynamik. Sie kommt z.B. in der Übernahme von Rover durch BMW und der geplanten Ausweitung des Produktprogramms von Mercedes-Benz zum Ausdruck.

Gewisse Unterschiede bestehen in dieser Gruppe hinsichtlich der Gewichtung der Wettbewerbsvorteile Qualität, Innovation und Markierung, wobei bei allen drei Herstellern dem Markenimage eine überragende Bedeutung zukommt. Im Hinblick auf die Konkurrenzorientierung bestand bislang vor allem bei BMW

Strategieelement	Mercedes-Benz	BMW	Volvo
Marktabgrenzung	Globalstrategie	Globalstrategie	regionale Schwerpunkte
Marktfeldstrategie	Produkt-/Marktentwicklung/Div.	Produkt-/Marktentwicklung/Div.	Produkt-/Marktentwicklung/Div.
Marktabdeckung	Systemspezialisierung	Systemspezialisierung	Systemspezialisierung
Wettbewerbsvorteil	Qualität/Markierung	Innovation/Markierung	Qualität/Markierung
Marktbearbeitung	eher undifferenziert	eher undifferenziert	undifferenziert
Abnehmerstrategie	Präferenzstrategie	Präferenzstrategie	Präferenzstrategie
Konkurrenzstrategie	Ausweichen/Konflikt	Ausweichen	Konflikt/Kooperation
Absatzmittlerstrategie	Anpassung/Konflikt	Konflikt	Anpassung
Gesellschaftliche Strategie	Innovation/Widerstand	Innovation	Innovation
Marketinginstrumente	Produkt/Kommunikation	Produkt/Kommunikation/Vertrieb	Produkt/Preis/Kommunikation
			(Quelle: Eigene Darstellung)

Abb. 3: Strategieprofile in der Automobilindustrie
      – Strategische Gruppe II: Globale Premium-Anbieter

und Mercedes-Benz die Tendenz, einem direkten Vergleich mit dem Wettbewerb auszuweichen. So wurde die jeweilige Alleinstellung im Markt sehr stark in den Vordergrund gestellt. Mittlerweile besteht zumindest bei Mercedes-Benz die Tendenz zu einer Konfliktstrategie. Insbesondere durch die Ausweitung des Produktprogramms in die unteren Marktsegmente hinein und das gezielte Eindringen in Nischenmärkte werden etablierte Anbieter in diesen Segmenten direkt angegriffen.

1.5.4 Strategieprofile der „Neuen Wettbewerber"

Die Strategieprofile der *„Neuen Wettbewerber"*, hier vertreten durch die Marken Hyundai, Kia und Daewoo, sind weitgehend ähnlich. Wie Abbildung 4 zeigt, sind größere Unterschiede kaum auszumachen. Insgesamt ist die Strategie auf eine starke Konzentration aller Aktivitäten auf einzelne Strategieelemente hin ausgerichtet. Daraus ergibt sich ein relativ einfaches Strategiemuster: einheitliche Produkte für den Weltmarkt, die sich durch eine gute Qualität und einen niedrigen Preis auszeichnen.

Strategieelement	Hyundai	Kia	Daewoo
Marktabgrenzung	Globalstrategie	eher Globalstrategie	Globalstrategie
Marktfeldstrategie	Produkt-/Marktentwicklung	Produkt-/Marktentwicklung	Produkt-/Marktentwicklung
Marktabdeckung	Volumensegmente	Volumensegmente/Nischen	Volumensegmente
Wettbewerbsvorteil	Kosten	Kosten	Kosten
Marktbearbeitung	undifferenziert	undifferenziert	undifferenziert
Abnehmerstrategie	Preis-/Mengen-Strategie	Preis-/Mengen-Strategie	Preis-/Mengen-Strategie
Konkurrenzstrategie	Konflikt/Kooperation	Ausweichen/Kooperation	Konflikt/Kooperation
Absatzmittlerstrategie	Kooperation	Kooperation	Ausweichen/Kooperatoin
Gesellschaftliche Strategie	Anpassung	Anpassung	Anpassung
Marketinginstrumente	Produkt/Preis	Produkt/Preis	Preis/Vertrieb/Kommunikation

(Quelle: Eigene Darstellung)

**Abb. 4: Strategieprofile in der Automobilindustrie
– Strategische Gruppe III: Neue Wettbewerber**

Bemerkenswert erscheint, daß Daewoo im Hinblick auf die absatzmittlergerichteten Strategien in Europa eine gewisse Ausnahmestellung einnimmt. So
wird von Daewoo das Vertragshändlersystem nicht eindeutig präferiert. Vielmehr experimentiert man mit dem Aufbau werkseigener Niederlassungen für
den Verkauf und die Übertragung einer Service-Franchise auf freie Kfz-Werkstätten. Außerdem zeichnet sich Daewoo in der Kommunikationspolitik durch
ein deutlich höheres Aktivitätsniveau als seine beiden koreanischen Wettbewerber aus.

1.5.5 Vergleichende Bewertung

Abbildung 5 gibt einen Überblick über die jeweiligen Chancen und Risiken
der aufgezeigten Strategieprofile. Vor dem Hintergrund der eingangs aufgezeigten Umfeldbedingungen läßt sich daraus der strategische Handlungsbedarf der verschiedenen strategischen Gruppen ableiten. Er muß natürlich unternehmensbezogen spezifiziert werden:

	Strategische Gruppe I	Strategische Gruppe II	Strategische Gruppe III
Chancen	• geringe Anfälligkeit gegen Veränderung der Umfeldbedingungen (Risikobegrenzung) • flexible Nutzung von Wachstumspotentialen (regional/segment-spezifisch • vielfältige strategische Optionen	• preispolitischer Spiel-raum • hohes Markenpotential	• Bedienung eines wach-senden Marktsegments (preisorientierte Käufer) • Me-too-Vorteile
Risiken	• angreifbar durch preisaggressive Wett-bewerber • interne Konkurrenz • hohe Programm-komplexität	• geringe Volumenbasis (High-end-Problematik) • Kostenstruktur • Abhängigkeit von einzelnen Segmenten	• Anfälligkeit gegenüber Protektionismus • Anfälligkeit bei Produkt-schwächen (geringe Markenbindung)
Handlungs-bedarf	• Konzeption einer Outpacing-Strategie • Programmvereinheit-lichung • Markendifferenzierung	• geplante innovatorische Durchbrüche • Ausbau globaler Präsenz • Investitionen in Marke	• marktnahe Standort-politik • Aufbau einer Marken-identität • selektive Pionier-leistungen

(Quelle: Eigene Darstellung)

Abb. 5: Vergleichende Bewertung der strategischen Gruppen

- Für die Full-Line-Anbieter stellt sich insbesondere die Herausforderung, eine in sich schlüssige Outpacing-Strategie zu formulieren und umzusetzen. Für General Motors und Volkswagen dürfte diese Aufgabe aufgrund des Mehrmarkenprogramms leichter zu lösen sein als für Toyota. Die Vereinheitlichung der Produktprogramme im Sinne eines Platform-Konzeptes und die gleichzeitige Markendifferenzierung müssen als Einheit gesehen werden, um eine optimale Marktausschöpfung hinsichtlich Mengen und Erträgen sicherzustellen.
- Für die strategische Gruppe der globalen Premium-Anbieter stellt sich die schwierige Aufgabe, innovatorische Durchbrüche zu erzielen, um die Premium-Position und die damit verbundenen Preisspielräume aufrechterhalten zu können. Der Ausbau der globalen Präsenz erscheint auch vor dem Hintergrund zeitlich nachgeschalteter Modellzyklen zunächst in den reifen Märkten und dann in den Schwellenländern notwendig. Außerdem werden diese Hersteller auch weiterhin hohe Investitionen in ihre Marken durchführen müssen.
- Die „Neuen Wettbewerber" sind insbesondere im Hinblick auf ihre Standortpolitik sehr anfällig. Daher muß der Aufbau eines internationalen Produktionsverbundes erste strategische Priorität haben. Marktnähe bedeutet auch einen Marketingvorteil. Ferner müssen sich diese Unternehmen ein individualisiertes Markenprofil aufbauen, wenn sie langfristig nicht einem anhaltenden Preisdruck ausgesetzt bleiben wollen. Die Schwierigkeiten der japanischen Hersteller auf dem deutschen Automobilmarkt in den Jahren 1994 und 1995 zeigen, daß der Verzicht auf eine solche Markenidentität zu empfindlichen Verlusten führen kann. Schließlich sollten sich die „Neuen Wettbewerber" durch Pionierleistungen auf ausgewählten Gebieten profilieren. Dies könnten außergewöhliche Produktkonzepte, ein innovatives Distributionssystem oder auch eine ungewöhnliche Kommunikationspolitik sein.

Im Zusammenhang mit der strategischen Ausrichtung der Automobilunternehmen wird immer wieder die Frage gestellt, wie viele Anbieter im Jahr 2000 oder auch 2005 noch im Markt sein werden. Die Darstellung der unterschiedlichen Strategieprofile sollte zeigen, daß verallgemeinernde Aussagen in diesem Bereich nur schwer möglich sind, da jede strategische Gruppe und jedes Unternehmen innerhalb der drei genannten strategischen Gruppen ihre/seine spezifischen Chancen und Risiken hat. In diesem Sinne könnte es durchaus sein, daß sich die Zahl der automobilen Wettbewerber in den nächsten Jahren nicht wesentlich verändern wird. Eher wahrscheinlich ist es, daß sich aufgrund der Notwendigkeit zur Realisierung von Economies-of-Scale-Effekten in allen strategischen Gruppen und der Regionalisierung des Weltmarktes die Zahl der strategischen Kooperationen und Allianzen erhöhen wird.

2 Operatives Marketing

2.1 Grundlegende Aspekte

Das operative Marketing hat die Aufgabe, unter Berücksichtigung situativer Faktoren die Vorgaben der strategischen Marketingplanung umzusetzen. Im einzelnen können dem operativen Marketing die folgenden – kurzfristig-taktisch ausgerichteten – Aufgaben zugeordnet werden:

- die Absatzplanung
- die Planung des Einsatzes der Marketinginstrumente
- die Planung des Vertriebsergebnisses

Als die wesentlichen situativen Faktoren, die im Rahmen des operativen Marketings zu beachten sind, können genannt werden:

- Veränderung der politisch-gesellschaftlichen Rahmenbedingungen
- konjunkturelle Schwankungen
- Aktivitäten des Wettbewerbs
- unternehmens- bzw. produktspezifische Einflüsse

Da das Marktgeschehen im Automobilmarkt sehr stark durch situative, häufig nicht vorhersehbare Einflüsse bestimmt wird, kommt dem operativen Marketing eine wichtige Bedeutung zu. So können gesetzgeberische Maßnahmen wie etwa die Erhöhung der Mineralölsteuer, die Verschärfung von Abgasgrenzwerten oder auch Veränderungen bei der Besteuerung von Kraftfahrzeugen (z.B. zwischen Benzin- und Dieselfahrzeugen) zu erheblichen Verwerfungen im Markt führen, die im Rahmen der strategischen Planung in der Regel nicht vorhersehbar sind. Dem operativen Marketing kommt dann die Aufgabe zu, kurzfristig die Einsatzplanung der Marketinginstrumente zu verändern, um die langfristigen Unternehmens- und Marketingziele zu erreichen.

2.2 Absatzplanung

2.2.1 Prognosen als Grundlage der Absatzplanung

Die unternehmensindividuelle Absatzplanung erfolgt in der Automobilindustrie in der Regel auf der Grundlage extern erstellter Gesamtmarktprognosen. Prognosen sind zukunftsbezogene, aufgrund von praktischen Erfahrungen und theoretischen Erkenntnissen erarbeitete, intersubjektiv nachvollziehbare Aussagen. Sie haben daher den Charakter von bedingten Vorhersagen *(Meffert 1986, S. 216)*.

Im Hinblick auf die Art der eingesetzten Prognoseinstrumente wird in der Regel zwischen qualitativen und quantitativen Prognosen unterschieden. Die wichtigsten quantitiven Verfahren sind *(vgl. Hansmann 1983, S. 12 f.)*:

- Glättungsmethoden
- Regressionsmodelle
- Wachstumsfunktionen

Unter den qualitativen Verfahren sind von besonderer Bedeutung:

- die Szenario-Technik
- Befragungen (Kunden- bzw. Expertenbefragungen)

Im Prinzip finden alle diese Verfahren in der Automobilwirtschaft Anwendung, wobei sich quantitative Methoden noch immer einer großen Beliebtheit erfreuen. Insbesondere durch zahlreiche politische Eingriffe und Sonderentwicklungen treten auf dem Automobilmarkt seit den 80er Jahren in zunehmendem Maße irreguläre Schwankungen auf. Dementsprechend nimmt die Verläßlichkeit quantitativer Prognosen ab.

Die **Shell-Prognose** gehört zu den bekanntesten Automobilprognosen in Deutschland. Sie wird in zweijährigen Intervallen seit Mitte der 50er Jahre erstellt. Ihrem Charakter nach handelt es sich um eine Trendprognose auf der Grundlage einer Wachstumsfunktion. Wie ein Vergleich mit den tatsächlichen Werten zeigt, hat die Shell-Prognose das Wachstum der Motorisierung und des Automobilbestandes in der Vergangenheit tendenziell unterschätzt *(Diekmann 1985, S. 8)*.

In Abbildung 6 ist der Aufbau der Shell-Prognose schematisch dargestellt *(vgl. dazu auch: Shell 1989, S. 21)*. Zielgröße der Prognose sind die jährlichen Neuzulassungen von Pkw und Kombi in Deutschland. Der Prognosehorizont beträgt dabei zehn bis fünfzehn Jahre. Für die Prognose werden die Neuzulassungen in den Neu- und Ersatzbedarf aufgespalten. Der Neubedarf ist definiert als der Bestandszuwachs zwischen Jahresanfang und Jahresende. Um ihn zu ermitteln, muß also zunächst eine Prognose des Bestandes durchgeführt werden. Der Bestand kann als Produkt der Motorisierungsdichte und der fahrfähigen Bevölkerung definiert werden, wobei sich die Motorisierungsdichte wiederum als Quotient des Bestandes und der fahrfähigen Bevölkerung ergibt. Die Motorisierungsdichte nimmt bei der Shell-Prognose eine Schlüsselfunktion ein. Wie die Beobachtung der Motorisierungsdichte in der Vergan-

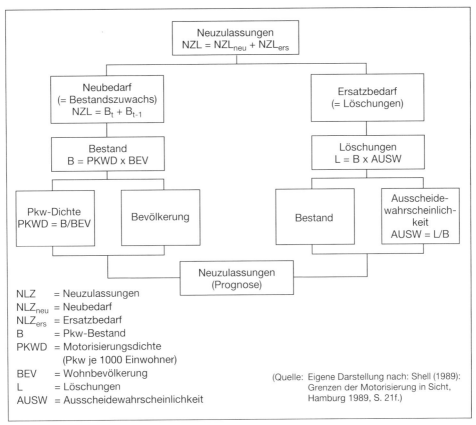

Abb. 6: Systematik der Shell-Prognose

genheit zeigt, läßt sich ihre Entwicklung näherungsweise mit einer verallgemeinerten logistischen Wachstumsfunktion beschreiben. Für die Prognose wird unterstellt, daß sich die Motorisierungsdichte S-förmig an einen bestimmten Sättigungswert annähert. Der Sättigungswert selbst wird auf iterativem Wege bestimmt, d.h., es wird der Wert gewählt, der zur besten Anpassung der Wachstumsfunktion an den tatsächlichen Verlauf führt. Weiterhin wird eine Vorausschätzung der Bevölkerungsentwicklung vorgenommen. Aus der Multiplikation von Bevölkerungsentwicklung und Motorisierungsdichte ergibt sich dann der jeweilige Bestand.

Die zweite Komponente der Neuzulassungen bildet der Ersatzbedarf. Ein Ersatzbedarf liegt vor, wenn für ein aus dem Bestand ausscheidendes Fahrzeug wieder ein fabrikneues Fahrzeug in den Verkehr gebracht wird. Statistisch wird also der Ersatzbedarf mit den Löschungen gleichgesetzt. Die zu prognostizierenden Löschungen ergeben sich wiederum definitorisch aus dem jeweili-

	Szenario "Neue Horizonte"			Szenario "Fallende Barrieren"		
	1996-2000	2001-2005	2006-2010	1996-2000	2001-2005	2006-2010
Neuzulassung in Tsd. Einheiten*	3.300	3.530	3.530	3.190	3.180	3.160
Neubedarf	630	460	410	390	180	160
Ersatzbedarf	2.920	3.310	3.370	3.050	3.260	3.250
	2000	2005	2010	2000	2005	2010
Bestand in Mio. Einheiten	44,5	46,8	48,8	43,0	43,9	44,7
Motorisierungsdichte Pkw je 1.000 Erwachsene	666	687	701	655	662	665
Bevölkerung (Erwachsene) in Mio.	66,8	68,1	69,7	65,6	66,2	67,2
Löschungsalter in Jahren	–	–	13	–	–	13

(Quelle: Shell (1993): Mehr Senioren fahren länger Auto, Hamburg 1993)

*Die Differenz zwischen der Summe aus Neu- und Ersatzbedarf und den Neuzulassungen ergibt sich aus jährlich 250.000 Altzulassungen

Abb. 7: Eckdaten der Shell-Prognose 1993

gen Bestand, multipliziert mit einer bestimmten Ausscheidewahrscheinlichkeit von Fahrzeugen. Diese Ausscheidewahrscheinlichkeit stellt neben der Motorisierungsdichte die zweite zentrale Variable der Prognose dar. Ermittelt wird die Ausscheidewahrscheinlichkeit von Fahrzeugen auf der Grundlage von sog. Sterbetafeln. Die Sterbetafeln erfassen für die Vergangenheit, wann Fahrzeuge, die zu einem bestimmten Zeitpunkt neu in den Verkehr gebracht wurden, in den Folgejahren gelöscht werden. Daraus lassen sich dann sog. Präsenzlinien ermitteln, die angeben, wie viele Fahrzeuge eines Jahrgangs aktuell noch im Bestand sind. Die Fortschreibung dieser Präsenz erfolgt unter Berücksichtigung möglicher technischer Verbesserungen der heutigen Fahrzeuggenerationen und eines eventuell veränderten Nutzungsverhaltens. So wird angenommen, daß sich der Trend zu einem steigenden Löschungsalter in Zukunft fortsetzen wird, was eine dämpfende Wirkung auf den Ersatzbedarf hat (vgl. Abb. 7). Neu- und Ersatzbedarf ergeben dann jeweils die Zahl der gesamten Neuzulassungen in einem Jahr.

Bei dem Prognosemodell von **Marketing Systems** handelt es sich um einen sog. „integrierten Ansatz", d.h., es wird hier der Versuch einer Integration von Langfrist- und Mittelfristprognose unternommen. Bezugsgröße sind wiederum die Neuzulassungen nach fabrikneuen Fahrzeugen. Das Prognosemodell weist die folgende Grundstruktur auf *(Lewandowski 1980, S. 351)*:

$$P_t = L_t + M_t,$$

wobei L für die langfristige und M für die mittelfristige Prognosekomponente steht. Die langfristige Entwicklung wird wiederum auf der Grundlage einer verallgemeinerten logistischen Funktion geschätzt. Demgegenüber erfolgt die Prognose der mittelfristigen Komponenten auf der Grundlage theoretisch plausibler und regressionsanalytisch getesteter kausaler Zusammenhänge zwischen unabhängigen Variablen und den Neuzulassungen. Abbildung 8 zeigt, welche Faktoren dabei berücksichtigt werden.

Das Prognosemodell von Marketing Systems hat in der Automobilindustrie weite Verbreitung gefunden. Es ist ein mathematisch außerordentlich komplexes Modell, das insbesondere den Vorteil einer transparenten Darstellung der Wirkungsbeziehungen hat. Gleichzeitig erlaubt es eine flexible Veränderung der Annahmen, so daß es auch als Simulationsmodell geeignet ist *(Lewandowski 1980, S. 366)*.

2.2.2 Systematik der Absatzplanung

Die Prognose des Gesamtmarktes stellt für die unternehmensindividuelle Absatzplanung die wichtigste Input-Größe dar. Die Absatzplanung selbst erfolgt

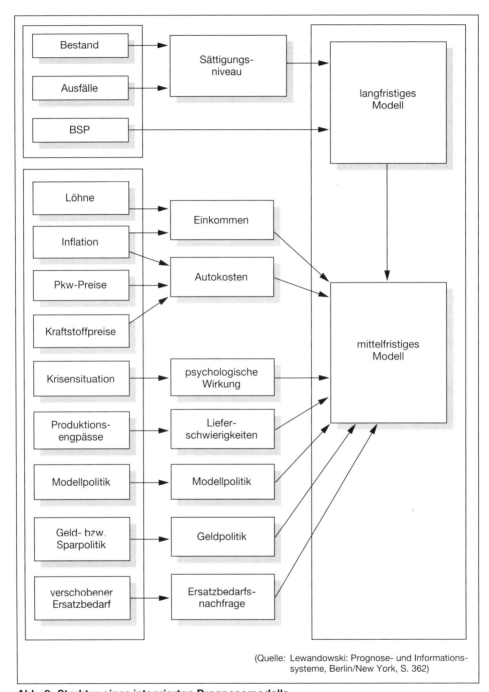

(Quelle: Lewandowski: Prognose- und Informationssysteme, Berlin/New York, S. 362)

Abb. 8: Struktur eines integrierten Prognosemodells

in der Regel differenziert nach Märkten und Produkten. Methodisch stellt sie eine Kombination aus Top-down- und Bottom-up-Prozessen dar. In der Regel erfolgt dabei ein Abgleich zwischen den von den Zentralbereichen ermittelten Planzahlen und den von den Marktverantwortlichen für realistisch angesehenen Werten.

Abbildung 9 zeigt in vereinfachter Form die Struktur einer Top-down-Planung.

2.3 Der Einsatz der Marketinginstrumente

2.3.1 Strategiegeleiteter Marketing-Mix

Die Basis für den taktischen Einsatz der Marketinginstrumente bildet die Marketingstrategie. Wie bereits weiter oben ausgeführt wurde, werden im Rahmen des strategischen Marketings die langfristige Ausgestaltung und das grundsätzliche Aktivitätsniveau im Marketing-Mix entsprechend der marketingpolitischen Leitidee entschieden. Im Rahmen des operativen Marketing-Mix müssen als wichtige situative Faktoren die konjunkturelle Situation und der Produktlebenszyklus mit berücksichtigt werden.

2.3.2 Konjunkturgeleiteter Marketing-Mix

Der Einsatz der marketingpolitischen Instrumente kann je nach der Konjunktursituation variiert werden. Während in einer Phase der Hochkonjunktur das marketingpolitische Aktivitätsniveau generell niedriger ist als in einer Phase der Rezession, kommt es auch zu einer unterschiedlichen Gewichtung und inhaltlichen Ausprägung der einzelnen Instrumente. So werden in einer Rezession insbesondere die Instrumente der Preispolitik und der Verkaufsförderung sehr intensiv eingesetzt. Die Inhalte konzentrieren sich stärker auf das Preis-Leistungs-Verhältnis und die Wirtschaftlichkeit des Fahrzeuges. Zudem wird versucht, dem Kunden das Gefühl zu geben, jetzt besonders günstig einen Neuwagen kaufen zu können.

Eine Verstärkung des marketingpolitischen Aktivitätsniveaus in der Rezession macht sicherlich Sinn, da nur so eine gewisse Stabilisierung des Absatzes erreicht werden kann. Problematisch erscheint jedoch das Konzept eines „Rezessions"-Marketings. Dabei müssen nämlich zeitliche Spill-over-Effekte berücksichtigt werden. Wer in einer Rezession seine Produkte verschleudert, kann sie in der Hochkonjunktur nicht mehr als hochwertige und exklusive

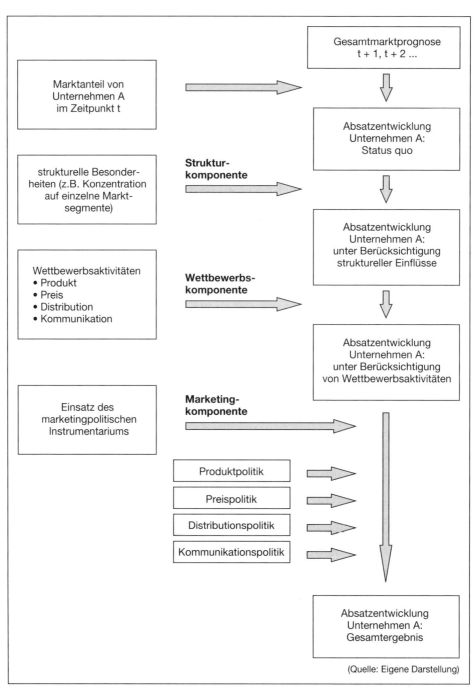

Abb. 9: Systematik der Absatzplanung

368

Markenprodukte verkaufen. Insofern darf es in der inhaltlichen Gestaltung des Marketings zwischen einer Hochkonjunkturphase und einer Rezession allenfalls graduelle Unterschiede geben.

2.3.3 Lebenzyklusgeleiteter Marketing-Mix

Der produktspezifische Marketing-Mix findet über den Lebenszyklus hinweg eine differenzierte Ausgestaltung. Bezugsgröße ist dabei der Lebenszyklus einer Baureihe. Diese unterschiedliche Ausgestaltung bezieht sich nicht nur auf das generelle Aktivitätsniveau, sondern auch auf den Inhalt und die Gewichtung. Abbildung 10 zeigt ein allgemeines Schema für einen lebenszyklusorientierten Marketing-Mix. So kann man feststellen, daß in der Einführungsphase die Produkt- und Kommunikationspolitik von besonderer Bedeutung sind. In der Wachstumsphase kann das Gesamtniveau zurückgefahren werden. In der Reifephase gewinnt die Produktpolitik wieder an Bedeutung (Facelifting) und nun auch die Preispolitik. In der Sättigungsphase sind vor allem Maßnahmen der Verkaufsförderung notwendig. Die Distributionspolitik kann im Bereich der Automobilwirtschaft aufgrund des Vertragshändlersystems nur begrenzt zur Anwendung gebracht werden. Eine Veränderung der Distributionsdichte ist in der Regel nicht möglich. Allenfalls kann über verstärkte Di-

	Einführungs-phase	Wachstums-phase	Reife-phase	Sättigungs-phase
Produktpolitik	• Sicherstellung • Produktqualität	• Sicherstellung der Produkt-verfügbarkeit • Produkt-differenzierung	• Facelifting	• Sondermodelle
Preispolitik	• Durchsetzung der Preis-positionierung	• Listenpreis-Politik	• Finanzierungs- und Leasing-programme	• Zulassungs-prämien
Distributions-politik	• Vertragshandel	• Vertragshandel	• Großabnehmer-geschäfte über Vertragshandel	• Direktgeschäft
Kommunikations-politik	• Imagewerbung • Events • Öffentlichkeits-arbeit (Presse-vorstellung)	• Imagewerbung	• Produktwerbung • Öffentlichkeits-arbeit • Kommunikation • Facelifting	• Aktionswerbung • Verkaufs-förderung

(Quelle: Eigene Darstellung)

Abb. 10: Lebenszyklusorientierter Marketing-Mix in der Automobilindustrie

rektverkäufe der Absatz stabilisiert werden. Ein solche Politik führt jedoch zwangsläufig zu Konflikten im Vertriebskanal und muß daher sorgfältig abgewogen werden.

3 Marketing-Controlling und Marketing-organisation

Das *Marketing-Controlling* kann als ein Teil des gesamtbetrieblichen Controlling-Systems definiert werden. Es hat die Aufgabe, das Management bei der Steuerung der Marketingprozesse durch die Koordination von Informationsversorgung, Planung und Kontrolle zu unterstützen *(in Anlehnung an: Köhler 1992, S. 657)*. Als Bereichs-Controlling wirkt es sowohl nach innen in den Vertriebsbereich hinein als auch nach außen als Schnittstelle zum Gesamtunternehmen. Vor dem Hintergrund der Bemühungen um eine Lean Distribution gewinnt die Steuerung der Vertriebskosten im Rahmen des Marketing-Controllings zunehmend an Bedeutung. Grundlage dafür sind mehrdimensionale Vertriebsergebnisrechnungen, mit denen sich die Vertriebskosten differenziert nach Produkten, Märkten und Abnehmergruppen darstellen lassen *(Weigand 1993, S. 56)*. Automobilspezifische Besonderheiten treten in diesem Bereich kaum auf. Vorteilhaft ist im Automobilbereich lediglich die Tatsache, daß die externe Informationsversorgung über die Markt- und Wettbewerbsaktivitäten aufgrund einer leistungsfähigen amtlichen Statistik sehr gut ist (z.B. Daten des Kraftfahrtbundesamtes). Dies erleichtert die Planung und Kontrolle der Marketingaktivitäten, indem eine hohe Markttransparenz besteht. So finden diese Daten Eingang in die zumeist unternehmensindividuell gestalteten Marketing-Informationssysteme.

Der Aufbau eines vertriebsbezogenen Controllings ist angesichts der zu erfassenden und zu bearbeitenden Datenbestände nicht mehr ohne Computerunterstützung möglich. Man kann daher vereinfacht von einem Computer Aided Controlling (CAC) sprechen.

Praxisbeispiel:

Das Marketing-Planungs- und Informationssystem (MAPIS) von Mercedes-Benz

Bereits im Jahr 1986 hat Mercedes-Benz mit dem Aufbau eines Marketing-Planungs- und Informationssystems (MAPIS) begonnen. Mittlerweile ist das MAPIS ein integrierter Bestandteil der Vertriebsplanung. Es unterstützt die Vertriebsplanung bei der Erfüllung der folgenden Aufgaben *(hier und im folgenden: Bruckner 1995, o.S.)*:

- Herstellung von Transparenz bezüglich der
  - Markt-,
  - Wettbewerbs-,
  - Absatz-,
  - Bestands- und
  - Ergebnissituation
- frühzeitiges Erkennen von Marktveränderungen
- Integration der Markt-, Produktions- und Ergebnisziele

MAPIS umfaßt auf der Basis einer relationalen Datenbank die folgenden Module:

- Auskunftssystem
- Analysesystem
- Berichtssystem
- Planungssystem
- Frühwarnsystem
- Executive Information System (E.I.S.)

Dabei soll sichergestellt werden, daß alle Mitarbeiter im Unternehmen die gleichen Daten verwenden. Außerdem ermöglicht MAPIS eine Automatisierung der Informations- und Planungsprozesse sowie eine schnelle und bedarfsgerechte Bereitstellung von Vertriebsinformationen. Der erfaßte Datenumfang ist in Abbildung 11 dargestellt. Im Zusammenhang mit der Optimierung der Vertriebsstrukturen gewinnt der Aufbau einer Vertriebsergebnisrechnung zunehmende Bedeutung. Die Grundstruktur der Vertriebsergebnisrechnung bei Mercedes-Benz ist in der Abbildung dargestellt. Sie schafft nicht nur Transparenz, sondern stellt auch ein wichtiges Führungsinstrument für die Steuerung der ergebnisverantwortlichen Marktleistungscenter (nationale Vertriebsgesellschaften, Niederlassungen) dar. In Verbindung mit den externen Daten erlaubt MAPIS eine Zuordnung der von einem Marktleistungscenter zu verantwortenden ergebnisbestimmenden Faktoren (z.B. Marktanteil, baureihenbezogener Absatz-Mix, Nachlaßverhalten) und der nicht von ihm steuerbaren Einflußgrößen (z.B. Gesamtmarktentwicklung). Außerdem können aus den vorhandenen Datenbeständen eine Vielzahl von steuerungsrelevanten Kennzahlen gebildet werden. Die Zahl der Anwender und der Online-Auswertungen über

MAPIS hat sich seit der Einführung des Systems vervielfacht. Wurden im Jahr 1986 lediglich 120 Auswertungen pro Tag ausgeführt, so waren es 1994 2.900. Dies macht die wachsende Akzeptanz eines computerunterstützten Controllings deutlich.

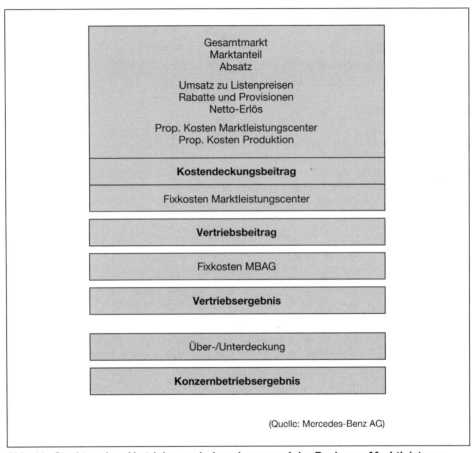

Gesamtmarkt
Marktanteil
Absatz

Umsatz zu Listenpreisen
Rabatte und Provisionen
Netto-Erlös

Prop. Kosten Marktleistungscenter
Prop. Kosten Produktion

Kostendeckungsbeitrag

Fixkosten Marktleistungscenter

Vertriebsbeitrag

Fixkosten MBAG

Vertriebsergebnis

Über-/Unterdeckung

Konzernbetriebsergebnis

(Quelle: Mercedes-Benz AG)

Abb. 11: **Struktur einer Vertriebsergebnisrechnung auf der Basis von Marktleistungscentern**

Die *Marketingorganisation* kann als die Gesamtheit aller formalen Regelungen definiert werden, nach denen der Marketingbereich zur Erfüllung seiner Aufgaben in einem Unternehmen strukturiert ist *(Nieschlag/Dichtl/Hörschgen 1991, S. 1012)*. Wie im Rahmen der Unternehmensorganisation insgesamt kann auch bei der Marketingorganisation zwischen der Aufbau- und der Ablauforganisation unterschieden werden. Während die Begriffe „Marketing" und „Vertrieb" einen durchaus unterschiedlichen Inhalt haben, werden die Begriffe „Marketingorganisation" und „Vertriebsorganisation" üblicherweise synonym verwendet, wobei letzteres der in der Branche übliche Begriff ist.

Die Vertriebsorganisationen in der Automobilindustrie sind in der Regel auf der ersten Führungsebene funktionsorientiert gestaltet. Dies ist insofern naheliegend, als die meisten Automobilhersteller über ein relativ homogenes Produktprogramm verfügen. Lediglich bei jenen Herstellern, die auch einen größeren Nutzfahrzeugbereich haben, ist die Vertriebsorganisation nach unterschiedlichen Produktgattungen gegliedert. Innerhalb der einzelnen Funktionen erfolgt häufig auf der nächsten Ebene eine Gliederung nach Absatzregionen (In- und Ausland). Erst dann finden sich auch baureihenspezifische Differenzierungen.

Aufgrund des branchenspezifischen Distributionssystems mit Vertragshändlern als Absatzmittler haben die Steuerung und Betreuung der Handelsorganisation in der Vertriebsorganisation der Automobilhersteller ein vergleichsweise hohes Gewicht. In der Regel wird diese Aufgabe im Rahmen eines zweistufigen Systems wahrgenommen. Neben den Zentralbereichen bestehen Regionalbüros, von denen aus die Betreuung vor Ort erfolgt.

Literaturhinweise

Ansoff, I. H. (1966): Management Strategie, München 1966

AUTOHAUS (1995): Service-Barometer 1995, Sonderheft, Ottobrunn b. München 1995

Becker, J. (1992): Marketing-Konzeption, 4., verbesserte und erweiterte Auflage, München 1992

Bruckner, S. (1995): Kennzahlen in Marketing und Vertrieb, unveröffentlichtes Manuskript, Stuttgart 1995

Corsten, H. / Will, T. (1994): Lean Production: Eine kritische Würdigung, in: WISU Nr. 11/1994, S. 932-941

Corsten, H. / Will, T. (1992): Das Konzept generischer Wettbewerbsstrategien – Kennzeichen und kritische Analyse, in: WISU Nr.3/1992, S. 185-191

Deutsche Shell AG (1989): Grenzen der Motorisierung in Sicht, Hamburg 1989

Deutsche Shell AG (1993): Mehr Senioren fahren länger Auto, Hamburg 1993

Diekmann, Achim (1985): Langfristige Personenverkehrs- und Pkw-Prognosen für die Bundesrepublik Deutschland – Synopse und Bewertung, in: Langfristprognosen – Zahlenspielerei oder Hilfsmittel für die Planung, Düsseldorf 1985, S. 7-25

Diekmann, A. (1992): Die europäische Automobilindustrie – Aufgaben, Struktur und Perspektiven, in: Wirtschaftsdienst Nr. 2/1992 (Sonderdruck)

Diekmann, A. (1992): Verkehrspolitik nach dem Jahr 2000, in: Zeitschrift für Verkehrswissenschaft, Heft 4/1992, S. 231-249

Diekmann, A. (1993): Deutschlands Zukunft als Standort der Automobilindustrie, in: Wirtschaftsdienst Nr. 10/1993 (Sonderdruck)

Diekmann, A. (1994): The European Motor Industry – Changing Patterns and Perspectives, unveröffentlichtes Manuskript, London 1994

Diez, W. (1991): Die europäischen Hersteller müssen ihre international Position reaktivieren, in: Handelsblatt v. 13./14.09.1991, S. 19

Diez, W.(1992): Die europäische Automobilindustrie im Strukturwandel, in: Das Parlament v. 07.08.1992, S. 15

Diez, W. (1992): Ohne Revision der Ausbaupläne verdreifacht sich der Überhang, in: Handelsblatt v. 18.12.1992, S. 17

Diez, W. / Brachat, H. (1994): Grundlagen der Automobilwirtschaft, Ottobrunn b. München 1994

DIW (1994): Pkw-Bestandsentwicklung in Deutschland bis zum Jahr 2010, in: DIW-Wochenbericht Nr. 22/1994, S. 357-364

Eland, M. / Schulz, J. (1992): Zukünftige Antriebe von Straßenfahrzeugen, Gemeinschaftsuntersuchung (Kurzfassung), Basel 1992

EU-Kommission (1992): Die europäische Automobilindustrie: Situation und vorrangige Aktionen, Brüssel 1992

374

Florenz, P. J.: Das Konzept des vertikalen Marketing, Bergisch Gladbach 1991

Frank, H.-J. / Walter, N. (1993): Strategien gegen den Verkehrsinfarkt, Stuttgart 1993

Freter, H. / Barzen, D. (1988): Segmentierung im Automobilmarkt, in: Marktforschung & Management Nr. 3/1988, S. 87-92

Gälweiler, A. (1997): Strategische Geschäftseinheiten (SGE) und Aufbau-Organisation Nr. 5/1979, S. 252-260

Gedenk, K. / Skiera, B. (1993): Marketing-Planung auf der Basis von Reaktionsfunktionen – Elastizitäten und Absatzreaktionsfunktionen, in: WiSt Nr. 12/1993, S. 637-641

Gedenk, K. / Skiera, B. (1994): Marketing-Planung auf der Basis von Reaktionsfunktionen – Funktionsschätzung und Optimierung, in: WiSt Nr. 5/1994, S. 258-262

Gilbert, X. / Strebel, P. J. (1985): Outpacing Strategies, in: IMEDE – Perspectives for Managers Nr. 2/1985

Hansmann, K.-W. (1983): Kurzlehrbuch Prognoseverfahren, Wiesbaden 1983

Hansmann, K.-W. (1992): Szenario-Technik, in: Diller, H. (Hrsg.): Vahlens Großes Marketing Lexikon, München 1992, S. 1128

Hentze, J. / Kammel, A. (1992): Lean Production: Erfolgsbausteine eines integrierten Management-Ansatzes, in: WISU Nr. 8-9/1992, S. 631-639

Homburg, C. / Sütterlin, S. (1992): Strategische Gruppen: Ein Survey, in: Zeitschrift für Betriebswirtschaft Nr. 6/1992, S. 635-662

Kaas, K.-P. (1992): Marketing-Mix, in: Diller, H. (Hrsg.): Vahlens Großes Marketing Lexikon, München 1992, S. 682-686

Lewandowski, R. (1980): Prognose- und Informationssysteme und ihre Anwendungen, Bd. 2: Mittelfristige Prognose- und Marketing-Systeme, Berlin/New York 1980

Meffert, H. (1986): Marketing, 7., überarbeitete und erweiterte Auflage, Wiesbaden 1986

Meffert, H. (1994): Marketing-Management, Wiesbaden 1994

Motor Presse Verlag (1993): Autofahren in Deutschland '93, Stuttgart 1993

Müller, W. (1995): Aufbau und Stabilisierung von Wettbewerbsvorteilen durch ein integratives Dienstleistungsmanagement, in: Reuss, H. / Müller, W. (Hrsg.): Wettbewerbsvorteile im Automobilhandel, Frankfurt/M. 1995, S. 80-140

Nakajima, Y. (1994): The Role of Technology in Building an Ideal Automotive Society in 21st Century, unveröffentlichtes Manuskript, Frankfurt/M. 1994

Nieschlag, R. / Dichtl, E. / Hörschgen, H. (1991): Marketing, 16. Auflage, Berlin 1991

Nowak, H. (1987): Phänomen Mobilität, in: VDA (Hrsg.): Gesellschaft und Automobil – Chancen, Risiken und Handlungserfordernisse, Frankfurt/M. 1987, S. 10-18

Opaschowski, H. W. (1993): Auto und Freizeit, Hamburg 1993

Porter, M. E. (1987): Wettbewerbsstrategie, 4. Auflage, Frankfurt/M. 1987

Sabel, H. (1990): Qualitäten, Preise und Mengen – Befunde auf dem Markt für Personenkraftwagen der Bundesrepublik Deutschland, in: Zeitschrift für Betriebswirtschaft, Heft 8/1990, S. 745-772

Schäfer, H. (1994): Strategische Allianzen – Erklärung, Motivation und Erfolgskriterien, in: WISU Nr. 8-9/1994, S. 687-692

Seiffert, U. (1994): The Automobile in the next Decade, unveröffentlichtes Manuskript, Frankfurt/M. 1994

Simon, H.(1988): Management strategischer Wettbewerbsvorteile, in: Simon, H. (Hrsg.): Wettbewerbsvorteile und Wettbewerbsfähigkeit, Stuttgart 1988, S. 1-17

Smith, C. (1988): Zur Identifikation von Marktsegmenten in der Automobilindustrie, Bonn 1988

SPIEGEL-Dokumentation (1993): Auto, Verkehr und Umwelt, Hamburg 1993

Vester, F. (1990): Ausfahrt Zukunft – Strategien für den Verkehr von morgen, München 1990

Weigand, C. (1993): Mehrdimensionale Vertriebsergebnisrechnung als Instrument des Marketing-Controlling, in: krp-Sonderheft Nr.1/1993, S. 55-62

Wissmann, M. (1995): Elektronik hilft bei Steuerung und Vermeidung von Verkehr, in: Verkehrsnachrichten, Heft 4/1995, S. 1-3

Womack, J. P./Jones, D. T./Roos, D.: The Machine that Changed the World, New York 1990

Abbildungsverzeichnis

Abb. 1:   Systematisierung der Strategiedimensionen im Rahmen des strate-
            gischen Marketings
Abb. 2:   Strategieprofile in der Automobilindustrie
            – Strategische Gruppe I: Globale Full-Line-Hersteller
Abb. 3:   Strategieprofile in der Automobilindustrie
            – Strategische Gruppe II: Globale Premium-Anbieter
Abb. 4:   Strategieprofile in der Automobilindustrie
            – Strategische Gruppe III: Neue Wettbewerber
Abb. 5:   Vergleichende Bewertung der strategischen Gruppen
Abb. 6:   Systematik der Shell-Prognose
Abb. 7:   Eckdaten der Shell-Prognose 1993
Abb. 8:   Struktur eines integrierten Prognosemodells
Abb. 9:   Systematik der Absatzplanung
Abb. 10:   Lebenszyklusorientierter Marketing-Mix in der Automobilindustrie
Abb. 11:   Struktur einer Vertriebsergebnisrechnung auf der Basis von Markt-
            leistungscentern

Stichwortverzeichnis

A

A-Händler, 170
ABC-Analyse, 204
Absatz-
    -bindung, 169
    -kanalsystem, 173
    -planung, 361, 365
Abwrackprämien, 107
Accessoires, 82
Agenten, 173
AIDA-Modell, 272
Akquisitionsverbot, 169
Aktionswerbung, 258, 285
Allianzen, strategische, 350
Allowable Costs, 132
Angebotspreis, 106
Anmutungsansprüche, 66
Anreize, nichtmonetäre, 183
Antriebe, alternative, 340
Argumentation,
    -bedürfnisorientierte, 206
    -leistungsorientierte, 206
    -wirkungsorientierte, 206
Assistenzsystem, 89
Aufbauformen, 75
Ausgleich, kalkulatorischer, 129
Ausstattungspakete, 61, 143
Auto-
    -haus, 192
    -Malls, 224
    -Meile, 209
Automobilfachpresse, 294

B

B-Händler, 170
Badge Engineering, 62
Bau-
    -kastenprinzip, 61
    -reihe, 37
Beschwerde-Management, 214
Betriebs-
    -formen, 191
    -größe, optimale, 227
    -konzept, 192
    -typ, 191
    -verbund, 229
Bezugsbindung, 169

Bilder,
    -innere, 278
    -strategische, 278
Bildkommunikation, 277
Bonussystem, 215
Branchen, andere, 207
Bruttoertragsprovision, 199
Business Mission, 319
Buy-back-Vertrag, 155

C

CAD, 48
Car Sharing, 96
Clean-Parks, 210
Clipping-Analysen, 298
Cluster-Organisation, 211
Computer Aided Controlling, 370
Concept Cars, 43
Conjoint Measurement, 122, 154
Consumer Benefit, 256
Corporate
    -Culture, 319
    -Design, 319
    -Identity, 319
Cross-Selling, 197, 287
Customer Satisfaction Index, 68
Cyberspace, 238

D

Database-Marketing, 211
Denotation, 69
Dienstleistungs-
    -kultur, 32
    -qualität, 348
Direct Mailing, 285
Direkt-
    -geschäftsvorbehalt, 175
    -händler, 170
    -vertrieb, 166, 174
    -werbung, 285
Discount-Marketing, 208
Distribution(s-),
    -akquisitorische, 165
    -dichte, 177
    -physische, 165
    -politik, 165
    -system, 180

-virtual, 235
Diversifikation(s-), 341
   -strategie, 344
Double-Badging, 62
Drifting Costs, 132

E
Economies-of-scale-Effekt, 61, 139
Economies-of-scope-Effekt, 59
Eigenhändler, 173
Einkaufsstättentreue, 118
Einzelmarkenstrategie, 69
Emotionalisierungstechnik, 275
Entwicklungs-
   -budget, 45
   -tiefe, 47
Erfahrungskurven, 139
Erlebnis-
   -marketing, 239, 287, 299
   -orientierung, 338
Ersatzbedarf, 362
Event-
   -Kontakt, 195
   -Marketing, 287
Expertenmacht, 182

F
Fabrik, atmende, 154
Fahrzeugmanagement, 89
Fertigungs-
   -kosten, 119
   -qualität, 68
   -tiefe, 62
Finanzdienstleistungen, 78f.
Flächendeckung, 177
Forschungs- und Ingenieurzentrum, 49
Franchising, 219
Full Service Leasing, 95
Full-Line-
   -Anbieter, 76
   -Hersteller, 355

G
Garantien, 78, 81
Gebietsorientierung, 196
Geschäftsfeld, strategisches, 341
Gestaltungstechniken, 273
Globalisierung, 26, 30, 337
Großraumlimousine, 62
Gruppen(-),

-freistellungsverordnung, 171
-strategische, 354

H
Handels-
   -ketten, 223
   -organisation, 373
Händlerstandards, 325
Hard
   -Functions, 132
   -Selling, 200
Haupt-
   -händler, 170, 175
   -preis, 107
High-involvement-Produkt, 247
Hubraumklassen, 75

I
Image(-), 25, 248, 353
   -transfer, 75
   -werbung, 256
Imitations-
   -strategie, 54
   -wettbewerb, 338
Importe, graue, 150
Individualisierung, 24, 57, 338
Individual-
   -Marketing, 212
   -verkehr, 86
Informationsüberlastung, 269
Innovation(s-), 347
   -grad, 51
   -strategie, 54
Intra-Brand-Wettbewerb, 154, 185
Issue Management, 295

K
Kalt-Akquisition, 202
Kauf-Finanzierung, 79
Käuferclubs, 236
Key Account, 197
Kindchenschema, 275
Kommunikation(s-),
   -integrierte, 318
   -instrumente, 322
   -nonverbale, 204
   -politik, 247
   -planung, 322
   -verbale, 204
Komplettbetrieb, 231

Konditionierung, 275
Konnotation, 69
Kosten-
    -effizienz, 26
    -trägerstückrechnung, 119
Kreuzpreiselastizität, 126
Krisen-PR, 294
Kulanzen, 78, 81
Kultur-Sponsoring, 309
Kunden-
    -Clubs, 214
    -bindungs-
        -programm, 213
        -system, 214
    -datenbank, 213
    -dienst, 85, 207
    -kontakt(-), 288
        -management, 194
    -orientierung, 196
    -potentialanalyse, 202
    -präferenzen, 41
    -verhalten, 22, 338
    -wert, 204
    -zufriedenheit, 68

L
Langfristprognose, 365
Langzeitqualität, 68
Lastenheft, 45
Lean Production, 349
Leasing, 79
Lebens-
    -stil, 59
    -zyklus, 139
Leistungscenter, 29
Leitidee, 256
Life Cycle-
    -Costs, 107
    -Marketing, 208
Life-of-the-Model-Produktion, 52
Line extension, 75
Listenpreis, 107
Lobbyismus, 293

M
Macht, 181
Mail-Order-Package, 286
Margensystem, 154, 184
    -leistungsbezogenes, 190
Marken(-), 31, 69
    -artikel, 69

    -identität, 360
    -image, 348
    -macht, 182
    -treue, 73, 118, 339
    -wettbewerb, 33
Marketing(-),
    -Controlling, 370
    -führerschaft, 181
    -Immunity, 269
    -Mix, 353
        -lebenszyklusgeleiteter, 369
        -strategiegeleiteter, 367
    -operatives, 361
    -organisation, 372
    -planung, strategische, 335
    -vertikales, 180, 325
Markt(-),
    -abdeckung, 344
    -abschöpfung, 51
    -ausschöpfung, 177
    -bearbeitung, differenzierte, 346
    -durchdringung, 343
    -einführung, 49
    -entwicklung, 343
    -relevanter, 341
    -struktur,
        -horizontale, 26
        -vertikale, 26
    -verantwortungsgebiete, 177f.
Materialkosten, 119
Maximierung, technische, 52f.
Mediaselektion,
    -sachliche, 262
    -zeitliche, 264
Medien, neue, 235
Mehrmarkenstrategie, 69
Meilensteinplan, 45
Mittelfristprognose, 365
Mobilitäts-
    -garantie, 81
    -system, 91
Mobility Card, 97
Modell-
    -wechsel, 39, 51
    -zyklus, 51
Modularisierung, 47
Monitoring, 296
Motorsport-Marketing, 304
Multi-
    -domestic, 30
    -franchising, 221

-media-Technik, 270
Musik-Sponsoring, 310
Musterkostenrechnung, 186

N
Nachfragestimulierung, 51ff.
Nachkauf-Marketing, 213
Neubedarf, 362
Neue Medien, 270
Niederlassungen, 166
Nischen(-), 24, 26, 41
    -anbieter, 76
    -strategie, 344
Null-Fehler-Ziel, 33
Nutzungsqualität, 68

O
Öffentlichkeitsarbeit, 292
    -produktorientierte, 293
    -unternehmensorientierte, 294
Ökologieorientierung, 338
Ölkrise, 22
Outpacing(-), 345
    -Strategie, 360
Outsourcing, 344
Overengineering, 24

P
Penetrationsstrategie, 140
Platform-Konzept, 360
Point of Sale, 288
Pool Leasing, 93
Portfolio-Analyse, 64
Positionierung(s-), 71
    -ziele, 252
Präferenzstrategie, 346
Preis-
    -abfolgen, 138
    -Absatz-Funktionen, 120
    -baukästen, 140
    -bereitschaft, 339
    -beurteilung, 113
    -bildung,
        -programmorientierte, 126
        -wettbewerbsorientierte, 124
    -bindung
        -kostenorientierte, 119
        -kundenorientierte, 120
    -bündelung, 142
    -differenzierung, 146

    -abnehmerspezifische, 147
    -räumliche, 148
-durchsetzung, 151
-elastizität der Nachfrage, 120
-empfehlung, unverbindliche, 107
-führer, 125
-führerschaft
    -barometrische, 125
    -dominante, 125
-günstigkeitsurteil, 113
-harmonisierung, 150
-image, 114
-interesse, 112
-Leistungs-Verhältnis, 105
-linienpolitik, 126
-positionierung, 135
-schwelle, 114
-spanne, 128
-variation, 138
-verhalten, 111
-wahrnehmung, 113
-wettbewerb, 33
-würdigkeitsurteil, 113
Premium-Anbieter, 157, 355
Product
    -Publicity, 293
    -support, 37
Produkt-
    -beschaffenheit, 65
    -differenzierung, 57
    -elimination, 64
    -entwicklung, 45, 343
    -innovationen, 38
    -involvement, 113, 270
    -konzept, 43
    -Markt-Matrix, 343
    -marktraum, 39
    -orientierung, 196
    -positionierung, 39
    -variation, 63
    -werbung, 256, 285
Produzentenkultur, 32
Profilierung, 74, 324
Prognose(-), 361
    -instrument, 362
Programm-
    -breite, 73
    -politik, 73
    -tiefe, 73
Projektmanagement, 47
Public Relations, 292

Q

Qualität(s-), 66
    -beurteilung, preisorientierte, 114
    -objektive, 68
    -subjektive, 68

R

Rallyerennen, 305
Recall-Test, 268
Reimporte, 149
Relaunch, 63
Road Pricing, 88
Rundstreckenrennen, 305

S

Sachansprüche, 66
Sanktionsmacht, 182
Satellitenkonzept, 227
Saturn, 232
Schulungen, 184
Scoring-Modell, 204
Service(-),
    -kontakte, 194
    -Leasing, 143
    -organisation, 83
    -provision, 188
    -prozesse, 83
    -technischer, 78, 82
Shell-Prognose, 362
Simultaneous engineering, 46f.
Skimming-Strategie, 139
Slogan, 256
Smart, 27
Snob-Effekt, 118
Soft-
    -Functions, 132
    -Selling, 200
Sonder-
    -ausstattung, 82
    -modelle, 315
Sortimentspolitik, 209
Sozialtechniken, 272
Sozio-Sponsoring, 313
Spezialist, 76
Spill-over-Effekte, 59, 367
Sponsoring, 298
Sport-Sponsoring, 300
Standort, 24
Strategieprofile, 356
Streuplanung, 263
Strukturproduktivität, 27

Sustainable mobility, 88
Synergieeffekte, 344
Systeminnovation, 347
Szenario-Technik, 44

T

Tankstellengeschäft, 210
Target Pricing, 132, 154
Team-Organisation, 211
Technologieführerschaft, 55
Telematik, 88
Teleshopping, 235
Testimonial-Werbung, 279
Themen-Portfolio, 296
Tonality, 258
Trendmonitoring, 44
Tuning,
    -optisches, 156
    -technisches, 156
Typ, 37

U

Überkapazitäten, 152, 337
Umsatzprovision, 199
Umwelt(-), 24
    -Sponsoring, 311
    -verträglichkeit, 339
Unique Selling Proposition, 25, 39, 253
Unterhändler, 170, 175
Up-trading, 71, 350

V

Variantenvielfalt, 28, 57, 61
Vario Research Car, 93
Verantwortung, gesellschaftliche, 352
Verdrängungswettbewerb, 337
Verkauf, persönlicher, 195
Verkäufer-
    -entlohnung, 199
    -selektion, 198
Verkaufs-
    -agenturen, 236
    -argumentation, 206
    -förderung(s-), 313
        -aktionen, 317
        -handelsorientierte, 316
        -konsumentenorientierte, 314
    -kontakte, 194
    -organisation, 196
    -wettbewerbe, 184, 316

Verkehrs-
  -dichte, 86
  -infrastruktur, 339
  -leittechnik,
    -individuelle, 89
    -kollektive, 89
  -management, 88
  -optimierung, 87
  -politik, 87
  -verlagerung, 87
  -vermeidung, 87
Vertrags-
  -händlersystem, 168, 351
  -werkstätten, 170
Vertrieb,
  -indirekter, 174
  -selektiver, 168
  -controlling, 370
  -gemeinschaften, 234
  -kosten, 71, 119
  -netzplanung, 176
  -organisation, 373
  -richtlinien, 325
  -stufen, 178
Verwaltungskosten, 119

W

Wartungs-
  -verhalten, 207
  -verträge, 143
Weltautomobilmarkt, 336
Werbe-

  -botschaft, 253
  -budget, 260
  -erfolg(s-), 267
    -kontrolle, 267
    -prognose, 267
  -gestaltung, 269
  -intensität, 250
  -konzeption, 252
  -mittel, 262
  -pulsation, 266
  -stil, 270
  -träger, 262
  -ziele, 252
Werbung(s-), 250
  -emotionale, 258
  -informative, 258, 274
  -kontinuierliche, 266
  -konzentrierte, 266
  -kostenzuschuß, 184
Wertverlust, 108
Wettbewerber, neue, 358
Wettbewerbsvorteil, 345

Z

Ziel-
  -gruppenbezug, 276
  -konflikte, 44
  -kosten(-), 132
    -methode, 29
  -preise, 132
Zubehör, 78, 82
Zulassungsprämien, 107, 184, 316